民事法系列

婚姻移民人權

之理論與實務

編者序

關於「婚姻移民人權」的「理論」、「實務」與「教學」

　　近年來由於立法、司法、行政機關與民間團體的共同關注，「婚姻移民人權」已經成為耳熟能詳的議題。原本社會大眾朗朗上口的所謂「外籍新娘問題」，除了主角被正名為「外籍配偶」或「新住民」外，其移民來台的種種適應困難也逐漸具體化為「人權議題」。然而，雖說在政策及法規上，我們不再把「外籍新娘」視為要處理的「問題」，該等新興「婚姻移民人權」從理論的引進、實務的應用到完完全全內化到本土社會生活中，還有一條長長的路要走。

　　國內各界對於「婚姻移民人權」的關注，跨越了法學、人類學、教育學、社會學、福利學、勞工學、經濟學、政治學、傳播學等相關研究、教學與實務專業。不論是讀書人或是行動者，在處理「婚姻移民人權」的議題上，已不再是說書的歸說書、行動的歸行動。講理論的人隨時隨地習取種種來自生命經驗的省思，從事社會運動或提供福利服務的人也不斷習取多元知能。這一本書即嘗試蒐集各界專家長期關注「婚姻移民人權」的心得，分為「理論」、「實務」與「教學」三部分，希望藉此交換專業資訊、實務經驗與教研方法。

　　在理論部分，本書首先開展全球化多元視野，透過比較法律與社會的哲學啟發，思考「婚姻移民人權」如何在各種歷史背景、文化衝擊以及法制體系的交錯影響下，架構並修正其論理基礎，從之改變規範的內涵與實踐。相對之，實務篇則集結了在研究社群中累積多年的田野發現，有則巨視、有則微觀

「婚姻移民人權」的經驗圖像，除了讓我們對相關議題有更深層次的認知外，也藉此邀請讀者一起來驗證生活周遭的生命故事；感動也好、反省也罷，都可以將高談闊論落實為具體的感知與行動。此外，本書也邀請多年從事「婚姻移民人權」教學的同好們，分享該議題在各種課程中的學習內容與授課方法，包含專業知能的傳授與訓練以及專業倫理的培養與激發。

主編這樣的一本書，我的內心有滿滿的激動與驕傲。激動的是：可以邀集跨界的教研夥伴，共同出版一本關懷弱勢人權的書；驕傲的是：可以認識這些用心關懷弱人權的跨界教研夥伴。一本書的力量非常有限，但是一群人用心經營「婚姻移民人權」的力量可以無限增能。我們殷殷期待本書的讀者可以得到一些啟發，也希望讀了本書之後可以加入我們。

施慧玲
寫于被出版社連環追索後的良心發現

目錄

第一篇

理論

第一章 女人的國籍：日治時代台灣女性婚姻相關法律限制之研究

李玉璽

一、序說

　　近來台灣國際移民現象普遍，既有向西方國家如美加澳紐等地移民者，也有向中南美洲、非洲移民者，過去農業社會安土重遷的觀念已經完全打破，光台北市就有近百家的移民公司，國際移民成為全球現象[1]，至於東南亞方面，自1980年代起，台灣人民也為了開展事業，開始向印尼、馬來西亞、菲律賓、越南等國移民[2]，相對的，也有其他的國家的人民選擇來到台灣成為新台灣人，台灣在第二次世界大戰之前，經過清治時期的漢人移民以及日治時期的日本移民兩次的較大的移民潮，第二次世界大戰之後，又因為國民政府遷來台灣之故，迎來了大量因躲避戰禍而隨軍移動來台的外省籍移民，而今，又有了主要來自泰國、緬甸、越南等東南亞國家以及中華人民共和國的婚姻新移民，在多次的移民潮裡面，女性移民的通婚對象，除了有社會階級的藩籬外，從相同語言族群的同族婚、同姓婚一直到不同語言種族的異族婚姻，都有不同的變化，甚至國籍的變換也對婚姻移民的通婚帶來很大的影響，在台灣這樣移民經驗豐富的社會裡，過往的時空中，針對不同族群的通婚現象所作的處理方式，是否能帶給現代社會的我們一些啟示？本文嘗試由法律變遷的角度切入，觀察日治時期漢人女性處在傳統華人以及新的日本統治之間時，在制度上出現的問題以及當時通婚社會中的處境，以期對目前新移民人權保護之實踐，提供省思。

二、傳統中國舊律有關通婚的規定

　　在日本統治時期之前，台灣的漢民族是接受傳統中國法制的治理的，雖

1　曾嬿芬〈居留權的商品化：台灣的商業移民市場〉，台灣社會研究27期，1997年9月，43頁。
2　顧長永〈台灣移民東南亞現象與經濟關係〉，台灣東南亞學刊3卷2期，2006年，105頁。

然已經接受日本的統治，但是漢人的舊慣仍以法律或者是習俗的方式流傳下來[3]，因此本章節將針對傳統中國法治中針對婚姻關係的一些限制規範，加以探究。

傳統中國是一個融合多民族形成的國家，各民族之間在政治、經濟、文化諸方面存在著緊密的聯繫，也存在大量通婚現象，因此不但針對異民族通婚有所規定，而且在同民族之間，也因為階級上下的不同，而有各種不同的限制。

（一）士庶通婚

自西元220年晉受魏禪之時，吏部尚書陳群提出九品中正制度以後，開啟了兩晉南北朝門閥制度盛行的時代，魏晉士族制度，依照陳寅恪氏的階級升降論，乃是儒學高門士族的晉取代了法家寒族的魏[4]，而士族門閥重視門第婚宦，婚而不娶名家女，與仕不由清望官，便為人不齒，只要是世家大族，便取得仕宦資格，因此其婚姻對象，也限於同為士族者，所謂門當戶對者是。晉代是首先大量引禮入律的朝代[5]，士庶貴賤之間不能通婚，良賤通婚要受法律制裁，因此趙翼批評說「高門華閥，有世及之榮，庶姓寒人，無寸進之路。……魏晉及南北朝三四百年，莫有能改之者」[6]，士族只跟士族結婚，如果與其他人結婚，則會遭受責難，如南朝的梁（西元502年～557年）的時候，權臣侯景向梁武帝請求協助其達成與王謝等頂級士族聯姻的願望，但梁武帝卻認為這是連皇帝也無法達成的任務，而拒絕了侯景的請求[7]，而南齊武帝永明（西元483～493）年間，便曾經發生過這樣一個故事[8]：

東海王源，嫁女與富陽滿氏。源雖人品庸陋，冑實參華。（略）。而託姻結好，唯利是求，玷辱流輩，莫斯為甚。源人身在遠，輒攝媒人劉嗣之到臺辯問。嗣之列稱：吳郡滿璋之，相承云是高平舊族，寵奮胤冑，家計溫足，見託

3　依照1898年（明治31年）律令第八號之規定，台灣人之民商事項依舊慣及法理，只有在涉及日本人時才依用日本民商法，而舊慣指的就是傳統中國法的原有習慣，參見王泰升、薛化元、黃世杰編著《追尋台灣法律的足跡》，五南出版社，2006年，90頁。

4　楊宴州〈曹魏政權的結構及其滅亡原因研究〉，東吳大學歷史所2010年碩士論文，第6頁參照。

5　吳秋紅〈晉代「引禮入律」論略〉，玉林師範學院學報（哲學社會科學）第四期，2001年，第31頁。

6　清・趙翼《廿二史箚記》（台北：世界書局，1962年），上冊，頁102。

7　原文為：「（景）請婚於王、謝，（梁武帝）帝曰：『王、謝門高非偶，可於朱、張以下訪之』。」，見唐・李延壽著：《南史　賊臣傳》，卷80。

8　梁・沈約〈奏彈王源〉收錄於（梁）昭明太子蕭統著，李善注：《文選》（台灣商務印書館，1968年），下冊，卷40，頁73。

為息鸞覓婚。王源見告窮盡，即索璋之簿閥，見璋之任王國侍郎，鸞又為王慈吳郡正閣主簿，源父子因共詳議，判與為婚。璋之下錢五萬，以為聘禮。源先喪婦，又以所聘餘直納妾。如其所列，則與風聞符同。

　　竊尋璋之姓族，士庶莫辨。滿奮身殞西朝，胤嗣殄沒，武秋之後，無聞東晉，其為虛託，不言自顯。王滿連姻，寔駭物聽，（略）臣等參議，請以見事免源所居官，禁錮終身。

　　亦即自北方播遷南渡的「僑姓」貴族王源雖然出身士族，但是家道中落，難以度日，因此想要嫁女求財，剛好富陽「吳姓」大族滿璋之是個新興的有錢官僚階級[9]，自稱也是士族後代，正在為兒子滿鸞找對象，所以就貪圖高價聘金，把女兒嫁給了滿鸞，這事情被當時擔任給事黃門侍郎兼御史中丞以及吳興邑的中正官的沈約知道了，大表憤怒，基於糾彈非違的職責，便上奏齊武帝，認為王源再怎樣破落貧窮，好歹要存一個士族的體面，不可以為了錢就把女兒嫁給來歷不明的暴發戶滿璋之，認為兩家連姻，「實駭物聽」，簡直是個不得了的大醜聞，因此建議皇帝給予王源「免官、禁錮終身」的處罰。可見得當時高門士族的門第觀念非常濃厚，而且受到法律上的保護。

　　士族雖然地位高貴，但是身為僑姓客居異地，經濟實力不如久居當地的吳姓大族，因此常有看聘金多寡而決定婚姻的狀況，名為「嫁女」，時同「賣女」，因此北朝的學者顏之推便感嘆的說[10]：

　　婚姻素對，靖侯成規。近世嫁娶，遂有賣女納財，買婦輸絹，比量父祖，計較錙銖，責多還少，市井無異。或猥婿在門，或傲婦擅室，貪榮求利，反招羞恥。可不慎歟！

　　顏之推認為士族應該要找自己門當戶對的士族結婚，不可以為了貪圖聘財而自甘墮落，去跟江南新興大族成婚。到了隋唐時期，隋文帝廢除九品中正，

9　僑姓、吳姓是魏晉南北朝由於北方動亂，巨家大族不斷南遷所產生的特殊現象，南遷者稱為「僑姓」，以瑯琊王氏、陳郡謝氏為代表，江南既有豪族為「吳姓」，主要有吳郡陸氏、顧氏、張氏、吳興沈氏等，周才方〈六朝文化世族的形成及其對江南文化的影響〉，金陵科技學院學報（社會科學版），第19卷第3期（2005年9月），55頁。
10　北齊・顏之推《顏氏家訓》卷五〈治家〉篇。

引入科舉[11]隨著高門士族在政治、經濟上的特權相繼喪失，士族自相誇耀門第的現象已有減緩，但是仍然有倚恃高門峻族，多取聘金的現象，因此唐太宗於西元638年（貞觀12年）重編《士族志》將天下氏族分為九等，計二百九十三姓，千六百五十一家。以抑制之，唐太宗說[12]：

> 我於崔、盧、李、鄭無嫌，顧其世衰，不復冠冕，猶恃舊地以取貲，不肖子偃然自高，販鬻松檟，不解人間何為貴之？齊據河北，梁、陳在江南，雖有人物，偏方下國，無可貴者，故以崔、盧、王、謝為重。今謀士勞臣以忠孝學藝從我定天下者，何容納貨舊門，向聲背實，買昏為榮耶？太上有立德，其次有立功，其次有立言，其次有爵為公、卿、大夫，世世不絕，此謂之門戶。今皆反是，豈不惑邪？朕以今日冠冕為等級高下。

然而，士族賣婚，競誇閥閱的現象仍然無法停歇，流傳到現在，漢人墓碑多稱郡望，如隴西李氏、太原王氏等，便是其遺風[13]，因此在西元659年（顯慶四年）高宗朝頒佈「禁婚令」。令文如下[14]：

> 後魏隴西李寶、太原王瓊、榮陽鄭溫、范陽盧子遷、盧渾、盧輔，清河崔宗伯、崔元孫，前燕博陵崔鼓，晉趙郡李楷，凡七姓十家，不得自為婚。三品以上納絹不得過三百四，四品五品二百，六品七品百，悉為歸裝。夫氏禁受陪門財。

「禁婚令」雖對收受聘禮的數額做了限制，但反面來看，卻也是從法律上明定了不是根據「門第」而是根據「官品」高低來收受聘禮，實際上等於承認了「賣婚」的合法性[15]，然而因為社會觀念仍然重視族望，所以雖然政府下詔

---

[11] 漢代已有貢舉，此處科舉乃指以進士考試取士制度，參見劉海峰〈「科舉」含義與科舉制的起始年份〉，廈門大學學報（哲學社會科學版），2008年第5期（總第189期），72頁。

[12] 北宋‧歐陽修《新唐書》卷95高儉傳。

[13] 顧向明〈3-9世紀崇重「舊望」的價值觀及其對社會風俗的影響——兼論郡望內涵及功用的演變〉，河南師範大學學報（哲學社會科學版），第36卷3期，2009年5月，219頁。最近已開始有本土化的傾向，如民進黨蔡英文主席家族將墓碑標為「楓港」等是，參見〈見李登輝，蔡英文請益爭取支持〉，自由時報，2011年3月18日，記者李欣芳、王寓中報導。

[14] 北宋‧歐陽修《新唐書》卷95高儉傳。

[15] 顧向明〈中古時期的士庶婚姻與「賣婚」習俗〉，民俗研究季刊，2002年第3期，110頁，

禁婚，但實際上對人民的觀感並沒有太大的影響，被禁婚的七家「或載女竊送夫家，或女老不嫁，終不與異姓為婚。其衰宗落譜，昭穆所不齒者，往往反自稱禁婚家，益增厚價」[16]。也就是反而利用朝廷詔令明定為「禁婚家」而自抬身價，直到安史之亂之後，宗譜散亂無法查詢，才結束這股風潮，嗣後士庶通婚的限制也就漸漸消逝了，但是以聘金多少來論婚嫁的「賣婚」習慣，卻歷史悠久的傳承了下來，直到清朝仍然未有停歇。1720年（康熙59年）作成的台灣縣志說[17]：

婚姻之禮，重門戶、不重財帛，古也。臺之婚姻，先議聘儀，大率以上、中、下禮為準：其上者無論；即下者，亦至三十餘金、綢綾疋數不等，少者亦以六疋為差。送日之儀（送親迎之吉期也，俗云乞日）。非十四、五金不可。在富豪之家，從俗無難；貧窮之子，其何以堪？故有年四旬餘而未授室者，大抵皆由於此也。若夫女家既受人厚聘，納幣之日，答禮必極其豐；遣嫁之時，粧奩必極其整。華奢相尚，每以居人後為恥。

由於清廷在長達近兩百年的渡台禁令中[18]，有禁止渡台者攜眷之規定，因此移民地男多女少，女性奇貨可居，故而康熙51年當時的台灣知府周元文說「女鮮擇婿而婚姻論財」[19]，因此清雍正年間的官吏藍鼎元遂建議上司[20]

民生各遂家室，則無輕棄走險之思。臺俗婚娶論財，三十老女，尚有待年不嫁者。此等怨曠，最足傷天地之和，召水旱之災，所當急為嚴禁。凡民間室女年二十四五以上者，限三月之內逐一嫁完，違者拿其父兄治罪。

然而一直到清代結束對台灣的統治為止，並沒有辦法改變這個現象。

16　北宋・司馬光《資治通鑑》卷200「（唐紀）高宗顯慶四年十月」（西元659年）條。
17　清・陳文達《台灣縣志》卷一〈輿地志風俗〉，台銀台灣文獻叢刊第103種，1961年，59頁。
18　1684年（康熙22年）依施琅提議頒布禁令，到1788年（乾隆53年）福康安來台平定林爽文之亂後放寬規定，到1875年（光緒元年）才完全解禁。
19　清・周元文《重修台灣府志》卷七〈風土志漢人風俗〉，台銀台灣文獻叢刊第66種，1961年，239頁。
20　清・藍鼎元《平臺紀略》附錄〈與吳觀察論治台灣事宜書 甲辰〉（錄自《鹿州初集》卷二），台銀台灣文獻叢刊第14種，1961年，

（二）良賤通婚

　　傳統中國是一個依照禮教區分上下階級的社會，在禮教立法的唐代社會則是按人們身分地位的，以法律將人群分為：「良人」與「賤民」兩個對立的族群。「良人」包括皇室貴族、官吏、僧道和眾百姓。「賤民」則包括官戶、雜戶、工樂戶、部曲、客女、奴婢等。《唐律疏議》中明文禁止良賤通婚，對於違犯規定而出現的良賤通婚情況，制定了嚴厲的懲罰措施。

　　首先，在奴婢與良人通婚方面。《唐律疏議》戶婚律「奴娶良人為妻」條中規定：

> 諸與奴娶良人女為妻者，徒一年半；女家，減一等。離之。其奴自娶者，亦如之。主知情者，杖一百；因而上籍為婢者，流三千里。即妄以奴婢為良人，而與良人為夫妻者，徒兩年。各還正之。

《疏議》解釋說：

> 人各有耦，色類須同。良賤既殊，何宜配合。與奴娶良人女為妻者，徒一年半，女家減一等，合徒一年，仍離之。主不知情者，無罪；主若知情，杖一百。因此而將良人女登記為奴婢者，流三千里。」「奴婢妄作良人，嫁娶為良人夫婦者，合徒二年，並還正其原有身分。其所生兒女，依《戶令》：不知情者，從良；知情者，從賤。

也就是說，人生下來就不平等，同一階級的人應該找同階級的人為偶，雖然就士庶通婚的規定方面，法律已經放寬，但是對於「良民」與「賤民」的結合則不被允許，在「良民」與「奴婢」結婚的狀況，不僅婚姻關係會被以法律強行終止，而且要受到法律的懲罰。且會禍遺子孫，讓在此種婚姻中所生子女身分亦是從賤。其次，禁止雜戶、官戶、工樂戶與良人之間通婚。《唐律疏議》戶婚律之「雜戶官戶與良人為婚」條規定：

> 諸雜戶不得與良人為婚，違者，杖一百。客戶娶良人女者，亦如之。良人娶官戶女者，加二等。即奴婢私嫁女與良人為妻妾者，準盜論；知情娶者，與同罪。各還正之。

《疏議》解釋說：

　　雜戶配隸諸司，不與良人同類，止可當色相娶，不合與良人為婚。違律為婚，杖一百。謂客戶亦隸諸司，不屬州縣，亦當色婚嫁，不得輒娶良人，違者亦杖一百。良人娶官戶女者，加二等，合徒一年半。

　　奴婢既同資財，即合由主處分，則將其女私嫁與人，須計婢贓，準盜罪論，五疋徒一年，五疋加一等。知情娶者，與奴婢罪同；不知情者，不坐。

　　《疏議》補充規定：自「雜戶與良人為婚」以下，得罪仍各離而改正。其工、樂、雜戶、官戶依令「當色為婚」，若異色相娶者，律無罪名，並當「違令」

也就是工、樂、雜戶、官戶，依照前述「人各有耦，色類須同」的理論，他們也只能跟自己同一族群的人結婚，處罰雖然較奴隸與良人結婚為輕，但是想法是一致的。

（三）異民族通婚

　　北朝時期，原本鮮卑人的盛行族內通婚，鮮卑帝室十姓互為婚姻，不與外族聯姻，直到北魏孝文帝主張漢化，因此在西元483年（太和7年）下詔，詔曰[21]：

　　淳風行於上古，禮化用乎近葉。是以夏殷不嫌一族之婚，周世始絕同姓之娶。斯皆教隨時設，治因事改者也。皇運初基，中原未混，撥亂經綸，日不暇給，古風遺樸，未遑釐改，後遂因循，迄茲莫變。朕屬百年之期，當後仁之政，思易質舊，式昭惟新。自今悉禁絕之，有犯以不道論。

　　北魏孝文帝並命與帝室有關係的十姓，百世不得通婚[22]，自太和年間（西元477～499）開始，開啟了大量的與異民族的漢族、匈奴、突厥等的通婚，胡

21　北齊・魏收《魏志》卷7上〈高祖紀〉太和七年十二月癸丑條。
22　北齊・魏收《魏志》卷113〈官氏志〉。

漢之間通婚頻繁，胡人貴族與漢人高門大姓之間尤為明顯[23]，然而當時的通婚乃是所謂的胡人「嚮慕王化」，以政策上獎勵漢化為主要目的，並非出於民間主動。到了唐朝，華夷之防漸嚴，也不鼓勵異族通婚，如西元836年（開成元年6月），唐文宗下詔曰：「準令式，中國人不得私與外國人交通、買賣、婚娶、來往」[24]，以法律對於異民族之間的通婚加以管制[25]，到了清朝，屬於異民族的統治，剛開始對於滿漢通婚持正面肯定態度，如東華錄順治5年（1648年）8月壬子諭禮部：「今者天下一家，滿漢臣民皆吾赤子，欲其互相親睦，莫如締結婚姻，自後滿漢臣民，有願締姻好者，聽之。」，並於順治5年8月庚申諭戶部：「嗣後凡滿州官員之女，欲與漢人為姻者，須先呈報爾部」[26]，雖然聖諭煌煌，但是實際上並未實行，滿族與蒙古族之間雖然維持「北不斷親」的通婚關係[27]，但是滿漢禁婚的原則持續了兩百多年，一直到光緒年間才解禁，光緒27年（1901年）辛丑12月13日上諭：「我朝深仁厚澤，浹洽寰區，滿漢臣民，從無歧視，唯舊例不通婚姻，原以入關之初，風俗人情或多未喻，是以著為禁令，今則風同道一，歷二百餘年，自應俯順人情，開除此禁，所有滿漢關民人等，准其一體結婚，無庸拘泥。」[28]，因此，在清朝統治台灣的期間，除了針對渡台漢人設有禁止攜眷的命令外，也禁止講「國語」渡台任官的滿人[29]，與漢人通婚，因此台灣只有「有唐山公，無唐山媽」[30]的漢族與原住民族異民族通婚的例子，國際或者不同法域的異民族通婚的情形，尚屬少見。

23　據研究指出，從北朝四史以及墓誌蒐集的資料來看，太和以後，異民族通婚大增，特別是鮮卑與漢族通婚，佔了83.25%，參見柏貴喜〈北朝胡人貴族門第婚中的胡漢通婚〉，民族研究，2006年第6期，71頁。

24　宋・王欽若等編纂《冊府元龜》卷999〈外臣部・互市〉開成元年六月條。

25　據研究指出，管制似乎不甚嚴格，在《太平廣記》中可以找到很多與胡姓人通婚的資料，參見多洛肯，〈唐朝民間民族通婚在《太平廣記》中的反映〉，浙江樹人大學學報，2003年3月，46頁。外國男子娶唐女或是漢族男子娶胡女的例子很多，可參見林乾〈唐代法律關於外國人人身權和財產權的規定〉《法律史學研究》（第一輯），中國法制出版社，2004年，115頁。

26　轉引自陳登原《國史舊聞》第四冊卷64，「滿漢通婚」條，（北京）中華書局，2000年，261頁。陳登原（1899～1975）為民國時期學者，本書於1938年開始動筆，完稿於1967年，歷時近30年。

27　清室從入關前一直到清朝末年，一直維持與蒙古王公聯姻的政策，參見錢占元〈清代滿蒙聯姻〉，塞外春秋，2006年6月，46頁。

28　轉引自陳登原《國史舊聞》第四冊卷64，「滿漢通婚」條，（北京）中華書局，2000年，268頁。

29　清朝稱滿州話為國語，歷代皇帝除了學習漢語之外，都必須要學國語，也就是滿州話，如《清史稿》宣統本紀宣統三年條便記載：「帝入學，大學士陸潤庠、侍郎陳寶琛授讀，副都統伊克坦教習國語清文」。

30　漢人移民，由於清朝的渡海禁令，男多女少，因此多與開墾地的平埔族通婚，故有此諺。

三、近代日本殖民台灣時所發生的通婚問題

　　台灣是日本的第一個殖民地，也因為透過馬關條約的簽訂，使得台灣人民第一次面臨了近代法律意義的國籍選擇問題，馬關條約第五條規定：「本約批准互換之後，限二年之內，日本准許中國，讓該地方人民自願遷居，讓該地方以外人民，隨意變賣所有產業，離開國界。但限滿之後尚未遷徙者，酌宜視為日本臣民。又，台灣一省應於本約批准互換後，兩國立即各派大員至台灣，限於本約批准後兩個月內交接清楚。」，此即一般所稱「日本給予台灣住民有兩年的國籍選擇期間」的依據。不過，日本《國籍法》於1899年始制定公布，1895年當時尚不存在該等法律，故台灣人民仍是依日本實力統領而「歸順」成為日本臣民，依據馬關條約，1895年4月17日，台灣總督府在台舉行「始政式」，宣告開始統治台灣，1895年11月18日，發布「台灣及澎湖列島住民退去條規」，命台灣住民（此稱馬關條約簽訂前就已住在台灣者），在兩年後的1897年5月7日之前不「自台灣總督府管轄區域內退去」者，「視為日本帝國臣民」，然而280萬台灣住民中，因此而遷離台灣者僅5460人而已[31]。

　　馬關條約的簽訂，並無法讓台灣人依法取得日本國籍[32]，當時不只日本，大清帝國同樣沒有國籍觀念，大清國第一部國籍法，是西元1905年（光緒31年）草擬，於西元1909年（宣統元年）頒行的《大清國籍條例》，此時台灣已為大日本帝國的領土久矣，自不屬大清帝國臣民，也更難依法自動取得取代清朝的中華民國國籍，反而是日本，關於國籍的疑義，在1899年（明治32年）以法律第六號公布《國籍法》之後，便已經以法律解決了這個問題。

　　台灣人成為日本國國民後，由於語言文化的不同，雖然國籍已屬同一，但並不直接適用日本法律，因此形成同一國家不同法域的現象，是在通婚方面面臨怎樣的問題呢，以下將就日本統治當時，有關通婚的限制，加以探討：

（一）皇室、華族之間的限制

　　戰前的日本法律體系下，針對皇室以及貴族這兩種特殊階級的人設有法律規範，其中包括了有關婚姻方面的限制，台灣人有沒有可能跟這些人通婚呢？

31　星明宏修〈司法的同一性と「贋」日本人：林熊生「指紋」をめぐって（その2）〉，立命館文學2010年
　　3月號（岡田英樹教授退職記念論集），764頁
32　李建良，〈國籍與公民權：人民與國家「身分連結」的法制溯源與法理分析〉，中央研究院主辦「公民
　　權：台灣社會變遷基本調查第八次研討會」，2006年5月26日。

將於以下討論之。

　　1889年（明治22年）制定，1947年（昭和22年）廢止的舊「皇室典範」，雖然是皇室的內部類似家規的文件，但是因為事關皇室，因此在明治憲法中地位重要，非經帝國議會許可不得更動，其中有關婚嫁的規定有下列幾條：

（舊）皇室典範

第三十九條　皇族限與皇族，或者是經敕旨特別許可之華族結婚。

第四十條　　皇族之婚嫁須經敕許。

第四十一條　許可皇族婚嫁之敕書，須經宮內大臣副署之。

第四十二條　皇族不得為養子。

第四十四條　皇族女子下嫁臣籍者，仍屬皇族之列，但非依特旨，不得仍
　　　　　　稱內親王或女王。

　　華族的組成，除了日本的貴族之外，還包括朝鮮的貴族在內，日韓併合之後，朝鮮的貴族也受封為華族，具有與皇族聯姻的資格，如從小受日本教育的朝鮮王族李垠（與日本皇族同格），便與皇族梨本宮方子結婚[33]，然而，與朝鮮貴族不同的是，當時台灣本島人並沒有華族，即便是受敕選為貴族院議員的辜顯榮，也沒有受封爵位，所以並非華族，因此法律上並不存在台灣人與皇族通婚的可能性。

　　皇族只能與皇族或者華族結婚，即使到了戰後，法律上的限制已經取消，然而事實上的限制卻仍隱然存在，如昭和天皇的明仁皇太子（現在的平成天皇）要選擇結婚對象時，也還是被昭和天皇的香淳皇后認為「應該要從皇族、或者五攝家、不然至少也得從舊伯爵家以上的貴族家庭裡面擇偶」[34]，明仁皇太子卻選中了平民出身的正田美智子（現在的平成皇后）為配偶，引發當時華族團體「常磐會」成員的群起激烈反對[35]，至今雖然皇室已可與日本平民

---

[33] 梨本宮是皇族之一支，是明治維新以後為了增廣皇嗣所設立的新宮家，1947年以後自皇籍離脫。參見小田部雄次《華族》，中央公論，2006年，181頁。

[34] 河原敏明《美智子さまと皇族たち》講談社，1993年，12頁。五攝家指的是公家貴族中最頂級的五家貴族，分別是近衛家、九條家、二條家、一條家、鷹司家。

[35] 常磐會是一個戰前「女子學習院」、戰後的「女子高等科」畢業生所組成的校友會，因為學習院為御用教育機關，因此校友也以皇族、華族為多，勢力極大。見河原敏明《美智子さまと皇族たち》講談社，

聯姻，而且法律上沒有禁止皇室與外國人結婚，但是與外國人通婚必須要突破皇室會議這道關卡，依照（現行）皇室典範第十條　立后以及皇族男子的婚姻，必須經由皇室會議開會決定[36]。實際上被認為困難重重[37]。

至於在華族方面，有無與台灣本島人通婚之可能呢？明治維新，廢藩置縣，為了安頓武家以及公家的貴族們，並授予維新功臣名譽稱號，因此在1884年（明治17年）制定「華族令」[38]，規定華族（花族）分成公侯伯子男五等，享有爵位世襲、擔任貴族院議員，以及子女進入宮內省直轄的學習院就讀等的特權[39]，然而婚姻也受到到一定的限制，1907年（明治40年）另頒「改正華族令」廢止「華族令」，在「改正華族令」中，設有對華族婚姻的限制，依據該法第14條第1項規定：「有爵位者，於因婚姻、收養、協議離婚、解除養親子關係、指定或取消家督繼承人，而前往戶籍官員處提出申請前，或者因退隱而必須請求裁判所許可前，必須要得到宮內大臣的同意。」。

一般華族結婚前必須要得到宮內大臣事前的認許才可以，如果是襲爵之人（戶主、當主）限制更嚴，以有馬賴寧（1884～1957）為例[40]，他襲爵為伯爵，根據有馬家「家範」[41]規定，他結婚離婚都必需要經過家族會議（日文「家政相談會」）通過才行[42]，又如出身加賀藩前田侯爵家的酒井美意子（1926～1999），縱使拒絕了皇族長門宮的求婚，但是要選結婚對象時，還是從「華族畫報」裡面挑，最後選中自己的表哥華族酒井伯爵家當主酒井忠元與之結婚[43]。

華族之中，屬於武家華族、勳功華族出身的華族，在經濟上還能應付，原屬於公家體系的就外強中乾，經濟並不寬裕，甚至必須賣女來解決經濟困

1993年，45頁。

[36] 依皇室典範第28條，皇室會議成員包括皇族2人、眾、參議院的議長、副議長、內閣總理、最高裁判所長官以及其他1名裁判官。

[37] 昭和時代研究會編，《天皇・皇室を知っていますか》，角川書店，1989年，30頁。

[38] 有關華族特權的法律規定，除「華族令」之外，尚有敘位條例、貴族院令、華族就學規則、宮中席次令、皇室儀制令等等，參見小田部雄次《華族》，中央公論，2006年，42頁。

[39] 河原敏明《美智子さまと皇族たち》講談社，1993年，44頁。

[40] 有馬賴寧（1884～1957），是日本賽馬的創立者，現在賽馬的「有馬賞」就是紀念他的比賽。

[41] 雖是家規，但依照華族令，具有法律之效力。

[42] 伊藤真希〈華族の家庭教育——有馬伯爵家を中心として〉，愛知淑德大學現代社會研究科研究報告，2009年6月，100頁。

[43] 酒井美意子《ある華族の昭和史：上流社會の明暗を見た女の記錄》，主婦と生活社，1982年，132頁。

難，常成為小說的題材[44]，有的實在撐不下去，如出身下級公家的北小路家就曾窮到想放棄華族身分[45]，曾得到過直木賞的作家邱永漢，也曾以此背景創作出《女人的國籍》的小說，故事中有關內台共婚的情節概要如下：首位文人總督田健治郎為了促進內台融合，因此促成台北富豪與貧窮華族北大路子爵家聯姻，因此在田總督主婚之下，北大路遂把庶出的女兒華子瞞天過海嫁給富豪長子李明仁，然而在婚宴上，北大路家的親戚，貴賓東京帝大民法教授穗積重遠提出兩人婚姻於法不合的論點，因為日本內地有戶籍法、台灣有戶口法，兩種法律之間沒有任何聯繫性，因此無法辦理戶籍登記，需要修法以為因應[46]。是以基本上華族是可以跟台灣本島人締結婚姻關係的，然而卻跟一般人一樣，在戶籍法登記上遭遇到了困難，此部分於「內台通婚」處討論之。

除了內地人跟外地人的異族通婚之外，在日治時期還存在同族禁止結婚的習俗，在日治時代，台灣的漢人移民也嚴格遵守同姓不婚的習慣，而且由於「周、蘇、連」、「陳、胡、姚」、「徐、余、涂」、「高、呂、簡」、「蕭、葉」、「許、柯」之間，由於被認為原出同一祖先，所以也不通婚[47]。漢民族同姓尚且不婚，更何況同族，此與戰前日本皇室以及華族的以同族通婚為尚的婚嫁習慣有很大不同。

（二）內台通婚問題

雖然政策上鼓勵內台通婚，但是法律上由於尚未實施內地延長主義，日本的戶籍法並不當然直接適用於台灣，租借地的關東州[48]用「敕令」、朝鮮用「制令」[49]，而台灣用「律令」，1918年帝國議會法律第39號公布之前並無共

---

[44] 如著名歷史小說家司馬遼太郎便在《酔って候》（1965年3月、文藝春秋新社）中，描述山内容堂對於貧窮公家賣女求榮一事的憤慨。

[45] 北小路家本姓藤原，受封為子爵。

[46] 參見邱永漢著、朱佩蘭譯《女人的國籍（上）》，允晨文化，1995年，8～38頁。

[47] 鈴木清一郎著，馮作民譯，《增訂台灣舊慣習俗信仰》，眾文圖書公司，2004年，154頁。

[48] 馬關條約原本要求清廷割讓台澎以及遼東，但因三國干涉還遼而作罷，嗣後1898年俄國租借旅順、大連25年，日俄戰爭後因為俄國戰敗而於1905年以朴資茅茲條約轉手給日本，稱關東州，於大連設立關東都督府和滿鐵守衛隊（關東軍前身），並於1915年與中華民國北洋政府簽訂21條，約定租期為99年，到1997年為止，唯因1945年日本戰敗而告終止統治，關東州的日治時期為1905～1945年。日本認為雖然日本對關東州擁有統治權，但關東州只是租借地，並非日本領土，因此不受大日本帝國憲法拘束，天皇得不經議會協贊，逕行以敕令行使立法權。

[49] 制令乃是朝鮮總督通過內閣總理大臣奏請敕裁後所發，用以代替內地法律的命令。亦即本應以法律規定之事項，得以朝鮮總督制令代替之，但制令不得與直接施行於朝鮮之法律（如朝鮮銀行法）或者以敕令施行於朝鮮之法律（如特許法、會計法、郵便法等）相牴觸，參見1910年日韓合併時〈朝鮮に施行すべき法令に関する件〉（明治44年法律第30號），以及新井勉〈朝鮮總督府政治犯罪處罰の制令〉，法制史研究第28期，創文社，1978年，93頁。

通法存在[50]，而依照1905年的台灣戶籍令，日本內地人與台灣本島人之間，戶籍上不存在互相轉籍之可能性[51]，而台灣只有由警察系統掌管的「本島戶籍調查簿」，並不存在與戶籍法相對應的戶籍法律，因此日本婦女嫁給台灣男性時，因為，即使結婚幾十年，在法律上妻子的戶籍仍然設在日本或是變成無戶籍者，而相對的，為了促進日朝通婚，1923年（大正12年）便以公布朝鮮戶籍令來解決法律上的問題，台灣卻遲遲未完成立法程序，讓當時的老百姓懷疑官方是否真正獎勵內台通婚[52]。因此，在1920年左右，有識者便提倡改正台灣戶籍令以及內台共通法來解決這問題，並且作成法案送交法制局[53]審議，然而因為審議費時，所以當時的「政務長官」[54]，便發布以下的臨時措施[55]：

(1) 於台灣人以內地人為妻，而前往登記之時，與台灣人之間的結婚採取同樣的處理[56]。

(2) 在台灣有居留地的內地人，以台灣人為贅夫[57]或妻，且既已在戶籍上登記時，則附上戶籍謄本，由入夫或者是妻子實家的戶主提出申請新戶籍謄本，並從（台灣的）戶口調查簿上刪除之。

(3) 有關台灣人以內地人為養子或養女一事，目前暫時不予允許。

此一宣布，被認為是一大德音，但是關於此一措施何時開始實施？文獻上則有1920年（大正九年）說以及1918年（大正七年）說兩種，前者乃當時讀賣新聞的報導[58]，後者則為「灣生」[59]竹中信子的回憶[60]，似乎以1920年（大正

---

[50] 蔡錦堂〈日本治台時期所謂「同化政策」的實像與虛像〉，2000年度　財団法人交流協會日台交流センター歷史研究者交流事業報告書，2001年3月，5頁。

[51] 黃嘉琪，〈第二次世界大戰前後の日本における台灣出身者の定住化の一過程：ライフコースの視点から〉，（神戶大學）海港都市研究，2008年3月，132頁。

[52] 竹中信子著、熊凱弟譯《日治台灣生活史──日本女人在台灣（昭和篇 1926-1945）上》，時報文化，2009年，72頁。

[53] 指戰前的日本內閣法制局，「大藏、內務、法制局」並稱三大機關，依照明治憲法規定，雖隸屬於內閣，但握有立法的絕大權力，參見西川伸一〈戰前期法制局研究序說-所掌事務，機構，および人事-〉（明治大學）政經論叢，第69卷第2、3號，2000年9月30日，141頁。

[54] 疑指總務長官，民政長官於1919年改稱總務長官，掌管立法司法行政權，1920年當時的總務長官是下村宏（1875～1957）。

[55] 〈台灣人と內地人の結婚は可能になった：台灣戶籍令改正實施迄の便法で〉，読売新聞，1920年8月28日朝刊。

[56] 有別的補充意見指出尚有「但若女方未滿二十五歲，需附上父母或監護人的同意書，而且要依妻子戶籍地所在的戶籍法規，提出婚姻申請書和戶口調查用的婚姻申請書」但書之存在。參見竹中信子著、曾淑卿譯《日治台灣生活史──日本女人在台灣（大正篇 1912-1925）》，時報文化，2007年，212頁。

[57] 日文原文為「入夫」，入夫婚姻時依照日本民法舊規定788條2項，需以女方為戶主。

[58] 〈台灣人と內地人の結婚は可能になった：台灣戶籍令改正實施迄の便法で〉，読売新聞，1920年8月28日朝刊。

[59] 出生在台灣的日本人稱為「灣生」，三代世居台灣的竹中信子1930年於台北市出生，是標準的灣生。

[60] 竹中信子著、曾淑卿譯《日治台灣生活史──日本女人在台灣（大正篇 1912-1925）》，時報文化，

九年）說較為可信。為了徹底解決這個法律問題，1925年時，台灣總督府的法令取調委員會本來想要透過設立暫時性的戶籍特別法來加以解決[61]，但最後則以1932年勅令三六〇號「修正有關施行於台灣之法律之特例」（即所謂「內台共婚法」）的發布來解決此一矛盾[62]，台灣總督府則宣布自1933年3月1日開始正式施行[63]，此乃為了因應民族自決的風潮而在台灣推行內地延長主義，標榜「內台融合」、「一視同仁」等方針。此後日本人與台灣人的通婚正式被承認，被稱為「內台共婚」。

「內台共婚」，與「內台共學」，都是當時大力推行的政策，當時日本內地作家莊司總一的《陳夫人》、《月來香》，真杉靜枝的《南方的言葉》、坂口零子的《鄭一家》以及台灣本島人作家蔡秋桐的《興兄》、朱點人的《脫穎》龍瑛宗的《植有木瓜樹的小鎮》、王昶雄的《奔流》都有針對內台通婚議題作出文學創作[64]，而實際上這樣的也留下不少有關的共婚紀錄，如富豪辜振甫以及平民黃鳳姿等是。

辜顯榮娶有六房，第六房是日本人岩瀨芳子，生有三子（偉甫、京生、寬敏）一女（秀治），「辜寬敏認為，他們父母的好合，是一段「政治結合」，日方為促使父親更接近日本，有意安排。辜振甫的看法是：「所謂「政治 結合」，其中一方必有某種特殊意涵，或與官方有某種特殊關係。他說：岩瀨芳子女士來台灣之後，習說一口標準流利的台語，完全為我們所同化，未曾在政治上發生過什麼影響。」[65]，可見得當時與溥傑、嵯峨浩的婚姻類似，雖然不清楚岩瀨芳子是否出身華族，但或多或少有政略結婚的意義在內則是無可否認的[66]，然而婚姻移民的岩瀨芳子來到台灣之後，並沒有讓辜家完全日本化，反而是開始學習夫家的語言：台語，完全台灣化，落地生根。辜家的例子裡，是女性的婚姻移民嫁到台灣，成為台灣富豪的「妾」，雙方地位尚不平等，是台灣本地富豪為了提昇社交地位，以近似買賣的方式，娶得內地沒落貴族的女

2007年，212頁。

[61] 〈內台人の共婚ができる、一時的の特別戶籍法を近く設ける〉読売新聞朝刊，1925年2月9日。

[62] 林中禮監修、程大學主編《西螺鎮志》，雲林縣西螺鎮公所發行，2000年，1-11頁。

[63] 〈內臺人の結婚、三月一日施行〉読売新聞朝刊，1933年1月20日。

[64] 詳見德田幸惠〈日本統治下台灣的「內台共婚」—日本與台灣的「家」制度的衝突和交流—〉，淡江大學歷史學研究所碩士論文，2006年，第四章55頁以下。

[65] 黃天才、黃肇珩《勁寒梅香——辜振甫人生紀實》聯經出版社，2005年，17頁。

[66] 溥傑是滿州國皇帝溥儀的弟弟，原本溥儀希望與日本皇族聯姻，但是因為法律上（皇室典範）不許可，因此由關東軍的主導，與日本華族嵯峨浩（嵯峨實勝侯爵之女）結婚，參見日文維基百科，「嵯峨浩」條。

兒，反之，內地的人會來娶外地如台灣人女性的，則並不多見。

　　大正時期，雖然已經開始獎勵內台通婚，但是內地男性對於和本島女性結婚似乎並不熱衷，據說問題點有二，一是因為台灣有聘金的習慣，內地男性負擔不起，二是民族差異仍然存在，台灣的父母並不太放心女兒嫁本島人[67]，這似乎在當時也是普遍的意見，這種因為文化差異、混血家庭導致內台通婚家庭問題不斷的故事，也成為了1940年莊司總一小說《陳夫人》的題材[68]，當時，從日本內地到台灣任職的官吏，大都會選擇在日本內地成長的女子作為結婚對象，甚至先在日本結婚再來台灣赴任，如八田與一在31歲時與故鄉金澤的醫生的長女米村外代樹（當時16歲）結婚者是[69]，而在台灣成長的女孩，不管父母親是日本內地人或台灣本島人，結婚後都會被稱為「灣妻」，被認為「總覺得一般在台灣成長的女孩，都具有屬於殖民地的輕浮，沒有莊重含蓄可言，且無一例外。雖然比較活潑，看起來自由自在，也因此而厭惡勞動，很多人都欠缺作為女性應有的順從服侍的貞淑美德。我有一個女兒，為了她的將來，我會考慮是否要在台灣教育小孩」[70]，當時如果要娶公學校畢業的女孩，至少要送三百元給女方的家長。教育程度越高，聘金也隨之增加，如中等女子學校畢業的，聘金是八百元，如果再往上念一年師範科畢業的話，就增加兩百元，變成一千元，除學歷外，如果容貌美好的，則可以提高到一千兩百元、一千五百元甚至兩千元[71]。可見當時賣婚之習俗，仍然根深蒂固的存在於當時的社會之中。

　　基於經濟上的理由而達成婚姻交易的固然存在，但也不能否認漸漸有平等自由戀愛的事例發生，黃鳳姿便是平等的內台共婚的一個例子，黃鳳姿是台北艋舺人，出生於1928年5月5日，父親黃庭富，曾任日本京都立命館大學教授，小學時便展露文學天份，受到文壇重鎮西川滿賞識嶄露頭角，也成為內台融合的樣板，在1940年～1943年短短三年間出版三本書[72]，1947年18歲時與自己讀

---

[67] 竹中信子著、曾淑卿譯《日治台灣生活史——日本女人在台灣（大正篇 1912-1925）》，時報文化，2007年，214頁。

[68] 相關分析可以參見王曉芸〈庄司總一「陳夫人」に見るハイブリット文化の葛藤〉，（広島大學總合科學部紀要II）アジア社　文化研究第8期，2007年3月，39頁以下。

[69] 見維基百科日文版，「八田與一」條。

[70] 竹中信子著、熊凱弟譯《日治台灣生活史——日本女人在台灣（昭和篇 1926-1945）上》，時報文化，2009年，206頁。

[71] 山根永藏，《台灣民俗風物雜記》武陵出版社，1989年，93頁。

[72] 邱各容《台灣兒童文學史》「黃鳳姿」條，五南出版社，2005年，19頁。

龍山公學校時的導師池田敏雄結婚[73]，戰後定居日本東京，日治時代只因日人似乎不易從台灣人的人名分辨出男女，所以硬性規定女性必須在姓氏之下加一個「氏」字，做為正式姓名[74]，因此黃鳳姿在日治時代便以「黃氏鳳姿」的名字出現在台灣文壇上嶄露頭角，當時為了統治者的習慣，因此女性必須在姓氏之下加一個「氏」，而到了戰後中華民國政府統治時期，越南女子有於姓後加氏的習慣，如蛇毒案的陳氏紅琛[75]、被丈夫劉正祺娶為小妾，長期拘禁凌虐的段氏日玲[76]等，戶政機關反而以必須符合台灣的習慣為由，強去其「氏」字，無法以原名登記[77]，兩相對照，頗堪玩味。

（三）良賤禁止通婚

　　日本古代存在有「穢多」、「非人」等賤民階級，穢多乃是主要從事剝皮、屠宰編草帽等行業的特殊階級，與擔任獄卒、劊子手工作的「非人」，在江戶時代都屬於地位比士農工商為低下的賤民階級，為人所不齒[78]，雖於1871年以太政官佈告宣佈「穢多及非人等稱呼廢止之，自今起身分職業與平民同等」（稱「賤民解放令」）廢除了此種蔑稱，但是僅限於口號而已，實際上這些底層民眾仍然就業不易、繼續受到壓榨[79]，仍以「新平民」或「特殊部落民」的稱呼繼續受到差別待遇[80]1914年（大正3年）5月，在台北曾經發生過這麼一件事情：有一位年輕貌美家境又不錯的日本內地姑娘要跟小商人訂婚時，大家都覺得是小商人高攀了，但是最後卻是以解除婚約收場，因為女方家庭乃是出於「穢多」的賤民階級[81]，賤民問題名亡實存的現象，自大正時期開始被重視，大正11年水平社開始發起全國性的運動呼籲重視此一人權問題，形成一股風潮，又名「部落問題」或「同和問題」，也成為日本法制史學界持續討論的問題之一，如法史學家石尾芳久便對此一問題有深入研究[82]，時至今日，仍

---

[73] 池田敏雄（1916～1981），島根縣人，是《民俗台灣》主要的編輯與創作者。池田將黃氏12歲寫的台灣風俗文章11篇和民間故事五篇編為《七娘媽生》一書，於1940年出版。
[74] 鐘肇政〈台灣文學雜談：台灣的少女黃鳳姿—記日治時台灣女作家〉，自由時報，1994年4月27日。
[75] 詳見台灣屏東地方法院刑事判決95年度矚重訴字第1號「殺人等案件」。
[76] 詳見台灣台中地方法院刑事判決93年度矚訴字第1號「使人為奴隸罪等案件」。
[77] 〈外籍人士入籍姓氏遭更動 民政：依法律規定〉，中央廣播電台，2007年06月08日，記者楊雨青報導。
[78] 《日本國語大辭典》第二版，「穢多」、「非人」條參照，小學館，2007年。
[79] 《國史大辭典》「穢多非人等の稱廢止令」條參照，吉川弘文館，1997年。
[80] 《日本大百科全書》「士、農工商、穢多非人」條參照，小學館，2011年。
[81] 竹中信子著、曾淑卿卿譯《日治台灣生活史——日本女人在台灣（大正篇 1912-1925）》，時報文化，2007年，58頁參照。
[82] 石尾芳久（1924～1992），京都大學法學博士，關西大學法學部教授，有關賤民階級方面的著作有《被

有社團法人部落解放人權研究所從事廢除差別促進人權的活動[83]。

日本古來有賤民階級，台灣社會也是有奴婢的存在，以契約買斷的婢女，俗稱「查某嫺」（音ca1 boo2 kan2），追溯其淵源似乎在清代藍鼎元的《鹿州文集》便有記載[84]，買主以數百元的價格買入查某嫺後[85]，查某嫺到買主家從事幫傭等的工作，工作辛苦，因此台語中有「查某嫺食清糜→認分」「查某嫺食肉→看有吃無」等歇後語出現，查某嫺被買後列入買主戶籍，戶籍登記就是「查某嫺」，等到適婚年齡，買主再像嫁女兒一樣地把她嫁出去[86]，然而日治時代台灣的覆審法院在1917年（大正6年）做了判決，認為將他人當作查某嫺終生限制自由，即使雙方意見一致，其目的仍因違反公共秩序善良風俗而導致雙方協議無效[87]，自此以後，為了避免被宣告為無效，因此養女或童養媳的數目有所增加，以養女或媳婦仔之名，行蓄「查某嫺」之實[88]，案媳婦仔乃以將來婚配養家男子為目的而收養之異性幼女，性質上與養女有別，對養家財產不得繼承[89]，而養子女則為以立嗣為目的而收養之過房子及螟蛉子，擁有繼承權，其繼承順序及應繼分與婚生子女同[90]，是以養女、媳婦仔與養家間之關係完全不同，養女對養父之遺產有繼承權而媳婦仔則無[91]，除非「有頭對」[92]，或「無頭對」的媳婦仔日後在養家招婿，而與養家發生準血親關係，身分轉換為養女才有繼承權，否則媳婦仔如由養家主婚出嫁他家時，原則上並沒有擁有養女般的權利[93]。然而「查某嫺」化明為暗的結果，導致養女與媳婦仔的區分

差別部落起源論》（1975年、木鐸社）、《民眾運動からみた中世の非人》（1981年、三一書房）、《差別戒名と部落の起源》（1982、京都松柏社）、《一向一揆と部落》（1983年、三一書房）、《續一向一揆と部落》（1985年、三一書房）、《明治維新と部落解放令》（1988年、三一書房）《人權思想の源流と部落の歷史》（1990年、三一書房）

83　該民間團體設立於1968年，2011年理事長兼所長是桃山學院大學的教授寺木伸明，副理事長則是女律師大野町子，時常舉辦人權講座以外，並發行《部落解放研究》的定期刊物，網址為http://blhrri.org/。

84　葉榮鐘〈養女問題〉，1965年4月11日，微信新聞報。唯查藍鼎元的《鹿州文集》似乎並未出現查某嫺此一名詞，待考。

85　以1911年林姓查某嫺為例，初賣到社口158元，轉賣彰化170元，三賣鹿港220元，最後以100元賣到嘉義，見〈台灣古文書學會 展出販賣人口史料〉，2008年4月14日，中國時報記者沈揮勝報導。

86　參見《走過東元：林長城回憶錄》，遠流出版社，1999年。

87　轉引自竹中信子著、熊凱弟譯《日治台灣生活史——日本女人在台灣（昭和篇 1926-1945）上》，時報文化，2009年，198頁。

88　藍佩嘉，〈從查某嫺、歐巴桑到菲傭：家務傭工在台灣的歷史考察〉，行政院國家科學委員會補助專題研究計畫成果報告，計畫編號：NSC 91－2412－H002－003，2002年。

89　繼承登記法令補充規定第38點（1992年台（八一）內地字第八一七六五六五號函訂頒，最新修正為2010年）。

90　繼承登記法令補充規定第24點。

91　繼承登記法令補充規定第39點。

92　撫養異性幼女，達適婚年齡始與兒子成婚，稱有頭對。

93　繼承登記法令補充規定第40點。無頭對者，乃指家中尚無男丁可以配對，仍先撫養異性幼女為養媳

變得模糊，關於繼承權也衍生不少糾紛。

（四）日本人配偶與戰後

甲午戰後，台灣人乃屬日本國籍，如需申請中華民國國籍者，則須拋棄日本國籍，如霧峰林家的後代林資鏗[94]，便曾向日本駐廈門領事館提出拋棄日本國籍，以「林季商」這個名字以及「日本籍台灣人」這個身分，向中華民國政府申請歸化為中華民國國籍。在1913年（民國2年）36歲之時，取得中華民國內政處執照上「許字第一號」復籍執照，成為台灣人取得中華民國國籍的第一人[95]，此後並改名為林祖密。唯至日本戰敗為止，透過法律程序申請歸化為中國國籍的台灣人畢竟是少數，然而到了日本敗戰後的1946年1月12日，國民政府的行政院卻發布了節參字第零三九七號文，使得台灣人不管願意與否，自1945年10月25日起毫無選擇的「自動恢復」了中華民國國籍[96]：

> 查台灣人民，原係我國國民，受敵人侵略，致喪失國籍。茲國土重光，其原有我國國籍之人民，自三十四年十月二十五日起，應即一律恢復我國國籍。除分令外，合行令仰知照。

1945年的此一行政院訓令，完全無視於1907年海牙第四公約規定「佔領不得移轉當地主權」的宣示[97]，因此起初並未取得國際的認同，英國於1946年以外交文書提出抗議指出「戰後和平條約尚未簽署，台灣人民國籍不屬於中華民國國籍。台灣雖已為中國政府統治，英國政府歉難同意台灣人民業已恢復中國國籍。」[98]，而美國國務院也於1946年提出外交備忘錄，與英國採取一致立

者是。

[94] 林祖密（1877～1925），霧峰林朝棟之子，為霧峰林家第七代子孫，1895年日軍渡台後即隨父搬去中國，1904年父親去世後成為林家家主，以廈門為根據地，熱心支持孫文革命以及反日運動，民國成立遂放棄日籍，加入中國國籍，林家在台代表遂改以林獻堂為之，林家也因此而遭到日本總督府沒收部分在台家產以為報復，自此林祖密便專心於中國發展，經商之餘也追隨孫中山革命，後為直系軍閥孫傳芳的手下廈門鎮守使張毅予以殺害，享年48歲，參見維基百科「林資鏗」條、中央研究院、台灣省文獻委員會合作製作「台灣總督府資料庫」，「霧峰林家」檔。

[95] 〈重覽台灣開展史 追憶霧峰林家貢獻〉，澎湖時報，2009年10月31日。但林祖密並非同時脫離日本國籍，而是1915年才辦理放棄手續，因此有兩年左右的時間可能有雙重國籍的問題。參見中央研究院、台灣省文獻委員會合作製作「台灣總督府資料庫」，霧峰林家檔案，中警保第3475號台中廳長枝德二呈給台灣總督府民政長官內藤嘉吉林季商因歸化支那國際籍通報一件。

[96] 參見張瑞成編輯，《光復台灣之籌劃與受降接收》，1990年6月，頁211-212，轉引自李建良前揭論文。

[97] 參見海牙公約1907年第四公約，第三編「在敵國領土內的軍事當局」，中華民國於1917年5月10日批准加入此公約。

[98] 薛化元，《台灣地位關係文書》，南天書局，2007年，6頁。

場，認為「台灣人民須待盟國簽訂對日和約將台灣正式歸還中國後，始得恢復中國國籍。」[99]，至1947年，美國才同意將旅日台灣人視同「華僑」。而英國政府則持續堅持和約尚未簽署，國籍不得因佔領而變更的立場。如1949年英國副外長梅休（Mayhew）在英國下議院便曾發言指出說：「關於台灣法律地位的變更，只有由對日和約的正式成立來決定[100]。因為未經台灣人民「同意」或「選擇」，被迫地取得「中華民國國籍」，顯然違反國際法原則[101]。

　　1945年行政院不顧各國抗議發布上述訓令，把台灣人自動轉成具有中華民國國籍人之後，或許是為了緩和各國政府的抗議，因此公佈了「在外台僑國籍處理辦法」，全文如下[102]：

(一)台灣居留民定於民國三十四年十月廿五日以後恢復中華民國國籍。請將本件由外交部對各大使館、公使館電報轉達各駐在國政府，同時亦對其各所屬地方當局轉知，而對日本方面則由我駐日代表向聯合軍總司令部電報請其轉達日本政府，又由外交部駐韓代表電報轉達在韓國的美、蘇各軍政府。

(二)在外台灣居留民應即依華僑登記辦法向外國駐在各大公使館、領事館或駐外代表登記。
業已登記之台灣居留民將發給登記證，同時報請內政部登記。
前揭登記證為有效國籍證明書。

(三)在外台灣居留民於登記之際，應立有能夠證明其確係擁有台灣籍事實之華僑保證人二名。
假如不願恢復中國國籍者，應限於民國三十五年十二月卅一日以前向我方大使館、公使館、領事館或駐外代表提出聲明。

(四)外國駐在大使館、公使館、領事館或駐外代表，對不願恢復中國國籍之台灣居留民，應予許可，同時將其意旨報告內政部，並對該居留民現居住國之政府；在日本則由我方駐日代表向聯合軍總司令部通知轉

99　林滿紅，〈界定台灣主權歸屬的國際法—《中日和約》〉，自由時報，2002年4月28日。
100　陳鴻瑜〈重回1951年現場：讓台灣人民做一次自己的主人〉，自由時報，2004年12月30日。
101　陳逸南〈國籍選擇權〉，自由時報，2011年1月13日。
102　資料來源：日本國立公文書館，分類雜3785，排架番號：3A43，轉引自楊基銓中心「台灣人的中國國籍復歸法」，網址：http://ccycenter.ning.com/，2011/4/10點閱。

達日本政府；在韓國則由我方駐日代表向聯合軍總司令通知以外，由
外交部駐韓代表分別向駐韓國的美、蘇兩軍政府通知。

(五)恢復中國國籍之台灣居留民的法律上地位及待遇，與一般華僑完全相
同，在日本、朝鮮境內者，與其他聯合國居留民，享有同等之待遇。

(六)本辦法自公佈之日起施行。

亦即台灣人因為所處的地域不同，國籍的變更自由也受到影響，如果是在台灣
以外的地區，可以有「不願恢復中國國籍」的選擇可能，而處在台灣的，則仍
然沒有選擇餘地，「當然」回復成為中國國籍，然而此一影響台灣人民權益甚
大的行政上之便宜舉措，實際上與中華民國當時的國籍法「回復國籍」的規定
並不相容，因為台灣人始終不具備中華民國國籍，所以也無從「回復國籍」，
因此1947年8月29日的司法院院解字第3571號解釋便說：

　　我國人民於馬關條約生效二年後移住台灣，因歸化結婚或其他原因取得日
本國籍而於台灣光復時仍為台灣住民者，因台灣之光復當然喪失日本國籍，其
前已依國籍法之規定喪失我國國籍者，並因此取得我國國籍，因台灣光復而恢
復我國國籍者，與國籍法第十八條所稱之回復國籍不同，自不受同條之限制。
至國籍法第九條之規定於台灣亦應適用。

當時台灣已處在中華民國軍隊實力控制之下，因國籍變換而產生爭議的問題較
少，然而在外的台籍人士則產生國籍適用之困擾，因此上述的「在外台僑國籍
處理辦法」，只好採取類似美國的意見，將在外台灣人視同華僑，發給登記證
作為國籍證明，但是保留「假如不願恢復中國國籍者」的選擇權，可以自由選
擇「不恢復中國國籍」，亦即成為在外台人可以擁有國籍選擇權，而在台台人
反而只有被迫更換國籍，無從選擇的差別現象，且所謂「恢復國籍」一詞，並
無法律依據，也導致司法機關在解釋上產生困難。

　　台灣人的國籍問題尚且如此，在台日本人在國籍轉換上更會產生問題，
是與台灣人一視同仁，強制其取得中華民國國籍，或是允許其自由選擇歸化與
否，或是採取原則禁止、例外允許的特許方式，也成為一個問題，日本投降，
中國政府派遣台灣行政長官公署人員抵台，於1945年12月15日公布「台灣省日
僑省內遷移管理暫行辦法」，規範日僑在台的遷移與居住，並由民政處籌組

「台灣省日僑管理委員會」，專司日僑遣返事宜。然而日本統治台灣既久，在台灣出生、成長的日本人所謂的「灣生」所在多有，與台灣人結婚者亦非少數，再加上前來台灣拓墾，居住於移民村等地的日本農民[103]，多對台灣有深厚的情感，比起遙遠的日本內地，台灣這個地方更是他們安身立命的所在，因此當時在臺有不少日本人表態願意放棄日本國籍，歸化中華民國國籍而繼續留在台灣，但並非所有日僑都能如願以償。剛開始係根據「中國境內日籍員工暫行徵用通則」訂定「台灣省行政長官公署暨所屬各機關徵用日籍員工暫行辦法」辦理[104]，其後依照當時中國陸軍代總司令何應欽的建議，中國政府採取除非徵用，否則一律不准留台的立場，1946年1月10日行政院給台灣省行政長官公署的訓令稱[105]：

　　依照軍事委員會轉陸軍代總司令何應欽之電文稱「據各方報告在華日僑，多希望歸化中國，查此等僑民因感日本目前生活困難糧食缺乏，不願回國。或仍留華經商，藉此可以保持資產。然亦難免有利用機會，以有計劃之深入我國民間。除已分復應俟和平條約成立後由政府核辦，現在所有日僑，凡非經許可徵用之技術人員，一律不准留華外，謹請鑒核。

軍事委員會的決定是准予照辦，並轉行政院知照所屬照辦，因此台灣省行政長官公署便奉命行事。行政長官公署在1946年2月15日公布「台灣省日僑遣送應行注意事項」[106]如下：

　　台灣省日僑遣送應行注意事項
　　台灣省日僑管理委員會訓令
　　1946年2月15日核定
　　第一條

---

[103] 如彰化縣濁水溪兩側、雲林縣虎尾溪兩側、花蓮吉安、台東池上等等都有日本移民村，戰後移民被遣返，土地被「日產處理委員會」接收，參見行政院文建會台灣大百科全書，「日本移民村」條。
[104] 歐素瑛〈戰後初期在台日人的遣返與留用：兼論台灣高等教育的復員〉，台灣文獻61卷3期，2010年9月，291頁。
[105] 「在華日僑非經許可徵用之技術人員一律不准留華案」1946年1月10日行政院訓令，台灣省文獻委員會藏，檔號：0034/065.1/41/1/034。
[106] 「電送本省日僑遣送應行注意事項希查照」檔案，國防部史政編譯局藏，檔案號0034/545/4010/9/013。

本省日僑之遣送或留台，依其志願及本省之需要決定之，其標準如左：

（甲）日僑志願留台，而政府認為無留台需要者，應即遣送回國。

（乙）志願回國之日僑，具有學術技術或特殊專長之智能，而政府認為有
　　　留台之必要者，仍應繼續徵用，令其留台。

各機關及各縣市政府，應依據前項標準，將日僑調查名冊加以初核，並送
省日僑管理委員會（以下稱本會）複核。

第二條

本會暨各有關機關及縣市政府審核日僑去留，除依照前條規定辦理外，其
家屬之去留，依左列各款之規定。

（甲）兩人以上，分擔家庭生活，其中有應留台、應遣送者，其直系家屬
　　　之去留，聽其自願。

（乙）准予留台之日僑，其直系家屬之去留，聽其自願，其必須遣送
　　　者，仍予遣送。

（丙）遣送之日僑，對其家屬負有單獨撫養之義務者，其家屬應同時
　　　遣送。

（丁）夫為日僑，妻為本國籍，而結婚在本省受降以前者，妻之去留，聽
　　　其自願。

（戊）妻為日籍，夫為本國籍，而結婚在本省受降以前者，其妻得予
　　　留台。

（己）罪犯嫌疑案件未結或移交未清者，暫予留台，其家屬之去留，聽其
　　　自願。

前項遣送回國日僑，在遣送途中發生傳染病者，其家屬不能單獨回國
時，得暫准留台，俟痊癒時再予遣送。如需監護人監護者，其監護人亦得暫准
留台。

第三條

遣送回國之日僑（簡稱回國日僑），每人准攜帶物品一挑以能自搬運者為
限，其數量不能超過左列各款之規定：

（甲）盥洗具類：面盆一個、漱口杯一個、肥皂盒一盒、毛巾一條、牙刷
　　　一把、牙膏一瓶、化妝品若干、肥皂兩塊。

（乙）寢具類：棉花被二條、枕頭二個、被單二條、蚊帳一條、草蓆一
　　　領、毯（或棉花褲）兩條。

（丙）衣履類：（男女相同隨身穿著者除外）冬季衣服三套、夏季衣服三套、衛生衣一件、大衣一件、短褲三條、襯衣四件、羊毛衣一件、短襪三雙、長襪兩雙、背心三件、睡衣一件、雨衣一件、呢帽一頂、手套一雙、木屐兩雙、皮鞋三雙。

（丁）炊具類：（以下除爐灶以外，以銅鐵質料者為限）煮飯鍋一隻、燒菜鍋一隻、爐灶一具、鍋鏟一把、火鉗一把、水瓢一個、小菜刀一把、飯瓢一個。

（戊）日用品類：自來水筆一枝、鉛筆一枝、鋼筆一枝、毛筆一枝、紅墨水一瓶、藍墨水一瓶、手錶（或掛錶）一隻、眼鏡兩副、洋火五盒、粗紙兩刀、香煙十包、熱水瓶一隻、鏡一面、頭梳二把、衣刷二把、圖書若干冊（與作戰無關而非歷史性書籍及文件報告書統計數字暨其他類似資料者為限）

雖然第2條中規定基本上夫妻一方為日本人時，可以自由決定留台與否，但是由於第1條即規定政府可以依據需要決定徵用與否，即使本人不願意留台，也可以強制徵用，致使部分在台日人想留台的留不下來、想回日本的也回不去，由於此一政策，造成不少悲劇，按照當時所適用的1899年公布的明治舊國籍法第20條，依照本人願望取得外國國籍者，喪失日本國籍，現行法則規定於國籍法（昭和25年法律147號）第11條也有類似規定，1985年更導入國籍選擇制度，於國籍法第14條到第16條條針對出生時自動取得雙重國籍的人，課以於22歲時必須選擇一個國籍的義務，亦即日本一貫的採取不允許雙重國籍的制度，滿州國由於並未制定國籍法，因此前往滿州國移民的日本人於戰後歸國並沒有產生雙重國籍的問題，然而在台灣，戰後來台的中華民國政府除於國籍法第20條設有禁止雙重國籍者擔任公職的限制外[107]，原則上採取承認雙重國籍制度，與日本制度不同，因此也形成了保留日本國籍或者被迫放棄日本國籍，歸化成為中華民國國籍人士這兩種選擇，在台灣的日本婦女，歷經時代翻弄，也成立

---

[107] 台灣現行國籍法第20條對於雙重國籍者，採取雙重國籍者禁止擔任公職的原則，但是針對擔任公立大學校行政主管、公營事業非決策主管、約聘人員乃至今以法律特許之職務者，例外都予以允許。且若僅是取得他國永久居留權而非他國國籍時，則完全不受限制，可說相當寬鬆，因此立法委員有要求應與適當限制者，見2009年3月9日立法院第7屆第3會期內政委員會第3次全體委員會議紀錄（審查國籍法修正案）。

了台北市松年福祉會（玉蘭莊）等互助組織[108]，可說是台灣較早的婚姻移民互助組織，以下就以玉蘭莊的會員自述為主，針對不同經歷，為一簡單介紹：

1. 保留日本國籍者（在台灣嫁給外國人）

鈴木百合子（假名），父親是在新竹教書的老師，戰後回到日本茨城老家，偶然因為與印尼華僑結婚，又回到台灣工作，因此始終保有日本國籍，因為她覺得「擁有日本國籍，是她在異國生活遇到萬一時，最後的防波堤」[109]。亦即鈴木百合子原本因為戰敗選擇回到日本，之後因緣際會又因為與外國人結婚，所以又回到台灣，因此戰後她幸運的並沒有被迫要放棄日本國籍，因此始終可以保有日本國籍而在台灣生活，相對於當時已經與台灣人結婚，為了怕被遣返而選擇歸化中華民國國籍的日本婦女而言，其選擇度是相對寬廣的。

2. 改從中華民國國籍者的證言

(1) 在日本內地結婚，直接歸化中華民國國籍者

三浦菊野出生於東京，在名古屋與台灣苗栗出身的劉榮標醫生（當時日本名為重光榮一）認識，於東京舉行婚禮，戰後由於丈夫到台灣大學醫學部任教[110]，因此1947年來到台灣生活，改名為「劉菊野」，在台北遭遇到二二八事件，每日都在恐懼中渡過[111]，想要回日本省親，也是被逼放棄日本國籍才能入境日本。此一類型乃是原本不住在台灣，戰後才從日本內地來到台灣生活，然而因為已經取得中華民國國籍，所以依照日本舊的國籍法第8條的規定[112]，日本國民基於本人意思取得外國國籍時，喪失日本國籍，劉菊野隨夫來台，應該是取得了中華民國國籍，因此喪失了日本國籍。

(2) 在台灣結婚，先保留日本國籍，後歸化中華民國國籍

三浦菊野是在日本嫁給台灣人，但大多數的日本婦女是在台灣嫁給台灣人，如野田敦子便是其中之一，家住台北市京町（今博愛路附

---

[108] 玉蘭莊位於台北市信義路，是唯一使用日語的老人活動中心，1989年由台北東門基督教長老教會日語祈禱會為出發，而由堀田久子創立，會員主要是戰後因與台灣人結婚而留在台灣的日本人婦女，參見陳乃菁〈在玉蘭莊，這群台灣老人都說日語〉，新台灣新聞週刊，第345期（2002年10月）。

[109] 宮本孝《玉蘭莊の金曜日》，展轉社，1997年，155頁參照。

[110] 宮本孝的採訪中說是到醫學部任教，實際上劉榮標是到獸醫學系任教，劉榮標是台大畜牧獸醫學系首任系主任，1914年出生於苗栗縣公館鄉，14歲就到日本內地唸書，從麻布獸醫學校一路念到東京高等獸醫學校，畢業後在日本免疫學之父北里柴三郎創立的北里研究所工作十多年，戰後返台任職。

[111] 宮本孝《玉蘭莊の金曜日》，展轉社，1997年，68頁

[112] 日本現行國籍法乃是1950年（昭和25年）制定，但是在1984年（昭和59年）把國籍取得要件從父系血統主義改變成父母兩系血統主義，做了較大變動，此處指的舊國籍法是指1984年以前的國籍法。就國籍的取得要件而言，台灣於2000年以前國籍法也採父系血統主義，嗣後方修法變成父母兩系血統主義。

近）[113]，畢業於台北第一高女的野田敦子（後改名野田文苑），是典型的「灣生」，戰後選擇保留日本國籍而留在台灣，父母原以為可以因為她跟台灣人結婚而全家得以留在台灣，沒想到被強制遣返，從此音訊難通，等到十年後母親病危想要回日本探病，然而當時日本政府說說「如果不放棄日本國籍，就不會得到入國許可」，迫不得已只好放棄日本國籍，歸化成為中華民國國籍[114]，野田認為「是因為戰爭才迫使我們母女成為不同國家的兩個人的」[115]。亦即當初野田全家是希望透過婚姻的手段，能留在台灣不被遣返的，然而女兒野田敦子固然因為婚姻而留在台灣，其他家人卻違反其意願遭到遣返，且即便野田敦子未放棄日本國籍，但是日本政府卻迫使她放棄日本國籍，結果野田也只好歸化變成了中華民國人。

(3) 在與外省人結婚，後歸化中華民國國籍

大澤須美子，東京人，被身為軍人的父親帶到滿州國生活，戰後與前來接收的中華民國空軍將領杭州人袁廣量結婚，國共內戰時，無奈的拋下長子，隨夫來到台灣，改名袁呂敏[116]。從大澤須美子的例子來看，她原本跟軍人父親前往滿州生活，由於滿州國只有類似於戶籍法的「民籍法」而始終無法制定國籍法[117]，因此大澤一家在滿州國並沒有碰到國籍上的問題，然而在中國與國民革命軍軍官結婚，並輾轉來到台灣一事，卻使得她面臨了國籍的選擇，雖然無法得知大澤須美子是與三浦菊野相同直接歸化中華民國國籍，或是與野田敦子先保留日本國籍，後歸化中華民國國籍，然而因為戰亂，自願或者不得已取得中華民國國籍的可能性很大，也因此喪失了日本國籍。

(4) 先歸化中華民國國籍、又再恢復日本國籍，再申請歸化中華民國國籍

高峰キヌ子，在1945年日本戰敗後，跟隨丈夫改姓黃，沒有被國民政府遣返，過了三十幾年丈夫因為癌症去世，高峰キヌ子便選擇回日本老家恢復日本

---

[113] 京町位在現在台北市博愛路、武昌街、沅陵街一帶，當時台北市的町有紀念歷任台灣總督的兒玉町、乃木町、明石町、佐久間町等，也有本土化的大龍峒町、龍山寺町等，目前僅有西門町此一名詞尚通用至今。

[114] 宮本孝《玉蘭莊的金曜日》，展轉社，1997年，28頁、111頁、151頁參照。

[115] 宮本孝《玉蘭莊的金曜日》，展轉社，1997年，29頁參照。

[116] 宮本孝《玉蘭莊的金曜日》，展轉社，1997年，94頁。

[117] 滿州國當時考慮境內有大批的日本人與朝鮮人，在國籍認定上存在很多窒礙難行之處，因此終其統治時期，並未曾制定國籍法，呂秀一〈滿州国における朝鮮人国籍問題の考察〉，広島法學30卷1號，2006年，119頁、120頁以及遠藤正敬〈滿州国草創期における国籍創設問題：複合民族国家における「国民」の選定と帰化制度〉早田政治誌369期，2007年11月，143頁以下參照。

國籍，然而不久後因為年紀太大，家屬決定讓她回台定居以便就近照顧，此時拿日本護照的高峰キヌ子被視為外籍配偶，必須滿足身體健康檢查、住滿一定的居留期間、放棄母國國籍、一定的經濟條件（五百萬的財產證明）以及中文考試等五項規範才能歸化。只會台語跟日語，不會講國語的高峰キヌ子只好面臨被遣返回日本的困境[118]。高峰キヌ子的例子較為特殊，戰後先是歸化中華民國籍，嗣後又想要恢復日本國籍，唯此時乃是以外國人的身分來申請，推測應該是以符合現行日本國籍法第6條「出生於日本且持續在日本居住三年以上」的條件而再度成為日本人的[119]，然而在台多年，已經無法適應日本生活，想要再度申請歸化中華民國國籍時，就碰到了困難，首先是台灣對婚姻移民的歸化設有財力證明的限制，所持理由為確保其經濟生活無虞以及符合世界多數國家立法例等[120]，然而500萬的金額，使得婚姻移民根本無力負擔，因此嗣後台灣政府先是放寬規定成約42萬元，繼而劉兆玄內閣在2008年宣布取消此一財力證明的規定，只要有村里長或立案的人民團體，提供外籍配偶足以自立的證明書即可，總算解決了一部分的問題[121]，而在語言能力部分，也隨著國籍法授權的行政命令「歸化取得我國國籍者基本語言能力及國民權利義務基本常識認定標準」第6條放寬為「華語、閩南語、客語、或原住民語」而獲得解決，唯在放棄日本國籍方面，依據日本國籍法第11條，日本國民依其意願取得外國國籍時，喪失日本國籍者，依照日本戶籍法第103條的規定，最遲要在取得外國國籍三個月內向日本政府陳報因取得他國國籍而喪失國籍之事實，但因日本政府並不承認中華民國政府之存在，無法認定為取得新國籍，因此日本相關單位如何辦理，恐有待實務來加以驗證。

四、小結

　　在全球化以及國際化的趨勢下，人口的移動也不再限於境內，而有了國際性的流動，因此台灣政府自陳水扁總統任內倡導人權立國開始，將以往重

---

[118] KENJI〈從我的日籍外婆看台灣外籍配偶問題〉，今日新聞網，2007年10月3日。

[119] 日本國籍法第六條：現居住於日本的外國人，該當於下列各款情況之一者，即便不具備前條第一項第一款之條件，法務大臣亦得許可其歸化（第一款、第三款略）第二款：出生於日本，且持續在日本擁有住居所三年以上，且其父或母（養父母除外）係出生於日本者。

[120] 行政院大陸委員會新聞稿2008年2月4日編號第12號。

[121] 〈廖了以承諾取消外籍配偶歸化財力證明〉2008年6月30日，中央社。

視管制的出入境管理業務與移民問題合而為一，於1999年公布了入出國及移民法，並於2000年提出內政部入出國及移民署組織條例草案[122]，審議多年，直到2005年始三讀通過，而於2007年正式運作，可見台灣正視移民問題的歷史還相當的淺，有很多地方都需要大家一同去關心學習，在婚姻移民這一部分，雖然來自東南亞、中華人民共和國的新移民增多是近十幾年才增多的現象，但從以往台灣所發生過的婚姻移民現象，我們仍然可以得到很多啟示，比如以往漢人買賣婚的習慣，即便到了日治時期異族通婚也仍然持續著，在意識上，似乎與「買」越南新娘、泰國新娘等有其相同的地方，而以往強迫女子姓下加「氏」與現在強迫越南新移民的女子姓下去「氏」的作法，也讓人覺得似曾相識，台灣在2009年由立法院三讀，馬英九總統公布〈公民政治權利國際公約〉、〈經濟社會文化權利國際公約〉以及〈兩公約施行法〉，顯示出台灣在注重人權上面邁出了重要的一步，然而，如何將注重人權，由口號化為具體作為，實在需要大家一同集思廣益，除了汲取外國經驗他山攻錯之外，如能借鑑於以往對於婚姻移民的豐富歷史，從習慣上去加以改變，鑑往知來，或許可以讓我們在思考婚姻新移民議題時有更多的啟發。

---

[122] 參見2000年內政部入出國及移民署組織條例草案總說明。

許碧純

一、導論

　　根據英國「強迫婚姻處」（Forced Marriage Unit）（2011）的統計顯示，「強迫婚姻」（forced marriage）的被害者主要為年輕的女性，從青少女到20幾歲皆有，很多女性很小就被迫進入婚姻，忍受該婚姻多年之後才開始對外尋求協助，而阻止他們一開始尋求協助的原因主要與家庭、經濟及社會的壓力有關。然而，強迫婚姻常被視為是一個隱藏性的問題，其往往伴隨家庭暴力，且缺乏相關的資料進行研究分析，所以，強迫婚姻的嚴重性常被忽略。儘管強迫婚姻可能涉及暴力，但強迫婚姻與家庭暴力仍有差異，因此，晚近的社會政策逐漸認為應將兩者區分，亦即必須將強迫婚姻視為一個對女性暴力的獨立議題進行研究分析。

　　根據「世界人權宣言」（Universal Declaration of Human Rights）的第16條：

1. 男女在符合法定年齡即有權結婚並組成家庭，此權利不因種族、國籍或宗教而有差異，且此權利在結婚之時、結婚期間及婚姻終止等不同階段一律平等。

2. 婚姻只有在結婚雙方自由且完全同意的情況下才能成立。

3. 家庭是社會當中自然且基本的團體，應受到社會及國家的保護。

　　由世界人權宣言可知，結婚必須是在雙方同意的情況下才能成立，這是一種基本人權，然而，強迫婚姻往往是結婚當事人不同意的狀況下仍被迫結婚，此明顯違反基本人權。除此之外，強迫婚姻常伴隨著家庭暴力，且被害者往往求救無門，缺乏支持的管道，因此，不論是學術研究或實務上都有必要對強迫婚姻進行研究與分析。

　　綜合以上的討論，本文主要著重於分析婚姻移民與強迫婚姻之關係，研究發現在英國的強迫婚姻案件當中，有70%是一方為英國公民，另一方為南亞大

陸的外國移民（Muslim Arbitration Tribunal, 2008），由此可見強迫婚姻與婚姻
移民的關係之密切。為了對抗強迫婚姻，英國政府投入諸多的社會資源，包含
制定強迫婚姻法、設立強迫婚姻處，以及利用媒體建立社會大眾對強迫婚姻的
認識，儘管相關的政策有部分的爭論仍未達成共識，英國政府在打擊強迫婚姻
的努力值得肯定，因此，本章將著重於分析英國的強迫婚姻，以及其對抗強迫
婚姻的相關政策。首先，本章界定強迫婚姻的概念，其成因及影響，接著討論
有關強迫婚姻的相關爭論，最後，文章分析英國對抗強迫婚姻的相關政策。

二、強迫婚姻之概念

（一）定義

　　「強迫婚姻」指的是至少在結婚的其中一方不同意的狀況下被迫結婚，被
害者往往承受巨大的壓力或者被虐待，壓力的來源包含生理上的壓力（例如：
威脅、加諸身體的暴力或性暴力），或情緒上及心理上的壓力（例如：讓被害
者覺得其行為使整個家族蒙羞），被害者為了維護家庭利益或名聲，或使家族
免於蒙羞，往往在不願意的情況下被迫結婚（Forced Marriage Unit, 2011）。
強迫婚姻通常透過媒人介紹，並且由第三者例如父母或長輩，替結婚當事人決
定結婚對象，結婚的對象可能來自本國或其他國家，本章主要探討的為來自其
他國家與英國公民之間所產生的強迫婚姻。

　　另外一種常與強迫婚姻相提並論的婚姻類型是「媒妁婚姻」（arranged
marriage），由於兩者易產生混淆，因此有必要區分。英國的「外國與大英國
協辦公室」（Foreign and Commonwealth Office）指出，儘管兩種婚姻都是透
過媒人介紹，但最大的差別為媒妁婚姻是在結婚的雙方同意之下成立，並無違
法之虞，因此，法律上並無法干涉此種婚姻，外國與大英國協辦公室提到其瞭
解媒妁婚姻對很多社會而言是重要的文化傳統，所以，其尊重此婚姻模式（轉
引自Enright, 2009）。然而，強迫婚姻則是至少在其中一方不贊同的情況下仍
被迫結婚，因此，明顯違反人權，法律應立法禁止，並預防此種婚姻發生。儘
管法律上區分強迫婚姻與媒妁婚姻，然而，此種區分仍不夠明確，以媒妁婚姻
而言，很多時候父母或家族中的長輩已經預先為其挑選好結婚的對象，所以，
結婚對象的選擇仍然相當有限（Siddiqui, 1991），與強迫婚姻最大的差異為媒
妁婚姻的結婚當事人最後仍有權決定是否要與預先挑好的對象結婚，而強迫婚

姻的當事人則無。因此，此兩種婚姻類型的差異除了結婚的雙方是否有權選擇結婚對象之外，另外則為是否在雙方同意的狀況下結婚。簡言之，兩種婚姻的主要差異在於是否有「選擇的自由」，當個人無權選擇結婚對象，且被迫結婚時，其人權受到侵害，即為強迫婚姻。

根據英國強迫婚姻處的統計，2010年該處協助脫離強迫婚姻或疑似強迫婚姻的個案有1,735件，其中86%的被害者為女性，年齡在16到24歲之間，其他14%為男性（Forced Marriage Unit, 2011），由此可知英國強迫婚姻的被害者主要為年輕的女性。然而，由於很多被害者的家人並不認為其「強迫」被害者結婚，或者很多被害者不敢對外尋求協助，因此，英國強迫婚姻處的統計數字並無法呈現真實的現象，甚至可能低估實際發生的案件。同時，現有的資料顯示強迫婚姻涉及的雙方，其中一方是英國公民，另一方則主要是南亞大陸的女性或男性，資料顯示90%強迫婚姻的被害者具有巴基斯坦或孟加拉的族群背景（Ministry of Justice, 2007; Khanum, 2008）。

為了讓家人取得英國的公民身分，這些強迫婚姻的被害者被迫與英國公民結婚，在獲得結婚簽證之後，再幫助其家人取得合法的英國公民身分。因此，強迫婚姻被認為是英國南亞裔的回教族群的特定問題，儘管強迫婚姻不只發生在此族群身上，但由英國官方的統計數字仍可發現強迫婚姻主要的被害者多數為南亞裔的女性，由此可見，英國的強迫婚姻很明顯的是一個性別、族群與移民交錯的問題。

（二）成因與影響

由英國內政部的調查可以發現，強迫婚姻的被害者與其父母對於強迫婚姻的看法有很大的差異，強迫兒女結婚的父母通常不認為他們的行為有何不妥之處，其往往認為自己是為了維護移民母國的文化及宗教傳統，擴大家族的社會關係，及維護家族的聲譽（Foreign and Commonwealth Office, 2011），所以才幫兒女決定結婚的對象。

Gill（2005）認為在英國的南亞回教移民當中，強迫婚姻的產生與維護家族的「聲望」有重大關係，在其文化傳統的影響之下，男性被期待扮演掌控者的角色，且佔據優勢的地位，而女性則是被期待要服從且扮演被動的角色，一個女性的首要任務就是維護家族的聲望，替家族保留面子甚至比個人的安全更為重要，因此，面對家庭暴力，很多被害女性呈現矛盾的態度。Gill（2005）

認為如何維護家族的「聲望」不僅是這些南亞回教移民的父母親重視，年輕的男女也深受其影響，在此族群當中，婚姻被視為是一種鞏固家族生意及個人關係的重要方式，年輕男女如果不願接受父母親為他們挑選好的結婚對象，即被視為危害家族的利益或社會聲望，因此可能被整個家族或社區排斥，Chew-Graham（2002）即指出很多受害女性因為懼怕家族或社區的群體壓力，且害怕被原有的社會關係網絡排斥，因此一直無法避免或離開強迫婚姻。總體而言，強迫婚姻的起因主要包含：家庭或同儕壓力、強化家庭之間的連帶、保護傳統文化或宗教信仰、維護家族聲譽、避免不相稱的婚姻關係、維護家族長期以來的承諾及一種控制女性的行為與性的方式（Foreign and Commonwealth Office, 2011）。

強迫婚姻的影響包含諸多層面，首先，其嚴重的侵害被害者的人權，除此之外，被害者的整個家族例如父母、手足及家族中的長輩亦可能受到強迫婚姻的傷害。其次，被強迫結婚的女性在婚後往往與其家族漸行漸遠，同時，研究亦指出這些被害者也比較容易遭受家庭暴力，在其決定要脫離強迫婚姻之前，其往往忍受家庭暴力長達數年，而這些被害者無法擺脫強迫婚姻的理由包含：缺乏家庭支持、經濟壓力及其他社會因素（Foreign and Commonwealth Office, 2011）。根據英國官方的統計，很多被害的年輕女性在其母國被迫中斷學業，並被迫與英國公民結婚，然而，未達到英國結婚簽證法定的年齡之前，其婚姻並不被英國政府承認，除非他們懷孕，否則往往必須繼續滯留海外，而懷孕又讓這些強迫婚姻的被害者更難擺脫其婚姻關係（Foreign and Commonwealth Office, 2011），因此陷入惡性循環的狀況。另外，這些強迫婚姻的被害者最常面對的問題就是孤立無援，研究發現被害者描述其往往找不到任何人可以訴說其處境，這種孤立的情況與家庭暴力的被害者非常類似（Foreign and Commonwealth Office, 2011）。

三、相關爭議之分析

有關於強迫婚的相關爭議，其中首要的爭議為強迫婚姻是否是一個移民帶來的問題？其次，強迫婚姻是否是一種少數族群的文化傳統？最後，有關強迫婚姻發生的原因，部分的論點將其歸因為與特定的宗教信仰有關。

針對強迫婚姻，英國政府提出的諮詢報告，「有權選擇：強迫婚姻的工

作報告」當中指出，「現今的英國社會正在協商一種新的價值觀，這種價值觀為不論性別、種族、宗教、或族群，人人都應獲得平等與尊重」（Foreign and Commonwealth Office, 2011）。事實上，該報告所指出的就是建立一個尊重基本人權的文化，一位理想的英國公民被期待要遵守英國社會普遍認同的價值觀包含：尊重基本人權、接受多元宗教、促進性別平等及遵守法律規範，與這些價值觀牴觸者被視為是有問題，而背離這些價值觀的人則被視為是「他者」（other）（Kofman, 2005; Volpp, 2007）。在這種「普遍」與「特殊」，「我們」與「他者」的二元區分之下，強迫婚姻被視為是「特殊」的，由「他者」，亦即外來移民帶入英國的文化，因此，移民被視為是破壞英國社會和平與穩定的始作俑者（Kofman, 2005）。在「有權選擇：強迫婚姻的工作報告」當中即將移民的父母親視為是輸入強迫婚姻這種「特殊文化」，且破壞英國社會穩定的元兇（Enright, 2009），如同在該報告當中的一段話所指出：

> 「做為父母是我們最困難、也最珍貴的一段旅程，我們很多人移民到英國，我們認為維持我們的文化、語言與傳統是我們應有的責任，而這種責任有時候已經掩蓋了我們發展一個自然家庭的能力，我們認為這麼做是為了不讓我們的小孩受傷，以及不讓其受西方社會的影響。」

這段話將強迫婚姻視為是有問題的外國文化，這種文化是由這些女性婚姻移民者的父母親及其丈夫帶入英國。

另外，強迫婚姻往往被視為是一種少數族群的文化問題，誠如前所提及，在英國的強迫婚姻被害者多數具有南亞及回教的族群背景，同時，強迫婚姻往往伴隨著對女性的暴力，Razack（2004）認為英國社會傾向於將對回教女性或男性的暴力視為是一種特殊的文化問題，與一般英國社會的男性對女性的暴力完全不同。換言之，英國社會認為在回教的文化傳統之下，回教男性以暴力掌控回教女性，這種對女性的暴力是一種回教文化之下無可避免的結果，所以，回教文化是造成女性成為暴力被害者的主因，而強迫婚姻只是眾多對女性暴力的其中一種。

儘管英國主流文化強調維護人權與自由等價值觀，然而由於英國社會傾向於認為強迫婚姻是特定移民族群的文化傳統，相關的政府機關往往認為該問題是不同族群的文化差異所造成，同時，對於強迫婚姻被害者所遭受的暴力，先

前的英國政府機關傾向於視其為少數族群的文化產物，因此採取消極的態度處理強迫婚姻的案件。儘管一個多元文化的社會應尊重不同族群的文化差異，但文化差異並不能合理化強迫婚姻的產生，換言之，一個多元文化的社會可以尊重不同族群的差異，但仍然應反對強迫婚姻，尊重多元文化的發展不應與維護人權產生衝突。

最後，西方社會傾向於認為強迫婚姻的發生與宗教信仰有關，事實上，這可能是一種偏見，世界上各大主要宗教包含基督教、回教與印度教等皆認同結婚必須是雙方都同意的情況下始可進行，認為強迫婚姻的產生與某些宗教有關係，很容易對特定宗教產生偏見，甚至歧視某些宗教信仰，這樣的因果關係應受到挑戰。換言之，宗教信仰並無法合理化強迫婚姻對人權的侵害，不論任何宗教，皆不應在違反個人的自由意志之下，強逼其與他人結婚。

四、規範方式

英國的「婚姻法」（Marriage Act 1949）於1949年實施，另外與婚姻相關的法律為1973年的「婚姻案件審理法」（Matrimonial Causes Act 1973），該法的第12條提及：當結婚的任一方不同意結婚時，該婚姻可以判決無效。因此，根據婚姻案件審理法，婚姻必須在雙方同意的情況下始可成立，強迫婚姻因涉及強迫或脅迫，明顯違法。然而，很多被害者根本不知道英國婚姻法及婚姻案件審理法所提供的協助，或者無法適時的利用法律保障自己的權益，加上強迫婚姻的加害者主要是家人，家庭的壓力往往讓這些被害者不敢站出來為自己爭取權益，而婚姻法中請求婚姻無效的期限為三年，被害者往往無法在有效期限內申請，因此，也無法透過此法律保障自己的權益。此外，很多與英國公民結婚的外國女性，當要訴請婚姻無效時，常會遇到諸多難以克服的困難，例如沒有足夠的金錢進行訴訟，或者無法提供有效的證據。

由於先前法律的限制，為了對抗強迫婚姻，英國政府廣徵民意，透過諸多的諮詢會議及研究報告瞭解社會各界對於強迫婚姻的看法及建議，首先提出的諮詢報告：「有權選擇：強迫婚姻的工作報告」（A Choice by Right: The Report of the Working Group on Forced Marriage），該報告主要介紹強迫婚姻，並提出如何打擊強迫婚姻的建議（Foreign and Commonwealth Office, 2011）。另外，英國政府又提出一個有關強迫婚姻的諮詢報告，「強迫婚姻：

惡行而非正義」（Forced Marriage: A Wrong Not A Right），該報告主要徵詢英國社會各界對於強迫婚姻的加害者須負刑事責任的看法（Forced Marriage Unit, 2011）。之後，英國的內政部再提出幾個諮詢報告，包含「與外籍配偶的婚姻：一個諮詢報告」（Marriage to Partners from Overseas: A Consultation Paper），此報告主要提供有可能淪為強迫婚姻被害者的年輕女性相關的支持（Home Office, 2007），以及「婚姻簽證：往後的方向」（Marriage Visas: The Way Forward），此報告建議如果英國公民有意要替外籍配偶申請簽證，辦理居留，則在其出發前往其他國家之前必須先通報英國政府單位此行的目的（Home Office, 2008）。

除了透過諮詢報告聽取社會各界對於強迫婚姻的看法，由英國內政部與外國與大英國協辦公室共同設立「強迫婚姻處」，該單位的目的為預防強迫婚姻的發生，並協助強迫婚姻的被害者，同時，英國強迫婚姻處著重的焦點為跨國的強迫婚姻，為達成預防強迫婚姻的目的，該單位做了很多努力，包含指導第一線的專業工作者如警察、社會工作人員、教育從業人員以及醫療人員等，當他們面對可能的強迫婚姻的被害者時，如何採取適當的支持措施。同時，強迫婚姻處也透過媒體宣導其反對強迫婚姻的立場。最重要的是2007年時英國政府通過「強迫婚姻法」（The Forced Marriage Act 2007），2008年施行。

（一）2007強迫婚姻法

從以上的討論可知，任何反強迫婚姻的政策及法律皆必須考慮到特定文化因素對被害者的結婚選擇權的影響，為了打擊強迫婚姻，英國政府制定了強迫婚姻法，該法值得讚許之處為在打擊強迫婚姻時，其考慮到英國強迫婚姻被害者所面臨的文化傳統因素之影響（Gaffney-Rhys, 2008），並在此基礎上預防強迫婚姻的產生。換言之，英國先前的法律並無法有效的打擊強迫婚姻，Gaffney-Rhys（2008）歸納先前的法律主要的問題包含三方面，首先，法律往往複雜難懂，非一般民眾可以輕易理解，很多強迫婚姻的被害者常常不知道自己的權益為何？即使他們知道可以利用法律維護自己的權益，很多的被害者也不願意請求幫助，因為一旦進入法律訴訟，其家族聲譽可能會受到影響。其次，根據婚姻案件審理法第13條第2項的規定，婚姻要請求無效必須在結婚3年之內，然而，強迫婚姻的被害者往往很早結婚，其大多不願意在結婚之初即請求婚姻無效。最後，由於涉案的家庭成員都必須出庭，此舉讓很多受害的女性

不願意在法庭公開指證自己的親人。有鑑於先前法律的種種問題與限制，強迫婚姻法在立法之初即朝向預防強迫婚姻的方向努力，此為其最重要的特色，當被害者可能被迫結婚，或者可能產生強迫婚姻的疑慮，為了預防強迫婚姻發生，法院可以核發保護令來保護被害者。

由於文化傳統為導致強迫婚姻產生的關鍵因素，為杜絕強迫婚姻的產生，強迫婚姻法從不同的面向立法以阻絕文化因素的影響。首先，為了維護強迫婚姻被害者或潛在被害者的權益，除了被害人，強迫婚姻法讓「相關的第三方」（relevant third party）可以代替被害者申請保護令，此第三方包含地方的行政或警察機關、婦女組織或自願團體，此舉主要是希望當這些強迫婚姻的被害者因為害怕或被恐嚇，或者被帶到海外或被監禁，而無法為自己申請保護令時，可以由相關的第三者來為她／他申請保護令，且在維護被害者的最佳利益的前提下，相關的第三者申請保護令並不需要取得被害者的同意（Ministry of Justice, 2008）。2008年強迫婚姻法開始施行，由第三者替強迫婚姻被害者申請保護令的部分，英國政府決定先試行一年，並且根據地方執法機關及家庭暴力的自願團體申請保護令的狀況，最後英國政府評估「相關的第三方」為強迫婚姻被害者申請保護令的成效。其次，考慮到強迫婚姻的加害者可能不只一個，其往往涉及家族中眾多的人，因此，保護令的申請可以影響的範圍不僅是主要加害者，同時可以溯及次要的加害者。同時，通常行政程序會非常著重程序正義，也就是行政機關不會只聽信單方片面之詞，即做出行政決定，其做出行政決定之前通常會請被指控的一方進行答辯，但是英國法在強迫婚姻保護令的處理上考量到強迫婚姻的特殊性，只要保護令的申請是符合公平及便宜性，亦即申請保護令可能讓保護令的當事人陷入危險，或者保護令如果沒有馬上核發則被害人可能之後就無法申請，由於考慮到此緊急性，因此，英國強迫婚姻法的保護令可以在不聽取另一方的說法即核發，由於強迫婚姻可能伴隨嚴重的暴力，此立法意義重大，其可以讓保護令在最短的時間內保護受害者（Enright, 2009）。最後，強迫婚姻法視強迫他人結婚為民事問題，而非犯罪行為，儘管英國社會其他的聲浪認為強迫婚姻的加害者應負刑事責任，但考慮到被害者可能因此不願對外尋求協助，因此，此提案目前仍未取得英國社會的普遍共識（Enright, 2009）。

（二）預防強迫婚姻

　　預防強迫婚姻的根本之道在於挑戰並改變人們的態度。首先，年輕的男女、他們的父母及家族的人應該被教育尊重個人的婚姻選擇權，而這些年輕男女應該與其父母親溝通並瞭解彼此對結婚對象的期待。其次，先前的研究指出強迫婚姻發生的主因是因為被害者的父母認為透過此種婚姻方式，可以維護傳統的文化及家族的聲譽（Foreign and Commonwealth Office, 2011），然而，英國的研究結果指出事實上剛好相反，被逼迫接受強迫婚姻的被害者，或者在強迫婚姻下成長的子女，其之後往往轉而反對自己的文化傳統，並且與家族關係疏離，因此，教育父母親認識強迫婚姻可能導致的負面結果是杜絕強迫婚姻的關鍵。再者，社區、宗教團體或女性組織的領袖在預防強迫婚姻亦扮演重要的角色，由於這些人在其社區或組織團體當中扮演重要的意見領袖的角色，其態度與價值觀往往影響該社區或組織團體的成員，因此，這些社區或組織團體的意見領袖應該清楚的表達其反對強迫婚姻的立場。最後，政府亦扮演重要的角色，政府單位應該藉由公共資訊及教育的管道，例如透過學校、媒體、宗教或公益團體，教育民眾何為強迫婚姻，並宣導其對人權的侵害，以及政府明確的反對強迫婚姻的立場。透過多重管道的介入與宣導，預防強迫婚姻，並且協助強迫婚姻的被害者。

　　強迫婚姻的被害者所需的服務各有差異，有的被害者需要的是協助其脫離強迫婚姻的威脅，有的則是處理已經被迫結婚之後所發生的種種問題，不論被害者所遇到的狀況如何，其需要的支持包含：個人安全的保障、保密性、提供有關其個人權益與選擇的正確資訊、安全的住所、所得支持、諮商服務（Foreign and Commonwealth Office, 2011），同時，對於被害者的支持必須包含短期與長期的支持。

（三）最新發展趨勢

　　2011年，英國內政部再度提出預防強迫婚姻的諮詢報告：「家庭移民：一個諮詢報告」（Family Migration: A Consultation），其中的一部分是有關對抗強迫婚姻的政策。在此報告當中，英國政府除了再次強調其反強迫婚姻的決心，開宗明義的強調婚姻必須在雙方都願意的狀況下始可成立，另外亦提出幾個有關強迫婚姻的爭論點，希望透過該諮詢報告，聽取社會各界的意見。首先，強迫婚姻是否應該由原本的民事責任改為須負刑事責任？其次，是否要將

婚姻簽證的年齡提高到21歲？

　　當一個婚姻構成強迫婚姻時，根據2007年的強迫婚姻法，加害者並無刑事責任，英國國會的家庭事務委員會（The Home Affairs Committee of the House of Commons）在2011年的「家庭移民：一個諮詢報告」當中建議，希望將強迫婚姻修改成加害者必須負刑事責任，英國社會對此建議看法相當分歧，贊成與反對者各持不同的看法。贊成將強迫婚姻修改成加害者須負刑事責任者，其贊成的理由主要為，將強迫婚姻入罪可以讓英國及國際社會重視此一議題，且可以達到嚇阻的效果，同時，藉由刑事責任可以讓年輕人在父母親或家族長輩強迫他們結婚時，勇於拒絕，並且也幫助父母親在面臨是否要強迫兒女結婚時，敢於抗拒家族或整個社區團體所施加的壓力（Home Office, 2011）。另一方面，反對將強迫婚姻入罪的支持者，其反對的理由包含：首先，其認為並沒有足夠的證據可以支持將強迫婚姻入罪可以減少其發生或通報案件的數目，再者，一旦構成強迫婚姻，加害者須負刑事責任，此舉可能會讓強迫婚姻的被害者或潛在的被害者不願對外尋求協助，且英國現行的法令（例如強暴罪）已經可以運用於強迫婚姻的相關案件，最後，要證實被害者的家屬或朋友是強迫其結婚的加害者相當困難，而且很難證實他們的犯罪意圖。由於贊成與反對者各有其立場，因此，強迫婚姻的加害者是否應負刑事責任，在英國目前尚無定論。

　　其次，新的諮詢報告當中亦討論到申請結婚簽證的年齡必須有所限制，欲申請的英國公民之配偶，其年齡從原本的必須滿18歲，2008年時，提高到須滿21歲始受理申請[1]，而將年齡提高的原因主要是希望保護年輕的女性／男性不受到強迫婚姻的戕害，英國政府當局認為年紀大比較有能力可以對抗外來壓力，避免陷入強迫婚姻，同時，提高結婚簽證的年齡主要希望這些配偶可以發展更成熟的人格、生活技能，以及完成學業，而這些都可能讓潛在的被害者更有機會抗拒強迫婚姻（Home Office, 2011）。

　　綜合以上的分析，目前英國政府透過相關的政策欲打擊強迫婚姻，然而，分析相關的政策時可發現其仍有諸多的困難與限制。首先，少數移民族群的文化傳統雖然是造成強迫婚姻的重要因素，但除了文化傳統，仍有其他因素

---

[1]　申請結婚簽證最低年齡的限制亦可見於其他歐盟國家，例如奧地利、荷蘭、立陶宛及賽普勒斯皆規定申請結婚簽證的雙方皆須滿21歲，丹麥則要求必須年滿24歲（Home Office, 2011）。

可能與文化因素交互作用而造成強迫婚姻的產生，政策上如果只將強迫婚姻歸因於外來移民的傳統文化，並認為改變傳統文化才是解決強迫婚姻之道，將忽略其他因素的影響力。其次，英國打擊強迫婚姻政策最大的困難為缺乏專業的家庭暴力的服務，以及提供被害者緊急的庇護所，除非有其他可以容身之處，否則這些弱勢的被害者很難擺脫其固有文化以及家庭或社區的影響，更何況除了文化因素，還有經濟狀況及小孩的問題，都可能讓被害者難以脫離現有的婚姻關係（Phillips, 2007）。

五、結論

　　本章主要著重於探討英國的強迫婚姻，並分析英國反強迫婚姻的相關政策。由以上的分析可知，英國強迫婚姻的被害者主要為年輕的移民女性，其被迫與英國男性結婚，而成為英國公民。進一步探究強迫婚姻的成因主要與被害者的家庭為了維護其移民母國的文化與宗教傳統，以及維護家族的聲譽，故強逼被害者結婚，由於被害者無法選擇結婚對象，且強迫婚姻往往伴隨著家庭暴力，嚴重侵害人權。然而，當強迫婚姻發生時，英國社會仍傾向於將強迫婚姻視為是外來移民族群所帶來的問題，因為其「特殊的」文化及宗教傳統，強迫婚姻被視為是移民族群傳統的必然產物，因此，先前的英國社會明顯忽略強迫婚姻的嚴重性。有鑑於強迫婚姻嚴重侵害人權，英國政府為避免強迫婚姻對受害者的危害，制定了強迫婚姻法，設立強迫婚姻處，並執行相關的反強迫婚姻的政策。

　　綜合以上的討論可知，強迫婚姻的根源主要與被害者的文化傳統、家庭壓力、以及對女性的控制有關，除此之外，英國社會對於強迫婚姻的刻板印象，使得強迫婚姻的嚴重性長期被忽略，因此，欲降低強迫婚姻的危害，必須從不同的層面著手，本文提出從個人、家庭及社會三個不同層面對強迫婚姻的被害者或潛在的被害者增權。在個人層面，應該要對被害者或潛在的被害者增權，讓其建立自信，為維護個人基本的權利，敢於對抗來自家庭或同儕的壓力，並且知道如何利用社會資源來協助自己脫離強迫婚姻的困境。在家庭層面，應該建立被害者與被害者家庭的溝通管道，並倡導尊重個人的婚姻選擇權，以及宣導強迫婚姻所造成的種種負面影響。最後，在社會的層面，除了政府的政策必須明確的反強迫婚姻，透過各種管道建立民眾對強迫婚姻的認識，並且宣導

尊重基本人權，更重要的是對於強迫婚姻的被害者及潛在被害者的相關支持措施，透過多重的方法對強迫婚姻的被害者，或可能的被害者增權，讓其在面對可能被迫結婚的壓力時，可以勇敢的，而且有足夠的資源說「不」。

參考書目

Chew-Graham,Carolyn, Col Bashir, Khatidja Chantler, Erica Burman and Janet Batsleer, 2002, "South Asian Women, Psychological Distress and Self Harm: Lessons for Primary Care Trusts." Health and Social Care in the Community 10(5):339-347.

Enright, Mairead 2009, "Choice, Culture and the Politics of Belonging: The Emerging Law of Forced and Arranged Marriage." Modern Law Review 72(3):331-359.

Forced Marriage Unit, 2011, Forced Marriage: A Wrong, Not A Right. http://scotland.gov.uk/Publications/2005/09/e1152342/link（取用日期：2011/9/5）

Forced Marriage Unit, 2011, What is a Forced Marriage? http://www.fco.gov.uk/resources/en/pdf/2855621/what-is-forced-marriage.pdf（取用日期：2011/9/5）。

Foreign and Commonwealth Office, 2011, A Choice by Right: The Report of the Working Group on Forced Marriage. http://www.fco.gov.uk/resources/en/pdf/a-choice-by-right（取用日期：2011/9/7）。

Gaffney-Rhys, Ruth, 2008, "Developments in the Field of Forced Marriage." International Family Law Journal 1:26-31.

Gill, Aisha, 2005, "Voicing the Silent Fear: South Asian Women's Experiences of Domestic Violence." Howard Journal of Criminal Justice 43(5): 465-483.

Home Office, 2007, Marriage to Partners from Overseas: A Consultation Paper. London: Home Office.

Home Office, 2008, Marriage Visa: The Way Forward. London: Home Office.

Home Office, 2011, Family Migration: A Consultation. London: Home Office.

Khanum, Nazia, 2008, "Forced Marriage, Family Cohesion and Community Engagement: National Learning Through a Case Study of Luton." http://www.

ehrverbrechen.de/1/images/downloads/literatur/forcedmreport.pdf（取用日期：2011/9/7）。

Kofman, Eleonore, 2005, "Citizenship, Migration and the Reassertion of National Identity." Citizenship Studies 9(5): 453-467.

Ministry of Justice,2007, Forced Marriage (Civil Protection) Act 2007—Relevant Third Party 23. London: Ministry of Justice.

Ministry of Justice, 2008, Forced Marriage (Civil Protection) Act 2007—Relevant Third Party Responses to Consultation 7. London: Ministry of Justice.

Muslim Arbitration Tribunal, 2008, Liberation from Forced Marriages. http://www.matribunal.com/downloads/MAT%20Forced%20Marriage%20Report.pdf（取用日期：2011/9/5）。

Phillips, Anne, 2007, Multiculturalism without Culture. Oxford: Princeton University Press.

Razack, Sherene H., 2004, "Imperilled Muslim Women, Dangerous Muslim Men and Civilised Europeans: Legal and Social Responses to Forced Marriages." Feminist Legal Studies 12: 129-174.

Siddiqui, Hannana, 1991, "Review Essay: Winning Freedom." Feminist Review 37: 78-81.

Introduction

The objective of this paper is to trace the comparative evolution of national and global policy approaches to the phenomenon of transnational/transcultural marriage migration and to consider strategies for the future.

The reasons for and the circumstances and policies which affect Transnational/ transcultural marriages may be very different in different demographic contexts (Constable 2005). In Northern European countries such as Britain, marriage migration has largely (though not exclusively) been of husbands from the South Asian continent to marry wives of the same cultural mix (diasporic marriages) (Cameron 2006, Menski 1999). At the same time, in some countries such as Germany, African marriage migration has involved migrant women preferring marriage to German men in preference to their own community and German women marrying migrant men (Bledsoe and Soew 2009). A different European and North American phenomenon has been of 'white' men seeking migrant wives from Asia and Latin America using match-making agencies which may or may not be based on the internet (Belleau 2003). This latter pattern has been replicated in East Asian countries such as South Korea, Japan and Taiwan, where migration has significantly been of brides who migrate to the more prosperous East Asian country to provide reproductive support and family labour for the husband and his family in what may be considered 'care' marriages (Lan 2008; Kuo 2006; Suzuki 2005; Freeman 2005).

Policy towards such marriages has veered between a general neutrality and even encouragement for such marriages to variety of forms of exclusion. Such policies of exclusion have contradictory effects. The relationship between policies and international human rights regimes are complex. On the one hand, human rights regimes constitute constraints on the policies, on the other the policies encourage interpretations which weaken human rights regimes.

The post -war emphasis of human rights norms has been to emphasise a right to shared family life across national borders. This has involved two aspects. Firstly, the right to marry and found a family means that people have a right to marry irrespective of borders and the spouse and any children have a right to live in the country of either party on a basis of equality between men and women[1]. The right to family integrity is further reinforced by the *UN Convention on the Rights of the Child (UNCRC)*. Following the concept of the 'best interest of the child' the Convention gives the child the right to live with their parents irrespective of borders. At the same time a complexity is provided to these rights by international instruments whose apex is the *UN Protocol to Prevent, Suppress, and Punish Trafficking in Persons* (2000). The laudable intention is to control forced marriages and trafficking of women. However, the very existence of these conventions provides states with policy opportunity to intensify restrictions on transnational marriages whose real intention is immigration control.

Thus in the United Kingdom the issue of forced or bogus marriages was initially used to intensify restrictions against arranged transnational marriages from the Indian sub-continent (Menski 1999). Spouses had to prove a negative - that the primary purpose of marriage was not immigration into the United Kingdom. This rule was reinforced by highly intrusive and restrictive tests involving series of interviews which interrogated the most intimate details of the parties' lives in order to establish that the marriage was a 'love' marriage. The rule created a great deal of resentment among the South Asian community and human rights activists and was modified in 1997. This led to significant increases in marriage immigration. As a result, the immigration authorities have instituted new tests which, although not

---

[1]　Relevant instruments include Article 16 of the *Universal Declaration of Human Rights (UDHR); Convention on Consent to Marriage, Minimum Age for Marriage and Registration of Marriages* (1962, 1964); Art. 23 of the *International Covenant on Civil and Political Rights* (ICCPR); Art. 10 of the *International Covenant on Economic, Social and Cultural Rights* (ICESCR); Art. 5(d)(iv) of the *Convention on the Elimination of All Forms of Racial Discrimination* (CERD); *Convention on the Elimination of All Forms of Discrimination Against Women* (CEDAW) *Convention on Nationality of Married Women.*

requiring the proof of a negative, still insists on the provision of the most intimate details and proof that satisfactory accommodation and financial support is going to be provided in the United Kingdom. New restrictions were proposed requiring knowledge of English and an age restriction to a minimum of 21 years (Shah 2008; Nahai 2009; Enright 2008). Further justification of this new restrictive approach emerges from the policy to restrict 'forced' marriages, and yet Enright (2009) disputes what she terms "the easy ritual distinction so often drawn between forced and arranged marriage":

While it is certainly possible to identify a forced or an arranged marriage in its individual context, the task of defining these concepts in more general terms is a complex one. In practice, substantial slippage occurs across the forced /arranged divide. Thus, while forced marriage is the ostensible target of recent policy drives, increasingly transnational arranged marriages come within their ambit, especially in the immigration arena.

Bledsoe and Sow (2009) and De Hart (2006) observe similar restrictive practices in other European jurisdictions.

In the US the *Immigration Marriage Fraud Amendments* legislation enacted the Conditional Residence Scheme under which the man applies for a special spousal or fiance visa which requires marriage within 90 days, otherwise the immigrant bride is liable to deportation. Such marriage is followed by conditional residence for two years. The parties have to make a joint application three months prior to the expiry of conditional residence, but delays in processing could prevent the actual grant for up to four years (Belleau 2003).The US has been particularly influential through its Trafficking Victims Protection Act of 2000 which not only provides penalties and coordinating mechanisms but has also enabled it to promote steps globally, for example through its support of the Asian Regional Initiative Against Trafficking. For Suzuki,

With the heightened desires to protect one's nation from external "terrorists" and "invaders", many nation-states have mobilized common negative representations of foreign women to prevent them from entering their countries as spouses of home nationals. "Terrorists" and "invaders" in this context are not Osama bin Laden or Abu Zarqawi, but those who may endanger "homeland security" by economically, culturally, and racially disturbing the ideal social orders and national body (Suzuki 2006, 2).

East Asian countries including Taiwan and Korea have been involved in complex policy moves which have involved both liberating human rights legislation and restrictive practices.(Lan 2008, Freeman 2005, Suzuki 2006). In Taiwan policy on transnational marriages has moved from one of strong exclusion to liberalisation in the 1980s (Tsay 2003). However, Lan (2008) describes the intrusive interview process which takes place before and after arrival in Taiwan. In her research, some interviewers were hostile to such marriages and considered them to be a national shame. The underlying issue is not the legislative framework, which is quite progressive as a consequence of activism. However, the concern is with the general attitudes which may inform the implementation.

There is little doubt that some of the distortions which take place in family reunification are a result of policies of general exclusion of people from the poorer countries. As Bedsoe and Sow (2009) suggest:

With an increasing migration premium on characteristics with family reunification value, attempts to enforce the rigid letter of the law underlying the separate legal pathways of these positions drive family members apart. Not only are Africans caught between the principles encoded in family reunification laws; families themselves, focusing on the same social boundaries that states do, must select for migration members whose attributes will best qualify for entry.

The Excluded Within

The restrictive policies towards transnational marriages promote a culture of exclusion for migrant brides once they are within the host country. In principle, international human rights law provides that the right to family life goes beyond the right to family reunification to include protection during married life for the family as a fundamental unit of society and equality of rights between men and women in the family. The *Convention on Nationality of Married Women* provides that a woman's nationality is not to be automatically changed on marriage, but states have to provide 'specially privileged naturalisation procedures' for married women. Article 16(1) of the *Convention on the Elimination of All Forms of Discrimination Against Women (CEDAW)* affirms the equality of human rights for women and men in society and in the family. Article 16(1) obliges states to take appropriate measures to eliminate discrimination against women in all matters relating to marriage and family relations and ensure equal rights to enter into marriage (the right to free consent) as well as equal rights during marriage and upon divorce (including children and property).

Nevertheless, the restrictive immigration policies outlined above promote a culture of exclusion for migrant brides within the countries. Perhaps the most significant of these relates to the rules relating to the right to stay and the acquisition of nationality. While most laws provide for residence rights of foreign spouses, there are significant restrictions to obtaining entitlement to permanent residence and nationality, including no right to claim state support. Thus in the United Kingdom the entitlement depends on proof that the marriage is genuine and, as we have seen, intensive entry clearance procedures have to be followed in the country of the spouse (Menski 1999, Cameron 2006; Enright 2009). However, the government has recently announced proposals for the tightening up of the procedures for granting permanent residence and ultimately citizenship. All spouses will have to show a greater degree of dedication to integrating in British culture including learning English (Shah 2008; Nahai 2009). In many developed countries immigration and nationality laws and practice have resulted in wives finding that their situation is precariously dependent on the continuation of their marriage relationship (Lan 2008, Freeman 2005, Suzuki

2006). Thus in Korea, the Special Rapporteur for the UN High Commissioner for Human Rights noted "with concern that the legal rights of foreign wives were solely depended on the consent of their Korean husbands, namely their residency permits, the custody of their children and their right to divorce, even in cases of domestic violence" (UNHCHR 2006).

Employment Rights

In principle international human rights law provides that the right to residence of marriage migrants provides them with the right to take up employment. Thus in the United Kingdom an entry visa on the basis of marriage provides such a right, even though it does not provide other rights such as right to social security. However, in many countries such rights were often granted with reluctance because these women are seen as "female labour in the globalization process" or alternatively as family carers (Piper and Roces 3-4).

One of the most reluctant regimes is that of Singapore where the provision of residence and work permits for migrating spouses is exceptional and dependent on the ability of the spouse to look after the migrant spouse. Single men or women who have work permits lose their work permits if they marry Singaporeans (Lyons and Ford 2007). The result is enforced separation in the case of working class transnational marriages. In Taiwan, the law used to prohibit employment of marriage migrant spouses until the acquisition of Taiwan citizenship. The situation was even worse for Chinese mainland spouses who only had visitor permits. However considerable protest led to change in regulation in 2002 (Lan 2008). Equally significantly, even when the migrating spouse has employment rights, she is likely to find it difficult to obtain employment either because of issues such as language skills or because of discrimination (Kim 2008).

The Control of the Husband and His Family: "I bought you with Money"

The combination of weak residence, citizenship, employment and social security rights makes the migrant wife's existence in the new jurisdiction precarious. This precariousness is further exacerbated by the power given to the husband (and indirectly the extended family) to determine that stay. In any case, as Cheng, Jui-Leng's paper will indicate, the financial aspects of the marriage provide the power dynamic:

"I bought you with money, what can you do? If you're unhappy, just get out of here!"

This power has a significant effect on the relationships in marriage including in relation to domestic violence and divorce in many countries including in Europe and North America as well as East and South East Asia (eg Kim 2006). However, as Suzuki suggests, the issues in domestic violence may be more than simply ones of the powerful rich developed country man against a poor developing country wife. In the Japanese Filipina example of Koyama and Gloria that she cites, Koyama was violent against Gloria precisely because she had greater personal and business skills than Koyama and he had to assert his male authority through violence as a response. In this context, it is the very 'agency' and assertiveness of the migrant female spouse which becomes a catalyst for domestic violence.

Secondly, the power which affects domestic violence is not merely that of the husband, but also that of the in-laws and relatives as well. Many 'care marriages' involve choice of the bride by the extended family. In extended family systems, while there is a tendency to choose a foreign wife who may be more submissive to the authority of the family than a local one, the mother in law may often be disappointed with a wife whose reasons for a migrating marriage may include greater opportunities and liberation. The same extended family may turn against the spouse when breakdowns or violence occurs. In the United Kingdom, for example, the spouse may be reported to immigration authorities in order for the residence visa to be terminated. On the other hand, a different kind of family pressure in migrant marriages between members of the same community may ensure that issues such as domestic violence are kept hidden in order to maintain the honour of the family as well as the good reputation of the diasporic community in jurisdictions such as the US (Abraham 2009).

Divorce

Evidence seems to suggest that there are greater possibilities of breakdown of migrant marriage relationships than of non-migrant marriages. However, this evidence may sometimes be overplayed by media which want to put such marriages in a negative light or emphasise opposite stereotypes of either the oppressed and vulnerable woman or the opportunist. Constable (2003) suggests a greater degree of complexity in both the motivations of women and the degree of agency they may be able to exercise in difficult situations of both marriage and divorce.

Article 16 (1) of *CEDAW* includes equality for women in all matters relating to marriage and family relations. These principles are recognised under the laws of most countries which provide a right to divorce and the tendency towards divorce by mutual consent or upon breakdown of marriage has enabled easier dissolution. The tendency in many countries including East Asian ones has been to reinforce these principles to introduce principles of gender justice in divorce. Thus in relation to Taiwan, Kuo cites the legislative changes from 1996 onwards which have promoted greater gender equality. Equally significantly, these principles have been reinforced by the Judicial Yuan in decisions which have provided equality in the right to determine residence, in the right to leave housework in favour of outside employment and in relation to polygamy (Kuo 2006).

However, as indicated above, these rights even when legislated may be severely affected by residence rules under which the wife's residence may be terminated on divorce where it has lasted less than the required period. Furthermore, even where residence is granted, the position of a single parent spouse may be insecure in the new environment. Her access to courts and legal procedures may in practice be restricted and affected by negative attitudes. This places the migrant spouse in a difficult position in all matters relating to divorce.

Looking Forward: Dimensions of Change

A complex set of factors have affected existing state policies towards marriage migrants. In many countries demographic economics have led to the toleration and even encouragement of migration and yet there has often been reluctance to come to terms with it. The main reason for this has been attitudes in the host country at both social and political levels which see such migration as a form of national pollution which creates social problems for the country (Song 2008). Such attitudes are countered by enlightened human rights discourses from activist groups which have promoted human rights for the migrants. Of equal significance is the recognition of the 'agency' of migrant women in all decisions about themselves including the initial decision to marry and migrate. This section suggests that any consideration of the future has to address all three dimensions of state policy and practice, activism and agency.

State Policies

Thus policies have veered between restrictive and exclusionary approaches and ones which promote human rights for the migrants. An important further dimension has been that of whether to promote multi-culturalism or greater integration.

In a previous paper I have suggested that policies which promote multi-culturalism in the sense of encouraging migrant spouses to retain their own culture can have the problematic effect of ghettoisation of static cultures (Paliwala 2009). On the other hand, policies which promote greater integration into the new national culture ignore the values and benefits that the immigrants can bring to the host country. Thus transculturalism promotes a cultural metissage and a recognition of cultural cosmopolitanism. However, I suggested that such a transcultural metissage might undermine the real cultural identities involved of both the migrants and the hosts. I suggested instead that a revisionist Confucian position as promoted by contemporary Eastern Confucian feminists might provide an appropriate balance based on the combination of three components of reciprocity, humanity and knowledge.

Only through true study and understanding of humanity do we obtain appropriate solutions. Thus in the case of transnational marriage, Confucian ideas suggest that each culture provides due respect to the other. This involves a thorough understanding by the immigrant of the culture of the host country and by the host country of the culture of the immigrant. This understanding then becomes the basis for effort by each party to integrate the values of the other as appropriate. Solutions based on such true understanding may transcend the ghettoising isolation of multiculturalism and universalising rigidities of some types of transculturalism (Paliwala 2009).

Key dimensions of a revisionist approach must involve an understanding of the mutuality of benefits involved in marriage migration. For example there is a need for emphasis of the personal and national benefits of such migration. For the host nation, this may mean the provision of cheap (er) labour and personal care and for the migrant's nation, the possibility of remittances and continual contact. However, it is also important that the perversion of such mutuality can undermine the benefits at both levels. Thus the practices of some marriage agencies can create problems of mis-information and exploitation for both partners. It is for this reason that greater information sharing and practical strategies between governments need to be encouraged. Thus, greater controls over transnational marriage agencies as in Taiwan under the *Immigration Act Amendment of 2008*, which prohibits commercial agencies and only permits licensed charitable ones, may be a step in the right direction if it contributes to greater transparency and improved information flows for both partners. On the other hand, if such controlling legislation develops an underlying ethos of greater exclusion, this can undermine the very progressive impetus which led to the legislation. The problem with restrictive policies, however well-intended is that they increase the level of exploitation by increasing the power of commercial operators as well as the power of the host spouse. Thus, ineffective attempts to control may easily drive commercial agencies underground and perhaps exacerbate the problems of poor information and exploitation (Palriwala and Uberoi 2008). In this respect it is noteworthy that a significant number of commercial agencies have been punished with fines for illegal operation in the first year of enforcement of the 2008 legislation.

It is obviously important to promote support and understanding of the culture of the migrant. In the first instance, migrant spouses feel greatly alienated from their homeland and may wish to retain contact with it both through communication and culturally. Thus policies which promote such cultural tolerance may actually assist migrants in adjusting to their new homes, but these do not contradict policies which promote greater integration into the host culture for example through skills and language training (Palriwala and Uberoi 2008). What is needed in addition is mutual cultural understanding to engender respect.

The Role of Activism

In the promotion of these principles, activist movements have a significant role. These activist movements include those which work with the women to provide advice and support and to pressure the appropriate governments to take action. They also include intellectual movements which have been prominent in publicising the cause of migrant spouses. The former movements may either be mainly of concerned host country citizens or of organisations of migrant spouses themselves or a combination of both. In the United Kingdom, Southall Black Sisters have taken a leading role in support and lobbying on behalf of migrant women (Enright 2009), in Korea there is the Korean Women Migrants Human Rights Center, in Japan there are various organisations such as Hurights Osaka and Toyonaka International Exchange (Park 2009). More significantly, these organisations are beginning to network in ways which promote a creative understanding from both migrant and host country perspectives as well as providing comparative understanding. Thus network meetings organised by Hurights Osaka and the Korean Women Migrants Human Rights Center have promoted greater understanding of the practical issues affecting migrants. However, these networking and global information sharing developments are at an early stage and need to develop into more tentacular networks which provide both information and practical support for migrant and host spouses at a wider level. Equally significantly, such networking can promote much greater effectiveness at the level of policy development.

The academic movements are also very significant in promoting national research and conferences and international ones. In this respect, Taiwan has been very well represented both in terms of research, participation in international conferences and in the organisation of conferences. Our conference and its predecessors take their place proudly in this context. In the wider Asian context, academic discourse has been greatly strengthened by conferences and a series of five volumes on Marriage, Migration and Gender edited by Palriwala and Uberoi (2008) which in particular has produced a set of progressive strategies.

Migrant Spouses as Agents

The most significant aspect of recent research studies by feminist authors such as Nicole Constable, Suzuki and Palriwala and Uberoi has been to emphasise women migrant spouses' own initiative, their 'agency' roles. In contrast, the state and well meaning agencies for assisting migrant spouses tend to emphasise their character either as victims or as opportunists. If the spouses achieves the status of victimhood, they are entitled to support, otherwise they are cast as grasping opportunists. The new research does not ignore the level of oppression, but suggests that migrant spouses exercise a greater level of agency in making their life choices. This is well illustrated in this imaginery dialogue between a migrant wife of a Japanese man and a Japanese woman (Suzuki 2006):

Japanese Woman: These are people who marry only for money, who come from poor villages, and get divorced and go back to them when they've saved up enough. They are uneducated, which makes it extremely difficult to teach them what living as man and wife really means....

　'Bride': But I am not like those women..I gave this decision lots of thought, and came here of my own free will

　Japanese Woman: Poor people have no will of their own

　'Bride': What do you know about someone you are meeting for the first time?

The significance of such agency in the context of our discourse on Confucian values is that such 'agency' provides the potential for effective citizenship and contribution to the host country, provided that the host country government, agencies and people are willing to give the migrant spouse room to flourish. Thus, human rights are not simply there in a negative sense to reduce the nature and level of oppression, but to promote positive citizenship for the benefit of both partners and the home and host countries. This is the strategy advocated by the scholars in the Gender, Marriage and Migration volumes. Palriwala and Uberoi suggest that spouses are often rendered invisible by well meaning laws which regard them as victims. Therefore an important task of law and practice is to provide a 'voice' for these spouses. Thus ending of restrictive laws and the promotion of rights and welfare should be a step towards greater agency (Palriwala and Uberoi 2008).

Towards Global Justice?

Thus state policy, activism and agency need to form part of a holistic response to the issue of marriage migration. Nevertheless, it needs to be recognised that as marriage migration is global in nature, global strategies are required for effective regulation. At one level, these involve global approaches to sharing of information, provision of support as well as prevention of abuses. At the level of activists, they require more effective networking and provision of means to enable migrant and host spouses to exercise agency. However, the underlying issues which lead to imbalances and exploitation in marriage migration are also problems of global social justice. It is social and economic inequalities between states and peoples as well as gender inequalities which contribute to the imbalances in marriage migration. Thus, ultimately we need global social justice as well as global gender justice.

References

Abraham, M "Domestic Violence and the Indian Diaspora in the United States" in Palriwala, R and Uberoi, P Marriage, Migration and Gender Vol 5 Sage 2008.303

Belleau M 2003 "Mail-Order Brides in a Global World" in Globalisation and Comparative Family Law: A Discussion of Pluralism, Universality, and Markets 67 Albany Law Review 595.

Bledsoe, C and Sow, P (2009) "Family Reunification Ideals and the Practice of Transnational Reproductive Life among Africans in Europe" in Reproduction, Globalization, and the State. Carole H. Browner and Carolyn F. Sargent, eds. Durham, NC: Duke University Press.

Cameron H. 2006 "An Examination of the Demographic Impact of 'Transnational Marriage' between Citizens of the UK and the Indian Subcontinent" Conference on Political Demography: Ethnic, National and Religious Dimensions, London School of Economics.

Constable N ed (2005) *Cross-Border Marriages: Gender and Mobility in Transnational Asia* University of Pennsylvania Press, Philadelphia.

De Hart, Betty 2006. "Introduction: The marriage of convenience in European immigration law" *European Journal of Migration and Law* 8 (3-4): 251-262.

Enright, M (2009) Choice, "Culture and the Politics of Belonging:The Emerging Law of Forced and Arranged Marriage" Modern Law Review 72 (3) 331-359.

Freeman C (2005) "Marrying Up and Marrying Down: The Paradoxes of Marital Mobility for Chosonjok Brides in South Korea" in Constable ed (2005 above) pp80-100.

in Palriwala, R and Uberoi, P"Series Introduction" in Marriage, Migration and Gender Vol 5 Sage 2008. P7.

Kim H-J 2008 "Marriage Migration and Changing Gender-Nation Relations in South Korea" Pacific World in Motion Conference UBC, Vancouver.

Kim, N 2006. "Patriarchy Is so Third World": Korean Immigrant Women and

"Migrating" White Western Masculinity Social Problems Vol. 53, No. 4 519-536 http://www.jstor.org/stable/4488188

Kuo, S (2006) "Foreign Spouses, Intimate Citizenship, and Cultural Legal Study of Family Law in Taiwan" *Paper Submitted to Conference on International Marriage, Rights and the State in Southeast and East Asia* (21-22 September 2006, Singapore). "Changing Family in Asia" Research Cluster Asia Research Institute, National University of Singapore.

Lan, P (2008) "Migrant Women's Bodies as Boundary Markers: Reproductive Crisis and Sexual Control in the Ethnic Frontiers of Taiwan" *Signs: Journal of Women in Culture and Society*

Lu, Melody Chia-Wen. Commercially arranged marriage migration: Case-Studies of Cross-Border Marriages in Taiwan in Palriwala, R and Uberoi, P Marriage, Migration and Gender Vol 5 Sage 2008 , 125.

Lyons L and Ford M (2007) Cross Border Marriage: Riau Islands Style IAAS Newsletter No. 45

Mand, Kanwal (2008) Marriage and Migration through the Life Course: Experiences of Separation and Divorce among Transnational Sikh Women in in Palriwala, R and Uberoi, P Marriage, Migration and Gender Vol 5 Sage 2008. 286

Menski, W. 1999, 'South Asian Women in Britain, Family Integrity and the Primary Purpose Rule', in Barot, R., Bradley H. and Fenton, S.(eds.), *Ethnicity, Gender and Social Change* (London: Macmillan Press Ltd, 1999), pp.81-98

Nahai R (2009) Tougher UK immigration laws for foreign brides http://www.globalvisas.com/news/tougher_uk_immigration_laws_for_foreign_brides1391.html

Paliwala A (2009) Transnational Marriages: Inspirations from Comparative Transcultural Solutions *6th International Conference on Sociology of Family Law*, NCCU, Taiwan

Park K 2008. "Korea-Japan Symposiums on 'International Marriage' and 'Female Migrant Workers'" http://www.hurights.or.jp/asia-pacific/050/08.html

Piper and Roces

Shah, Prakash, "Consultation on Admission of Spouses" Journal of Immigration and

Nationality Law 2008:3.

Shah, Prakash, "Consultation on Admission of Spouses" Journal of Immigration and Nationality Law 2008:3.

Song Y-J 2008. "Comparative Analysis of Individual Attitudes toward Immigrants in Korea, Japan, and Taiwan" PAK / IPAR Conference on International Marriage Migration in Asia, 2007, Seoul.

Suzuki, N (2006) "Cross-Border Marriages and National Governance" The Third Conference on Transborder and Diaspora: Governance, Survival and Movement October 7 and 8, 2006 Graduate Institute for Social Transformation Studies Shih-Hsin University, Taipei, Taiwan

Introduction

The issues raised by Professor Paliwala highlight the contradictions and challenges which law faces when trying to regulate the transcultural considerations and consequences of marital migration, often economically driven, while protecting a social institution so fundamental to society that to enter into it is recognised as a fundamental human right.

I agree absolutely that transnational and transcultural marriages have different dimensions in different demographic contexts and it is undoubtedly true that the relationship between national policy responses to such marriages and international human rights regimes is complex and often unhelpful. Indeed, I would argue that these styles of marriages present a challenge to the very concept of what fundamental right we are seeking to protect. Can and indeed should a right to marriage be universal where diversity is so marked in how this 'institution' is culturally constructed and understood in different states? What about the imbalance of power which is often culturally embedded in a gendered way in marriage and particularly in the styles of transnational and transcultural marriages under discussion? Could such a marriage be so flawed that it ceases to attract international protection as a human right?

To rise to the challenges of such marriages, we need to distil what is fundamental about the right to marriage and the terms on which it should prevail. In doing so we may need to move away from the culturally specific to consider its very essence. But is this possible in human rights law beyond the need for consent of both parties and a minimum age? And is it a matter for international human rights or individual states?

In my view, two key and unresolved issues lie at the heart of this complexity and require a response. First, is the fact, often unspoken, that what is recognised as a marriage differs as between nations and cultures. Whilst it is internationally enshrined as a fundamental right that people should be able to marry and found a family and there is a consensus on this principle, the actual notion of what does or should constitute a marriage 'worthy of international protection as a fundamental right' varies enormously and thus defies consensus. Second, the use of marriage as a means to what would otherwise be unachievable economic migration, has had the effect of diminishing respect for transnational and transcultural marriage as an institution. The response here has been for states to outlaw so-called 'marriages of convenience', as has happened in the UK as Paliwala describes. (Human trafficking has added an extreme dimension to economic migration but as Paliwala skilfully argues it is not unrelated to the response to marital immigration in some states). Whilst in England and Wales there is great concern at the steep decline of marriage in our society and the increase in non-marital cohabitation (ONS, 2009, *Social Trends 39*, 2009), government policy has nonetheless increasingly restricted opportunities to contract marriages of convenience. Similarly, gay marriage and polygamous marriage have been rejected as forms of marriage which Britain and many other states are prepared to encourage or even recognise as a fundamental unit of society. Marriage cannot be entered into at any price if respect for it as an institution within any given society is to be maintained. Yet, what different societies are prepared to respect as marriage is often very culturally specific. It is also constantly evolving, with social norms having changed greatly, for example, with regard to gay marriage in some jurisdictions within a very short period of time (E.g. Canada, The Netherlands, Spain, Belgium) and not at all in others (e.g. Italy, Most US states) despite broadly sharing similar cultures and religions.

This lack of consensus on marriage is in stark contrast to the respect held for the protection of children, where the principles enshrined in the UN Convention on the Rights of the Child have been embraced across the world. There has been particular success in securing the protection of rights across borders where 'cross-border' parents are in dispute about where a child should live when parents parents separate (*Hague Convention on Civil Aspects of International Child Abduction*). Whilst academic debate focuses on whether or not children's rights should permit them more autonomy rather than paternalistic protection in the exercise of their rights, there is consensus surrounding promotion of such rights which carries across borders and cultures, even if enforcement of their rights is more difficult to achieve in some states than others.

Let us now examine the challenge the notion of transnational/transcultural marriage presents within the global human rights discourse. It may be helpful to consider as case studies the very different responses to polygamous marriages and same-sex marriages in Canada and to forced marriage in Britain to help us conclude about a way forward.

Marriage - a challenge for human rights discourse?
Article 16　Universal Declaration of Human Rights provides

(1) Men and women of full age, without any limitation due to race, nationality or religion, have the right to marry and to found a family. They are entitled to equal rights as to marriage, during marriage and at its dissolution.

(2) Marriage shall be entered into only with the free and full consent of the intending spouses.

(3) The family is the natural and fundamental group unit of society and is entitled to protection by society and the State.

Other international instruments reflect the absolute nature of this right including Article 12 of the *European Convention on Human Rights and Fundamental Freedoms* (ECHR); Art. 23 of the *International Covenant on Civil and Political Rights* (ICCPR); Art. 10 of the *International Covenant on Economic, Social and Cultural Rights* (ICESCR).

Marriage has consistently been constructed in international law as a universally understood and respected institution on which family is 'naturally' founded. Although on the face of the text of the Treaty, it is 'the family' which is stated to be 'the natural and fundamental group unit of society', entitled to protection by society and the State, in domestic legal terms some families are, as an English expression captures,' more equal than others'. Whilst international law has successfully disaggregated the rights and protection it offers children away from the issue of whether or not they were born to married or unmarried parents (Art. 2 of the *United Nations Convention on the Rights of the Child*), there is no universal agreement on the style of protection and rights that states should afford marriage between two adult partners. Here what protection law should provide to the vulnerable or what autonomy law should be seeking to promote both in individual states and globally is a discussion which weaves complex patterns which are difficult to untangle.

Globally, though, adult relationships are still largely regulated in legal systems which privilege marriage over other couple relationships, with most states regulating through family law rather than individualised personal law (Eekelaar, 2007, Giddens, 1992). Marriage is portrayed in international law as if it has a fixed and universally accepted definition. Yet marriage has evolved differently in different societies, cultures and states. No direct mention is made of its varied religious and cultural roots although the aim of a number of treaties has been to address inequalities which are born out of these roots (see for example *Convention on the Elimination of All Forms of Discrimination Against Women* (CEDAW)). There is no recognition either, of the move away from what sociologists term 'institutional marriage' to 'companionate marriage' in many societies (Morgan, 1992), nor to its constantly evolving nature which remains very often culturally specific.

Notwithstanding these uncertainties as to the nature and meaning of marriage across cultures, the legal status of marriage combined with the internationally protected right to family life has made it a potentially powerful tool of economic migration. This in turn confronts states with the dilemma of how to discourage, or at least limit, transnational and transcultural marriages of convenience, entered not for 'love', but as a means to an economic end. In the British context, as Professor Paliwala argued, this has resulted in strict immigration control which has focused sharply on the British Asian population whose culture and traditions of arranged marriages to members of their own communities still resident in Asia is clearly open to strong criticism from a human rights perspective. Whilst consent to marriage by both parties is a condition of the protection which states must afford a marriage, there is often a blurred understanding within Western societies of the distinction between arranged and forced marriages (Siddiqui, 1999). The strong human rights discourse surrounding the prevention of forced marriage in the British context resulting in the Forced Marriage Act 2007, whilst laudably aimed at preventing forced marriage taking place, risks reducing rather than enhancing the understanding of the distinction between the two. We need to consider whether this is justifiable and an appropriate line at which to refuse to accommodate difference or whether it is undermining respect for marriage embedded in different cultures. The history which led to the forced marriage legislation in England and Wales is interesting. Whilst the British government set up a Working Group on Forced Marriage (2000) to consult with agencies, it chose in the end not to legislate against forced marriage for fear of undermining the respected tradition of arranged marriage. It felt on balance that the criminal law and other existing remedies were sufficient and that there was a fear of driving forced marriage underground and outside

Britain where it was more difficult to address, (see Home Office, 2005). A forced marriage unit was set up as a joint initiative between the Home Office and the Foreign and Commonwealth Office to offer practical advice and support for victims and potential victims of forced marriage (see http://www.fco.gov.uk/en/travel-and-living-abroad/when-things-go-wrong/forced-marriage/). However, there was not a consensus among different communities, some of whom felt it must be addressed or it risked endorsing it through inaction. A Private Member's Bill was introduced by one member of the House of Lords. Unusually for a Private Bill, it gathered great support on this issue. Many people felt it was important to send a clear message that such marriages were unacceptable to protect the rights of (most often) women whose families did not respect their right not to consent to a marriage, and the Bill was passed.

Another human rights concern is the gendered and disempowering inequalities inherent within transcultural marriages entered into typically between more powerful white men and less powerful Asian (or in Europe former Eastern Europe block women), who seek economic security and may even be 'bought'. Whilst the argument put forward by Professor Paliwala is that we should not ignore the agency of such women and should not merely see them as victims, is interesting, to concede this is a dangerous path, I suggest. There is clear, gendered disempowerment in these situations which, by their very transcultural nature, do not have the cultural protection of arranged marriages, and leave such migrant wives open to every form of degradation which human rights treaties and legislation seek to prevent.

Responses to transcultural migration - Cultural conformity or accommodate difference?

Having argued that globally marriage does not possess culturalnormativity, the next challenge is to decide how to respond. Can we use a human rights discourse to help us decide better where to draw the lines? Key situations where transcultural concepts of marriage challenge the state to which the couple migrate include not only forced marriage as discussed above, but also polygamous marriage and possibly in future gay marriage.

Forced marriage clearly involves a marriage without the consent of at least one of the parties. Within this, the nature of the actual or potential gendered violence provides a line of human dignity below which no human being should be permitted to fall. There is a clear consensus that this is not the sort of marriage which has the protection encouraged by article 16 UDHR or of CEDAW. Clearly the transcultural aspects are a step too far and forced marriages are, in any event, a corruption of the respected arranged marriage. Here the human rights discourse is very helpful but needs to be combined with cultural education aimed at both migrants and the wider population. However, Dauvergne and Millbank (2010) report that despite international law acceptance of the abuse of human rights constituted by forced marriage, refugee law does not sufficiently take this into account. In contrast, individual jurisdictional responses in Australia, Canada and the UK which combine with an educative programme and offers of practical advice and help have greater success in combating forced marriage as a human rights issue. Speaking of the work of the the British Forced Marriage Unit which operates in parallel with the legislative framework, they state (p. 13):

'A feminist assessment of the British initiatives is complex. While it is evident that government initiatives in this arena inescapably reflect a post? colonial framework, we argue that the State does have a duty to act in response to claims for assistance from those facing forced marriage. It is clear that many women, and some men, in the UK call upon the police and other government agencies for support in resisting coerced marriage. In this context, even flawed or problematic responses are, we believe, to be preferred over government indifference. Moreover, many UK government responses reflect a feminist and community-informed understanding that forced marriage is a harm that is based upon power imbalances concerning gender and sexuality rather than simply being a reflection of 'culture'. '

Suggestions to use administrative measures such as the British government proposal to raise the minimum age for marriage to a person from outside the European Union to 21 have not met with optimism. The likely effectiveness of this is questionable given possible legal challenges under the ECHR (Article 12 protects the right to marry of 'men and women of marriageable age' and Article 14 prohibits discrimination on any ground including national origin). In addition, Casciani (2009), reporting on a study of survivors of forced marriages, indicated that only 17 per cent of survivors believed that this would be beneficial as there are so many other factors that need to be taken into account. Thus at the extreme end of the spectrum, forced marriage as a by-product of transnational and transcultural migration is not a difference to be accommodated and clearly falls outside the protection offered to marriage as a fundamental human right. This robust approach which champions the UDHR and CEDAW view of what constitutes a marriage may suffer if the controversial calls for Shariah Law to be incorporated into British family law were adopted. It was said by the Archbishop of Canterbury in February 2008 that this was 'unavoidable' but, again, the power dynamics of family dispute resolution within closed and transplanted ethnic minority communities where gendered approaches prevail but are perhaps condemned without full knowledge of their processes would need to be robustly examined from a human rights perspective before any step in this direction could be countenanced. Professor Gillian Douglas from Cardiff university is undertaking research on the decision-making processes of religious tribunals including Shariah tribunals in Britain which will inform any further moves in this direction.

My next example of an issue arising from transnational or transcultural immigration is to consider the challenge of polygamous marriages which are currently prohibited in Western and many Eastern jurisdictions but prohibition of which is currently the subject of a constitutional challenge in Canada.

International law has so far rejected any move to what is termed a 'functional approach' to family definition, whereby a family is judged by the functions it performs for society rather than the legal status it has acquired (Barlow, 2007). But arguably, different styles of legally endorsed marriage, present enough challanges, including that of polygamous marriages in the Canadian context.

Bala (2010) has argued against and Bailey et al (2005) put the case for recognition of polygamous marriages of those mainly muslim groups who advocate it in Canada. Bala argues that this should not be conceded as it would be out of line with courts in USA (Fundamentalist Church of Latter Day Saints), India (Hindus) and Mauritius (Muslims) and European Court of Human Rights, who have all rejected freedom of religion arguments in polygamy cases. The Canadian courts recognise restrictions on Charter freedoms to protect women and children from harm as justification for restraint on constitutional rights and this is the key plank of Bala's argument which is powerfully supported by caselaw of the Canadian Supreme Court (*Bruker V. Marcovitz* 2007 SCC 54, per Abella J):

"the troubling paradox of multicultural vulnerability... well-meaning attempts to respect differences often translate into a license for subordination of a particular category of group members - in this instance, primarily women."

Although he accepts that the onus is on the state to establish harm, there is significant social science evidence of harm to women & children from polygamy, with father's less engaged and a high risk within communities of forced marriage (Bala, 2010). Another issue is should Canada discriminate against those who have entered a lawful polygamous union in another country? Whereas Bailey et al (2005) argue for recognition of polygamous immigrant marriages as a logical progression after the amendment permitting same-sex marriage in Canada, Bala is not convinced. He cautions that recently, multi-culturalism post 9/11 has weakened and there is a movement accepted by the courts to reassert of "fundamental Canadian social values" including gender equality and so the timing makes the constitutional challenge unlikely to succeed in his view. Any move towards constitutionally endorsed polygamy, must take into account the fact that women's rights & international positions are against polygamy and the Canadian Courts may not want to be seen as leading Canada away from recognition of women's rights (Cook & Kelly, 2006). Furthermore, he thinks, interestingly, that the Charter of Rights should reflect Canadian public attitudes. Whilst in public opinion in Canada, there is 55% support for same-sex marriage, for polygamy, less than 20% would tolerate it in others, in a country where only 5% have any interest in its practice. How far, he asks, should Courts go to protect rights which may have such adverse effects? He concludes, and few would disagree, that there is no "perfect solution" and law can have only limited effects. However, he finds the socio-legal evidence of harm from polygamy to women and children most persuasive outweighs any right to practise a minority and culturally specific marriage in a state which holds other mainstream values. Nevertheless, he concedes, there is a need for limited recognition and protection for women in polygamous relationships and legal support.

Conclusion

Thus transnational and transcultural marriages do pose challenges to the human rights discourse surrounding marriage, in that they expose the variety of relationships which attract this status and the lack of consensus on which culturally specific marriages should be protected. However, both internationally and at a national level, examining the issues using a human rights discourse, helpfully, in my view, allows the responses to these challenges to be considered and balanced against any potential harm before reaching a global view. International treaties have endorsed a monogamous marriage model, founded on consent between two adults which is privileged in law and has problematically become a tool of the economic migrant.

More recently developments such as CEDAW now embed the aim of gender equality by protecting the rights of women within marriage relationships. This implies a lack of agency on the part of women who choose to use marriage to achieve economic migration, but such lack of agency is challenged in research by new research cited by Paliwala. Whilst not wanting to limit freedom by preventing any of the styles of transnational and transcultural marriages, there needs to be an examination of the harm which arises from the unequal power in a relationship based on force, bride purchase or perhaps polygamy, which may permit states to legitimately intervene to prevent marriage or protect a vulnerable partner, unless the freedom to make autonomous choices, however bad they are, is considered more fundamental. I would suggest they should not be and such a view is endorsed by feminist thinking.

This, as we have seen, is a feminist issue but such a position leaves the international construction of the style of marriage to be protected as a fundamental right open to the criticism that it is just the western Christian notion of marriage that the international community seek to protect. Arguably it is the different religious underpinnings of marriage in different states and cultures which is at the root of the difficulties; but in the international context one is forced to choose the lowest common denominator in order to reach global agreement. Added to this and going forward, I agree with Professor Paliwalia that tolerance and active consideration is important, and here, education - in the broadest sense- must also play a role beyond the limits of the law. Perhaps this is work that does have to be taken at a national level in specific contexts, whilst supported by international initiatives. Whilst Women's Aid Organisations and academic comparisons of the work on forced marriage in Britain, Australia and Canada may provide inspiration as to how different agencies address issues arising from transnational and transcultural marriage migration, we must look for more. One example within the legal system is the role of the International Association of Women Judges - which can work to harmonise where appropriate and discuss where accommodating difference may work. This is very important to achieve any sense of global justice in this field and uses feminist thinking to aim for substantively equal citizenship and reduce gender and racial discrimination. To promote more equal relationships and retain human dignity within them is an important cause, where power dynamics often remain more patriarchal in transcultural migration marriages. However, awareness of these issues can be achieved through initiatives which aim to build awareness and warn of the dangers which power inequalities bring but will inevitably take time before they hopefully become embedded in the thinking of new generations. Socio-legal research in this area has an important role to play to increase understandings between marriage practices in different communities and jurisdictions. In all regards, we need to consider and combine both micro and macro analyses and solutions, if we are to succeed.

To conclude, I absolutely agree that we need global social justice as well as global gender justice to achieve this. Tolerance and respect through education is key and over time perhaps we can achieve international social cohesion in a better global world.

References

Archbishop of Canterbury, 2008, BBC news 7 February - http://news.bbc.co.uk/1/hi/7232661.stm .

Bailey, M., Baines, B., Amani, B. and Kaufman A.(2005) *Expanding Recognition of Foreign Polygamous Marriages: Policy Implications for Canada* (Status of Women Canada).

Bala, N., (2010) "Why Canada's Prohibition of Polygamy is Constitutionality Valid and Sound Social Policy" 25 Can. J. Fam L. 165-223.

Barlow, A., 2007, 'Family and Housing Law: A Symbiotic Relationship' in R. Probert (ed): *Family life and the law: under one roof*. Aldershot: Ashgate.

Casciani, D. (2009), 'Forced marriage plea to schools', BBC News, 2 July - http://news.bbc.co.uk/1/hi/uk/8129466.stm .

Cook, R. and Kelly, L. *Polygyny and Canada's Obligations under International Human Rights Law*. Ottawa: Department of Justice, Canada.

Dauvergne, Catherine and Millbank, Jenni, (2010) 'Forced Marriage as a Harm in Domestic and International Law' *Modern Law Review*, Vol. 73, pp. 57-88.

Eekelaar, 2006, *Family Law and Personal Life*. Oxford: OUP.

Giddens, 1992, *Tranformation of Intimacy*. Cambridge: Polity Press.

Home Office (2005), '*Forced Marriage: A Wrong not a Right*' London: TSO.

Morgan D (1992) Marriage and society:understanding an era of change. In J Lewis, D Clark, D Morgan (Eds) *Whom God hath joined together*. (London: Routledge.)

Office for National Statistics, (2009) *Social Trends 39*. London: TSO

Siddiqui, H. (1999), 'Religion, Culture and the State: The Struggle for Women's Rights'. Speech at Conference organised by Amnesty, CIMEL and Interights, SOAS, 13 November 1999.

Working Group on Forced Marriages (2000) *A Choice by Right: Report of the Working Group on Forced Marriages*. London: TSO.

蕭至邦

一、前言

　　台灣本來就是個多種族的社會，隨著大量新移民來到台灣，台灣更是顯現出其充滿多元文化移民的社會特質。由於過去不盡完善的少數民族政策使得原民在台灣從各種資料顯示較為漢民族弱勢，為社會工作者輔導的案例之比例也高於漢民族，而婚嫁新移民的台灣家庭有不少是弱勢族群，加上異文化國度生活適應並非易事，使得越來越多的社會工作案主是新移民及其家庭或小孩。本章嘗試由闡述多元文化社會工作的概念著手，接著介紹德國這個領域的實際做法，首先交代其發達的多元文化社會工作背景之來由，然後介紹一份德國基督教烏茲堡教區所發布的文件，這一份文件旨在宣揚理念及建立一套多元文化社會工作的行事標準，雖無強制之力，但是在以基督宗教為本的歐洲世界，教會仍具深遠的影響力。

　　希望藉著介紹德國從事跨文化社工時的經驗與反思，對台灣社工界在討論或是從事多元文化工作時有所幫助。國外的經驗不一定完全適用於台灣的實際情況，但相信他人累積數十年之經驗必有可借鏡之處。

二、具文化能力的社會工作

　　1980年代以降，歐美的社會工作學界開始意識到文化差異（Katz, 1985）、多元文化（Johnson, 1990）以及文化多元主義的議題（Ponterotto and Casas, 1991）。這些模式雖不盡相同，但都在某種程度上尊重文化差異，並將少數族群的問題放在種族主義、壓迫、歧視以及剝奪的脈絡中來分析（Tsang and George, 1998: 75-7）。Este（1999）主張專業的社會工作者必須要具備文化能力（Cultural Competency），這樣社會工作者的行為、知識、態度及其所規劃的方案才足以適當地因應文化及族群多元的環境。Este主張文化能力的具

備與否可從四個層面來理解，包括對少數族群文化的認知、情感、技巧及整體效果（表1-5-1）。在認知層面，具文化能力的社會工作者對少數族群文化需具有豐富的知識，不僅僅只是察覺少數族群文化而已。在情感層面，具文化能力指的是能夠堅定的參與社會改革，以提昇少數族群的地位，這也超越了同情的態度與立場。在技巧層面，具文化能力的社會工作者必須具有足以服務少數族群個人、家庭、團體及社區的高度技巧，這通常與是否具備少數族群文化知識有關。最後，在整體效果上，具文化能力的社會工作服務對少數族群的個人、家庭、團體及社區必須具有建設性。

表1-5-1　文化能力的架構

層面	不具文化能力	具文化敏感度	具文化能力
認知層面	忽視	察覺	豐富知識
情感層面	冷漠	同情	堅定改革
技巧層面	無技巧	具部分技巧	具高度技巧
整體效果	破壞性	中立性	建設性

資料來源：Este, 1999: 32.

　　然而要將一個人從完全沒有文化能力，過渡到具有文化的敏感度，最終至少具有充分的文化能力，這個過程應該是一個持續性的進步，不可能會是跳躍的。Bennett（1993）提出一個人從民族中心主義（ethnocentrism）成長到民族相對主義（ethnorelativism）所必經的歷程，如圖1-5-1。若應用Bennett的模型來詮釋社會工作的教育及實務，在第一階段時，社工系的學生／社會工作者（以下簡稱學生／工作者）處於被主流文化密封的情境，幾乎沒有機會接觸到其他文化，因此認定自身文化的價值觀及社會規範是唯一正確的，這與現今台灣的社會工作教育體系中的課程規劃及學生／師資組成非常類似，學生沒有受到其他文化挑戰的機會。第二階段，當接觸到其他文化，因為文化差異的存在，所以防衛機制開始運作，其結果是貶低、詆毀其他文化，將少數族群的弱勢社會經濟地位與文化做連結，或是將少數族群的文化「問題化」，藉以維繫自身文化的優越感並否定少數族群文化的存在價值。現在社會工作教育傾向將少數族群問題化的論述方式，缺乏深入脈絡以理解問題背後潛藏的機制，則是強化了學生的防衛機制。工作者在接觸少數族群案主時，若不能擺脫問題的文化歸因，也是處於防衛階段。第三個階段則是學生／工作者承認少數族群文化

的存在，同時對少數族群文化也沒有明顯的偏見與歧視，主張物質及非物質的普世主義。然而在這個階段所謂的「普世價值」卻是奉自身文化的價值觀為圭臬，比如說，我們認為工作紀律是普世價值，但卻運用漢民族工作紀律的概念強加於原住民族身上，沒有深入考究「工作」這個概念在原住民族文化中所代表的意涵。這樣的做法看似不具任何的歧視意味，但實則為象徵種族主義（Symbolic Racism）（McConahay, 1986）。

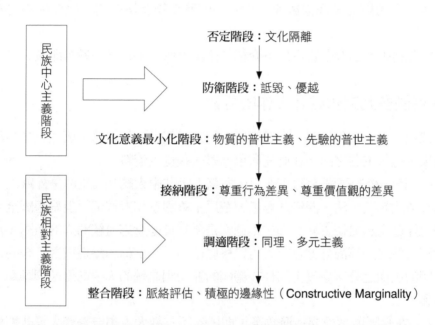

否定階段：文化隔離

防衛階段：詆毀、優越

文化意義最小化階段：物質的普世主義、先驗的普世主義

接納階段：尊重行為差異、尊重價值觀的差異

調適階段：同理、多元主義

整合階段：脈絡評估、積極的邊緣性（Constructive Marginality）

民族中心主義階段

民族相對主義階段

圖1-5-1　文化能力成長歷程

資料來源：作者整理自Bennett, 1993.

　　第四階段開始，學生／工作者對少數族群文化開始有了接納的態度。對於在行為以及價值觀上的差異，能夠予以尊重並欣賞。然而尊重與欣賞不代表能夠理解，只是儘可能的保持價值的中立。雖然這已經是邁向民族相對主義很重要的一步，然而尊重與欣賞有時候是口惠不實的，是「膚淺的多元文化主義」（May, 2001: 175），用在玩味藝術品時也許有用，但在理解少數族群獨特文化及生活方式上，尤其是「問題」行為上，能提供的幫助不大。第五階段學生／社工員能夠具備同理心，不用既有的價值觀去評價少數族群的行為以及其獨特的生活方式，能夠設身處地去理解一般所謂「問題」行為對少數族群當事人

的意義，比如說酒精濫用的行為也許是對多重剝奪的一種回應。第六階段則更進一步，使學生／社工員能將少數族群的弱勢現狀放在族群關係的歷史脈絡中來分析，協助少數族群對抗壓迫以及進行反歧視實務，並對於少數族群有更深層的理解。透過這一層的理解，學生／社工員能夠輕易地轉換於少數族群文化內部參與者（inside participant）以及外部觀察者（outside observer）的角色。到達這最終的階段，學生／工作者不僅能夠站在少數族群的角度來看事情，但同時也不會因僅從某個種族或文化的角度看事物而再度落入民族中心主義的困境。[1]

　　如此精神的具體落實由以下介紹之德國事例，可以多少獲得印證。

三、德國多元文化社會工作的背景

　　德國之多元文化社會工作已經累積超過半個世紀的經驗，因此有頗為豐碩的成果，進入主題之前，在此先簡單列舉一些背景資料。

　　(一)統一後的德國大約八千兩百多萬人，其中大約10%左右是外國人，這樣的數值比起英、法、西班牙等老牌殖民主義國家相對較低。但是德國至今在憲法上採德意志血統主義，即主張德國是所有具德意志血統的人的祖國（當然也大開方便之門讓海外德意志人可以移居德國）。這種論點造成對外來的人涇渭分明的主從之分。事實上居住在德國的非德國血統的人要取得德國國籍一向很困難。[2]

　　(二)在經歷所謂種族純淨政策，即屠殺所有猶太人和吉普賽人等非德意志人等措施，1945年左右的德國是一個幾乎沒有外國人的社會。[3]1960年代從廢

---

[1]　參照：劉鶴群、蕭至邦：多元化省思下的社會工作，口頭發表於「2008亞洲大學第二屆『全球化』與華語論述」國際研討會，2008年12月。

[2]　居住在德國的外國人幾乎只聚集於大城市，不少文獻提及德國大城市某些區域，外國人比率達25%以上。這也是在德國大城市社福及社工工作的案主有相當高的比率是外國人的原因。
　　參照：Geschichte der Ausländerpolitik in Deutschland. Saisonarbeiter, Zwangsarbeiter, Gastarbeiter, Flüchtlinge, C. H. Beck Verlag, München 2001, ISBN 3-406-47477-2.

[3]　呼應第一點所提到憲法血統主義，二次大戰後西部德國從東部舊領土湧進數百萬難民。但是政府有效的難民政策及接踵而至的經濟奇跡很快解決了這些問題。這些人幾乎無任何文化適應等問題，因為本來就是德國人，只是被強迫離鄉背井而已。直到90年代蘇聯、東歐集團解體後的「後期移入人」-Spätaussiedeler 才產生種種社會問題，因為除了一張血統證明，這些人跟德國與德國文化已經無任何的聯結。本文所提及在德國的「多元文化社會工作」這些「後期移入人」也是主要對象之一。雖然他們在德國憲法定義上是德國人，而非外國人，數百萬人也不存在於德國的外國人統計數字。大日爾曼主義可見一般，這些人可毫無異議取得德國國籍。
　　參照：德國基本法116條。

墟爬起的德國經歷了所謂經濟奇蹟的時期，也開始出現非常嚴重的人工短缺，數百萬的外籍勞工得以進入德國工作，有別於台灣非常嚴苛的政策，德國的外勞是長期僱用，核心家庭成員也可以無條件的進入德國生活。雖然政府一開始假設這些人將來可能會在回去，但是經過幾十年歲月證明某些地方來的客工，是不會在回到他們的母國的。[4]

(三)德國因為曾有非常特殊種族滅絕和迫害政治異議份子的歷史，因此在戰後訂立了很寬鬆的政治庇護法案。在統一前德國就有大量成功申政治庇護的外籍人士居住在德國。[5]

(四)教會自中古以來在歐洲歷史上一向有非常特殊的地位，其勢力龐大的時候甚至壓過世俗王權。三十年戰爭和宗教改革以後，即一統教會分裂後，兩大陣營——天主教和基督教——為了爭取教徒及教徒的向心力無不卯足全力全力發展文化、教育及慈善事業。事實也證明，宗教團體基於其宗教熱誠，不計利害全力投入的各種助人及救人的舉動，力量是不可輕忽的，其效果也令人感到震撼。世俗國家也體認到透過教會力量可以直接服務其國民，以德國為例，國家徵收的稅收其中有一項宗教稅，是直接交給兩大教會運用。2000年南德巴伐利亞邦統計，兩大教會是該省最大的僱主。教會及其附設機構工作領域涉及各種文教、醫療、社福、社工領域。這是為什麼基督教烏茲堡教區會發表以下介紹的文件。最先開始從事跨文化社會工作是教會團體，其發表此一規範性的文件也是基於其工作需要。

(五)以下圖1-5-2至圖1-5-4補充（一）至（四）項所述，借此也顯示顯示德國多元文化社會工作之必要性：

---

[4] 早期大量來自希臘和意大利的「客工」幾乎在其母國經濟起飛後都回祖國去了。留下數以百萬計的土耳其客工及其家人，其後代也大多成為在德國的第二代、第三代「客工」。
外籍勞工德文稱為Gastarbeiter/GuestWorker，客工乃直譯，這樣蓄意創造的名詞在德國曾引起爭議，因為客人是不用工作的，另一方面也隱喻，這些人是作客他鄉，主人有可能下逐客令的時候。參照：註釋1參照資料

[5] 參照圖3及註釋5。

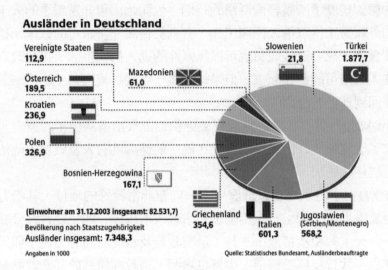

圖1-5-2　德國之外國人統計

資料來源：德意志聯邦共和國統計署

圖1-5-3　德國本國與外國人比例統計

資料來源：德意志聯邦共和國統計署

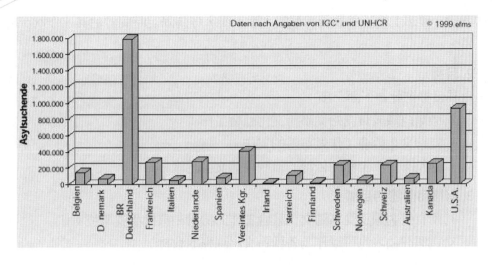

圖1-5-4　德國申請政治庇護者統計[6]

四、跨文化社會工作檢驗表

下文進入對於跨文化社會工作檢驗表作一概括性的介紹。[7]

（一）德國基督教烏茲堡區慈善會所發表的跨文化社會工作檢驗表

「Checkliste: Interkulturelle soziale Arbeit/Check list intercultural social work」副標題定為：現況調查，結果評估與目標審定。

文章內容計分為幾個章節分別為：緣起、目的、對象、運用。

1. 緣起

作者開宗明義地說明，基督教會希望藉由這個文件協助社會工作團體開始從事多元文化社會工作。這個文件的功能是作為「機構咨詢」的工具。文章中的「工作檢驗表」條列出的各種預定目標，其目的在幫助社工組織檢視其缺失並重新確立其工作目標。社工團體的主管或成員並非被直接告知其跨文化社會工作的缺點，而是被要求參與調查工作，以期能從自身出發考量到工作上必要

---

[6] 資料來源為聯合國難民總署，圖表顯示二次戰後到1999年向德意志聯邦共和國提出政治庇護者達一百八十萬人次，遠遠超過第二位階國家美國的八十萬人次。德國憲法16條規定必須給予政治受迫害者政治庇護，為普世價值之基本人權。

[7] 請參閱全文：HINZ-ROMMEL，Wolfgang: Checkliste: Interkulturelle soziale Arbeit。

的改變。理想上希望每個組織都能人手一冊，作為固定時間評估其工作狀況的工具。

2. 目標

其目標總計為下面三項：

- 激勵組織成員開始從事跨文化社會工作；
- 為跨文化社會工作做奠基的工作；
- 作為下一步工作的依據的自我評估文字記錄。

3. 對援用團體的目標

- 所有聲明願意從事跨文化社會工作的機構和機構承辦單位；
- 這個評估表也可以作為各種跨文化課程的教材。

4. 運用方式

這個評估表必須在團體成員會面前發給成員，讓他們可以事先預備。作為議題討論的依據。

或是，可以在一個討論會時發給所有成員，以20到30分鐘的時間讓成員填寫。然後把成員分為各個小組，進行討論，然後作分組報告。

（二）跨文化社會工作檢驗表

作者簡單陳述在德國外國人已經是一個無法忽視的事實。社會工作必須正視這個問題。社工團體及社工人員面對因此而來的挑戰。其中最大的問題是社會工作還是以「主流文化」的行為模式出發。在面對跨文化工作時必須很自覺的進入不同文化和不同的行為模式。

1. 跨文化社會工作檢驗表幫助社工組織去瞭解及檢視跨文化相關工作

此表適用與社工組織社工督導機構，也可運用於學校、公司行號和各人民團體。並不自限於特定的層次。在一個團體裡面跨文化的素養是從領導人物到個階層的員工必須具備的素質。

當然下列的問題並不一一適用任何的團體。不適合的問題可以視情況刪去，也可以加入個別適用的問題。透過這個評估表我們希望能拋磚引玉，引起討論。在此無贏家輸家的問題，目的是希望大家能正視這個問題。跨文化問題的處理雖已個別的獲致一些成就，但是還是需要獲得更多的關注。

透過跨文化社會工作檢驗表應逐步達成下列目標：

1. 機構相關於多元文化的目標之設定；

2. 現況調查與描述（回到檢驗表上的問題）；

3. 現況與設定目標的差異檢測；

4. 結果評估；

5. 目標改進與確認和方法的創新。

評估結果必須在各種場合及機會提出來討論，以期獲致新的結論和藉此改善實際工作的可能性。

2. 跨文化社會工作檢驗表[8]

每題有5個選擇，單選題，請填入正確數字

1. 不對

2. 幾乎不對

3. 對／多多少少對

4. 對／很好

5. 很對／完全符合

工作人員

（　　）1. 三年來沒有任何非德國的員工在此工作。

（　　）2. 員工結構合乎案主或是機構造訪者的出身背景的結構。

（　　）3. 從文化背景的角度看來，員工「文化出身」結構符合組織所從事工作跨文化領域的結構比例。

（　　）4. 外籍案主比率符合機構的案主應具有的外籍人士比率。

（　　）5. 為了達成任務和設定的目標，組織有來自不同文化背景的員工。

（　　）6. 機構使用語言的多樣性符合案主的多樣化。

（　　）7. 機構的員工對非德籍員工能夠開誠佈公。

（　　）8. 機構員工對於跨文化課程的參與感到興趣。

（　　）9. 機構嘗試定期的探討跨文化工作相關議題。

（　　）10. 機構蓄意排斥某個族群的工作人員，哪一個族群？

（　　）11. 機構員工必須定期參與跨文化的進修教育。

（　　）12. 跨文化的問題或議題在機構企劃書中扮演一個重要的角色。

8　本段為原文翻譯，為了適用文章格式5點評分制的填選方式做了更動。

組織領導

（　　）1. 高階的員工曾參加各種跨文化議題的Workshops或Seminars。
（　　）2. 組織領導階層尋求並培養積極進取、來自其他文化的員工。
（　　）3. 組織領導階層定時報告相關的困難與進展和對應的辦法。
（　　）4. 組織領導階層直接跟基層員工直接接觸。
（　　）5. 組織領導階層直接跟非德國員工直接接觸。
（　　）6. 組織領導階層持續提出解決跨文化溝通的辦法（進修、導護措施）。
（　　）7. 組織領導階層的努力是深具成效的。

組織結構

（　　）1. 機構會討論種族歧視和種種反種族歧視的措施。
（　　）2. 機構有決議實施相關反種族歧視的措施。
（　　）3. 機構允許並安排「非德國員工」私底下正式和非正式的交誼活動。
（　　）4. 機構餐廳提供各種文化背景員工不同的餐點。
（　　）5. 機構與所有員工檢視並持續發展機構目標。
（　　）6. 員工的建議機構會接受並且實現。

在職進修

（　　）1. 舉辦各式各樣樣的進修課程：案主本國的地理、文化課程，與外國人交往之道，成見與歧視。
（　　）2. 機構鼓勵參與這些課程並獎勵參與課程。
（　　）3. 進修課程處理實務上的困難。
（　　）4. 獎勵學習外文。
（　　）5. 機構有足夠關於多元文化的書籍。
（　　）6. 機構不斷替員工增添關於多元文化的新文獻。

公眾工作

（　　）1. 組織特意對外來移民作公眾工作。
（　　）2. 發行多種語音的宣傳手冊。
（　　）3. 向公眾宣佈機構是多元文化的機構。
（　　）4. 機構徵求新員工時說明要提高外國員工的比率，並進一步說明。

（　　）5. 從機構裡面裡面的各種標示，路標等可以看得出多元文化是機構
特色。

（　　）6. 等候室對各個族群的人都有吸引力（比方各種外文或適當的雜
誌）。

組織的目標

1. 本組織的服務對象為何？

2. 追求什麼組織目標？
   - 對對象而言
   - 對員工
   - 對組織
   - 對會員

3. 組織章程或組織企劃書有多少對跨文化社會工作的描述有多少？

4. 組織是否特意的把移民和少數民族列入對象？以何種方式？

機構裡的少數民族

1. 本機構有多少外國員工，他們在哪個層級工作？

2. 外來移民是否跟德國人一樣是被長期僱用的。

總結

對我個人，我的工作和我的工作夥伴和工作機構，我的結論是？

五、德國跨文化社會工作檢驗表的啟示

從前述對於德國基督教烏茲堡區慈善會所發表的跨文化社會工作檢驗表概略性的介紹及忠實地翻譯該檢驗表的內容可以看出，該檢測表之制定完全摒除所謂「主流文化」之心態，從多元文化的概念著手，在組織之目標、結構、領導、宣傳、成員、進修及多元文化之呈現的方面，來指導從事跨文化工作之機構在從事相關工作必須注意到的種種事項。換句話說，任何機構如果不能符合其要求，則在從事多元文化社會工作時，或多或少都要改善之處。

比起德國，台灣本來即是移民社會，隨著大量外籍新娘的移入及新台灣之子的誕生，台灣更是顯現出其充滿多元文化移民的社會特質。社會工作的案主具多元文化背景的案例也不斷的增加。然而，台灣的社工界或是社工教育界

是否如德國對此一社會現象做出了回應？台灣是否有如德國社會制定了一套跨文化社會工作的標準行為準則？並且把它落實到社工養成教育及一般的社會工作情境？或是我們仍然依照傳統「儒家思維」強調「夷人入華夏則華夏之」，以對待台灣案主相同的方法及行為模式來對待少數民族或是這些新移民及其小孩？在我們必須承認這些人不折不扣的是台灣的一份子的同時，我們是否忽略了其文化背景上的特殊性？[9]除了面對新移民，另外我們在從事台灣的原住民族群相關的社會工作，是否也發展出一套可以適用其民族特性之工作模式與方法？德國的例子值得我國借鏡，也是我們必須共同努力的方向。

參考書目

Bennett, M (1993) Towards Ethnorelativism: a Developmental Model of Intercultural Sensitivity" in Paige R. M. (ed.) (1993) *Education for the Intercultural Experience,* Yarmouth, ME: Intercultural Press Inc.

Este, D. (1999) Social Work and Cultural Competency, in Lie, G. and Este, D. (eds.) (1999) *Professional Social Service Delivery in a Multicultural World*, pp. 27-45, Toronto: Canadian Scholars' Press.

Johnson, S. D. (1990) Toward Clarifying Culture, Race and Ethnicity in the Context of Multicultural Counseling, *Journal of Multicultural Counseling and Development*, 18: 4-50.

Katz, J. (1985) The Sociopolitical Nature of Counseling, *Counseling Psychologist,* 13: 615-24.

May, S. (2001) *Language and Minority Rights: Ethnicity, Nationalism and the Politics of Language*, Essex, England: Pearson Education Limited.

McConahay, J. B. (1986) Modern Racism, Ambivalence, and the Modern Racism Scale, in Dovidio, J. F. and Gaertner, S. L. (eds.) *Prejudice, Discrimination, and Racism*, pp. 91-125, Orlando: FL: Academic Press.

Ponterrotto, J. G. and Casas, M. (1991)： *Handbook of Racial/Ethnic Minority*

---

[9] 總結而言，台灣數十年來的原住民的政策被證明是錯誤的，最大的致命點是直到上個世紀90年代的「大漢沙文主義」。感謝在很多人的努力下，原民政策有了很大的改善。雖然原住民政策與新移民政策有所差異，但對於異質文化的寬容與扶助是普世價值，是「少數族群」在這塊土地得以安身立命的基本法則。

Counseling Research, Springfield, IL: Charles C. Thomas.

Tsang, A. K. T. and George, U. (1998): Towards an Integrated Framework for Cross-cultural Social Work Practice, *Canadian Social Work Review, 15*(1): 73-93.

Hinz-Rommel, Wolfgang : Checkliste: Interkulturelle soziale Arbeit，
http://www.ida-nrw.de/projekte-interkulturell-nrw/such_ja/12down_1/pdf/hinz_rom.pdf

Statistisches Bundesamt Deutschland／德意志聯邦共和國統計署：
http://www.destatis.de/jetspeed/portal/cms/
（最後一次檢閱2011年6月12日）

蔡佩芬

一、前言

　　本書關於移民人權理論已有專業學者論述，且關於詐婚移民的人權保障、詐婚移民的要件與法律效力，已在拙著「詐婚移民的序曲與落幕」中詳述，故本文所要探討的內容，是設限在移民人權議題中比較屬於邊緣地帶的部分，是關於移民者的犯罪樣態整理與介紹、訴訟中關於語言的訴訟權保障，以及犯罪後關於執行判決的人權保障，並觸及為了預防移民犯罪或虛偽婚姻，法律上可以先做到自我保護的保障方式，此部分有行政院消費者保護委員會發布的移民契約範本、應記載事項、不得記載事項與簽約前之注意事項可以參考。此等內容在本文將有介紹。

二、移民犯罪樣態

　　移民署自1989年7月至2009年6月底的統計數據顯示，在台外籍配偶人數的統計已經超過43萬人，若以百分比與人數相較：大陸港澳地區配偶佔66.56%有287,359人、外國籍配偶佔33.44%有144,364人，其中來自越南人數最多，佔有全數的外籍配偶的19.22%有82,986人，其次依序為：印尼、泰國、菲律賓、柬埔寨、日本、韓國等國家。而到2009年12月31日，外籍配偶犯罪共有138筆。

　　移民者犯罪，可能觸犯之罪，經統計有下列幾者：

（一）違反社會法益罪章

　　·毒品危害防制條例等罪。
　　·偽造有價證券罪、就業服務法、公共危險罪。
　　·誣告罪、違反外國護照簽證條例（取得國籍前）。

（二）違反生命自由法益罪章

・殺人罪、傷害罪、妨害自由罪、恐嚇罪、擄人勒贖罪。

（三）違反財產法益罪章

・竊盜罪、詐欺罪、背信罪、強盜罪、侵占罪。

（四）妨害家庭罪章

・和誘、略誘、通姦。

（五）其他

道路交通管理處罰條例、電子遊戲場業管理條例……等。

　　基於個人隱私與偵查不公開原則，僅以蒐集到的資料為例[1]：高雄地檢外國人犯罪類型統計，外國人犯罪分布：15%偽造文書、19.8%違反兩岸人民關係條例、2.99%妨害自由及妨害家庭、5.35%毒品、0.44%酒後駕車、5.19%賭博、10.23%竊盜、4.2%入出國移民法等，而我國全部刑案，主要犯罪類型，則為酒後駕車，占24.1%、毒品19.3%、竊盜11.8%，對比之下，外國人犯罪則有高達40%（偽造文書、兩岸條例、入出國移民法）為入出境有關犯罪，而毒品、酒駕則均極少。

　　以高雄地檢署98年度全年對外國人之偵查統計，認定有犯罪嫌疑共25.03%（635件中之159件），其中94件依通常程序提起公訴、50件聲請簡易判決處刑、21件為緩起訴處分，認定犯罪嫌疑不足共57%（635件中之362件）。

表1-6-1　偵結統計對照表

偵查終結	高雄地檢所有刑案（法務部98年度檢察統計）	被告為外國人（高雄地檢署統計）
*認定有犯罪嫌疑	59.3%	25.03%
1. 通常程序起訴	24.3%	13%
2. 聲請簡易程序	25.49%	7%
3. 緩起訴	7.82%	3.3%
*認定犯罪嫌疑不足為不起訴處分	25.4%	57%

---

[1] 以上資料源自黃元冠檢察官，新移民的犯罪類型與偵查處遇，亞洲大學主辦，主持人蔡佩芬，2010年新移民犯罪與人權保障工作坊，2010年4月22日。

表1-6-2　偵查中外國人被告之國籍統計

中國：42.67%（271/635）
越南：16.06%（102/635）
泰國：10.07%（64/635）
印尼：9.6%（61/635）
菲律賓：3.46%（22/635）

　　再者，偵結外國人犯罪案件之特色為：在母國之教育程度較低、在我國無其他犯罪前科、警察詢問及檢察官訊問中均自白全部犯罪、40%為有關入出境之犯罪：偽造文書、入出國移民法、兩岸條例等類型。認定犯罪嫌疑不足之比例甚高，多數從輕處理（起訴少，而以簡易判決、緩起訴、職權處分則甚多）。

　　屬竊盜者，可區分為在看護場所竊盜，以及在大賣場之竊盜；在看護場所竊盜者，常是雇主控告看護工竊盜金錢或珠寶、看護工通常均堅決否認，因僅有雇主一方之指述，通常以證據不足為不起訴 處分（98偵緝字第1746號、98年度偵緝字第530號），在大賣場或商店竊盜，則竊取高價衣物、化妝品、保養品。

　　屬虛偽結婚者（詐婚移民），在越南虛偽結婚後，先向我國戶政機關為結婚登記，再取得居留簽證、外僑居留證。（97年度偵字第17465號職權處分書）。

　　屬持假護照入境者，多係之前曾經來台，因故遣送出境後，於越南換貼相片於他人護照或申辦相片不實之真正越南護照，重新向勞委會申請以監護工、勞工等名義來台，再向入境後各地屬警察機關辦理外僑居留證。（97年度偵字第32638號職權處分書）。

　　屬恐嚇取財者，係以所生子女脅迫其台灣籍配偶或其家人支付贍養費，手段有恐嚇取財或擄人勒贖，卻藉口：若不答應離婚，就不帶女兒回台灣、若不給我500萬贍養費，我就不帶兒子回來、若不答應離婚，就讓你一輩子看不到小孩、因受家暴，遂將小孩帶回越南由父母照顧、受不了先生及公婆，才把小孩帶回越南、擔心先生再娶之繼母是否會對女兒好，所以才將女兒帶走……等等。例如桃院97年度訴字第167號判決有罪，某外籍配偶已取得我國國籍，利用每年帶小孩回越南探親之機會，將兒女搭機帶回越南，再單獨返回我國工

作，嗣後因已遭其夫控告，並經發佈通緝在案，遂於欲離境返回越南之際，在機場遭到逮捕，被桃園地院判決認定刑法第241、242條之略誘罪成立，判處有期徒刑2年，緩刑5年，理由係因其已送回二名子女、得減輕其刑；又係擔心因婚姻問題，子女無法受到良好照顧，情堪憫恕，酌減其刑。

司法院（82）廳刑一字第05283號法律座談會決議，按父母對於未成年之子女，各有其監督之權，亦稱之為親權，不得由任何一方之意思，而有所侵害，此不論在第240條第1項、第241條第1項之犯罪無不皆然。申言之，如由於父或母一方之不法行為，而使其子女脫離他方之監督權者，自仍可成立該等犯罪。又最高法院88年度台上字第379號判決，父或母對於其未成年子女均享有親權，不得由任何一方之意思而有所侵害，以父或母一方不法之行為，使脫離他方親權時，仍應負刑事上相當之罪責，此於最高法院有21年上字第1504號判例可參照。

另有竹院88年度訴字第156號判決可供參考：被告本身係對李○瑩有親權之人，其主觀上帶走其女之目的亦係要給其女李○瑩妥適之照料，被告之行為並無使其女李○瑩脫離家庭或其他有監督權人之監督、照顧之故意，是以，被告之行為在主觀上並無排除告訴人親權之行使，亦未使告訴人陷於事實上不能行使親權之狀態，即其所為並不具備主觀不法構成要件明定之不法意圖，即與刑法略誘罪之構成要件有間。

三、移民犯罪與人權保障

為了避免詐婚移民犯罪，實務上做法如下函釋所示。

> 發文單位：內政部
> 發文字號：（82）台內戶　字第8203139號
> 發文日期：民國82年06月08日
> 資料來源：內政法令解釋彙編（戶政類）（84年9月版）第2086-2087頁
> 相關法條：
> 戶籍法　第17、35條（81.06.29版）
> 要　　旨：提憑美國在台協會出具之單身宣折書經外交部驗證，申辦結
> 　　　　　婚登記可予採認

全文內容：准外交部八十二年六月一日外（八十二）領三字
八二三一三三七六號函復略以：「鑒於東南亞地區之偽變造
文件情形甚為嚴重，且近年來不少該地區婦女經由不法分子
媒介來華，並以假結婚之手段以達滯華及工作之目的，進而
造成各類社會問題。……各戶政事務所於受理國人與東南亞
國家人士結婚登記時，應請該東南亞人士提出其本國國內主
管機關出具，並經我駐外館處驗證及本部覆驗之單身證明文
件，至由其本國駐華機構出具之單身宣誓書則不予採認。惟
國人與東南亞以外國家憑人之人士結婚，持對方本國駐華機
構出具之單身證明文件，倘該駐華機構業經其本國政府授權
辦理文件之公、驗證業務，本部即予受理驗證，則該等文件
應可採認。根據台灣關係法第七條規定，美國在台協會人員
得辦理公證業務，故該會所出具並經本部驗證之單身宣誓
書，應可採認。故本案林育如由美國在台協會出具之單身宣
誓書可予採認。」

　　從此函釋可知，審理結婚登記要件為：1.向戶政事務所申請；2.本國國內
主管機關出具單身證明文件；3.此項單身證明文件應經我駐外館處驗證；4.此
項單身證明文件應經我國內政部覆驗；亦即不採認由其本國駐華機構出具之單
身宣誓書，惟該駐華機構業經其本國政府授權辦理文件之公、驗證業務，對於
該單身宣誓書，我國內政部得受理驗證並採認。
　　我國內政部得受理驗證並採認美國在台協會出具之認證書（因台灣關係法
第7條規定，美國在台協會人員得辦理公證業務）。
　　司法院民國79年11月6日之（79）院台廳一字第07413號同此解釋。
　　又為了避免任何因移民產生的犯罪、避免虛偽婚姻、避免其他利用異國婚
姻產生的犯罪或糾紛等，行政院消費者保護委員會發布消保督字第0920000616
號，重要內容如下：
1. 為協調處理婚姻仲介業務所衍生之消費糾紛，以及回應部分立法委員建
　 議將婚友社納入管理。
2. 婚姻仲介所收取之費用為居間服務之費用，並非婚姻仲介成功後所收取
　 之報酬，與民法第573條所規定之報酬不同，且民法第573條修正後，以

營利為目的而營婚姻介紹者，與民法之規定並無牴觸，應可辦理營業登記，納入商業行為管理。因有關婚姻仲介的管理，並非將婚姻視為商品，亦非規範婚姻本身，而是希望對已衍生相關消費糾紛之婚姻仲介服務予以管理。此一仲介服務行為固然向消費者收取報酬，但如同房屋仲介服務一樣，是一種商業行為，已是不爭的事實，因此而發生之消費糾紛，依據消費者保護法第3條規定，政府為保護消費者權益，自應制定相關法律，以為因應。況本案業經本會邀請學者專家及相關機關研商結果，認為為有效保護婚姻仲介服務之消費者權益，確有對婚姻仲介服務加以管理之必要。

3. 婚姻仲介與良好婚姻品質、未來家庭之維護有密切關係；另如涉及假結婚真移民、賣淫、犯罪等，皆與內政部業務密切相關，故「婚姻仲介」業務宜以內政部為中央目的事業主管機關較為洽當。

4. 為保護婚姻仲介消費者之權益，請內政部訂定婚姻仲介定型化契約範本，內容應包括收費、退費之標準及方式、活動內容、業者所提供參與媒合者身分及其他相關資訊之確實查證及加入會員之基本權利義務等。此外，並請內政部對婚姻仲介之廣告應予以管理，不得違反公序良俗與誇大不實等。

5. 有關婚姻仲介業是否納入商業登記一節，請內政部與經濟部協商（經濟部已同意將「婚姻媒合」業納入營業登記項目）；另婚姻仲介是否要訂定特別管理規範，請內政部依實際管理需要自行審酌決定。

6. 有關訂定婚姻仲介定型化契約範本一節，按定型化契約範本是政府為保障交易之雙方所制定，提供消費者與業者作為簽訂交易契約之參考。本會迄今業已請相關主管部會制定完成數十種定型化契約範本，廣為民眾所接受並採用。婚姻仲介服務既已衍生相關消費糾紛，本會為保障消費者權益，避免類似消費糾紛再度發生，在相關管理法規尚未制定完成之前，認有先行制訂定型化契約範本，有效規範雙方權利義務之必要。

據此，行政院消費者保護委員會訂定婚姻仲介定型化契約範本提供參考。

首先，簽約前應注意事項如下：

1. 辦理移民之消費者有權將契約書攜回詳細審視，並應有至少五日之契約

審閱期間，移民業者應遵守下列事項：

I. 依消費者保護法施行細則第11條之規定，移民業者與移民消費者簽約前，應提供三十日以內合理期間，供消費者審閱全部條款內容，否則該條款不構成契約內容，惟消費者仍得主張該等條款有效，本契約之審閱期間定為五日應屬合理期限，但消費者要求更長時，亦應同意。

II. 移民業者對移民消費者除應提供契約條款外，同時亦應交付移居國家之政、社、經、文化相關法規等詳實移民資料，以及說明移居國家移民類別之定義及內容，以供移民消費者參閱與瞭解。

III. 移民業者宜準備簽收簿，供移民消費者索取契約條款及移居國家政、社、經、文化相關法規等移民資料時，請其簽收，以備必要時證明消費者曾行使契約審閱權。

2. 簽訂本契約前，移民業者應提出已依入出國及移民法第46條規定許可設立之註冊登記證。

3. 本契約範本僅供移民業者及辦理移民之消費者參考，但不得作對消費不利之修改。

4. 本契約雖為定型化契約之一種，惟辦理移民之消費者仍得針對個別狀，要求移民業者增刪修改其內容，業者不得以本契約範本為主管機關所定，主張不得修改；亦不得為有利於己之修正後宣稱為政府機關版本，而主張不得修改。

5. 本契約所稱之移民，依入出國及移民法第42條規定，係指國民移居國外而言，不包括自國外移入國內。

契約範本如下：

中華民國89年5月16日台（89）內戶字第8969049號函頒
中華民國96年6月11日台內移字第0960934232號公告修正

本契約於中華民國＿＿＿＿年＿＿月＿＿＿日經委任人（辦理移民者，即消費者）攜回審閱＿＿日（契約審閱期間至少五日）
委任人（辦理移民者，即消費者）簽章：＿＿＿＿＿＿＿＿＿＿
受任人（代辦移民業務之機構，即企業經營者）簽章：＿＿＿＿＿＿＿＿

立契約書人：

委任人（辦理移民者，即消費者）簽章＿＿＿＿＿＿＿

受任人（代辦移民業務之機構，即企業經營者）簽＿＿＿＿＿＿

茲就委任人委託受任人代辦移居國外以取得

　　　　□居留

　　　　□永久居留權

　　　　□移民核准文件

　　　　□公民資格

　　　　□其他（請註明）＿＿＿＿＿之移民手續事宜，受任人允為辦理，

　　　　雙方議定契約條款如下：

第一條　移居國家＿＿＿＿、地區為＿＿＿＿（省、州）。

第二條　委任人委託受任人代辦移民類別為：

　　　　□親屬移民

　　　　□技術移民

　　　　□創業移民

　　　　□投資移民

　　　　□退休移民

　　　　□其他（請註明）。

第三條　依本契約隨同委任人辦理移民成員之資料如下：

　　　　一、（姓名）（出生年月日，性別，國民身分證統一編號）

　　　　二、（姓名）（出生年月日，性別，國民身分證統一編號）

　　　　三、（姓名）（出生年月日，性別，國民身分證統一編號）

前項隨同辦理移民之成員，如因身分關係變更或法令變更而喪失同時申請資格時，即非本契約隨同辦理移民成員之範圍。反之，如因身分關係變更或法令變更而取得同時申請資格時，即為本契約隨同辦理移民成員之範圍。

第四條　受任人於簽約前應充分揭露移居國之申請資格與條件（如附件一），並應告知委任人其申請移民時所應檢附之文件如下：

　　　　一、送件前所應檢附之文件（如附件二）。

二、送件後所應檢附之文件（如附件三）。

委任人交付依前項被告知應檢附之文件時，受任人應為形式上檢閱。

第五條　委任人委託受任人辦理移民服務事項如下：

一、服務事項：

☐諮詢服務

☐文件審閱

☐表格填寫與整理

☐申請案之提出

☐辦理進度之查詢

☐面談之準備、通知及安排

☐核准文件之取得

☐其他（請註明）＿＿＿＿＿＿＿＿＿。

二、代辦事項：

☐應備文件之翻譯

☐資產鑑定

☐應備文件認證或鑑證

☐其他（請註明）＿＿＿＿＿＿＿＿＿。

第六條　委任人於本契約簽訂日起＿＿＿＿日曆天（不得少於三個月），應將辦理移民手續送件前所應檢附之文件交付受任人。但因應急速送件，經委任人同意者，不在此限。

送件後應檢附之文件，委任人應於接獲通知日起＿＿＿＿日曆天（依移居國之移民類別所規定日數）交付受任人。但因應急速送件，經委任人同意者，不在此限。

委任人於交付前二項文件後，如該文件所記載之事實有變更時，應通知受任人。

委任人未依第一項及第二項之期間交付辦理移民所應檢附之文件時，經受任人定相當期限催告後仍未交付者，受任人得終止契約，委任人所給付之服務報酬受任人不予退還。

第七條　移居國要求提出受任人於簽約前所告知以外之文件或資料，或受任人通知委任人所提交之文件或資料應補正時，受任人應定

相當期限通知委任人補正。

委任人就前項要求不願或不能提出補正時，得終止契約。

第八條　受任人辦理第五條第一款服務事項之報酬為新臺幣_____元整。

此項報酬，除另有書面約定外，不得增加。

受任人因辦理第五條第二款代辦事項或依移居國規定應繳納之規費，憑合法單據向委任人報結。

前項代辦事項費用或依移居國規定應繳納之規費如需委任人預繳時，應以合法文件或移居國明文規定者為限。本契約終止或消滅時，受任人如未提出合法單據，其預收之款項應退還委任人。

第九條　服務報酬之付款方式如下：

一、簽訂本契約時，給付服務報酬新臺幣_____元整（不得超過第八條第一項服務報酬金額百分之十）。

二、委任人交付移民送件前所應檢附相關文件時，給付服務報酬新臺幣_____元整（不得超過第八條第一項服務報酬金額百分之十）。

三、受任人備妥全部移民申請文件及交付委任人申請書表副本時，給付新臺幣_____元整。

四、接獲移居國通知面談後，給付新臺幣_____元整。

五、移居國核發移民核准文件時，給付新臺幣_____元整。

代辦費用及規費之付款方式如下：

於受任人提出合法單據或依移居國法令規定，要求委任人預繳後____日（不得少於三個工作日）給付。

第十條　受任人應於委任人交付移民相關文件完備並收取前條第一項第三款費用後____日內（不得超過十四天）送件申請，違反者，自逾期之日起，每日應給付委任人已交付報酬及費用百分之一違約金。

第十一條　委任人得隨時終止本契約，委任人終止本契約時，除應依第九條約定給付服務報酬，並應給付受任人已實際支出之代辦費用及規費外，應按下列約定給付賠償金：

一、於交付移民相關文件前終止本契約，應給付服務報酬額百分之＿＿＿。（不得超過第九條第一項第一款所給付之報酬額）

二、於受任人申請移民送件前終止本契約，應給付服務報酬額百分之＿＿＿。（不得超過第九條第一項第二款所給付之報酬額）

三、於受任人申請移民送件後，接獲移居國通知面談前終止本契約，應給付服務報酬額百分之＿＿＿。（不得超過第九條第一項第三款所給付之報酬額）

四、獲准移民許可前終止本契約，應給付服務報酬額百分之＿＿＿＿。（不得超過第九條第一項第四款所給付之報酬額）

第十二條　受任人得隨時終止本契約，受任人終止本契約時，應加計百分之＿＿＿＿返還委任人所給付之服務報酬，其已支出之代辦費用及規費由受任人負擔。委任人受有損害時，並得請求賠償。

第十三條　因可歸責於受任人之事由，致委任人無法取得移民核准文件時，受任人應加計百分之＿＿＿＿返還委任人所給付之服務報酬，其已支出之代辦費用及規費由受任人負擔。委任人受有損害時，並得請求賠償。

委任人無法取得移民核准文件之原因，係肇因於受任人之教唆或幫助者，視為可歸責於受任人之事由。

第十四條　委任人或隨同辦理移民之成員有下列情形之一者，致委任人或隨同辦理移民之成員無法取得移民核准文件時，應給付約定之服務報酬及已支出之代辦費用及規費：

一、提供不實資料。

二、拒絕出席移居國所安排之面談。

三、以口頭或書面向移居國表達無移民意願。

四、移民資格條件有變更情事而不通知受任人。

五、交付文件所記載之事實有變更時，未通知受任人。

六、警察紀錄證明書或體檢報告未能符合移居國家要求者。

七、其他可歸責於委任人或隨同辦理移民之成員之事由。

委任人提供不實資料，致受任人受有損害時，應負賠償責任。

前二項規定於受任人與有過失者，不適用之。

第十五條　因不可抗力或不可歸責於雙方當事人之事由，致本契約無法履行或履行顯有困難超出雙方合理期待時，雙方均得終止契約，不負損害賠償責任，受任人應無息返還委任人已交付之服務報酬，但已支出之代辦費用及規費，由委任人負擔。

第十六條　第三條所列隨同委任人辦理移民成員，如有無法取得移民核准文件時，除可歸責於委任人或隨同辦理移民之成員之事由外，委任人得請求退還所給付服務報酬之百分之＿＿＿（不得少於百分之二十）。

第十七條　受任人非經委任人書面同意，不得將本契約之全部或一部移轉他人代辦。受任人移轉他人辦理時，應將代辦人員詳實資格及資料告知委任人，並取得委任人之同意。

受任人違反前二項之約定，委任人得終止契約，受任人應加倍返還委任人所給付之服務報酬，其已支出之代辦費用及規費由受任人負擔。委任人受有損害時，並得請求損害賠償。

第十八條　關於委任事務辦理之情形及進度，受任人應於適當時期告知委任人。

第十九條　受任人就委任人之移民申請，負有保密之義務，非經委任人書面同意，不得洩漏委任人提供之個人資料及其申請移民之事實。

受任人違反前項規定時，除應支付依約定服務報酬額＿＿＿倍之違約金外，並應依其他相關法令規定負其責任。

第二十條　雙方應以誠實信用原則履行本契約，非經雙方書面同意，不得變更契約內容。

第二十一條　委任契約消滅後，除應交存之文件及後續作業之必要文件外，委任人交付之文件，受任人應於一個月內返還，亦不得以電子或其他方式將資料留存。

受任人違反前項規定時，委任人除得請求服務報酬額＿＿＿

倍之違約金外，受任人並應依其他相關法令規定負其責任。

第二十二條　受任人就本契約之服務項目所為之廣告內容及附件，為本契約之一部分。

受任人所提供之資料，如有外文文件，應檢附適當之中文翻譯本。

本契約條款與附件或廣告相牴觸時，應做有利於委任人之解釋。

第二十三條　本契約涉訟時，雙方同意以台灣_____地方法院為第一審非專屬管轄法院。但小額訴訟部分，依民事訴訟法規定辦理。

第二十四條　本契約於雙方簽訂後生效，至委任人收到移居國核發移民核准文件或取得移民簽證時消滅。

第二十五條　本契約一式貳份，雙方各持一份，以資為憑。受任人不得約定於本契約關係消滅時將契約書收回。

委任人（辦理移民者，即消費者）：_____

住居所：_____

電　話：_____

受任人（代辦移民業務之機構，即企業經營者）：_____公司

代表人姓名：_____

註冊登記證字號：_____

營業所：_____

電　話：_____　傳真：_____

簽證律師：_____

營　業　所：_____

電　話：_____　傳真：_____

簽約地點：_____

簽約日期（中華民國_____年_____月_____日）

　　行政院於民國96年5月9日發布移民服務定型化契約之應記載事項，內容如下：

壹、移民服務定型化契約應記載事項

一、契約書當事人基本資料

　　委任人（辦理移民者，即消費者）：

　　住居所：

　　電話：

　　受任人（代辦移民業務之機構，即企業經營者）：＿＿＿＿＿＿

　　　　　公司

　　代表人姓名：

　　註冊登記證字號：

　　營業所：

　　電話：

　　簽證律師：

　　營業所：

　　電話：

　　簽約地點及日期：

二、移民服務項目、國家及類別

　　委任人委託受任人代辦移居國外以取得：

　　□居留

　　□永久居留權

　　□移民核准文件

　　□公民資格

　　□其他（請註明）＿＿＿＿＿之移民手續事宜。

　　移居國家＿＿＿＿、地區為＿＿＿＿＿（省、州）。

　　委任人委託受任人代辦移民類別為：

　　□親屬移民

　　□技術移民

　　□創業移民

　　□投資移民

□退休移民

□其他（請註明）_____。

依契約隨同委任人辦理移民成員之資料如下：

1. （姓名）（出生____年____月____日，性別____，國民
   身分證統一編號：http://v.qq.com/cover/j/jodjsljdogiueek.
   html_____）

2. （姓名）（出生____年____月____日，性別____，國民身分證統
   一編號：_____）

3. （姓名）（出生____年____月____日，性別____，國民身分證統
   一編號：_____）

前項隨同辦理移民之成員，如因身分關係變更或法令變更而喪失同
時申請資格時，即非契約隨同辦理移民成員之範圍。反之，如因身分關
係變更或法令變更而取得同時申請資格時，即為本契約隨同辦理移民成
員之範圍。

三、企業經營者之告知及形式審查義務

受任人於簽約前應充分揭露移居國之申請資格與條件（如附件
一），並應告知委任人其申請移民時所應檢附之文件如下：

1. 送件前所應檢附之文件（如附件二）。

2. 送件後所應檢附之文件（如附件三）。

委任人交付依前項被告知應檢附之文件時，受任人應為形式上
檢閱。

四、企業經營者應提供之服務項目

委任人委託受任人辦理移民服務事項如下：

1. 服務事項：
   □諮詢服務
   □文件審閱
   □表格填寫與整理
   □申請案之提出
   □辦理進度之查詢
   □面談之準備、通知及安排
   □核准文件之取得

　　　　□其他（請註明）_____。

　　2.代辦事項：

　　　　□應備文件之翻譯

　　　　□資產鑑定

　　　　□應備文件認證或鑑證

　　　　□其他（請註明）_____。

五、申請移民文件之交付期限

　　委任人於契約簽訂日起____日曆天（不得少於三個月），應將辦理
　　移民手續送件前所應檢附之文件交付受任人。但因應急速送件，經
　　委任人同意者，不在此限。

　　送件後應檢附之文件，委任人應於接獲通知日起_____日曆天（依
　　移居國之移民類別所規定日數）交付受任人。但因應急速送件，經
　　委任人同意者，不在此限。

　　委任人於交付前二項文件後，如該文件所記載之事實有變更時，應
　　通知受任人。

　　委任人未依第一項及第二項之期間交付辦理移民所應檢附之文件
　　時，經受任人定相當期限催告後仍未交付者，受任人得終止契約，
　　委任人所給付之服務報酬受任人不予退還。

六、移居國要求消費者新增文件之交付

　　移居國要求提出受任人於簽約前所告知以外之文件或資料，或受任
　　人通知委任人所提交之文件或資料應補正時，受任人應定相當期限
　　通知委任人補正。

　　委任人就前項要求不願或不能提出補正時，得終止契約。

七、企業經營者服務及代辦費用受任人辦理第四點第一款服務事項之報
　　酬為新臺幣_____元整。此項報酬，除另有書面約定外，不得
　　增加。

　　受任人因辦理第四點第二款代辦事項或依移居國規定應繳納之規
　　費，憑合法單據向委任人報結。

　　前項代辦事項費用或依移居國規定應繳納之規費如需委任人預繳
　　時，應以合法文件或移居國明文規定者為限。本契約終止或消滅
　　時，受任人如未提出合法單據，其預收之款項應退還委任人。

八、費用之支付方式

　　服務報酬之付款方式如下：

　　1. 簽訂契約時，給付服務報酬新臺幣_____元整（不得超過第七點第一項服務報酬金額百分之十）

　　2. 委任人交付移民送件前所應檢附相關文件時，給付服務報酬新臺幣___元整（不得超過第七點第一項服務報酬金額百分之十）。

　　3. 受任人備妥全部移民申請文件及交付委任人申請書表副本時，給付新臺幣_____元整。

　　4. 接獲移居國通知面談後，給付新臺幣_____元整。

　　5. 移居國核發移民核准文件時，給付新臺幣_____元整。

　　代辦費用及規費之付款方式如下：

　　於受任人提出合法單據或依移居國法令規定，要求委任人預繳後____日（不得少於三個工作日）給付。

九、企業經營者送件期限及遲延責任

　　受任人應於委任人交付移民相關文件完備並收取第八點第一項第三款費用後____日內（不得超過十四天）送件申請，違反者，自逾期之日起，每日應給付委任人已交付報酬及費用百分之一違約金。

十、消費者終止契約之效果

　　委任人得隨時終止契約，委任人終止契約時，除應依第八點約定給付服務報酬，並應給付受任人已實際支出之代辦費用及規費外，應按下列約定給付賠償金：

　　1. 於交付移民相關文件前終止契約，應給付服務報酬額百分之____。（不得超過第八點第一項第一款所給付之報酬額）

　　2. 於受任人申請移民送件前終止契約，應給付服務報酬額百分之____。（不得超過第八點第一項第二款所給付之報酬額）

　　3. 於受任人申請移民送件後，接獲移居國通知面談前終止契約，應給付服務報酬額百分之____。（不得超過第八點第一項第三款所給付之報酬額）

　　4. 獲准移民許可前終止契約，應給付服務報酬額百分之____。（不得超過第八點第一項第四款所給付之報酬額）

十一、企業經營者契約之終止受任人得隨時終止契約，受任人終止契約

時，應加計百分之＿＿＿返還委任人所給付之服務報酬，其已支出之代辦費用及規費由受任人負擔。委任人受有損害時，並得請求賠償。

十二、因可歸責於企業經營者事由之責任

因可歸責於受任人之事由，致委任人無法取得移民核准文件時，受任人應加計百分之＿＿＿返還委任人所給付之服務報酬，其已支出之代辦費用及規費由受任人負擔。委任人受有損害時，並得請求賠償。

委任人無法取得移民核准文件之原因，係肇因於受任人之教唆或幫助者，視為可歸責於受任人之事由。

十三、可歸責於消費者事由之責任

委任人或隨同辦理移民之成員有下列情形之一者，致委任人或隨同辦理移民之成員無法取得移民核准文件時，應給付約定之服務報酬及已支出之代辦費用及規費：

1. 提供不實資料。

2. 拒絕出席移居國所安排之面談。

3. 以口頭或書面向移居國表達無移民意願。

4. 移民資格條件有變更情事而不通知受任人。

5. 交付文件所記載之事實有變更時，未通知受任人。

6. 警察紀錄證明書或體檢報告未能符合移居國家要求者。

7. 其他可歸責於委任人或隨同辦理移民之成員之事由。

委任人提供不實資料，致受任人受有損害時，應負賠償責任。

前二項規定於受任人與有過失者，不適用之。

十四、不可抗力或不可歸責雙方事由之責任

因不可抗力或不可歸責於雙方當事人之事由，致契約無法履行或履行顯有困難超出雙方合理期待時，雙方均得終止契約，不負損害賠償責任，受任人應無息返還委任人已交付之服務報酬，但已支出之代辦費用及規費，由委任人負擔。

十五、未完成約定移民成員之責任

第二點第四項所列隨同委任人辦理移民成員，如有無法取得移民核准文件時，除可歸責於委任人或隨同辦理移民之成員之事由

外，委任人得請求退還所給付服務報酬之百分之＿＿＿（不得少於百分之二十）。

十六、契約移轉之禁止及違反之效果

受任人非經委任人書面同意，不得將契約之全部或一部移轉他人代辦。

受任人移轉他人辦理時，應將代辦人員詳實資格及資料告知委任人，並取得委任人之同意。

受任人違反前二項之約定，委任人得終止契約，受任人應加倍返還委任人所給付之服務報酬，其已支出之代辦費用及規費由受任人負擔。委任人受有損害時，並得請求損害賠償。

十七、企業經營者之報告義務

關於委任事務辦理之情形及進度，受任人應於適當時期告知委任人。

十八、企業經營者之保密義務

受任人就委任人之移民申請，負有保密之義務，非經委任人書面同意，不得洩漏委任人提供之個人資料及其申請移民之事實。受任人違反前項規定時，除應支付依約定服務報酬額＿＿＿倍之違約金外，並應依其他相關法令規定負其責任。

十九、契約內容變更之限制

雙方應以誠實信用原則履行契約，非經雙方書面同意，不得變更契約內容。

二十、企業經營者返還消費者所交付文件之義務

委任契約消滅後，除應交存之文件及後續作業之必要文件外，委任人交付之文件，受任人應於一個月內返還，亦不得以電子或其他方式將資料留存。

受任人違反前項規定時，委任人除得請求服務報酬額＿＿＿倍之違約金外，受任人並應依其他相關法令規定負其責任。

二十一、廣告及附件效力

受任人就契約之服務項目所為之廣告內容及附件，為契約之一部分。

受任人所提供之資料，如有外文文件，應檢附適當之中文翻譯本。

契約條款與附件或廣告相牴觸時，應做有利於委任人之解釋。

二十二、合意管轄

因本契約涉訟時，雙方同意以台灣_____地方法院為第一審
非專屬管轄法院。但小額訴訟部分，依民事訴訟法規定辦理。

二十三、契約生效及消滅

契約於雙方簽訂後生效，至委任人收到移居國核發移民核准文
件或取得移民簽證時消滅。

附件一
移居國外應注意事項
一、申請資格：
　　(一)中華民國國民國民
　　(二)警察紀錄證明書或體檢報告符合移居國要求
　　(三)其他（應視移民類別之需要臚列詳盡）
二、應付費用：（以提出申請時實際繳納之金額為準）
　　(一)移居國規費約新臺幣（或其他幣值）　　　元。
　　(二)服務費用約新臺幣（或其他幣值）　　　元。
　　(三)代辦費用約新臺幣（或其他幣值）　　　元。
　　(四)其他費用（需要臚列詳盡）
三、注意事項：（應視移民類別之需要臚列詳盡）
　　(一)
　　(二)
　　(三)

附件二
受任人於簽約前應告知委任人移民類別及其申請移民時，送件前所應檢
附之文件（適用者請打∨）
□　照片___吋___張
□　體檢報告書
□　護照
□　國民身分證

- ☐ 良民證
- ☐ 戶籍謄本
- ☐ 結婚證書
- ☐ 離婚協議書
- ☐ 配偶死亡證明書
- ☐ 出生證明書
- ☐ 認領、收養證明書
- ☐ 監護權取得證明書
- ☐ 子女移民同意書　☐ 畢業證書
- ☐ 在學證明書　☐ 受訓結業證書
- ☐ 實習結業證書　☐ 會員證書
- ☐ 專業執照或證書　☐ 職業執照或證書
- ☐ 獎狀　☐ 著作
- ☐ 工作證明文件　☐ 服務證明文件
- ☐ 推薦信
- ☐ 英語能力證明文件
- ☐ 退伍令
- ☐ 免役證明書
- ☐ 個人綜合所得稅納稅證明書
- ☐ 公司執照
- ☐ 營利事業登記證
- ☐ 工廠登記證
- ☐ 公司變更登記事項卡
- ☐ 公司抄錄
- ☐ 公司營業特許證
- ☐ 公司會員證書
- ☐ 營利事業所得稅結算申報書
- ☐ 公司組織圖
- ☐ 公司簡介
- ☐ 公司產品型錄
- ☐ 名片

☐　公司年度報告書

☐　存款證明書

☐　貸款餘額證明書

☐　房地產所有權狀

☐　房地產鑑定報告書

☐　房地產租賃契約書

☐　房地產買賣契約書

附件三

受任人於簽約前應告知委任人移民類別及其申請移民時，送件後所應檢附之文件（適用者請打∨）

☐　良民證

☐　體檢報告書

☐　個人綜合所得稅納稅證明書

☐　英語能力證明文件

☐　公司執照

☐　營利事業登記證

☐　工廠登記證

☐　公司變更登記事項卡

☐　公司營業特許證

☐　公司會員證書

☐　營利事業所得稅結算申報書

☐　公司簡介

☐　公司產品型錄

☐　公司年度報告書

☐　存款證明書

☐　貸款餘額證明書

☐　房地產所有權狀

☐　房地產鑑定報告書

☐　房地產買賣契約書

移民服務定型化契約不得記載事項如下：

1. 不得約定拋棄契約審閱期間及審閱權，或審閱期間約定少於五日。
2. 不得為其他違反法律強制、禁止規定或顯失公平之約定。
3. 不得排除消費者保護法第47條及民事訴訟法第436條之9
4. 規定之小額訴訟管轄法院之適用。
5. 不得任意要求委任人負擔非因可歸責於委任人所生之費用之約定。
6. 不得免除或限制受任人瑕疵給付責任之約定。
7. 不得約定受任人可免責或限制責任之特約。
8. 不得約定回收移民服務契約書。
9. 不得約定廣告僅供參考或非本契約之一部分。

四、移民訴訟與人權保障

人權保障不是口號，而是必須落實。新移民來到異鄉國度，可能不熟悉異國法律或風俗民情不小心觸法或與人有糾紛必須訴訟，在人權保障上，應給與相關的保障，例如訴訟上的平等權等。本章關於訴訟平等保障上著墨於語言的平等對待，蓋訴訟中對於語言的要求是陳述事實和陳述證據的前提，有些案件的敗訴是因為語言的詮釋不同或語氣所欲表達的文化不同與差異而導致判決錯誤，故本文特別強調通譯的程序保障。再者，判決後對於執行判決或移送受刑人回母國的程序，也是本章強調的重點，是未來可以發展的遠景。

（一）通譯

一旦新移民涉及訴訟，語言障礙常常是他們最害怕的問題，縱使是大陸港澳地區外籍配偶，也可能因為兩岸語言多年來的用語差異而導致出庭時的陳述失真。若因此而在法庭上喪失應有的權益與主張，不利益由外籍配偶來承擔的結果是否符合我國憲法對於訴訟權的保障，不無疑問。

我國憲法第16條規定人民有訴訟權、大法官會議釋字第442號、第466號皆肯定人民有受公平審判的權利、〈公民與政治權利國際公約〉第14條第3項第6款中揭示：對於不通法庭語言的刑事被告應免費獲得通譯員的協助。我國司法政策在各級法院皆設有通譯制度，其目的在於使訴訟當事人、證人、鑑定人與其他關係人在不諳國語時或遇有聾啞人士時，可以有專業人士進行傳譯。法院組織法第98條規定：「訴訟當事人、證人、鑑定人及其他有關係之人，如有不

通國語者,由通譯傳譯之,其為聾啞之人,亦同。」,而於法院組織法第23條(地院設置通譯)、第39條(高院設置通譯)、第53條(最高法院設置通譯)之規定。

2006年1月間司法院、法務部就現有通譯人員名額與精通語言函覆財團法人民間司法改革基金會公文之調查結果總共有272名,其中司法院所屬各級法院通譯人數有223名、法務部所屬檢察機關(即各法院檢察署)通譯人數有49名,在272名的通譯人員中,熟稔英語與他國語言者僅有11名,其他多精通國語、台語、客語,且現有通譯一職將遇缺不補,導致來自非中文系國家的外國籍配偶(不包含大陸港澳地區配偶)近14萬5000人在法庭之上將可能因語言障礙而無法在法庭上捍衛自己的權利不受侵害或為自己已受侵害的權利展開救濟,可見我們應該更適度的去尊重新移民在「語言上的少數」(linguistic minorities)的權益。

新移民在台灣已經超過43萬人,幾乎每百位國人中就有1.86位新移民,倘若通譯制度失效,我國將有1.86%的人民的訴訟權受到了嚴峻的威脅。新移民的加入,讓台灣原來豐富文化增添更多元的風采,但是我們現有的社會卻未必已經準備好迎接這群來自世界各地的新移民,不論是人文風俗、社會習慣乃至於司法制度上常讓我們的新移民在異鄉展開新生活的初期飽受心理上的煎熬,他們或許可以看見台灣人的真誠與友善,卻不見得容易融入台灣的社會中。刑事訴訟是國家對人民最強的約制,若只要求當事人可以依照自身需求選擇是否需要通譯人員的協助,對於人權保障似嫌被動。新移民可能本身就對於法庭事務、程序與自身權利不甚瞭解,又要如何期待新移民有足夠判斷自身語言能力及對於法庭事務熟悉能力的可能性?

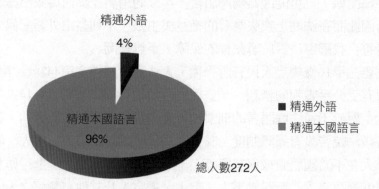

建立「各種語言傳譯人才資料庫」，改採人力外包方式，由各法院編列預算吸引語言人才加入，當法庭上遇有特殊語言需求時，及透過資料庫的搜尋找到最適合的傳譯人才擔任通譯工作。同時，應對於現有的法院通譯人員則加強在職訓練，視能力與年齡來選派適當人員進行外語進修，未達標準的通譯人員則轉任其他職務，儘量將通譯的位子留給真正有能力的人才。司法院於2006年4月21日公布〈高等法院及其分院建置特約通譯名冊及日費旅費報酬支給要點〉，其後歷經兩次修正，高等法院及其分院有主動延攬通曉手語、閩南語、客語、原住民語、英語、日語、韓語、法語、德語、西班牙語、葡萄牙語、越南語、印尼語、泰語、菲律賓語、柬埔寨語或其他國語言一種以上，並能用國語傳譯上述語言之人擔任特約通譯人員的義務。內政部移民署於2009年4月7日成立「全國通譯人才資料庫」，透過通譯人在資料的建檔，讓有需求的單位可以利用該資料庫系統，立即迅速的尋獲通譯人員，在上線之初已有391名通譯人才。

另外，民事訴訟法第207條規定：「參與辯論人如不通中華民國語言，法院「應」用通譯；法官不通參與辯論人所用之方言者，亦同。參與辯論人如為聾、啞人，法院「應」用通譯。但亦得以文字發問或使其以文字陳述。

關於鑑定人之規定，於前二項通譯準用之」，而刑事訴訟法第99條：被告

為聾或啞或語言不通者，「得」用通譯，並得以文字訊問或命以文字陳述。探究目前刑事訴訟法對於通譯使用之時機相關規定採「得」而非「應」的規定，未賦予法庭上的法官、檢察官遇有語言障礙的當事人時「強制」使用通譯的義務，一旦當事人有語言障礙又不知或不願使用通譯時，法官、檢察官若於此時無法正確判斷是否需要使用通譯時，則已經形成對於當事人的不利益，故而刑事訴訟法第99條宜仿照民事訴訟法第207條規定當事人若不通法庭語言時，法院「應」用通譯，以使新移民於法庭之上權利得以獲得保障。[2]

（二）移轉執行之人權保障

外籍配偶因犯罪被撤銷國籍，或任何其他因喪失國籍而無法再回復國籍且未有正當理由繼續居留者，應遣返回母國。[3]另有國籍法第13條規定：「有下列各款情形之一者，雖合於第11條之規定，仍不喪失國籍：一、為偵查或審判中之刑事被告。二、受有期徒刑以上刑之宣告，尚未執行完畢者。三、為民事被告。四、受強制執行，未終結者。五、受破產之宣告，未復權者。六、有滯納租稅或受租稅處分罰鍰未繳清者。」仍不會喪失國籍，此未喪失國籍之情形，是為了繼續在我國執行判決或繼續訴訟執行程序，一旦這些程序結束之後，就會產生喪失國籍與驅逐出境之法律效果。然而，執行判決不一定要在我國境內執行，亦可由他國執行，這是涉外刑事判決的域外效力，因此，未來可以和該犯罪者的國家合作，執行在我國喪失或撤銷我國國籍而取得或回復他國國籍之判決。

人道的對待不應僅限於審判前的居留或審判中的羈押階段，人道對待的範圍應含括執行確定判決；意即確定判決後刑之執行若非由判決國為之者，當移送於他國執行，此過程涉及受判刑人移轉問題；移轉於被請求的執行國後，執行國是否接受請求執行，涉及被請求國對該判決的承認與執行問題，先有承認該外國刑事判決的前提下，方得執行該外國判決。

被判刑人之移轉（transfer of sentenced persons），係指將受判刑人 移轉於他國或有意願執行之國家執行判決所處之刑罰。被判決人之移轉是國家對外國法院刑事判決之承認與執行的最終表現，也是事實上執行外國判決內容之一部

---

[2]　詹德恩，新移民刑事被告訴訟協助從通譯制度改革出發，2010年4月22日新移民犯罪與人權保障工作坊演講。

[3]　關於此部分之詳細內容，請詳拙著，詐婚移民的序曲與落幕，【肆、詐婚移民之法律效果】。

分，移送受判刑人影響所及的不僅是受判刑人本身，甚至包括與其家屬、執行國和移送國。這幾者的立場各異，為保護國家尊嚴、公共利益和私人權利，有必要以公約協議或條文規範之。

1970年〈歐洲刑事判決效力國際公約〉（European Convention On The International Validity Of Criminal Judgments, 1970）已有規定移轉受刑犯的條文，但是從公約名稱即可知道，1983年〈歐洲移交受判刑人公約〉是針對受判刑人 移送問題制訂的一個專門性公約，而〈歐洲刑事判決效力國際公約〉多數著重於本國判決對外國法院的效力問題，移送受刑犯只是其中一部分，而且其規定較為零散而繁瑣，並且在實際施行的經驗後，相較之下，〈歐洲移交受判刑人公約〉顯得有體系性與簡潔明瞭。

我國沒有移送受判刑人至他國執行之相關規定，關於移送應遵守之原則、效力和條件為何？主要參考1983年〈歐洲移送受判刑人公約〉（European Convention on The Transfer of Sentenced Persons, 1983）規定及其1997年議定書[4]後歸納如下，可以做為日後我國移送受刑犯於他國之參考：

一、移送受判刑人有下列幾項原則：

(一)應遵守國際刑事司法互助原則：移送受判刑人之行為屬於國際刑事司法互助的一環，故移送受判刑人 之原則與國際刑事司法互助原則得重疊適用，如應尊重國家主權和國際審判權原則，蓋移送受判刑人 的過程中會涉及兩國政治權力和司法權力的互動；如雙重犯罪原則，及判決國與執行國境內對同一行為均視為犯罪行為者方得予以處罰；又如公共利益維護原則，若承認或執行外國刑事判決會影響內國公安或違背重大公共政策者，則可以拒絕承認與執行判決；及平等互惠原則之遵守，是我國承認外國判決之條件，當是執行判決之條件。至於「特定性原則」，有必要區分為移送前須經受刑犯同意與不需要受刑犯同意兩種情形。所謂「特定性原則」在移送受刑犯的適用上，係指執行國只能夠對判決國已判決之罪行（罪刑）進行執行，不得對受移送人所應執行刑罰以外之罪行，尤其是移送前之他罪提起刑事訴追、審判或執行，故而移送前無須受刑人同意者，這一項原則應該嚴格被遵守，以避免受刑犯受到判決

---

[4]　Additional Protocol to the Convention on the Transfer of Sentenced Persons Strasbourg, 1997. See Council of Europe-ETS. NO. 167, Strasbourg, 18. XII. 1997, Also available at http://conventions.coe.int/treaty/en/Treaties/Html/167.htm

國應執行判決以外之不利益處分或訴追，若移送前需要受刑犯同意者，這一項原則普遍認為可以不必適用。

(二)迅速原則：〈歐洲移交受判刑人公約〉第5條第4款規定：「是否接受移送受判刑人，被請求國應盡快回應。」[5]

(三)有利於被判刑人原則：有利於被判刑人原則表現在下列幾個面向上：

1. 受刑國選擇權：考量判決執行是希望受刑人可以重新重返社會，究竟在判決國執行判決或在執行國服刑，應尊重受刑人之自主性，給予其選擇機會，詳〈歐洲移送受判刑人公約〉第3條第1項第4款規定。

2. 知的權利：根據〈歐洲移交受判刑人公約〉第4條規定，判刑國應將本公約內容攸關受判刑人之權利義務事項告知受刑人[6]。

3. 轉換刑罰時，不使受刑犯受更不利之處境：根據〈歐洲移交受判刑人公約〉第10條第2項規定，如刑罰性質或期限不符合執行國內國法律者，或根據其法律允許下，以法院或行政命令允許轉換為本質盡量不變的相類似的刑罰或方式，並且不得加重或超越判決國之刑罰最高期限[7]；根據第11條第1項第4款更規定，在轉換刑罰情況下，不得使受刑犯的受刑狀況愈加惡化，但不受執行國法律最低刑罰限度之拘束。

二、移送受判刑人對判決國之效力：1983〈歐洲移交受判刑人公約〉第8條規定：「1.執行國接受受刑犯的移交之後，有中止（suspending）執行判決國刑罰之效力。2.當執行國已經同意將刑罰執行完畢，判決國則無須執行判

---

[5] Convention on The Transfer of Sentenced Persons, 1983 Article 5 IV：The requested State shall promptly inform the requesting State of its decision whether or not to agree to the requested transfer. See Council of Europe - ETS no_ 112, also available at http://conventions.coe.int/treaty/en/Treaties/Html/112.htm

[6] Convention on the Transfer of Sentenced Persons, 1983 Article 4I ：Any sentenced person to whom this Convention may apply shall be informed by the sentencing State of the substance of this Convention. See Council of Europe - ETS no_ 112, also available at http://conventions.coe.int/treaty/en/Treaties/Html/112.htm

[7] Convention on the Transfer of Sentenced Persons, 1983 Article 10II：If, however, this sentence is by its nature or duration incompatible with the law of the administering State, or its law so requires, that State may, by a court or administrative order, adapt the sanction to the punishment or measure prescribed by its own law for a similar offence. As to its nature, the punishment or measure shall, as far as possible, correspond with that imposed by the sentence to be enforced. It shall not aggravate, by its nature or duration, the sanction imposed in the sentencing State, nor exceed the maximum prescribed by the law of the administering State.；Article 11I(4): shall not aggravate the penal position of the sentenced person, and shall not be bound by any minimum which the law of the administering State may provide for the offence or offences committed. See Council of Europe - ETS no_ 112, also available at http://conventions.coe.int/treaty/en/Treaties/Html/112.htm

決。」[8]

三、移送受判刑人對執行國之效力：根據1983〈歐洲移交受判刑人公約〉第9條規定[9]：「1.有資格執行判決之國家應該：a.立刻繼續執行刑罰，或根據第10條規定透過法院或通過執行刑罰命令繼續執行刑罰；或b.透過行政或司法程序轉換刑罰，以轉換後的刑罰取代判決國之刑罰執行。2.若執行國如經要求，應在受判刑人 被移交之前，把將要採用之程序通知判決國。3.執行刑罰之依據應依照執行國法律，執行國有權做出相關的適當決定。4.任何國家根據其內國法規定，受判刑人無責任能力而無法利用其內國法對於第一項所規定之程序在其領域內執行刑罰，但該國已經準備接受受判刑人在其內國執行進一步處遇者，可以向歐洲理事會陳明，並指出將要採行之措施。」

---

[8] Convention on the Transfer of Sentenced Persons, 1983-Article 8：1. The taking into charge of the sentenced person by the authorities of the administering State shall have the effect of suspending the enforcement of the sentence in the sentencing State.

2. The sentencing State may no longer enforce the sentence if the administering State considers enforcement of the sentence to have been completed. See Council of Europe-ETS no 112.

[9] Convention on the Transfer of Sentenced Persons, 1983-Article 9–Effect of transfer for administering State：

1. The competent authorities of the administering State shall: a. continue the enforcement of the sentence immediately or through a court or administrative order, under the conditions set out in Article 10, or b. convert the sentence, through a judicial or administrative procedure, into a decision of that State, thereby substituting for the sanction imposed in the sentencing State a sanction prescribed by the law of the administering State for the same offence, under the conditions set out in Article 11.

2. The administering State, if requested, shall inform the sentencing State before the transfer of the sentenced person as to which of these procedures it will follow.

3. The enforcement of the sentence shall be governed by the law of the administering State and that State alone shall be competent to take all appropriate decisions.

4. Any State which, according to its national law, cannot avail itself of one of the procedures referred to in paragraph 1 to enforce measures imposed in the territory of another Party on persons who for reasons of mental condition have been held not criminally responsible for the commission of the offence, and which is prepared to receive such persons for further treatment may, by way of a declaration addressed to the Secretary General of the Council of Europe, indicate the procedures it will follow in such cases. See Council of Europe-ETS no 112.

林平*

一、前言：從族群到階層

　　當代跨國婚姻研究的一個特點，就是將通婚者在移居後的生活適應問題，過度歸因於「族群」因素所造成的影響，忽略了其他可能的因素。然而這樣的解釋，無法說明為什麼族群背景相近的跨國婚姻，也存在著各種適應問題。也無法幫我們瞭解為什麼有些族群相近之間的跨國互動，卻沒有如預期的產生跨國婚姻？

　　兩岸之間也許存在著不同政治差異，但是同屬於華人社會，卻是一個廣為接受的觀點。然而根據過去的研究顯示，兩岸之間的通婚關係，高度集中在「台灣男性」與「大陸女性」的配對模式當中。相反的，「台灣女性」與「大陸男性」的配對情況就非常少見。既然族群因素是如此重要，為什麼兩岸之間的通婚又有如此重大的差異？筆者認為，「階層」是一個關鍵因素，也是過去跨國婚姻或國際移民研究當中常被忽略的討論。透過探索台灣女性對大陸男性的看法，特別是已經居住在中國大陸的單身台灣女性，她們是如何看待生活周遭中的大陸男性，可以幫助我們瞭解既有研究當中被隱藏的階層問題。由於篇幅有限，本章僅回顧國際移民研究當中與女性有關的討論，特別集中在婚配關係的分析，相關的實證資料與分析，留待另一文「不一樣的美麗與哀愁」再進行討論。

二、文獻回顧：移民研究中的階層與女性

　　雖然跨國人口流動的現象存在已久，但是研究者常將單一民族國家所形成的地理空間視為常態，把移居者如何能成為當地社會的一部分，作為研究的出

* 林平，牛津大學社會學博士，現為國立中正大學政治系助理教授，聯絡方式為 polpl@ccu.edu.tw。

發點（Wimmer and Schiller, 2002）。如果移入人群並未被吸納進當地社會時，移居者與當地人的「族群」差異或「文化」差異常被認為是適應困難的原因（Harzig and Hoerder, 2009），並認為移居現象若發生在「族群」差異小，或「文化」差異小之間的人群時（Gordon, 1964; Borjas, 1999; Berry, 2004; Ward and Kennedy, 1999），移居者應該能順利適應當地社會，然而這種強調「族群」或「文化」差異的解釋常忽略了其他因素（Colic-Peisker, 2008; 11）的可能。

（一）移民與階層：移居者不一定都是社會底層人

　　隨著科技發展與跨國企業增加，跨國人口流動的類別也越來越多，他們不一定是低技術的勞工，而可能是中產階級或專業知識的技術人員（Castles and Miller, 2003; Florida, 2005），方向也不一定是由開發中國家往已開發國家的「南向北」移動。因此，傳統「南向北」移民研究的成果，不見得能解釋新的移居現象。例如，在「北往南」流動中，移居者可能在當地國佔據中高階位置，而有不同的移居經驗（Thang *et al.*, 2002; Favell *et al.*, 2006; Coles and Fechter, 2008）。

　　根據Anne-Meike Fechter針對「印尼的西方人」的研究與Pauline Leonard的歷史資料整理，這些「北往南」的「優勢移民」呈現的是一種「拒絕融入當地社會」的現象，與過去「南向北」的「勞工移民」呈現的「被當地社會排斥」的現象不同（Fechter, 2007; Leonard, 2010），但與過去「旅居殖民地的母國人民」研究相似（Kirkwood, 1984; Cartrell, 1984）。這些研究中，移居者偶然前往較落後國家，發現自己有限的資源與能力在母國不受重視，卻在新環境有競爭優勢，因而從短期停留延伸為長期居留或定居（Fechter, 2007:17）。

　　Fechter關於「階層與移居生活」的討論，在Val Colic-Peisker的研究中更清楚的顯現。Colic-Peisker發現，即使是從同一母國進入同一地主國，移居者在移入初期時階層位置的差異，將使他們的移居經驗有所不同，因此他將移居者階層位置定義為：移居者母國與地主國在國際上的相對位階（global hierarchy of nations），以及移居者在當地社會所屬團體的社經地位（the socioeconomic profile of the group itself）（Colic-Peisker, 2008: 17-20, 85-86）。雖然這些研究都指出，不同的階層位置會帶來不同的移居經驗，但國際上相關的研究並不多（劉云剛等，2010）。

　　這種對「階層」因素的忽略，也出現在台灣的移民研究上。雖然社會學者藍佩嘉與曾嬿芬都指出，台灣的移工／移民政策，一方面將來自西方與日本的外籍人士都視為高階白領，是受歡迎的移入者，另一方面又將來自東南亞的外籍人士都視為落後的他者，排斥在國門之外（藍佩嘉，2005；曾嬿芬，2006）。但是目前只有極少數的研究以這些「高階白領」為對象，討論他們在台灣的生活（小宮有紀子，2008；Tzeng, 2010）。在移出人口方面，如果區分為進入歐美先進國家的「華僑／台僑研究」與前往後進國家的「台商研究」，發現學者們都認為海外僑民與當地社會互動有限，需要經過相當長時間才會改變（Siu, 2005；姜蘭虹、黃禮強，2009；Park, 2008；王宏仁，2009），但是學者們似乎忽略同樣是「互動非常有限」的表層現象，是否有不同的原因？同樣的，雖然既有「中國大陸台商研究」認為，移居到東莞的台商多屬中小企業或勞工創業，移居到上海的台商多屬於教育水準較高或與資訊業結合，前者在當地有相當的優勢，後者與當地的差距較小（耿曙，2002），但也缺乏進一步討論這樣的階層差距，會對移居經驗帶來什麼影響。

（二）階層與女性：從「雙重壓迫」到「鳥籠裡的金絲雀」

　　既有的移民研究多以男性的移居經驗為主，較少討論女性移居者的經驗（George, 2005）。以女性為主題的討論，主要集中在女性如何在移居過程中挑戰父權社會限制，重新定位自己（Kofman *et al.*, 2000; George, 2005; Chiang, 2008）。這些研究中的女性，大多是求生存的「南向北」移居者（Piper and Roces, 2003），她們面臨地主國與本國男性的「雙重壓迫」，因此容易接受不符合自己專長，又不被重視的工作機會（Dias and Wanasundera, 2002; Garcia *et al.*, 2002）。

　　以「優勢移民」女性為主題的研究就少了，有限的研究都是以跟隨配偶而前往後進國家的女性為主題，發現他們比當地人享有更好的物質生活，但專業能力不被當地的母國社群認可，也不被允許與當地社會有較深入的接觸（Tremayne, 1984; Clark, 1984; Callway, 1987; Strobel, 1991）。雖然這種移居經驗滿足了移居者想要成為「全球菁英」（cosmopolitan elite）的想像，但實際上是「金鳥籠裡的麻雀」（living in the golden cage），與外在世界有不小的隔閡（Fechter, 2007）。

　　若與傳統為了求生存而遷移的女性相比，這些女性比較是為了「家人

團聚」，或「追求自我實現」而移居（Fechter, 2007）。她們遷移後發現，自己所屬移民社群排斥當地社會，另組不對當地人開放的小團體（Coles and Fechter, 2008）。她們移居前都有一定的工作基礎，移居後雖然不需要投入於家務勞動，卻必須放棄自己專業領域的成就來配合配偶，卻還可能被貼上「累贅」（trailing spouse）的標籤（Yeoh and Khoo, 1998）。

然而這些有限的研究，多集中在已婚女性，缺乏對未婚女性的討論。兩項以單身女性為主題的研究（在中國的英國人／在新加坡的日本人）發現，她們與被視為「累贅」的已婚女性不同，有著自己的工作與成就感，對生活品質與情感歸屬也有一定程度的渴望（Tang *et al.*, 2002; Willis and Yeoh, 2008）。雖然如此，她們卻又對當地男性多抱持一定的距離，希望與同國籍的男性交往，相當程度因為無法在當地獲得滿意的情感關係而離開（Willis and Yeoh, 2008）。然而這些研究缺乏進一步討論，為什麼她們排斥當地男性？可預期的婚姻（或穩定的異性關係）對他們的移居生活有多大的影響？

（三）階層與婚姻：婚姻是品味相近的結合

討論階層，就必須先談論「階級」（class）。根據Karl Marx的定義，階級是依生產方式區分成「擁有生產工具的資本家」與「賣勞力換取工資的工人」（Marx, 1857/1993）。他以生產關係為來界定階級，並認為此一對立關係必須經由革命才能解決。然而這樣的分析有其獨特的時空環境，當進入20世紀後，第二產業勞動生產率大幅提昇，並且第三產業蓬勃發展，這種「二元對立」的上下位置關係相當受到挑戰。Max Weber認為上下位置關係的界定方式，除了經濟面向的財富外，也包含社會面向的聲望與政治面向的權力，並認為不同的上下位置會帶來不同的生活方式與消費模式（Weber, 1948/2005）。此後，不少學者延續Weber的看法，以多元流動的位置關係取代Marx的二元對立，並逐漸以「階層」（stratum）取代「階級」（class），但不時也有混用的情形（楊國斌，2009：1-44）。

Weber之後，Thorstein Veblen與Pierre Bourdieu等人也討論階層位置對生活方式的影響。Veblen在《有閒階級論》（*The Theory of the Leisure Class*）指出，對於經常從事體力勞動的下層階層，由於收入不穩定，消費行為是以滿足生活基本所需做為優先考慮，當基本生活要求得到滿足後，才會從事其他消費行為。但是對於有錢有閒的上層階層而言，為了區別自己與體力勞動的下層階

層，休閒不是只為了維持繼續工作的能力，還刻意強調精神層次活動；消費不再是只是為了滿足生活需求，還必須刻意維持特定美感或舒適的生活環境（Verbelen, 1899/1994）。

Bourdieu（1984）在《秀異》（*Distinction: A Social Critique of the Judgment of Taste*）一書中進一步提出了「社會空間」的概念，來描述階層與生活方式的關係。他認為行為者的資本總量與資本結構（文化資本／經濟資本），決定了行為者在這個社會空間當中所處的位置。而在這個社會空間當中，位置越接近的行為者，彼此之間在客觀條件上有越多的共通性，有著類似的行為與偏好。這些行為者，又可以分成有充裕資本的宰制階層、依循既有社會秩序往上爬的小資產階層，以及底端的無產階層。而社會當中的主流文化與秩序，是依照宰制階層的觀點進行。宰制階層的儀態、語言、生活與消費方式，常被定義為「好的品味」，成為社會風尚（Bourdieu, 1984: 1-17; 99-113）。

在這個社會空間中，「階層」與「生活方式」彼此之間不但有相當的關連性，還會內化成為某種具有意義的感知與氣質而成為「慣習」（habitus），形成對文化藝術偏好的品味，並在不同的場域中有著不同的實踐。在這個階層／慣習／品味／實踐的關係中，中下階層的行為者會透過學習中上階層的生活實踐，希望逐漸改變自己的品味並形成慣習，以提升自己的階層地位。另一方面，也由於行為者在不同場域中的實踐，反映出他的品味、慣習與所屬的階層，行為者也容易透過他者在生活當中的實踐，來判斷對方的品味與感知氣息，進而判斷對方在社會空間中位置，來決定彼此互動的親疏遠近關係。（Bourdieu, 1984: 169-174; 466-469）。行為者還會採取若干策略，來維持或增加資本總量，以維持或提升社會地位例如，小資階層除了會刻意模仿宰制階層的品味與實踐外，還可能會刻意與宰制階層建立密切的社會關係，或排斥與中下階層有密切的互動關係，進而提升（或避免降低）自己的社會地位（Bourdieu, 1984: 354-364）。

在各種策略中，婚姻關係是重要的環節之一。Gary Becker的研究發現，人們選擇婚配對象，是在一連串內在與外在因素的綜合比較下，選出外在因素價值總和最大，但內在因素差異最小者，成為婚配對象。外在因素主要是指以職業、收入及教育為主的物理特質；內在因素主要是指人格特質、偏好與品味為主的心理特質（Becker, 1973,1974）。也就是說，婚配對象是受到階層位置

所影響，而這個階層位置，包含了經濟面向的收入與工作，與文化面向的偏好與品味（Tu, 2007）。

　　Bourdieu與Becker的推論，也受實證研究支持。華人社會的研究更進一步發現，女性容易將婚姻視為向上流動的機制，因而偏好選擇位置高（或排斥位置較低）的男性，形成一種「上嫁／下娶」的現象（Croll, 1981; Tu, 2007）；台灣的研究也支持了Becker的看法，認為女性擇偶偏向選擇外在因素價值總和最大，但內在因素差異最小者，形成具有「同質婚」（homogamy）性質的「上嫁／下娶」（marriage gradient）關係（蔡淑玲，1994；伊慶春、熊瑞梅，1994；楊靜利等，2006）；而在跨國婚姻方面，既有的研究也顯示，跨國婚姻容易集中在先進國家男性與後進國家女性之間，形成一種跨國版的「上嫁／下娶」關係（Lu, 2008: 17, 24; Tseng, 2010: 41）。

三、代小結與提問

　　綜合以上的討論，暫時可以得到幾項結論與提問。

　　一、當代跨國婚姻研究常將通婚者在移居後的生活適應問題，過度歸因於「族群」因素所造成的影響，忽略了其他可能的因素。然而這樣的解釋，無法說明為什麼族群背景相近的跨國通婚，有時候會有更大的適應問題。也無法幫我們瞭解為什麼兩岸間的通婚關係高度集中在「台灣男性」與「大陸女性」的婚配模式中，屬於「台灣女性」與「大陸男性」的婚配關係非常少見。這顯示應有其他的原因，影響了跨國通婚與移民的現象。

　　二、隨著科技的發展，移居不一定是傳統的低階勞工，引導我們回顧從Fechter、Colic-Peisker到Leonard有關於「優勢移民」的研究，進行一個較少被討論的問題：當移居者不是缺乏知識技術的低階勞工，而是比當地一般人有更充裕的專業知識，他們是如何融入當地社會？既有研究顯示，這些移居者在當地社會是一種「拒絕融入」的現象，而不是「被排斥」的隔離，然而這些研究多以男性或已婚女性為基礎，很少針對單身女性的討論。藉由討論單身女性的生活，特別是她們對當地男性的看法，來說明這種「拒絕融入」的現象是為何產生？

　　三、由於討論居住在中國大陸的單身台灣女性，她們是如何看待當地男性，涉及到不同階層之間如何互動的問題，我們回顧Marx、Weber與Bourdieu

以來的研究。這些研究顯示階層代表的，是資本總量與資本結構的差異。這兩者的差異決定了行為者在社會空間中的位置。這些位置不但影響了行為者的內在的感知氣息，與外在的品味與生活實踐，更影響了不同行為者間的親疏遠近關係。Bourdieu進一步認為，行為者也會採取若干策略，例如婚姻，來建構（或避免）特定社會關係，以維持並提升（或避免下降）自己的位置。這樣的看法間接被既有（跨國）婚姻研究所支持，但是女性更容易採取此策略，因此容易呈現出「上嫁／下娶」的通婚現象。這是似乎顯示，「階層」是跨國婚姻當中一個關鍵因素。

　　四、基於這些文獻回顧，筆者提出兩項假設。第一，造成「台灣男性／大陸女性」多，而「台灣女性／大陸男性」少的婚配現象，是婚姻當中「男／女」的階層差異以及兩岸間「台灣／大陸」發展落差結合的結果。第二，影響這群單身台灣女性與當地男性交往的原因，並不是過去研究假設的族群差異，而是移居者與當地社會的階層差異。第三，由於兩岸城市之間的發展在近十年有了相當大的變化，使台灣（台北）／上海／東莞在不同時間點，有了不同的階層差距。因此筆者假設同一時期東莞、上海兩地的同類受訪者，或同一城市在不同時期的同類受訪者，她們對當地男性的態度也是有所差異的。

　　以上的這些小結與提問，回顧了過去移民研究中針對女性，特別是通婚關係的討論，指出「階層」因素可能造成的影響。然而相關的實證資料來源以及細部分析，將留待另一文〈不一樣的美麗與哀愁〉進一步的處理。

參考書目

小宮有紀子（2008）台灣婚姻移民之語言資源：階級、性別與種族差異，台灣社會學年會會議論文，台北：中央研究院。

王宏仁（2009）性別化的草根跨國社區：以台越關係為例，王宏仁、郭佩宜主編，流轉跨界：台灣的跨國、跨國的台灣，163-192，台北：中央研究院人文社會科學研究中心亞太區域研究專題中心。

伊慶春、熊瑞梅（1994）擇偶過程之網路與婚姻關係：對介紹人、婚姻配對，和婚姻滿意度之分析，伊慶春主編，台灣民眾的社會意向，135-177，台北：中央研究院中山人文社會科學研究所。

姜蘭虹、黃禮強（2009）日久他鄉是故鄉：加拿大臺裔移民的心聲，中國地理

學會會刊，42: 25-42。

耿曙（2002）「資訊人」抑或「台灣人」？大上海地區高科技台商的國家認同，2002年第二屆政治與資訊研討會論文，宜蘭：佛光人文社會學院政治研究所。

曾嬿芬（2006）誰可以打開國界的門？移民政策的階級主義，台灣社會研究季刊，61: 73-107。

楊國斌（2009）社會階層論，北京：中國社會科學出版社。

楊靜利、李大正與陳寬正（2006）台灣傳統婚配空間的變化與婚姻行為之變遷，人口學刊，33: 1-32。

劉云剛、譚宇文與周雯婷（2010）廣州日本移民的生活活動與生活空間，地理學報，65:1173-1186。

蔡淑玲（1994）台灣之婚姻配對模式，人文及社會科學集刊，6: 335-371。

藍佩嘉（2005）階層化的他者：家務移工的招募、訓練與種族化，台灣社會學刊，34: 1-57。

Becker, G. 1973. "Theory of Marriage: Part I." *Journal of Population Economy* 81: 813-846.

Becker, G. 1974. "Theory of Marriage: Part II." *Journal of Population Economy* 82: 11-26.

Berry, J. 2004. "Fundamental Psychological Processes in Intercultural Relations." Pp. 166-184 in *Handbook of Intercultural Training*, edited by D. Landis and M. Bennett. London: Sages.

Borjas, G. 1999. *Heaven's Door: Immigration Policy and the American Economy*. Princeton, NJ: Princeton University Press.

Bourdieu, P. 1984. *Distinction: A Social Critique of the Judgment of Taste*. Cambridge, MA: President and Fellows of Harvard College and Routledge & Kegan Paul.

Callaway, H. 1987. *Gender, Culture and Empire: European Women in Colonial Nigeria.* Urbana, IL: University of Illinois Press.

Cartrell, B. 1984. "Settler Wives in Southern Rhodesia: A Case Study," Pp. 165-185 in *The Incorporated Wife,* edited by H. Callan. London: Croom Helm.

Castles, S and M. Miller. 2003. *The Age of Migration: International Population*

Movement in the Modern World. London: Macmillan.

Chiang, L.H. N. 2008. "'Astronaut Families': Transnational Lives of Middle-Class Taiwanese Married Women in Canada." *Journal of Social and Cultural Geography* 9(5): 508-511.

Clark, I. 1984. "The Negation of Structure: A Note on British Council Wives," Pp. 135-143 in *The Incorporated Wife*, edited by H. Callan. London: Croom Helm.

Coles, A. and A. Fechter. 2008. "Introduction," Pp. 1-20 in *Gender and Family among Transnational Professionals*, edited by A. Coles and A. Fechter. London: Routledge.

Colic-Peisker, V. 2008. *Migration, Class and Transnational Identities*. Chicago, IL: University of Illinois Press.

Croll, E. 1981. *The Politics of Marriage in Contemporary China*. Cambridge, UK: Cambridge University Press.

Dias, M. and L. Wanasundera. 2002. *Sri Lankan Migrant Garment Factory Workers : Mauritius and Sultanate of Oman*. Colombo: CENWOR.

Erickson, R. and J. Goldthorpe. 1993. *The Constant Flux: A Study of Class Mobility in Industrial Societies*. Oxford, UK: Oxford University Press.

Favell, A., M. Feldblum, and M. P. Smith. 2006. "The Human Face of Global Mobility: A Research Agenda," Pp. 1-28 in *The Human Face of Global Mobility: International Highly Skilled Migration in Europe, North America and the Asia-Pacific*, edited by M. Peter and A. F. Smith. London: Transaction Publishers.

Fechter, A. 2007. *Transnational Lives, Expatriates in Indonesia*. Hampshire, UK: Ashgate.

Florida, R. 2005. *The Flight of the Creative Class, the New Global Competition for Talent*. New York: Harper Collins.

Garcia, A., M. Barahona, C. Castro, and E. Gomariz. 2002 *Costa Rica: Female Labour Migrants and Trafficking in Women and Children*. Geneva: International Labour Organisation.

George, S. 2005. *When Women Come First: Gender and Class in Transnational Migration*. Berkley. CA: University of California Press.

Gordon, M. 1964. *Assimilation in American Life: the Role of Pace, Religion, and*

National Origins. New York: Oxford University Press.

Harzig, C. and D. Hoerder. 2009. *What Is Migration History?* Cambridge, UK: Polity Press.

Kirkwood, D. 1984. "Settler Wives in Southern Rhodesia: A Case Study," Pp. 143-164 in *The Incorporated Wife*, edited by H. Callan. London: Croom Helm.

Kofman, E., A. Phizacklea, P. Raghuram, and R. Sales. 2000. *Gender and International Migration in Europe: Employment, Welfare and Politics*. London: Routledge.

Leonard, P. 2010. *Expatriate Identities in Postcolonial Organizations: Working Whiteness*. Aldershot, UK: Ashgate.

Lu, C. W. and W. S. Yang. 2008. "Introduction," Pp 15-20 in *Asian Cross-border Marriage Migration: Demographic Patterns and Social Issues*, edited by W. S. Yang and C. W. Lu. Amsterdam: Amsterdam University Press.

Marx, K. 1857/1993. *The Grundrisse: Foundations to the Critique of Political Economy*. London: Penguin Books.

Park, Y. J. 2008. *A Matter of Honour: Being Chinese in South Africa*. Sunnyside, South Africa: Jacana Media.

Piper, N. and M. Roces. 2003. "Introduction: Marriage and Migration in An Age of Globalization," Pp. 1-22 in *Wife or Worker? Asian Women and Migration*, edited by N. Piper and M. Roces. Lanham, Maryland: Rowman & Littlefield.

Siu, L. C. D. 2005. *Memories of A Future Home: Diasporic Citizenship of Chinese in Panama*. Standford, CA: Standford University Press.

Strobel, M. 1991. *European Women and the Second British Empire. Bloomington*. IN: Indiana University Press.

Thang, L. L., E. MacLachlan, and M. Goda. 2002. "Expatriates on the Margins: a study of Japanese women working in Singapore." *Geoforum* 33: 539-551.

Tremayne, S. 1984. "Shell Wives in Limbo," Pp. 120-134 in *The Incorporated Wife*, edited by H. Callan. London: Croom Helm.

Tseng, Y. F. 2010. "Marriage Migration to East Asia: Current Issues and Propositions in Making Comparisons," Pp. 31-45 in *Asian Cross-border Marriage Migration: Demographic Patterns and Social Issues*, edited by W. S. Yang and C. W. Lu.

Amsterdam: Amsterdam University Press.

Tu, J. C. 2007. "Cross-border Marriage in Hong Kong and Taiwan." *Population and Society* 3: 29-43.

Tzeng, R. 2010. "Cultural Capital and Cross-Border Career Ladders: Western Professional Migrants in Taiwan." *International Sociology* 25:123-143.

Veblen, T. 1899/1994. *The Theory of the Leisure Class*. London: Penguin Classics.

Ward, C. and A Kennedy. 1999. "The measurement of Sociocultural adaptation." *International Journal of Intercultural Relations* 23:659-677.

Willis, K. and B. Yeoh 2008. "Coming to China Changed My Life: Gender Roles and Relations among Single British Migrants," Pp. 211-232 in *Gender and Family among Transnational Professionals*, edited by A. Coles and A. Fechter. London: Routledge.

Wimmer, A. and N. C. Schiller. 2002. "Methodological Nationalism and beyond: Nation-State Building, Migration and the Social Sciences." *Global Networks* 2:301-334.

Yeoh, B. and Khoo L. M. 1998. "Home, Work, and Community: Skilled International Migration and Expatriate Women in Singapore." *International Migration* 36:159-186.

朱柔若

一、僑民社會學的焦點

　　1990年代起國際學術界出現僑民研究（diaspora studies），國內學術界多
翻譯為「離散」。多聚焦於猶太人群體，後來受殖民主義研究的影響，焦點移
轉到被迫離開家園的非洲黑人。之後陸續出現了僑民角度切入的印度僑民研
究、亞洲僑民研究與華僑研究。當前的僑民研究，受全球化的影響，結合了鉅
觀面的跨界與公民權，以及微觀面的認同與歸屬的議題。僑民（diaspora）一
詞源自於希臘文diasperien，是由dia（跨越）與 sperien（散播種子）兩個字所
組合而成。個人偏好將之翻譯為「僑民研究」主要基於「僑」字的國學淵源，
比「離散」更貼近該字的原意。

　　根據說文解字，「僑，寄也，客也」。也就是說，「僑」字本身，就有
旅居、寄居的含意。在魏書杜銓傳中即有「既是宗近，何緣復僑居趙郡？」東
晉偏安江左，百姓南奔者稱為「僑人」。隋書食貨志：「晉自中原喪亂，元帝
寓居江左，百姓之自拔南奔者，並謂之僑人」。因此，寄居異地的人，稱「僑
人」或「僑士」。用作動詞時，「僑」字遂有臨時、暫且的意思，出於晉書地
理志：「元帝渡江，以春穀縣僑立襄城郡及繁昌縣」，如「僑置」。衍而申
之，「華僑」與「外僑」便是描述寄居異地或他國的本國人或他國人。那麼移
出本國後在他國居住者，亦即旅居國外者，即可稱為僑民，不論是否入或不入
他國國籍。僑民在寄居國，得面對社會位置的問題，亦即居留許可、社會適
應、與公民權利的問題；身為原居國社會化的載體，在寄居國的僑民，同時也
面對著制度認同與文化歸屬的衝突與調適的問題。

　　僑民移入僑居地因僑居的身分與情勢不同，大致可分為有歸
化（naturalization）、融化（melt）、同化（assimilation）、涵化
（acculturation）、殖民地（colony）、融合（fusion）與隔離（segregation）
等七種文化適應類型。「歸化」是指取得移居國法定的公民資格（status of

citizenship）；「融化」是指融合於生產性的經濟活動中；「同化」則是指在平等的基礎上，在社會結構上契合一體，藉助教育的力量與民主的團體生活，使各種不同的分子能共有、共治及共享，形成共同的觀點和生活態度；「涵化」則指完全適應移入地人口之風俗習慣與社會價值，亦即僑民個人或團體接受新的文化特質，將之併入自己的生活方式的過程；「殖民地」是指特殊地區內移入之人口並未同化，仍保持原住地之文化，而在移居地內形成獨特的殖民區域；「融合」指移入族群之間發展出共存的現象，消弭了族群之間的不同點；「隔離」是指移入族群之間因異風異俗而不相往來，關係涇渭分明，甚至引用法律強加分離，如南非政府對黑人與白人所實施「種族隔離（Apartheid）」政策（Feagin Baker, & Feagin, 2005）。

　　以猶太族群為核心的僑民研究，基本上認為作為少數族群的僑民具有六大特性（Safran, 1991: 83-84）：一、僑民乃來自一個共同的原鄉，向外分散到至少兩個邊陲地方的族群；二、僑民對他們原鄉的母國維繫著一項記憶、意象、甚或迷思；三、僑民相信他們並未完全被移入國所接受；四、僑民認為時機一旦成熟，祖先的家園是他們最終會回歸的地方；五、僑民心繫母國、甚或懷著重建母國的念頭；六、持續與母國的關係界定了僑民成為一個團體的意識與團結。這些特質勾勒出僑民的核心屬性，一段散居各地的歷史、對祖國的遐想與記憶、與移入國的疏離、渴望落葉歸根，持續心繫祖國，以及因這層關係而發展出來的集體認同。由於僑居可能不是暫時的，不同於旅遊，其中涉及落腳、維繫社區、建立遠離母國的集體家園。

　　僑居（僑民）身分無異於一個標誌，不僅標示出跨國屬性（transnationality），而且從某種程度來說，在轉換的歷史脈絡下，「在地化」被界定成為一個獨特社區的政治鬥爭。Clifford（1994）建議，連結世界各角落僑民研究，不應該單憑一個真實的或象徵的母國來勾勒跨國聯繫。移居他鄉過程中共享的受苦、尋求適應、或力圖抗拒的歷史經驗，應該與對某個特定的原鄉所發展出的投射心態一樣重要。時至今日，經濟動機與目的甚至可能比其他諸如去中心化、雙邊關係等政治因素更為重要，若果不然至少應該與環繞著返回某個祖國的目的同等重要。換句話說，在不同的歷史時點，移民族群的僑民特性可能時起時落，端視移居地所開放出的各種可能性——障礙、對立與關連，但是能將分散四處的僑民維繫連結起來的接著劑，還是得回到文化與社會的集體經驗。在移居地討生活，在求職就業過程中所累積的不被接納、歧視的經

驗，常構成了思念母國的催化劑。

二、界定就業歧視

　　緣起於1958年正式成立並逐步擴大為今日歐盟的歐洲經濟共同體，原初創立的宗旨，便在創造共同市場，取消會員國之間的關稅障礙，促進會員國間勞力、商品、資金、服務的自由流通。其中阻擾勞動力自由流通的主要障礙，就業歧視（employment discrimination）為其重要的一環。為了打擊就業歧視，從1975年開始，共同體制定了一系列有關男女平等待遇、同工同酬的法令，並於1997年通過了《阿姆斯特丹條約》，2000年分別頒布了《種族平等指令》和《就業框架指令》，將「年齡、殘疾、性取向及非全職工作者」納入法律保障範圍，禁止雇主以此為由對求職者或受雇者進行歧視。國際勞工組織亦在2007年公布禁止就業歧視與推動工作平等的全球報告書《公平的職場：掃蕩挑戰》（*Equality at Work: Tackling the Challenges*），針對新興的就業歧視型態，提出「反歧視的作為」，目的無他，就是希望僑居異域的移民在就業上都可受到平等的待遇，進而促進僑民與在地社會的融合。

　　所謂「歧視」就字面上來說，就是在事物之間做出區別。具體來說，根據性別、種族、宗教、以及其他屬性，做為區別人群的基礎，然後給予差別待遇。擺進就業關係，這個定義更深一層的意義是，因隸屬某個團體的成員身分而受到不利的待遇。舉例來說，甲可能選擇不雇用乙，因為過去甲雇用乙時，發生過摩擦爭執，所以甲並不信任乙。但是如果甲乙兩人並不相識，身為漢族的老闆甲，拒絕雇用身為原住民的乙，因為甲認為原住民嗜酒懶散、不容易溝通，所以長期維持不雇用原住民的政策，在這種情況下，甲拒絕雇用乙的決定，就是構成了歧視。基本上，「歧視」是指拒絕給予某個特殊團體的成員其他團體成員可以得到的資源或是報酬的行為活動，亦即對於個人或團體處以不公正的或不公平的待遇。因此，解析歧視的成分，可以明確地指出兩個相關的構成要素，其一是不合理地使某人或團體，居於不利的劣勢地位；其二為根據某個與當事人無關的理由（Bottomley & Parker, 1997: 216）。整體來說，根據某個不相關的理由，拒絕給予某個團體成員其他團體可以得到的資源、報酬、獎賞等等，皆可視為歧視。不過，值得注意的是，把人區別成不同的種類並不必然構成歧視。某種類型的工作確實只有具有某種特屬性的人才能做，如徵求

母親的角色而限女性演員應徵，或是徵求父親的角色而限男性演員應徵。在這個真實的例子裡，可以拒絕無法勝任這項工作的另一性別的應徵，而這項要求與條件並無陷另一性別於不合理的不利地位、亦無涉及不相關的理由。據此，求職者或受雇者遭到雇主「就業歧視」的情形，包括一、雇主以「與執行某項特定工作無關之特質」來決定受雇與否、甚或受雇後的勞動條件；二、雇主對開放徵才的工作或職務，提出不公平不合理的應徵條件。

同樣的，由剛才那個例子可以明顯的看出，「歧視」涉及到「偏見」，也就是先入為主的判斷，譬如就認為所有的原住民都嗜酒懶散不易溝通。通常先入為主的判斷，不但不見得有事實根據，而且常令當事人有受到侮辱的感覺，因為當事人所具有的才能完全未受到考慮與尊重，便受到鄙夷歧視。「歧視」雖常有偏見為其前因，但又與偏見不同。人們極可能對某些群體的人帶有偏見，但是並不見得會因這個偏見而表現出歧視的行為。譬如說，白種人可能相信其他人種比他們來得髒亂，但是基於民主的信念與人權的追求，已不至於阻擾其他人種搬入他們的社區居住、甚或排斥其他人種到他們國家去謀職、觀光、受教育。歧視的出現也可能不需要有偏見為基礎。舉例來說，企業主管可能非常清楚甲女士出任副總經理的能力，仍然以他們的客戶不想與女性主管交涉為由，拒絕升遷她。一般說來，偏見與歧視通常會相互增強，在很多情況下，歧視來自於偏見，但是持續不斷的歧視也有可能是偏見的源頭。譬如，一些具有歧視性的措施，可能阻礙了某些團體受教育的管道，以致使該團體成員相較之下顯得愚蠢笨拙。經年累月之後，整個社會忘掉了該團體成員教育程度低落主要是起初歧視措施下的受害人。回顧西方先進國家的歷史，有許多歧視在過去是合法的，甚至有法律的授權。以美國來說，在殖民地時期，只有年齡超過21歲、有財產的白人男子才有投票權。這項限制歧視了窮人、非白人、年輕人、以及女人。到了19世紀初期，這項對貧窮白人男子選舉權的歧視方才受到糾正。到了1870年對黑人男子投票權的歧視，方才被廢止。到了1920年，婦女才被給予投票權。最後，這項歧視終於在1924年原住民獲得投票權之後，方才暫告落幕。

除了法律明文規定的歧視之外，非正式的歧視模式，其實相當複雜難以立即洞察，則普遍存在與日常生活中的每個角落。試想一位瞧不起原住民的老闆，可能以資格不符，回絕掉所有原住民應徵者的工作申請。所有歧視女性的企業甚至可以使用一條工作規定——女性員工如請產假，當年考績就只有乙等

——而該年內所有請過產假的女性都排除於年終考績獎金的名單之外。雖然先進國家經過數十年來的努力，已經通過許多立法將歧視納入違法行為之列，但是法律尚未能夠徹底地改變人們的態度與感覺。其實也很難拿出證據來指證某棟大樓的老闆不把房子租給某個家庭，是因為他們是黑人，或是某人不被雇用是因為她是女性、是外省人、還是外籍配偶！？即使證據明確的情況下，打官司不但耗時耗事耗金，也不見得能夠立即改善反歧視的行為與態度。

　　除了各種不同類型的就業歧視之外，還可以區分出有意識與無意識歧視，以及直接與間接歧視兩大類型。排除女性出任某項工作的規則，可以說是直接歧視的例子，如1970年代澳洲安捷航空拒絕雇用女性飛行員的例子即屬之。間接歧視則源自於那些看似中立、但是實際上卻不合理地界定某個工作的資格，導致某個團體的成員受到排斥的可能性不成比例的增高。舉例來說，限定應徵者身高體重的要求，有可能就是項間接歧視，特別是不滿這項身高或體重要求的應徵者多為女性，而且不符合這項身高體重要求的女性應徵者大多可以勝任這項工作的話。間接歧視可以是有意識的、也可以是無意識的。舉例來說，用意在排除女性的雇用或升遷政策設計，雖然這些政策中並未明顯地提到女性，但是避免女性因懷孕而使工作中斷，是其中一項常聽到的理由，而這個理由顯然是個有意識的間接歧視。

　　綜觀上述，可以看出在歧視的種類很多。年齡歧視（ageism）是指根據人們的年齡，而給予差別待遇之行為，即拒絕給予某個年齡的群體，其他年齡成員可以得到的資源或者報酬。同理，性別歧視（sexism）即拒絕給予某個性別成員，另一個性別成員可以得到的資源或報酬；種族歧視（racism）即拒絕給予某個種族的成員，其他種族成員可以得到的資源或者報酬。據此，所謂就業歧視，就是指根據不相關的理由，拒絕給予某類求職者群體的成員其他求職者可以得到的資源或報酬。於是所謂的就業歧視，可以更進一步區別為與年齡有關的年齡就業歧視，亦即對中高齡應徵者的歧視；或是性別就業歧視，特別是女性受雇者在勞動過程中所受到的歧視；還有種族就業歧視。而嫁入台灣的東南亞與大陸配偶在勞動市場尋求就業機會時，也常面臨各式各樣的差別待遇，令他們深覺台灣就業市場的不友善與充滿歧視。表1-1-1綜合整理出四個類型外籍與大陸配偶常見的就業歧視爭議案例，當然並不是每個爭議案的雇主都已被確認為觸犯就業歧視的法規，但是至少從外籍配偶的角度來說，已感受到被歧視是不爭的事實。

表1-8-1　相關外籍配偶遭遇就業歧視爭議舉例

案例	主要內容
案例1	一名擁有印尼國立師範大學英語系學歷的印尼配偶，在印尼中學教了12年英文；來台灣以後學歷不被教育部承認，七年來無法找到教書工作，連補習班也不給她工作機會。美國人、歐洲人到台灣可以教英文，每小時賺幾千元；而她即使有大學英文學歷，一天幾百元的工作可能都找不到。
案例2	一名出生江蘇南京的大陸配偶，1992年與台籍夫婿成婚，1997年獲准來台灣居留，並於1998年取得了身分證。2002年2月參加公務員的初等考試，獲得通過，錄取後被分配到臺北市社子小學擔任負責實務訓練的職員。在就職前培訓時的自我介紹，說出了自己是來自南京的背景之後，遭致被迫離職的結果。
案例3	一名大陸配偶透過104人力銀行接獲某公司所發的求才信函，經聯絡後約定至公司面試。依約前往之後，在填寫面試資料表時，其大陸籍的身分被發現，雖說明未取得身分證，但已取得工作證，報稅的方式與一般人無異，只是暫時持中國大陸的護照，出入境手續可能會麻煩些，結果竟然遭到面試資格便被取消的結果。
案例4	一名曾在大陸擔任牙醫與旅行社地陪的大陸配偶，嫁來台灣之前在大陸的薪資曾經高達一萬多人民幣。嫁到台灣後才得知大陸配偶須符合一定條件，才能在台工作，加上中國大陸學歷在台無法認證，無法考得專業證照，只能長期擔任家管。而且，求職時，雇主一得知其為大陸配偶，即減少原訂底薪；更有公司以其為大陸配偶為由，課徵所得稅高達薪資的20%，與現行法令課徵薪資的百分之10不符，使其合法權益受損。

三、東南亞籍　與大陸籍配偶的就業歧視之案例

或許是因為台灣夫家的經濟條件差，而面臨重大的就業壓力；或許是因為個人本身的教育條件好，期待能在台灣的就業市場取得快速累積財富，改善娘家經濟狀況的機會，因此不論是東南亞籍還是大陸籍的外籍配偶都展現出較高的就業動機與較好的工作態度（夏曉鵑，2000）。但是，來自東南亞的外配往往因不熟悉中文和閩南語，來自中國大陸的外配則因學歷無法認證、對台灣就業市場的法律規範缺乏認識，而面臨期望落差、就業不順的困境（陳妍君，2004）。

在媒體的報導下，大陸新娘的形象常遭到受害者、加害人、與淘金女等三種類型的扭曲與污名化。但是，對於來台探親、居留或定居的大陸新娘，在台期間的權利問題，卻甚少關切。憲法中所保障的許多基本人權，如生命權、平等權、生存權、工作權、財產權、婚姻權、人格權、言論自由、遷徙、集會結

社之自由等等，對嫁到台灣來的東南亞籍與大陸籍配偶而言，卻難享有同等的對待。以下就針對大陸新娘在憲法第7條、第10條與第15條，尚無法享有同等待遇來加以說明在台大陸新娘目前所面臨的困境。

嫁到台灣來的大陸新娘，須經過長達七到八年不等的等待，才能拿到居留權或取得身分證，之後方能享有憲法所保障之權利。憲法第7條規定「中華民國人民，無分男女、宗教、種族、階級、黨派，在法律上一律平等」，然而普遍將大陸新娘視為外來者，需要通過層層考驗與八年的時間檢證後，方能入籍中華民國。取得居留權的大陸新娘到拿到身分證，須等上兩到三年不等，而且這段期間若要工作還是須由雇主提出申請，若要回大陸探親則另有停留時間上的規定。但是對於遠嫁來台的東南亞籍外籍新娘，卻僅須四年即能取得身分證。對東南亞籍女子的寬厚更顯示出對大陸女子的苛刻，隱然存在著一預設立場：大陸籍女子需要更長時間來觀察，若欲融入台灣文化與社會生活須要更長一段時間。

其次，憲法第10條規定「人民有居住及遷徙之自由」，旨在保障人民有自由設定住居所、遷徙、旅行，包括出境或入境之權利，但內政部依台灣地區與大陸地區人民關係條例第10條及第17條之授權分別訂定「大陸地區人民進入台灣地區許可辦法」及「大陸地區人民在台灣地區定居或居留許可辦法」，明文規定大陸地區人民進入台灣地區之資格要件、許可程序及停留期限，旨在『確保台灣地區安全與民眾福祉……為維持社會秩序或增進公共利益所必要』（釋字第497號），明顯大陸新娘限定其遷徙與居住，為的是『確保台灣地區安全與民眾福祉』。

第三，憲法第15條規定，「人民之工作權應予保障」，故人民得自由選擇工作及職業，以維持生計。但是外籍新娘來台須等到取得居留權或身分證後，方可合法工作。礙於這項法令的限制，取得居留權或身分證之前的外籍新娘，必須每半年出境一次，對尋常家庭而言乃一重大開支，且又不允許其合法工作，造成家庭經濟之壓力，甚或成為日後家庭糾紛的導火線。

四、人權、法律與僑民社會學的交會：從種族歧視到出生地歧視

政府禁止就業歧視的立法目的，在於積極介入以保障國民就業機會均等，使勞動者在就業場所中不論是求職或是受雇，不因種族、階級、語言、

思想、宗教、黨派、籍貫、出生地、性別、性傾向、年齡、婚姻、容貌、五官、身心障礙、或以往工會會員身分的緣故，而在招募、甄選、晉用、待遇、升遷、福利、考績、配置、訓練機會上，遭受到有不平等的待遇。為了實踐就業機會均等的價值，相關的法制規範有四大來源：第一、《憲法》第7條：中華民國人民，無分男女、宗教、種族、階級、黨派，在法律上一律平等。第二、《勞動基準法》第25條：雇主對勞工不得因性別而有差別之待遇。工作相同、效率相同者，給付同等之工資。第三、《身心障礙者保護法》第4條：身心障礙者之人格及合法權益，應受尊重與保障，除能證明其無勝任能力者外，不得單獨以身心障礙為理由，拒絕其接受教育、應考、進用、或予其他不公平之待遇。第四、《就業服務法》第5條：為保障國民就業機會平等，雇主對求職人或所僱用員工，不得以種族、階級、語言、思想、宗教、黨派、籍貫、出生地、性別、性傾向、年齡、婚姻、容貌、五官、身心障礙或以往工會會員身分為由，予以歧視；雇主招募或僱用員工，不得有下列情事：1.為不實之廣告或揭示；2.違反求職人意思，留置其國民身分證、工作憑證或其他證明文件；3.扣留求職人財物或收取保證金；4.指派求職人從事違背公共秩序或善良風俗之工作；5.辦理聘僱外國人之申請許可、招募、引進或管理事項，提供不實資料或健康檢查檢體；以及第65條：違反第5條第1項規定者，處新臺幣三十萬元以上一百五十萬元以下罰鍰。第五、《性別工作平等法》第1條：為保障性別工作權之平等，貫徹憲法消除性別歧視、促進性別地位實質平等之精神，爰制定本法。

　　1992年《就業服務法》制訂的立法初衷並不是糾正就業市場的歧視問題，建立一個免於歧視待遇的勞動環境，但是在保障就業機會均等的前提下，確實對雇主的可能歧視行為明訂禁止。但是，這部《就業服務法》公告施行之後，在1999年的時候，因勞委會的一則解釋令之下，成了符合「國民身分」的人才適用，甚至享有的權利保障。「不具有國民身分」的外勞、甚至具有「新取得國民身分」的大陸配偶與東南亞配偶，則都被排除於適用範圍之外。這項解釋令對於「新取得國民身分」的外籍配偶所產生的排除效果，甚至並未因2002年《兩性工作平等法》的公告實施而有提出修正。《兩性工作平等法》是《就業服務法》實施10年後，因職場上普遍充斥著懷孕歧視、性騷擾等以性別

表1-8-2　關於禁止就業歧視的相關法規

法規	條例	主要內容
憲法	第7條	中華民國人民，無分男女、宗教、種族、階級、黨派，在法律上一律平等
勞動基準法	第25條	雇主對勞工不得因性別而有差別之待遇。工作相同、效率相同者，給付同等之工資。
身心障礙者保護法	第4條	身心障礙者之人格及合法權益，應受尊重與保障，除能證明其無勝任能力者外，不得單獨以身心障礙為理由，拒絕其接受教育、應考、進用或予其他不公平之待遇。
就業服務法	第5條	為保障國民就業機會平等，雇主對求職人或所僱用員工，不得以種族、階級、語言、思想、宗教、黨派、籍貫、出生地、性別、性傾向、年齡、婚姻、容貌、五官、身心障礙或以往工會會員身分為由，予以歧視。
	第65條	違反第五條第一項規定者，處新臺幣三十萬元以上一百五十萬元以下罰鍰。
性別工作平等法	第1條	為保障性別工作權之平等，貫徹憲法消除性別歧視、促進性別地位實質平等之精神，爰制定本法

歧視為主軸的就業歧視問題，而在婦女團體大力推動下出爐的唯一以「消弭就業歧視為目的」的一部法律規範，儘管該法明顯以女性為立法對象，內涵改善女性就業市場上劣勢地位、掃除勞動市場不利於女性就業的障礙、提高女性勞動參與率的立法目的。屬於新移民團體核心成員的外籍配偶，其面臨的就業歧視問題，仍然被致力於推動《兩性工作平等法》的行政體系所忽略。雖然這部法律在2008年時，為了將同性戀、跨性別、變性者的權利納入，而更名為《性別工作平等法》。對於行政體系而言，似乎從未想過如果外籍配偶的就業市場歧視能夠被消除，將對台灣女性偏低的勞動參與率將有極大的改善。甚至換一個角度來說，造成了台灣婦女勞動參與率低於鄰近的日本、韓國，主要是因為台灣的外籍配偶低度就業或不穩定就業的結果。

　　先不討論該解釋令排除對「不具有國民身分」的外籍勞工適用性是否合理、為何不直接採取「比照」國民身分而以一體適用的作法等相關問題，重點是對於「新取得」國民身分的外籍配偶不適用原本國民應享有權利的作法，本身已然形成一種歧視，不但貶低外籍配偶這個「新國民」族群其國民身分地位的等值性，甚至將其身分正式二等公民化，成為制度化的一種型態，而正當化了「原始國籍歧視」（national origin discrimination）。

表1-8-3　《就業服務法》中16項就業歧視類型的定義

項目	類別	內容
1	種族歧視	因求職者或受雇者的種族或民族的不同，而在招聘過程或僱用上遭受不公平或差別待遇。
2	階級歧視	因求職者或受雇者的貧富、身分、財產、知識水準高低、職位區隔等遭受就業歧視。
3	語言歧視	因求職者或受雇者使用某種語言，或無法使用某種語言，而在招聘過程或僱用上有不公平或差別待遇。
4	思想歧視	因求職者或受雇者思想的問題，而在招聘過程或僱用上受到不公平或差別待遇
5	宗教歧視	因求職者或受雇者宗教信仰，在招聘過程或僱用上受到不公平或差別待遇
6	黨派歧視	因求職者或受雇者支持或參與黨派活動，在招聘過程或僱用上受到雇主不公平或差別待遇
7	籍貫歧視	因求職者或受雇者本省、外省等籍貫的不同與偏好，在招聘過程或僱用上有不公平或差別待遇
8	出生地歧視	出生地係指求職者或受雇者的醞成地，屬與生俱來、無法改變之特質，是禁止就業歧視的基本精神所在。
9	性別歧視	以求職者或受雇者的性別為由，在招聘過程或雇用上給予不公平或差別待遇。
10	性傾向歧視	因求職者或受雇者性傾向歧視是指求職人或受僱者基於性傾向（例如：同性戀），而在招募或僱用上受到不公平或差別待遇。
11	年齡歧視	以求職者或受雇者的年齡為由，在招聘過程或雇用期間施予不公平或不同的差別待遇。
12	婚姻歧視	因求職者或受雇者婚姻的狀態，在招聘過程或僱用期間遭受不公平或不同之差別待遇。
13	容貌歧視	因求職者或受雇者的個人臉型相貌美醜、端正、體格胖瘦、身材高矮與殘缺等外在條件，而在招聘過程或雇用期間施予不公平或不同的差別待遇。
14	五官歧視	雇主以求職者或受雇者五官的缺陷為招聘或僱用之依據，產生不公平或差別待遇。
15	身心障礙歧視	《就業服務法》本身並未對「身心障礙者」做定義性的規定。依據《身心障礙者權益保障法》第5條，所謂身心障礙者的定義，是指因神經系統、精神、心智功能、語言構造與功能或其他身體上的構造與功能有偏離（不正常）或喪失而影響日常生活活動，並領有身心障礙證明者屬之。因求職者或受雇者為身心障礙者。
16	以往工會會員身分歧視	因求職者或受雇者曾加入工會為會員，而在招聘過程或僱用期間受到不公平或差別待遇。

　　為了配合國際形勢的發展、社會人口結構的轉變，以及新價值觀念的推動，2007年《就業服務法》完成修訂，在原先的13個禁止就業歧視項目之外，增加了「年齡」、「出生地」、「性傾向」等三項，共計有種族、階級、語言、思想、宗教、黨派、籍貫、出生地、性別、性傾向、年齡、婚姻、容貌、五官、身心障礙或以往工會會員身分等16類。隨著《就業服務法》的修訂，這個1999年勞委會解釋令引發的問題，終於執行了10年後，在2008年勞委會正式發文修正原解釋，秉持「國民待遇原則」處理外勞的就業歧視問題，放寬「國民」的適用對象的情況下，外勞與外配這兩大族群正式被納入「禁止就業歧視」的保障範圍之內。勞委會放寬對象共有六類：1.依法取得在我國工作的外籍勞工；2.與我國國民結婚，獲准居留並取得工作的外國人；3.依法在台依親並取得工作權的大陸人士；4.依法在台居留的大陸人士；5.依法許可在台工作，取得華僑身分的港、澳居民及其配偶、子女；6.依法取得許可在台工作的港、澳居民。儘管在台取得合法工作權或居留權的外勞、大陸配偶、外籍新娘、港澳居民都被納入「國民」的範圍之內，嚴禁雇主對這些求職與雇用對象做出違反《就業服務法》的各項相關的就業歧視。為了因應擴大解釋的「國民」範圍，各級政府勞工主管機關也改變以往不受理外籍勞工與外籍配偶提出的就業歧視申訴案件。同時，也以構成「種族歧視」或是「出生地歧視」要件的形式，處分在招聘過程或雇用期間，對這兩大族群給予不公平或差別待遇的雇主，從最低30萬元的罰鍰到最高達150萬新台幣罰金。但是根據現有規定，大陸配偶必須在台居住上六年才能取得居留證，並取得合法的工作權。由於大陸的學歷不被承認，可以從事的工作種類僅限於營造業、製造業、監護工及家庭幫傭四類。

　　關於處理外籍配偶在勞動市場上遭遇就業歧視困境的案例，身為先進移民國家代表的美國所採取的若干作法（焦興鎧，2007），頗值得參考。根據1964年民權法第7章之規定，雇主不得對求職或雇用的外籍配偶給予不公平的待遇，否則可能觸犯「原始國籍歧視」的規定。美國的就業平等機會委員會與聯邦各級法院，對於外籍配偶的「原始國籍」是採用最為廣義的解釋，包括美國政府外交上非正式承認的國家如台灣，或是某個國家內的次級組織如義大利的黑手黨，都在保護之列。所謂「原始國籍歧視」是指求職者或受雇者因「個人或其祖先之來源地，或個人具有該原始國籍群體之生理、文化或語言特質」，而在招聘過程或雇用期間受到不公平或差別待遇。

　　美國對於雇主原始國籍歧視的禁止，不但及於已取得美國公民權的外籍配偶，對於那些已經獲得合法居留權、正在申請歸化的外籍配偶，也包括在內。還不僅如此，根據法律、行政命令或總統行政命令，尚有則雇主得優先僱用具有公民權之外籍配偶的規定。最後，甚至對於外籍勞動者與外籍配偶雇用的優先順位的問題，也做出了規定。在同樣合適、資格相符的求職應徵者中，雇主得優先僱用取得公民權之外籍配偶，而非外國籍者，而這點就構成了所謂的正向「公民權歧視（citizenship discrimination）」。

　　值得注意的是，美國的雇主為了規避雇用外籍配偶而不陷入原國籍歧視，常制訂出「英語流利」為「業務必要」的雇用條件，作為不錄取外籍配偶的理由。雖然製造了出「語言歧視」的想像空間，但是基於業務必要性，美國各級聯邦法院通常在相關之判決中，都會採取支持雇主「只說英語」之立場，不論是使用英文來做為求職測試的做法，還是要求受雇者必須在工作場所使用英語交談之工作規則。但是如果求職者或受雇者所說的英語只因具有外國腔調而未遭雇用，並未確實造成溝通不良問題，雇主仍有可能觸犯原始國籍歧視的法令。

　　外籍配偶不論是來自東南亞還是中國大陸，來台前多半是懷抱著正面的期待與預設，希望來台開展美好的生活，但在真正來台後，不論是客觀大環境與結構的諸多窒礙，或是主觀感受到的不愉快的經驗，皆使外籍配偶懷疑自身的價值，取得身分證之後的外籍配偶，在勞委會偏差的解釋令下，面對雇主合理化對他們所採行的雇用歧視措施，更是加重他們次等公民的感受。雖說，經過時間的磨練與經驗的累積，以及政府政策立場的改變之後，語言能力弱的東南亞籍外籍配偶也因識字與口語表達能力的提升，在接受相對較多資源的扶植下，慢慢能發展出屬於自己的防衛機制與詮釋策略。然而，兩岸對立這個大環境所塑造的結構緊張不但阻隔了教育程度較高、溝通語言能力較強的大陸籍外籍配偶，成為連結兩岸橋樑的關鍵角色，尚未獲得正式承認的大陸學歷也阻礙了他們從事較為專業的白領工作的機會，反而凸顯了他們在台灣家庭、社會中所遭受到的不公對待，原本台灣社會的本省／外省的分化與區隔，被重新塑造成區別他們與我們的隔膜；另一些大陸籍配偶甚至選擇長期居留而非入籍的僑民身分，等待機會回到大陸找尋更好的工作。但是，在他們心理所留下的歧視烙印，確實是值得台灣社會的政府與民間認真反思的衝突火苗。對於這項缺憾，不論是出於人權意識，還是人道關懷，都有待整個社會的正視，或可透過政策工具、社區教育、心理輔導，引領這群台灣的新國民在這個新故鄉找到自

已最終的歸屬感，享受實質的公民權利，而非在空有形式上的公民身分下選擇持續僑居、當個過客。

參考文獻

朱柔若，2008，《全球化與台灣社會：人權、法律與社會學的觀照》，台北：三民。

陳妍君，2004，〈外籍及大陸配偶願就業，但各有求職障礙〉，《大紀元》10月20日，http://www.epochtimes.com/b5/4/10/20/n695867.htm

焦興鎧，2007，〈就業服務法增訂防制就業歧視禁止項目之探討〉，《就業安全半年刊》：58-64。

夏曉鵑，2000，〈資本國際化下的國際婚姻—以台灣的「外籍新娘」現象為例〉，《台灣社會研究季刊》第39期：45-92。

Bottomley, Stephen & Stephen Parker, 1997, *Law in Context*, Sydney: Federation Press.

Clifford, James, 1994, "Diasporas", *Cultural Anthropology* 9(3): 302-338.

Joe R. Feagin, Joe R., Clairece Booher Feagin, and David V. Baker, 2005, *Social Problems: A Critical Power-Conflict Perspective*, Eaglewood Cliffs, NJ: Prentice-Hall Inc.

Safran, William, 1991, "Diasporas in Modern Societies: Myths of Homelands and Return", *Diaspora: a Journal of Transnational Studies* 1(1): 83-89.

第二篇

實務

邱琡雯

　　本章旨在從展演經驗捕捉女性移民的認同變化，以台北縣市國小多元文化週的女性移民為研究對象，首先，從她們選擇隱形或現身的此一現象點出問題意識，並陳述國內有關新移民女性先行研究的盲點，以突顯本文的特色及位置；其次，闡述文化展演、移民與認同三者之間的關連，並從中定位本章探討的主題；然後，說明研究方法及研究對象的基本特質；緊接著，進入本章的主軸我演故我在，從「呈現熟悉的今昔」、「扭轉對母文化的誤解」這兩點，掌握女性移民的真實展演經驗，並從後殖民論述加以反思；最後，借由自我的提升、子女的肯認與台灣人的接納三個面向，省視自／他關係的良性變化，捕捉女性移民透過展演如何重塑在接待社會台灣的認同。

一、問題意識

　　近幾年來，由東南亞籍或大陸籍新移民女性[1]自我訴求或是以她們為訴求的各種文化展演，在台灣社會的能見度逐漸提升，無論是美食舞蹈，還是踩街走秀、歌唱藝能。從各地名為「異國心・台灣情外籍配偶生活適應活動聯誼會」、「多元文化服裝走秀競賽展示會」、「外籍配偶家庭終身學習成果博覽會」、「新住民嘉年華會」等活動中的展演，到校園多元文化週的現身介紹，一般台灣人越來越容易在公共空間看到新移民女性的身影，感受到和她們有關的異文化氣息（邱琡雯編；2009）。本章主要鎖定曾經在校園多元文化週展演過的女性移民為研究對象，在此，先以新移民女性人數及其子女數高居全國第二位的台北市校園多元文化週為例來說明。[2]

---

[1]　「新移民」一詞的起源是，2003年婦女新知基金會主辦「『請叫我……』讓新移民女性說自己徵文活動」，由來自東南亞及大陸的外籍配偶以母語或中文表達當他們被稱為「外籍新娘」及「大陸新娘」的心情，以及他們希望如何被稱呼。徵文活動結束後又舉辦正名活動，由來自東南亞的外籍配偶及大陸配偶選出她們最喜愛的名稱，「新移民女性」獲得最高票，之後以此稱之。

[2]　依內政部戶政司2008年9月底的統計數字，台北縣是新移民女性人數（73080人）及其子女數（21065

　　根據台北市政府教育局國教科編纂的94～96學年度《台北市國民小學多元文化週成果匯編》之資料，多元文化週是依照《台北市政府新移民照顧輔導措施工作小組94年度第4次會議主席裁示事項》、《教育部推動新移民子女教育輔導計劃》兩項法源舉辦，實施時間在三月中旬，只有短短的一星期。教育局指定了幾個類項的實施方式及內容，除了要求學生蒐集資料製作海報、辦理全校性展覽、多元文化學藝競賽或作品甄選外，與本章最有關連的是：邀請新移民父母到校向師生介紹母國生活及文化特色，提供欣賞學習，結合節慶活動辦理多國文化風情展演等，展演內容是介紹各國（東南亞或大陸為主）的美食、歌謠、服飾、名勝、遊戲、特殊節慶以及簡單的打招呼用語。

　　從94～96學年度《台北市國民小學多元文化週成果匯編》的資料裡，筆者發現，各校負責承辦的教師在給教育局的「回饋與建議」這一欄項中，對於「邀請新移民父母到校展演母文化」此一實施方式，出現了正／反兩種不同的意見。簡言之，教師看到了新移民女性及其子女對於現身（coming out, exposure）[3]校園和來校展演母文化態度上的迎／拒，還有，教師本身對於這項活動所帶來的正／負影響之看法。

　　首先，持比較否定論的教師發現，很多新移民家長不願曝光，參與也不踴躍，家長不願參與的理由主要是她們多有工作，很難在白天有空閒時間來校，此外，少數新移民家庭對活動抱持懷疑態度，或因夫家反對而無法參與。高年級的新移民子女比較不願暴露身分，不希望被標籤化，中低年級參與意願較高。至於可能產生的影響是，有的教師指出，校園中過度重視或突顯新移民文化，容易讓新移民子女因太過宣導被貼上標籤，不知不覺中，又再度複製社會對於他們的刻板印象。其次，持比較肯定論的教師認為，剛開始邀請新移民女性參與時，本人因自認為語言表達能力不佳，或是害怕無法勝任而退縮，但與之溝通後願意出面，其子女也滿意自己母親的表現。所以，鼓勵個性內向的家長上台介紹自己的母文化，可以增強家長及其子女的榮譽感，藉由活動參與，外籍母親及其子女也普遍提升自信，對其身分較能悅納，將所知分享他人別具

　　人，97學年度上學期）最多的地區，次多的是台北市，新移民女性人數是43616人，子女數是11801人（96學年度），參考2008年11月台北縣政府教育局新住民文教輔導科編纂的《台北縣新住民教育白皮書》23-24頁。

3　「現身」一詞原是同志研究極重要的概念，也是同性戀認同發展的主要面向，本章的研究對象是新移民女性，她們多少也有現身的壓力，特別是在子女就學後現身於子女校園的這件事情上。

意義。就活動的影響面來看，外籍家長親自現身說法，介紹母文化效果特別好，學生對新移民有更進一步的認識，不再有所偏見，並懂得關懷與尊重新移民及其子女，體諒他們遇到的困難，並思考協助的方式。

　　從上述教師撰寫的「回饋與建議」中出現的正／反兩種意見，讓筆者進一步去思索：到底是什麼樣的因素或背景，讓那些身兼母職的新移民女性願意現身子女的校園，並願意出來展演自己的母文化？她們出來展演的實際經驗是什麼？又，透過展演母文化，她們的認同是否有所改變、如何改變？

　　在進入「文化展演、移民與認同」關連性的探討之前，必須和目前國內有關新移民女性的先行研究做一對照，以突顯本章的特色及位置。先行研究主要將新移民女性圈限在兩個空間和角色中去討論：一、「教室」：台灣各級政府單位或民間團體主導下的生活適應班、中文識字班、駕訓班、成長班、親職教室裡的聆聽者、學習者或是等待被輔導的人。二、「夫家」：從她們深陷台灣夫家的各種不平等關係或角色切入，去解構其困境或出路。譬如，從母職（motherhood or maternity）實踐的困境與克服這個角度，探討新移民女性在台的種種生活適應，關於新移民女性在子女入學後的母職經驗之研究，常強調母職功能的不彰，並凸顯阻礙母職實踐的因素，[4]包括教養援助少、經濟壓力大、有心無力、受限的語文能力、缺乏母國支持網絡、居間系統（mezzo system）的封閉性等，但這些外籍母親也會透過參與親職教育工作坊、寄託於安親班、以子職反饋（children undertaking motherhood's duties）、姐代母職等方式去彌補。（陳雯鈴，2008；王光宗，2007；黃淑玲，2007；韓建忠，2006；林慧卿，2006；張明慧，2004）當然不可否認地，近年來有些研究已經注意到她們角色的多面性，張亭婷、張翰璧（2008）以「客家文化的嶄新傳承者」看待越南和印尼籍的新移民女性，分析她們如何運用飲食烹調策略，可惜的是，仍圈限在「夫家」家庭的廚房和飯桌內打轉，無法跨出家的藩籬。此外，林倩綺、王淑治、林菁真、闕菊女慧（2008）初探越南籍新移民女性的休閒行為並加以分類，強調她們已經走出戶外，但該文著重的是行為本身而非角色扮演，也沒有觸及太多關於女性休閒與認同的議題。

---

[4]　陳雯鈴（2008）整理國內有關家長參與（parental involvement）子女校園生活的文獻時發現，台灣社會「以女性為主的中產階級家長參與模式」被視為常態，家長需具備一定的語言和識字能力、瞭解學校的慣用語言與學校文化、有空閒的時間、具某種經濟能力等，這是家長參與子女學校教育的基礎。換言之，不具這些資質者，難以參與子女的校園生活，許多新移民女性許並不具備這些條件。

　　由此看來，本章最大的特色是：突破了新移民女性只被圈限在教室和夫家這兩個空間的狹隘性，進一步挖掘新移民女性扮演其他角色的多元性，她們不再只是教室內被動的學習者，也不再只是夫家家庭內的勞動者、再生產者、經濟提供者或一家老小的照顧者。[5]換言之，她們除了學生、人妻、人母、人媳等角色外，還有其他機會去扮演「教室和夫家以外不同的自我」，她們已經是一名站在公開場合侃侃訴說、展演自己母文化的的女性，這是本文試圖提供的一個嶄新視角，接下來，先得定義「文化展演、移民與認同」三者之間的關係。

二、文化展演、移民與認同

　　文化展演（cultural performance）、移民與認同三者之間有著緊密的關連，簡言之，文化展演是移民在接待社會（host society）表達己身認同的重要方式，一般來說，移民在接待社會對於族群性或族群特質（ethnicity）到底選擇要如何彰顯、如何隱藏，自有其特定的策略。族群性可以是移民在接待社會的生存資本、謀生工具乃至於認同依據，透過與該族群或族群性相關之企業、學校、媒體的經營，或是利用飲食、樂舞、宗教、節慶等方式的呈現，去表達移民對原生社會與接待社會親／疏、遠／近之不等距離，以達到移民個人想追求的認同，包括：族群認同、國族認同、政治認同、性別認同、階級認同或宗教認同等。無庸置疑地，文化展演即是其中表達己身認同的重要管道，分別從「展演」、「展演、移民與認同」、「認同」等三個面向，去做更深入的闡述。

　　首先，本章所指的展演行為，也就是展演研究（Performance Studies）所關注的展演行為到底為何？高橋雄一郎（2005）將展演研究的對象分成三類：(1)舞台上的表演藝術活動、(2)日常生活中的展演、(3)文化儀式中的展演，但長久以來，展演研究常常被誤解為只局限在第一項，也就是研究舞台上的表演

---

[5]　新移民女性在「夫家」的這種境遇，和近年來與韓國男性通婚的中國或東南亞女性頗為類似，因台灣與韓國普遍存在著壓迫女性移民雷同的社會結構，簡言之，這裡的壓迫除了源自西方世界郵購新娘（mail-order bride）的思維，也就是源自種族主義（racism）以及將女性身體商品化（commodification）的思維外，還包括了東方社會「傳統父權制下兩性不平等角色分工」這套意識型態的作祟。當跨國婚姻遇上父權制下兩性不平等角色分工之意識型態時，男性雖然仍是家庭生計的主要提供者，但女性則被期待成行使家務勞動的主婦、一家老小的照料者以及勞動力的生產者，這種意識型態結合了種族、性別、階級等多重不平等的結構，彼此纏繞箝制這些漂洋過海尋求新生的女性。（安貞美，2008）

藝術活動而已。[6]若所有事象都可視為是一種展演的話，那麼，展演研究顧名思義就是以「展演」做為關鍵概念，去理解、去記述、去批判展演這個現象的一門知識及研究方法。展演做為研究上的分析概念最早出現於1950年代，學術界逐漸普及要到1960年代的反抗文化（counter culture）研究，特別是指不同於劇場中供人鑑賞、自詡上流的戲劇，那些在街頭或廢棄倉庫裡演出、直接要求觀眾參與的前衛戲劇，算是將既成文化解體或再構築的先例。1970年代以後，展演研究加入後結構主義（post structuralism）等批判理論，研究對象從演劇、舞蹈等舞台藝術擴大到文化實踐（cultural practice）和日常生活，文化人類學、精神分析理論、文化研究、同志研究、後殖民研究、口語表達及溝通理論等都與之有所連接。高橋認為，展演研究在賦予展演行為的意涵時，至少包含了兩個層面：一是展演者如何去「複製」社會的既有規範，維護一般人習以為常的價值觀，譬如男性必須是勇猛的，女性必然是纖弱的這種價值觀。二是展演者如何去「推翻」社會的既定規範，特別是那些長久以來被所謂主流或正統價值觀排除、壓抑的人們，如何自我表達、自我再現，成了展演研究的重要課題。像是因種族、族群、宗教、言語、經濟、疾病、障礙、年齡以及性別等差異，而飽受歧視的人們或特定少數集團，為了確立自我的存在感，對於主流或是當道能夠提出什麼樣的質疑、抵抗或挑戰，都受到展演研究者的矚目。

　　譬如，探討「展演、女性與認同」關係的是Laura B. Lengel and John T. Warren（2005）合編《塑造性別：跨文化下的女性與展演》（*Casting Gender: Women and Performance in Intercultural Contexts*），從劇場、說故事、劇本書寫、迪士尼等不同型式或空間出發，有正式劇場中的展演，也有日常生活中（mundane）的展演，研究者透過和表演者及觀眾雙方的接觸，結合跨文化溝通理論、展演研究、女性研究、文化研究等取向，分析尼加拉瓜、北美、澳大利亞、德國、前南斯拉夫等地區被邊緣化的女性：貧困女性、原住民女性、女遊民、老年女性、黑人女性等，她們如何藉由展演去創造、去賦予社會意涵，以及建構自我認同。該書將文化、性別、認同等一般習以為常的概念，置於

---

[6]　國內研究原住民文化展演的先行研究很多，譬如，黃貞瑋（2009）以原住民馬太鞍阿美豐年祭的傳統與現代為例，探討文化展演與認同的關係；胡台麗（2003）《文化展演與台灣原住民》涵蓋了三種文化展演的書寫：(1)對於原住民「部落中」實際祭儀樂舞的書寫、(2)這些祭儀樂舞「舞台化之後」的書寫、(3)關於前兩者影像化之後也就是民族誌「紀錄片」的書寫，該書主要處理的是，文化真實、文化展演以及研究者社會實踐三者之間的關係。

「展演」這個主軸之下，強調它們絕非本質主義（essentialism）、固定不變或單一價值的，而是透過展演者、觀眾、研究者多方互動激盪後不斷被建構出來的，不停地演進且複雜多變。重要的是，對女性的展演當事人而言，展演舞台可否成為她們賦權的舞台（performative stage as empowering stage），達到可能的自／他增能並強化其主體性，或者展演只是再製父系社會的霸權文化，還是兩者並存同時發生，這些都是值得深究的議題。也就是說，該書主張展演的意義與功能，可從個人、社會、政治等脈絡一一去加以剖析，展演行為是出於反抗、抑或是迎合社會的主流意識型態，這個判斷得透過展演者自身對於他和觀眾的真實互動，以及展演者自身接受來自社會評價的感受而決定。

　　類似的觀點早先出現於Laura B.Lengel（2004）主編的《跨文化溝通與創意實踐：音樂、舞蹈以及女性的文化認同》（*Intercultural Communication and Creative Practice: Music, Dance, and Women's Cultural Identity*），該書結集了夏威夷、印度、羅馬尼亞、南非、巴貝多、越南、葉門、中國等各地女性展演的實例，包括：用喪歌歌曲保留傳統文化儀式的過程，以及在當代芭蕾舞、歌劇、舞蹈展演中，女性的身體如何成為對抗權力壓迫（如父權制、階級制及國家機器）的一個可能戰場。該書強調文化與國族認同、族群性、性別、展演以及生活經驗彼此綿密的互動關係，重視音樂、歌曲、儀式及舞蹈對展演者和觀眾雙方所發揮的功能，將展演視為跨文化溝通的重要手段，探討藉由展演活動這個實踐，女性如何去建構意義、傳遞社會價值、表達己身的政治立場及意識型態。

　　第二，許多文獻提及移民如何透過文化展演建構自我認同，May Joseph（1999）在《浮游的認同》（*Nomadic Identities*: *The Performance of Citizenship*）中將市民權、跨國主義或離散（transnationalism or diaspora）、展演這三組目前極重要的知識概念相互結合，指出當代社會人口移動頻繁，透過功夫電影、心靈音樂、戲劇、演講等展演自己的母文化，成了移民表達自我、取得文化市民權的重要手段。該書連接了遷徙者在世界各地的移動軌跡，找出他們如何爭取浮游的市民權（nomadic citizenship）之過程，Joseph關心的是所謂的市民權如何被呈現被表達，並強調文化是一種活生生的舞台裝置（volatile mise-en-scene），藉由展演，移民的市民權有可能在此出現。類似浮游的認同之相關實例很多，Lon Kurashige（2002）研究第二代的日裔美國人不斷在「同化於美國」或「回歸到日本」兩者之間遊走的過程，他以在洛杉磯舉行的日

裔第二代文化週（Nisei Week）也是美國年度規模盛大的日本文化節為對象，分析從1930年代到1990年代不同世代、階級、性別的日裔美國人文化認同的轉折。還有，翟振孝（2005）以祖輩從中國遷居到緬甸的華人，1960年代前後遷移到台灣且聚集在中和地區的華人，以及1970年代由緬甸或經由港澳、台灣等地再遷徙至加拿大多倫多的緬華移民為對象，由文化經驗、環境調適與行為學習的展演取向（performative approach）出發，透過食物、潑水節、南傳佛教等不同展演方式，探討華人社群內部的認同建構。

　　直接強調「展演、女性移民與認同」三者關連的是Patricia Tamara Alleyne-Dettmers（2000），她研究英國諾丁山（Notting Hill）地區的非洲裔加勒比海女性移民在嘉年華會中扮演的角色及自我認同，發現到嘉年華會連繫了在英加勒比海族人的情感，鞏固了文化種族的意識，譬如，以儀式舞蹈暗喻過去非洲歷史，重回非洲被奴隸制所摧殘的年代，撫慰那些曾被奴隸制殘害的心靈，女性移民也以嘉年華會服飾對抗西方的宗教迷思。除了文化上的特殊意義外，還有性別上的意義，女性移民藉由縫製衣物、記錄、管帳等活動參與，扭轉次於男性移民的地位；並透過服飾的誇張呈現，改變一般人傳統上對誘惑男人的女性Jamettes之刻板印象，使她變為較有權力的文化創造者。可以看到，作者Alleyne-Dettmers強調女性移民在接待社會的文化展演具備了文化與性別的雙重意涵，簡言之，透過這種參與，讓女性移民的文化認同（非洲vs.西方）與性別認同（女vs.男）同時被凸顯出來。

　　第三，透過上述「展演」、「展演、移民與認同」的闡述可以得知，文化展演、移民與認同三者之間確實有著一定的關連，多數先行研究也都以積極正向的角度，肯定展演對移民在建構自我認同上發揮了一定的作用，是移民表達己見的重要工具，無論其目的是抵抗、或是再製社會既存的價值體系。值得注意的是，探討移民的認同時，不少研究環繞在移民對於接待社會或原生社會中特定族群、族群性、族群特質的認同投射，故處理較多的是族群認同（ethnic identity），也就是Susan E. Keefe（1992）、Jean S. Phinney（1990）所定義的：「個人對於所屬族群集團（ethnic group）的歸屬感以及伴隨而來的評價及情感」，如上述Kurashige和翟振孝的研究屬之。然而，移民的認同投射很多，不單單只有族群認同而已，也包括了Alleyne-Dettmers所突顯的文化認同與性別認同；此外眾所周知地，社會學中探討的「認同」範圍更廣，並不侷限於族群、文化、性別這些類項而已，還包括了日常生活世界中人與人之間的

自／他關係。

依照草津攻（1978：108-142）在〈認同的社會學〉一文中之闡述，認同（identity）是用來指涉「自我人格如何與外在社會文化相互作用」的一個字詞，開始被廣汎使用是在1960年代的先進工業國家，隨著高度管理化的進行、科技的發展、社會結構的分化，伴隨而來的是反抗文化的出現，青年表達對社會控制的不滿，而展開自我的探求與追尋，這種歷程被視為青年邁入成人世界的精神準備期（moratorium）。認同的用法大致有兩種，一是自我對他人的距離：每個人在社會脈絡的相互作用中區隔自／他，這是親密度（intimacy）的一種操作，並將狀況朝有利於自己的方向推進。高夫曼（Erving Goffman）把生活世界比喻做舞台或劇場，推衍出演劇理論（dramaturgical approach），強調每個人與他人面對面的相互行為中不斷進行印象操作（impression management），這和演員的表演（performance）及技法（dramaturgy）相類似。二是指人格的核心、一貫性與本真性：無論個人或集團，過去、現在或未來，人格的核心其實都保有相當的連續性。代表此一觀點的是愛略克森（Erik H. Erikson），他認為所謂的認同是指個人心理核心的那個部分，每個人在社會中都被賦予不同角色，生活本身就是針對複數自我不斷尋求統合的過程，如果統合失敗會出現認同危機。在發展過程（development process）中經常產生認同危機，發展過程是指個人所熟悉的內外環境突然發生變化，必須面臨新的挑戰，因而陷入糾結紛擾狀態的過程。愛略克森承續佛洛伊德的身心發達理論，特別強調發展過程中的糾結紛擾，正是引導個人成長的重要契機，證明「我真正活過」的大好時期。因此，每個人在生活史（life history）的不同階段，都伴隨著他和社會制度之間糾結不清、難以解套的危機；相對地，每個社會也形成它獨特的制度或法典，去應付不同人的不同問題。從一個人的認同狀態中，可以看出個人與社會文化相互纏繞、相互制約的情形，從社會學的觀點來看，認同此一概念，正是提供我們思考社會與個人緊張關係的重要切入點。因此，依循〈認同的社會學〉之定義，「移民」因同時受到原生社會與接待社會至少兩種（或兩種以上）文化的夾擊，其處境可能比只受單一社會制約的個人要來的複雜及艱辛，故討論不同世代、性別、階層或宗教信仰的移民之認同議題，長久以來成為研究者的關注所在。

綜觀上述「展演」、「展演、移民與認同」、「認同」的說明後，可以定位本章的目的就是解構文化展演、移民與認同三者之間的關連，探討主題

包括：一、本章所指的展演比較接近舞台上的表演藝術活動，而非日常生活中的展演或文化儀式中的展演；二、從這些文化展演的具體經驗中，找出展演者的女性移民如何抵抗或是再製接待社會既存的價值體系；三、透過女性移民親身的文化展演，梳理她們可能的認同變化，聚焦在日常生活世界中人與人之間自／他關係的變動，而非族群、文化或性別等層次的認同轉折。

三、研究方法與對象

為了捕捉女性移民在台灣的展演經驗與歷程，筆者於2009年3月中旬至5月初，訪談了十位女性移民以及台北縣市承辦多元文化週的七位國小教師，地點是在學校或是女性移民的家中，每位受訪者的訪談時間約1～1.5小時左右。十位女性移民是指：曾經於多元文化週期間到過台北市的大理國小、古亭國小、延平國小、志清國小、民生國小、華江國小以及台北縣的安和國小、秀山國小展演母文化的十位女性（表2-1-1）；七位老師是指：台北市的東門國小、古亭國小、懷生國小、延平國小、民生國小、華江國小以及台北縣的安和國小等各校輔導室承辦多元文化週的教師。接下來，分別針對：(1)十位女性移民的稱謂及社會屬性，以及(2)七位教師找到她們願意出來展演的原因，再做進一步的說明。

首先，本章之所以用「女性移民」，而不是「外籍母親」或「新移民女性」來指稱這十位受訪者是因為，受訪者中有九位都是外籍母親，但仍有一位印尼籍的安安，沒有小孩沒有母職在身；此外，珍珍是新加坡華人，很難將她歸在「新移民女性」這個稱謂底下，而她本人也清楚表明不屬於這個範疇（後述），故本章以「女性移民」、而不是「外籍母親」或「新移民女性」來指稱她們。受訪者中除了阿香、小沛、榮兒三位，是由台北市政府民政局第四科負責新移民會館業務的承辦人員所引介外，其餘七位受訪者是透過上述某四所國小老師的安排，取得連絡並接受筆者的訪談，女性移民有的是子女在該國小就讀，有的是本人在該國小讀過補校或成人識字班，和老師彼此熟識，故學校教師會優先想到請她們出來展演。但除了阿香、小沛、榮兒三位和新移民會館有較多接觸，得以擴大多元文化週及校園這個時空以外的展演機會，像是北台灣各地的春節、端午節、中秋節、歲末新年等慶典活動，或是如珍珍本身因參與慈濟大愛媽媽的志工活動，而能常常到各校園展演《靜思語》的故事外，本

章的其他六位受訪者大多只有一、兩次於校園多元文化週或其他時段的展演經驗。所以，當筆者訪談這些女性移民如何從現身到展演時，她們是把展演與「走出家庭、向外發展、透透氣、當志工、學習」劃上等號，比較難以從她們口中馬上問出，因展演而影響到族群、文化、性別認同等層面的感受，但對於日常生活中她們和台灣人自／他關係的變化，卻是有所感觸。此外，就十位女性移民社會屬性當中的「族群」這個類項來看，除了阿香（越南京族）和安安（印尼爪哇人）兩人外，其他都具備漢人（指相對於中國大陸內的其他族群）及華人（指相對於東南亞國家內的其他族群）血統，中文表達流暢，算是「同種不同文」的跨國婚姻移民，也因為她們的中文流利，故學校教師會優先想到請她們出來展演。

表2-1-1　受訪的女性移民社會屬性一覽

化名	國籍	族群	學歷	年齡	來台年數
小暉	中國	漢人	大學畢	40～	2年多
阿紅	中國	漢人	高中畢	40～	11年
翠翠	緬甸	華人	高中畢	40～	10多年
月音	馬來西亞	華人	二專畢	36	5年
珍珍	新加坡	華人	專科畢	43	18年
阿香	越南	京族	大學肄，國中補校畢	40～	9年
小沛	越南	華人	高中畢，空大	34	14年
長玲	越南	華人＋京族	高中畢，國小成教班肄	29	7年
榮兒	印尼	華人	大學畢，國中補校畢	40	10年
安安	印尼	爪哇人	高中畢，國小成教班肄	32	9年

其次，說明七位教師之所以能夠找到她們願意出來展演的原因。筆者選擇這七所國小是因為：一、各校於94～97年度辦理多元文化週期間，確實曾邀請女性移民到校展演文化，而非只要求學生蒐集資料製作海報、辦理全校性展覽、多元文化學藝競賽或作品甄選等方式舉行而已。二、這七所國小分別位於優／弱勢學區（school district），所謂優／弱勢學區是指，家長社經地位之高低以及學童學習表現之強弱，優／弱勢學區新移民子女就學人數大不相同，且

優／弱勢學區是影響女性移民及其子女現身校園的因素之一。[7]從七位學校教師的立場看去，之所以能找到這些願意現身、並出來展演母文化的女性移民，是因為她們平日熱心擔任志工媽媽，參與學校事務，努力學習或適應台灣文化，願意接觸子女的學習環境，換言之，她們出來展演文化是親師彼此熟識瞭解、且有信任基礎所延伸出來的。此外，教師眼中的她們，大多具備了積極參與的特質或條件，許多教師異口同聲地說，這些願意現身、願意展演的女性移民，至少包括以下兩點特質：一是夫家經濟狀況還算穩定或至少不是很差，她們本身不用工作或是沒在工作，要不然就是做有彈性、可自行調配時間的工作，因此，白天才有空閒到校來參與。二是這些女性移民普遍具有開朗、積極、不太會害羞、勇於嘗試、敢秀又有自信、喜歡學習、中文表達能力好等諸多正向特質，當教師邀請她們參與多元文化週的活動時，只要預期場面是可控制的，本人都樂意現身幫忙。

譬如，延平國小教師指出，該校兩位出來展演的女性移民，校方平常就與之互動，她們也經常在學校現身，其中一位是該校戲劇志工團團員，另一位長期擔任志工媽媽及現任家長會副會長，都屬主動參與而非被迫或應付了事。她們夫家的經濟狀況還可以，至少沒有窘困的壓力。多元文化週的課約四十分鐘左右，兩位的表達能力及流暢度也夠支撐、台風穩健，教材教具都是自行準備，大綱也能自行擬定。同樣地，華江國小教師高度肯定該校出來展演的越南母親，她是一位學習心非常旺盛的人，和婆婆原本一同在成人識字班上課，學歷也不差、學習態度佳、上課認真，不像有些新移民女性只為了累積時數換身分證才出席，學習興趣缺缺。承辦老師和婆媳平常就有互動，先尋問婆婆可否讓她出來展演，答應後爽快借出只在喜宴上穿過一次的越南長衫，並在多元文化週的晨光時間出來介紹越南語的打招呼。土城安和國小的主任也說到，該校

7　優／劣勢學區是影響外籍母親現身子女校園的因素，民生國小地處台北市的優勢學區，家長社經地位普遍都高，無形中對新移民女性及其子女現身校園造成壓力。該校老師認為，這種現象可說是「優越的欺壓」，此區有錢有勢、疼小孩、奉獻學校的家長多，參與晨光活動的父母會買糖果餅乾或禮物請全班小朋友，這種慷慨舉動可能讓經濟弱勢的外籍母親更不敢現身，相形見絀，也怕自己孩子被同儕貼上標籤。會現身校園的外籍母親通常是申請低收入戶或補貼方案時匆匆來去，放了申請表格就走人的，至今該校沒有東南亞籍父母願意出來現身展演，除了來自新加坡的珍珍。相反地，土城的安和國小屬於台北縣的弱勢學區，95學年度時該校新住民學童人數就已超過100人以上，被縣政府教育局列為重點學校。此外，該校已有太多弱勢標籤，除新住民外，還包括單親、隔代教養、低收入戶等，相關的福利補助（早晚餐券、春節慰問、獎助學金）也很完善，弱勢已經是一種「常態」，家長學生對弱勢都不陌生。該校教師發現，新移民家長的參與度高，可能是學區內太多弱勢標籤，就變成沒有標籤或彼此都忘了標籤。

出來展演的越南母親本身條件很優又很積極，教育和經濟水平都不低，加上夫家的支持，她也認同自己目前的生活模式、認同學校教育、認同教師，願意透過展演自我肯定，還拉自己女兒同台表演、相當出色。

四、我演故我在

本章所指的展演經驗（performance experience）是指：女性移民在公開場合介紹、展演自己的母文化或相關才藝的實際體驗。從場合、場地、型式三點來看，一、場合：公開場合是指校園的多元文化週以及其他的節慶活動。二、場地：校園多元文化週的展演場地有大有小，有的是女性移民入班，有的是在全校朝會的操場講台，或是容納多人的大禮堂內進行；其他的節慶活動則是指異文化交流的室內外公共空間。三、型式：多元文化週的展演方式除了靜態的講述說明外，也會當場動態示範，如代表性的料理或特殊服飾的穿法；其他的節慶活動則更為活潑多樣，動靜態皆有，歌舞表演是經常出現的內容。接下來，分別從「呈現熟悉的今昔」、「扭轉對母文化的誤解」這兩點，去整理女性移民口述的展演經驗，前者是女性移民遵照校方或主辦單位對展演內容的規範所做出的呈現，後者則可看成女性移民對自身處境省思後所表達的一種回應，透過這樣的整理，試圖找出展演者的她們如何「抵抗」、或是「再製」接待社會台灣既存的價值體系。

（一）呈現熟悉的今昔

女性移民實際展演的內容包括了她們所熟悉的過去以及熟悉的現在，這些都是她們生命經驗的重要部分無法割捨，「熟悉的過去」是指存在於母國社會情境中特殊的人事物，譬如古蹟、制度、節慶，「熟悉的現在」則是她們到台灣後仍繼續在日常生活中展演的飲食、舞蹈、語文等。

阿紅說「地上看北京，地下看陝西」，她講陝西講最多的還是自己的故鄉西安，像西遊記中的大小雁塔、華山、華清池、楊貴妃、秦始皇、兵馬俑，圖片說明外，還秀出兵馬俑模型戰車、錢幣等實物介紹，播放陝北《黃土高坡》的歌曲帶動氣氛，兒子小學一年級時，也曾入班現場用槌子頭做羊肉泡膜請全班。和丈夫一起開雲南泰緬餐廳的翠翠平日非常忙碌，她在多元文化週時到校介紹緬甸出產的玉石，並帶真品給小朋友觀看，介紹緬甸字文、食材料理，包括店裡面出的泡菜、甜點椰子糕、椰奶等，教他們現做現吃。重視子女教育並

選擇離家較遠的南海學區讓女兒就讀、中午親自做素食便當拿去學校的長玲，在女兒幼稚園的多元文化週時出來介紹越南小吃，如河粉以及用花生麵粉皮做的小豆豆，教唱越南歌，以當地兒歌配上台灣版的《兩隻老虎》旋律；後來國小晨光活動時，成教班老師請她介紹越南的打招呼及簡單會話，如謝謝、吃飯、喝水等，她都義不容辭地答應。

受訪者中的阿香、小沛、榮兒三位，不僅在子女的就讀學校展演過母文化，校園之外各種東南亞文化相關的節慶交流活動，也都出現過她們的身影。從小就喜歡跳舞的阿香，輪廓深邃很像台灣的美麗原住民，她在兒子幼稚園大班結業典禮上，母子同台演出越劇《鼓飯》；中班的父母來校日當天，表演越南的體育舞蹈並介紹越南文字；到了小學一年級園遊會時，自己做春捲和蝦餅一下全都賣光。此外，阿香也是各類新移民女性相關活動的表演常客，到YWCA上烹飪課學台灣菜兼通譯，結業時會做越南菜請大家吃，也經常現身各大小節慶場合，載歌載舞。

外型亮麗大方、穿著洗練並流露時尚風格的小沛，目前擔任通譯、廣播節目主持人及越語老師等受薪工作，也做過多場官方餐會及晚會節目主持人，算是見多識廣又活躍的女性。小沛在女兒學校的多元文化週時，把越南國服、斗笠、裝飾品、下龍灣的石頭、三輪車、壁畫、漫畫等所有道具全部帶到現場，透過講述方式介紹越南，並播放自己展演的影帶和公視拍攝她返鄉故事的影片。小沛說她重視每次的展演機會，盡可能運用巧思帶動現場氣氛，譬如，孩童不瞭解越南服裝，她就強調服裝會說話，把自己修習空大「服飾與生活」課程所學到的概念運用出來，讓學童知道越南國服、鞋帽到底該怎麼穿，小朋友馬上變得好奇熱絡，紛紛搶著上台試穿。閒暇之餘，她也配合新移民會館、越南辦事處、表演工作坊、紙風車劇團等單位的需求經常演出，還在朱宗慶打擊樂團表演時朗誦越南詩歌。

（二）扭轉對母文化的誤解

從受訪者對展演經驗的詮釋中明顯發現到，她們感覺台灣人對其母文化有不少誤解乃至於偏見式的想像，[8] 而且基於強烈的二元對立，以「台灣是

8　本章中不具華人或漢人血統的是阿香和安安，兩人在夫家都飽受母文化被貶損的經驗。阿香以前請過越南女友來家中，家人不太高興，後來就沒再邀了，而且婆婆不喜歡越南菜，她也不敢再煮了；安安的婆婆不喜歡她帶印尼朋友回家，更不喜歡吃印尼菜，她是泗水的爪哇人回教徒，在夫家卻開始不得不吃豬肉。

先進優越vs.東南亞／大陸是落後鄙夷」的方式露骨地表達，可說是東方主義（Orientalism）也就是「為了支配、再結構並施加權威於東方之上的一種西方形式」（Said, 1999: 4）的台灣版。具體經驗包括了：台灣人對於她們母國原始、封閉、落後、搶劫、排華的負面連想，以及對於她們母文化中特定飲食習慣、身體動作、風俗民情的否定或不屑，透過出來展演的機會，女性移民將這些誤解做了澄清或重新詮釋，試圖向台灣人突顯自己心目中原生社會「真實的」、「正確的」、「先進的」、「習以為常的」、「其來有自的」那個面貌。[9]

　　小暉說當她自我介紹來自中國雲南時，常被反問到雲南是什麼地方啊？是不是很原始、封閉、落後，是否都沒有紅綠燈、牛兒都在大街上亂跑？因此，她很希望把雲南的「真實景象」介紹出去。學校輔導室一開始找小暉上台介紹中國時，原本只要她把文字稿唸唸即可，但她覺得這種方式很無聊，於是改成母女同台脫口秀，透過雲南方言劇的兩個人物，介紹雲南十八怪（第一怪竹筒當煙袋、第二怪草帽當鍋蓋、第三怪這邊下雨那邊曬、第四怪四季服裝同穿戴……）的順口溜，用海報紙做十八張故事畫圖形和情節，把雲南民風民俗含在裡面。

　　身材圓滾滾、充滿母性、始終堆滿笑容的榮兒滔滔不絕地講道，她想介紹「正確的」印尼文化給台灣，印尼不是只讓台灣人連想到搶劫、排華等負面訊息。她到學校時用PPT介紹印尼的旅遊風景、學校制度、日常生活、習慣宗教、節慶過年，教唱印尼歌曲及遊戲，介紹各行各業的香料咖哩時也會拿實物給人看。

　　個性內向寡言的珍珍覺得和一群台灣媽媽在一起時，新加坡總被認為是「東南亞那一塊的……」，她們對珍珍的態度就是沒有辦法和對台灣人一樣開放或有說有笑，溝通似乎也不是那麼順暢。她希望讓大家瞭解「新加坡有多麼先進！」本來要在學校朝會時上台介紹新加坡，下雨天改用擴音器向全校廣播，短短十五分鐘內，她介紹了新加坡的基本概況、人口地理面積、校園制度，強調新加坡雖是多元種族的國家但種族歧視少，這是因為以英語為官方語

---

[9] 林津如、王介言、吳紹文（2008：277-279）提到，在工作坊中請新移民女性說出她們經歷的跨文化差異，包括吃穿、喪禮、交通、婚禮、坐月子、拜拜、語言、新居落成、天氣、蚊蟲、洗澡、生病、廁所、子女教養等，並轉為應邀到各級學校講解多元文化的基本教材，透過真實的生命經驗及深入淺出的方式，引導台灣人認識差異、理解差異。

言考量各族平等。[10]

　　有點靦腆卻總是笑顏燦爛的安安，深受成教班老師的信賴，邀她出來介紹印尼的飲食文化，挑選的是台灣人一般不太喜歡、卻是印尼人「習以為常」的油炸食物，如蝦米餅片、木著片、綠豆餅片、花生餅片等，老師還以蝦餅做為多元文化週學童闖關獲勝的禮物。雖然安安只負責前製作業和幕後的油炸工作，嚴格說來只是出力而未完全現身，但她認為能出來幫忙就很高興，在介紹蝦餅的材料和製造過程時，大家還是覺得很有趣很好吃似乎很捧場。

　　小沛強調她會介紹越南人的家庭文化，是台灣人難以理解卻「其來有自」的，譬如，很多台灣人在越南小吃店看到越南女性翹腳或抬腳，感覺非常不雅，其實，這和越南的飲食空間及習慣有關，因為在越南「床」是用來吃飯及睡覺用的，越南人以前大多是坐在地上吃飯，腳自然會翹很高，以前能夠在床上或桌上吃飯的是官員及有錢人。還有，台灣人覺得越南人很俗氣，喜歡叮叮噹噹地穿金戴銀在身上，那是因為過去戰爭不斷，為了逃難有錢就趕快買金子放在身上，要離開時才能立刻帶走。

　　從以上「呈現熟悉的今昔」、「扭轉對母文化的誤解」兩點的陳述中，確實可以窺見到，女性移民遵照校方或主辦單位對展演內容的規範所做出的呈現，以及對於自身處境省思後所表達的一種回應。她們之所以傾向選擇這種方式去展演母文化，是因為少數族裔或外來移民面對來自主流社會或接待社會的壓迫排擠時，通常採取的策略之一就是回到過去（back to the past），也就是返回熟悉的原生文化或傳統文化去找尋慰藉或資糧。（Mihesuah, 2003）但是，這些展演內容似乎也少了些什麼？

　　回到本章的探討主題：展演者的女性移民到底如何「抵抗」、或是「再製」接待社會台灣既存的價值體系呢？在此，借取後殖民論述（postcolonial discourse）來加以反省，所謂後殖民論述就是在當代文化（包括廣義的文學）、歷史和政治領域中作為一種「文化抵抗」形式的寫作和批評，既是一種批評實踐，亦是一種策略書寫。（宋國誠，2003：2）整體而言，本章中女性移民的展演內容是：(1)沒有觸及她們在台灣的「真實生活」，(2)也缺少了去殖民（decolonization）的積極作為。以Maurice L. Hall、 Jennifer Keane-

---

[10] 珍珍也參加慈濟大愛媽媽的活動走入校園，但不是在介紹「新加坡文化」，而是宣導「感恩關懷、禮貌知足、惜福」的價值觀，兒童節、母親節、聖誕節時到各國小講故事或演戲給小朋友看，透過教師節、畢業典禮舉辦孝親的奉茶、洗腳活動。

Dawes 和 Amardo Rodriguez（2004）合著《體現後殖民生活：來自移民的抵抗》（*Embodying the Postcolonial Life: Immigrant Stories of Resistance*）一書為例，該書旨在批判美國學院內的西方理論霸權，多數人拒絕傾聽來自異文化世界的聲音，因此，三位作者才要努力描述加勒比海裔移民學者在美的真實生活，提供讀者思考認同、國族主義、權力等概念價值，特別是如何從移民在接待社會真實的日常生活（而非只是回到過去、回到傳統）此一情境中被重新定義。此外，去殖民是後殖民論述中的核心議題，不少人都提出去殖民的種種手段或策略，Keane-Dawes在該書中建議，以加勒比海的文化去檢證美國的白人男性（backra），是一種可能的反抗方式，讓始終感到居於劣勢、被邊緣化的移民有機會自我平反，而非只被接待社會的主流價值不斷檢視下去。[11]此外，印度後殖民理論家南地（Ashis Nandy）也曾主張，被壓迫者為了去殖民可採取「批判性的傳統主義」（critical traditionalism），就是重新詮釋傳統以創造新的傳統，從聖雄甘地和詩人泰戈爾的思想中，挖掘具有時代性的因子，接合到現實生活裡來創造新的傳統，或是將另類西方（未與殖民主義共謀的西方）與印度傳統結合，找出更高層次的普同主義以對抗西方的宰制。（陳光興，1997：190-191）準此，反省本章中女性移民的展演內容，發現大多僅止於「呈現熟悉的今昔」和「扭轉對母文化的誤解」，並未觸及Hall、Keane-Dawes 和 Rodriguez及南地等人所主張的層面。

　　那麼要追問的是，為什麼本章中女性移民的展演內容，欠缺她們在台灣的真實生活或去殖民的積極作為呢？推測原因來自兩方面。一、主事著的教育局、各校教師或節慶活動主辦者的心態使然，也就是說，承辦單位就是希望她們展演的內容層次僅止於3F：食物（Food）、服裝（Fashion）、節慶（Festival）就好，可能是承辦單位對於異文化展演的認知就僅止於此，也或許是考量到學童的理解程度和觀眾的接受與否，不希望因話題過於敏感，造成展演者與觀眾雙方的尷尬、甚至難堪。二、展演者的女性移民也是言聽計從，不認為有何不妥，或即使認為不妥也不敢有所異議，她們不願去碰觸這些敏感話題，不要提及她們在台灣真實的生活情境，譬如，被排除（朱柔若、孫碧霞，2010）或是被本地人歧視的痛苦經驗，[12]不會挑戰教育局或校方的指導方

---

[11]　王婉容（2004）也從後殖民主義中「少數論述（minority discourse）的劇場實踐」這個視角，探討台灣「歡喜扮戲團」與英國「歲月流轉中心」的老人劇場展演的主題內容。
[12]　水越紀子（2003）研究在日本的菲律賓女性如何詮釋飽受接待社會邊緣化的歷程，從她們與左鄰右舍、

針，不想忤逆主辦單位的既定安排，也不去製造和學童、教師或觀眾之間的衝突場面，或許，這就是她們選擇在接待社會的一種安全活法。換句話說，本章中的女性移民並未積極地想去抵抗台灣既存的價值體系，頂多只是透過出來展演的機會，將台灣人對她們母文化的誤解，做了些許澄清或重新詮釋。[13]

五、展演過後：自／他關係的變化

那麼，展演母文化對當事者的女性移民而言，到底產生了什麼樣的影響？從認同觀點，特別是日常生活世界中人與人之間的自／他關係轉變此一觀點來看，無論是到校參與多元文化週或是校園以外的節慶展演，展演過後，帶給女性移民自身的變化確實是存在的，包括潛能的開發、個性的轉換、自信的增加等。同時，無法輕忽的是，認同不會單獨存在，它必須被擺放在自／他關係中來加以檢驗和論述，釋自淳、夏曉鵑（2003）以及鍾鳳嬌、林苑平、趙善如（2008）等先行研究，從培力、增能（empowerment）的觀點，探討新移民女性在參與中文識字班或基礎電腦班之後，各種家庭（夫妻、親子、婆媳等）或社區鄰里內自／他關係的重組。那麼，透過展演，本章的女性移民其自／他關係的變化會是什麼？又，這裡的「他」所指為何？分別從自我的提升、子女的肯認、台灣人的接納三個面向，去捕捉她們的認同轉折。

（一）自我的提升

受訪者一致強調，因為出來現身展演，讓原本「沒有發揮的潛能」得以出現、得以長養，特別是個性方面的變化，簡言之，從害羞緊張變得比較開朗大方。阿紅發現自己在公開場合拿麥克風講話越來越嫺熟；珍珍謙虛地說，凡事一回生二回熟三回變高手，出來展演讓她改變了原本害羞內向的個性。榮兒婚後的前四年都在家帶小孩，後來去永和社大上識字班，當時老師就鼓勵她出來展演印尼文化。現在回頭看自己第一次介紹印尼菜的影片深覺羞愧，因個性容易緊張，但如果有人鼓勵就不會，大家彼此打氣也就敢站出來了，現在她變得比較不害羞，也是這幾年磨練下來的結果。

自己的家人親族、澡堂的日本人之真實接觸所感受到的孤立與無助，去解析日本人面對非我族類時歧視性的文化結構。
[13] 類似的發現是邱琡雯（2008）研究日本川崎市外籍女性民族文化講師的展演內容，以異文化的介紹為主，偶爾觸及反歧視的啟蒙議題，多數講師不願觸碰外國人在日本真實的生活情境，不會挑戰教育委員會的指導方針，不想忤逆校方的既定安排，也不去製造和學童或日本教師之間的衝突場面。

受訪者中的榮兒、小沛、阿香三位除了學校的多元文化週外，其他的節慶活動也都出現過她們的身影，透過多次經常性的展演，她們的自信與美麗更是溢於言表，那麼，這些「自信」到底從何而來？榮兒說道，展演時多少都要化妝打扮才能粉墨登場，人漂亮了自然變得有自信，她曾經在母親節的印尼服裝秀上展演，強調說「那也不是隨隨便便找個人就可以出來的！」言談中流露出滿足自負的神情。還有，她以前不太會做菜，家庭主婦透過煮三餐可以磨練外，後來參加各處的園遊會擺攤，多了不少機會練習廚藝，且常常自創新法，譬如印尼涼拌加台灣鹹菜，台菜比賽時則放入印尼香料，還因此得過獎呢。在伊甸教越南語、主持越語廣播節目、擔任多場活動節目主持人、上過于美人《WTO姐妹會》的小沛說，以前不注意也不在乎越南文化是什麼，但為了展演講述母文化，自己要查資料、閱讀複習，所以她知道自己會不斷成長下去，強調這些成長讓她變得更有自信更有活力。阿香主要的展演經驗是舞蹈，展演所需的化妝、服飾、音樂都要自己準備，還得負責編舞、教舞並登台跳舞，新移民會館開幕時就出去表演，上了國中補校也去比賽還得過不少獎，這些都成為她自信的重要源頭。

由此觀之，透過展演母文化，女性移民的自我提升是有目共睹的，無論是過程中的付出或隨之而來的收穫；無庸置疑地，展演乃需要現身、走向台前人前的一種行為，容易讓參與者的個性從害羞緊張變得開朗大方；還有，外表的美麗裝扮、行前的準備工夫、大大小小的得獎記錄等實質成果，都成為她們展演過後自信的重要泉源。接下來，將從日常生活世界中人與人之間的自／他關係轉變這個角度，進一步掌握女性移民透過展演，如何重塑自己在接待社會台灣的認同，此處的「他」是指子女以及學校的台灣人。

（二）子女的肯認

李國基（2007）以東南亞新移民女性就讀小學高年級子女為對象，探討其雙族裔認同（biethnic identity）的困境，研究發現，這些子女在不均衡的權力互動中，進行父母雙方族群文化的傳承，形塑出他們失衡的文化載體與碎裂的族裔認同。子女建構母方族群意象的訊息來源有限，容易對母方族群形成刻板印象，因母親身分受到嘲笑，而造成其對母親的賤斥，甚至母親自身的尷尬身分認同，也會滑移至其子女身上，子女往往因對母親族群文化形成斷裂與疏離。但外籍母親也會採取不同策略加以轉換，重構其在家庭以及在子女心目中

的地位，包括：強調類同、淡化差異、區隔異類、掩飾、積極融入、寄託孩子學業成就等。

　　這種情況也多少出現在本章的受訪者中，出來展演的女性移民絕大多數都有母職在身，透過展演，她們感受到子女的肯認，子女對母親的原生文化越來越能接受，越來越能以母為榮，不會再在意母親的口音、長相或身分，這些轉變對她們而言都是極大的肯定。譬如，阿香出去展演時都把兒子帶在身邊或安排同台獻藝，刻意教兒子跳舞唱歌，給他零用錢、買玩具送他鼓勵他，兒子長期耳濡目染下，也變得喜歡越南舞曲，很容易就會背舞背歌，訪談時坐在她身旁的兒子當場輕輕哼起越南舞歌。再以口音（accent）所引發的狀況為例，如前所述，除了阿香和安安外，八位受訪者都具備漢人及華人血統，中文表達流暢，算是「同種不同文」的跨國婚姻移民，但即便如此，她們仍因「口音不純」受到另眼相看，包括來自她們的子女。[14]

　　阿紅說她不會在意別人叫她「大陸妹」或「大陸新娘」，也不管她和台灣人的口音、氣質之差異，並不想因為出身不同而躲躲藏藏。她說在中國從小就被灌輸要愛國要認同自己的國家，同樣地，「兒不能嫌母醜，狗不能嫌家貧」，她認為她的小孩很有自信以她為傲，可以大聲地告訴別人「對，我媽媽就是大陸人！」開餐廳很忙很累，還是抽空擔任晨間導護媽媽的翠翠說，兒子上幼稚園時她的口音還很重，學校的小朋友說：「妳講什麼我聽不懂啦！」現在都不會了，兒子很高興她去學校展演，不會因為她講話不標準而感到丟臉。小沛在女兒小一時去學校參加親職講座，當時女兒警告她：「媽媽，你不要坐太前面，坐第五排之後。」她認為可能是自己看起來太年輕，別人的媽媽年紀都很大才敢坐前排，也可能是女兒很害羞，因小沛會舉手發問但口音讓女兒覺得丟臉。但小沛是學校多元文化週展演的常客，（後述）不僅台風穩健駕輕就熟，口音也越來越淡，現在女兒們都以母親為榮了。

---

[14] 玄武岩（2005）的研究指出，這種因「同種不同文」而衍生出對外來移民口音不純的嘲笑，從嫁到韓國的中國朝鮮族女性身上也可看到，韓國是標榜單一民族、血統主義為尊的父權制社會，1990年代初中韓建交後，中國出身的朝鮮族女性在「雖不同文、卻還同種」的條件下，比起其他東南亞出身的外籍女性，在跨國婚姻市場中佔有一定優勢，卻仍遭受韓國人歧視性的白眼。國營電視台KBS節目裡，把中國朝鮮族特有的「延邊腔」拿來揶揄，雖然朝鮮族透過各種民族教育努力學習正確韓語發音，但韓國人對「同種不同文」的外來移民（跨國婚姻者、打工者、偷渡客）說出的腔調，仍視為「不純粹、雜燴的二流韓語」，刺耳且嗤之以鼻。

（三）台灣人的接納

　　對本章中多數的女性移民而言，儘管來自台灣大社會的歧視或不太友善的對待曾經存在，但不可否認地，透過展演，她們仍渴望得到來自台灣人的正面肯認。法農（Frantz Fanon）在其經典名著《黑皮膚、白面具》中曾提過瑪諾尼（O. Mannoni）的《殖民心理學》一書，認為它掌握了「土著－殖民者」兩者關係之所以存續其背後支配性的心理現象，關於被殖民者的部分，有所謂被殖民者的依賴情結，也就是殖民者的白人依循著一種權威情結和領袖情結，但相對地，被殖民的馬爾加什人則依循了依賴情結（dependency complex），他們得依賴著白人，而讓白人成為被等待的主人。（陳瑞樺，2005：153-169）可以說，對弱勢者而言，來自強勢者的肯定與關愛，常常是自我肯定的重要基礎來源，當弱勢者被文化經濟上相對強勢者所肯認時，他也才能完成進一步的自我肯認。筆者認為，本章的女性移民在詮釋展演帶來自／他關係的改變時，來自台灣人的正面回應是她們看重的部分。阿香的展演經驗相當豐富，她說出來展演也間接學習台灣的各種風俗，認識很多台灣人，台灣人也教她很多事，讓她學習到很多。在大安森林公園表演時，台灣人要求一起拍照留念，《聯合報》刊出她和兒子母親節當天登台前一起吃便當的斗大照片，移民署海報則是兒子吃越南鴨仔蛋的圖片，這些來自台灣人的正向回饋，令她非常欣慰。

　　不過，本章多數受訪者大多只有一、兩次在學校多元文化週的展演經驗，因此，在問到她們和台灣大社會的關係變化時，只能先從「學校」這個場域去觀察。那麼，學校對於這些願意現身、出來展演的女性移民而言，到底是一個怎樣的所在？幾乎所有受訪者都一致肯定，校方和老師們親切有禮，學校，是一個相對公平親善的地方，她們願意現身校園，也是因為在此可以得到些許喘息，乃至於一定的肯認，她們也感受到，校園中的台灣人包括孩童、教師、還有其他家長，都慢慢對她們投以善意的回報。

1. 來自孩童：[15]女性移民在多元文化週現身、展演之後，最直接感受到的效應是，被小朋友一舉認了出來。阿紅說學童在走廊看到她的反應是：「啊！我

---

[15] 台北市國小的多元文化週迄今只舉辦過四屆，「邀請新移民父母到校展演文化」雖是教育局的指定項目之一，但各校未必年年舉辦，受訪教師普遍認為，現階段討論此項活動對於學童的影響還言之過早。因多數學童對這項活動多是初體驗，反應只是好奇或開心，體驗活動的吃喝玩樂沒有學習壓力，故學習效果也有限，打招呼或問候語短時間內體會一下，如玩遊戲般很快就被遺忘，因此，目前無法測出展演帶給教育現場學童的確切影響。

知道了，阿姨，妳是陝西人」，演講時碰到會叫「愛心媽媽好！阿姨好！」她感覺自己受到尊重，學校是平等的，沒有階級沒有歧視的地方。月音也說學童的反應是傻眼，「原來妳是馬來西亞人喔。」看到我會叫「馬來西亞的媽媽好。」珍珍展演完畢，有三位小朋友對她說：「我今天聽到妳在講新加坡的事喔！」「今天講新加坡的是不是妳啊？」長玲表演介紹越南文化不久，就有小朋友認出她說：「妳是黃○○的媽媽！黃媽媽，妳好！」小沛是在學校的大講堂內連續進行四個月多元文化週的課程，小一到小六的學生幾乎都聽過她的課，女兒回來對她說：「有小朋友跟我講，你媽媽很正耶！」兩個禮拜後，女兒把這個小朋友帶到家裡來做布丁。除了母親本人外，小暉的女兒自從在多元文化週母女同台演出後一舉成名，成為全校風雲人物，被人認同被人肯定，男學生故意經過女兒班級門口大叫說「陳○○，你好棒喔！」她也變得更加自我肯定。

2. 來自教師：女性移民和學校老師的良性互動也變得密切，這種互動有的是直接回饋到她們身上，有的則還原到子女身上。首先，月音說學校很安全沒有歧視，阿紅也說校方對志工很鼓勵很親切，她們只是付出一點點，校方就給予高度肯定，而且有求必應馬上處理，不會推來推去，讓她覺得很溫暖。長玲本來就常現身校園，對學校並不陌生，老師對她也有印象，畢業典禮時還特別為她準備素食，感謝志工媽媽的協助，也常主動通知她一些重要訊息，如母親節有關外籍媽媽的活動資訊。翠翠後來也現身在自然科的教室裡，老師教小朋友炒菜請她在旁邊幫忙實做，因為知道她是開餐廳的。其次，既然是到子女就讀的學校展演母文化，良性互動牽引出的實質效應就是，子女受到教師更多的關注，珍珍說她到校展演雖然只有一次，但老師都蠻肯定她的表現，認為母親的參與有助於子女的學習，老師也對她和她的子女多一份印象。阿香到學校現身展演之後，學校老師都很熱心幫忙，免費幫她兒子安排課輔，主動協助學習。

3. 來自家長：這個層面的善意回應也慢慢出現，[16]翠翠說去學校展演後，小孩同班的家長很熱情地帶朋友來她的餐廳吃飯。外型活潑開朗的小沛展演經驗多、知名度也高，出席家長會時，其他父母親主動來打招呼，讓她感動不

---

[16] 除了來自台灣學童及其家長的善意回應外，小暉說其他外籍學童和家長受到鼓舞也開始嚮往展演，「她行，我為什麼不行？」、「陳○○，其實我也想展演，下次我也想參加。」一位曾做過節目主持人卻始終不願現身的印尼媽媽，至少開始鼓勵自己小孩出來，也在家教小孩表演排練。

已，在多元文化週當志工的家長幫她拍照，沖洗完照片後轉交給女兒，她深深感受到，現在台灣家長比較能接受外籍母親了。小暉回想馬英九總統就職大典時，女兒的學校推出十位東南亞和大陸籍新移民子女參與表演，因為她常在校園現身 而被選為負責指導學生練舞的老師，三個月的練習經常需要拖到很晚，學童得由家長接送，剛開始有人抱怨「我小孩幹麼要來參加？！」她就苦口婆心地解釋給他們聽，這是萬中選一、千載難逢的機會。有位老阿公的媳婦是越南人，剛開始也抱怨接送時間太晚，經勸說後逐漸諒解，肯定這個活動在小孫子生命中的積極意義，也對小暉的態度變得更加善意。

六、結論與後續

　　本章探討了「文化展演、移民與認同」三者之間的關連，以台北縣市國小多元文化週的女性移民為研究對象，由她們自身對展演經驗的詮釋，去掌握認同的可能變化。研究發現如下：(1)這些可以現身、願意現身、並出來展演文化的女性移民，確實具備了許多積極參與的正向特質。(2)她們的展演經驗主要是呈現熟悉的今昔以及扭轉台灣人對其母文化的誤解，也就是返回原生或傳統文化去找尋慰藉，其內容通常是沒有太大爭議、早已定著的，但不會觸及她們在台灣的真實生活。換言之，女性移民並未積極地想去抵抗台灣既存的價值體系，頂多只是透過出來展演的機會，將台灣人對她們母文化的誤解，做了些許澄清或重新詮釋。(3)展演過後，她們從自我的提升、子女的肯認與台灣人的接納中，來省視自／他關係的良性變化，重塑自己在接待社會台灣的認同。

　　最後，本章後續研究的可能議題之一是：無論是校園的多元文化週或是其他的節慶活動，除了呈現熟悉的今昔以及扭轉台灣人對其母文化的誤解外，新移民女性文化展演的內容能否有更大揮舞的空間，能否跳脫現有的框架呢？

　　David M. Guss（2000）認為，文化本身就是一個不斷爭議、沒有定論的場域，特別是在公共空間的文化展演提供了一個平台，可以表達特定族群的集體意識，經常充滿了顛覆性和爆炸性，他在《節慶國家》（*The Festive State*）一書中，描繪了非洲裔委內瑞拉人透過節慶San Juan的展演，去挑戰及再定義種族、族群、性別、國族等概念。Diane Negra（2006）也強調，透過展演及流行文化去傳遞愛爾蘭特質的重要，愛爾蘭確實給人一股奇特的魅力，卻總是

帶點醜聞般的刻板印象（scandalous stereotype），但過去這十幾年來，「愛爾蘭特質」逐漸展現出一種理想型的族群性，在世界各地特別是在美國，它成為白人認同的可能選項。Negra反對以本質主義方式再現愛爾蘭（essentialized representations），而是以更複雜多元的取徑觀照愛爾蘭的歷史文化，將愛爾蘭過去給人的鈍感特質（obtuseness of Irishness）撤除，重新放在全球化流行商品的嶄新情境中，Van Morrison's（1945～）的音樂、Frank McCourt's（1930～2009）的作品、電影《哭泣遊戲》（*The Crying Game*）等都是代表性的實例。

　　隨著新移民女性在台灣公共空間內展演母文化機會的增加，其展演內容也可能受到越來越多的關注、批判乃至於質疑，除了本章所指出的沒有觸及她們在台灣的真實生活，也少了去殖民的積極作為等層面外，Guss和Negra的觀點值得拿來省思，或許不久的將來，新移民女性展演的母文化也有可能發展成在地的流行文化，或是台灣人認同的一種新選項。

參考書目

王光宗（2007）。〈東南亞外籍母親在子女入學後母職經驗研究〉，《家庭教育雙月刊》，第6卷24-52頁。

王婉容（2004）。〈邁向少數劇場——後殖民主義中少數論述的劇場實踐：以台灣「歡喜扮戲團」與英國「歲月流轉中心」的老人劇場展演主題內容為例〉《中外文學》，33卷5期，69-104頁。

朱柔若、孫碧霞（2010）。〈印尼與大陸配偶在臺社會排除經驗之研究〉，《教育與社會研究》，20期1-52頁。

李國基（2007）。《東南亞外籍配偶子女雙族裔認同之研究》，國立屏東教育大學教育行政研究所博士論文。

宋國誠（2003）。《後殖民論述：從法農到薩依德》，台北：擎松。

林津如、王介言、吳紹文（2008）。〈新移民女性之組織工作：一個跨領域的實踐嘗試〉，夏曉鵑、陳信行、黃德北編《跨界流離：全球化下的移民與移工》，頁241-298。台北：台灣社會研究雜誌社。

林倩綺、王淑治、林菁真、闕菊女慧（2008）。〈新移民女性之休閒行為初探〉，《運動與遊憩研究》，第3卷第1期110-124頁。

林慧卿（2006）。《外籍女性配偶母職自我效能與社會支持之相關研究：以臺中縣市識字班學員為例》，靜宜大學青少年兒童福利研究所碩士論文。

邱琡雯編（2007）。〈從圖像看台灣公共空間內「新移民女性」的文化展現〉，南華大學社會學研究所《網路社會學通訊期刊》，第67期12月15日。

邱琡雯（2008）。〈國際理解教育與女性移民的社會參與：從日常生活的歧視經驗出發〉，南華大學教育社會學研究所《教育與社會研究》，第16期63-103頁。

邱琡雯編（2009）。〈新移民女性對展演母文化的經驗詮釋〉，南華大學社會學研究所《網路社會學通訊期刊》，第78期4月15日。

胡台麗（2003）。《文化展演與台灣原住民》，台北：聯經出版社。

張明慧（2004）。《新移民女性的母職困局：「新台灣之子」發展遲緩論述的緊箍咒》，世新大學社會發展研究所碩士論文。

張亭婷、張翰璧（2008）。〈東南亞女性婚姻移民與客家文化傳承：越南與印尼籍女性的飲食烹調策略〉，《台灣東南亞學刊》，第5卷第1期93-145頁。

陳光興（1997）。〈文明主義的想像：杭廷頓與南地〉，《台灣社會研究季刊》，第27期173-197頁。

陳雯鈴（2008）。《越裔新移民女性母職教育工作之研究》，屏東教育大學教育學系研究所碩士論文。

黃淑玲（2007）。《撥雲見日：家有青少年新移民女性之母職經驗》，嘉義大學家庭教育與諮商研究所碩士論文。

黃貞瑋（2009）。《文化展演與認同：馬太鞍阿美豐年祭的傳統與現代》暨南國際大學人類學研究所碩士論文。

翟振孝（2005）。《遷移、文化與認同：緬華移民的社群建構與跨國網絡》，清華大學人類學研究所博士論文。

韓建忠（2006）。《外籍母親在子女就讀國小後母職經驗之研究》，台中教育大學社會科教育學系碩士班碩士論文。

鍾鳳嬌、林苑平、趙善如（2008）。〈電腦學習歷程：新移民女性增能經驗分析〉，《社區發展季刊》，第123期336-360頁。

釋自淳、夏曉鵑（2003）。〈識字與女性培力：以「外籍新娘識字班」為例〉，《台灣教育社會學研究》，第3卷第2期41-84頁。

中文譯著

Fanon, Frantz（2005）。《黑皮膚、白面具》，陳瑞樺譯。台北：心靈工坊。

Said, Edward W.（1999）。《東方主義》，王志弘等譯。台北：立緒出版社。

日文書目

安貞美（2008）。「韓国における移住女性：映画〈she is〉を中心に」。千葉大學大學院人文社會科學研究科研究プロジェクト報告書第156集『身体・文化・政治』。正文社85－96頁。

玄武岩（2005）。「浮遊するディアスポラ「延辺チョンガ」をめぐる中国朝鮮族のアイデンティティ・ポリティクス」、東京大學大學院情報學環紀要『情報學研究』、3月69號83-100頁。

草津攻（1978）。「アイデンティティの社會學」、『思想』、653：108-142頁。

高橋雄一郎（2005）。『身体化される知：パフォーマンス研究』。せりか書房。

水越紀子（2003）。「在日フィリピン人女性とフェミニズム：〈語られる〉日本人を解釈する」、大阪市立大學『人權問題研究』、3號53－65頁。

Alleyne-Dettmers, Patricia Tamara (2000). Afro-Caribbean carnival as ethnic empowerment and migrant organization：Image building and women's changing role in contemporary carnival. In J. Knorr and B. Meier(eds), *Women and migration: anthropological perspectives* (pp.99-118). New York：St.Martin's Press.

Guss, David M. (2000). *The Festive state: Race, ethnicity, and nationalism as cultural performance*. California：University of California Press.

Hall , Maurice L., Keane-Dawes , Jennifer & Rodriguez, Amardo (2004). *Embodying the postcolonial life: Immigrant stories of resistance*. New York：Humanity Books.

Joseph, May. (1999). *Nomadic identities：The performance of citizenship* .Minnesota：University of Minnesota Press.

Keefe, Susan E. (1992). Ethnic identity: The domain of perceptions of and attachment to ethnic groups and cultures. *Human Organization*. 51(1), 35-44.

Kurashige, Lon. (2002). *Japanese American celebration and conflict: A history of ethnic identity and festival, 1934-1990*. Berkeley：University of California Press.

Lengel, Laura B. (ed.) (2004). *Intercultural communication and creative practice: music, dance, and women's cultural identity*. Westport, CT: Praeger.

Lengel, Laura B. & Warren,John T. (eds.) (2005). *Casting gender: Women and performance in intercultural contexts*. New York: Peter Lang Press.

Mihesuah, Devon Abbott (2003). *Indigenous American women:Decolonization, empowerment, activism*. Lincoln：University of Nebraska Press.

Negra, Diane (ed.) (2006). *The Irish in us: Irishness, performativity and popular culture*. Durham NC：Duke University Press.

Phinney, Jean S. (1990). Ethnic identity in adolescents and adults: review of research. *Psychological Bulletin*, 108(3), 499-514.

第 二 章　不一樣的美麗與哀愁：婚姻對白領階級女性移民的影響

林平[1]

一、前言

　　當代跨國婚姻研究的一個特點，就是將通婚者在移居後的生活適應問題，過度歸因於「族群」因素所造成的影響，忽略了其他可能的因素。然而這樣的解釋，無法說明為什麼族群背景相近的跨國通婚，有時候會有更大的適應問題。也無法幫我們瞭解為什麼有些族群相近之間的兩性跨國互動，卻有著差異極大的結果。

　　根據過去的研究顯示，兩岸之間的通婚關係，高度集中在「台灣男性」與「大陸女性」的配對模式當中。相反的，「台灣女性」與「大陸男性」的配對情況就非常少見。透過探索台灣女性對大陸男性的看法，特別是已經居住在中國大陸的單身台灣女性，可以幫助我們瞭解既有跨國婚姻研究當中被隱藏的「階層」因素。本章以移居到東莞與上海的單身台灣女性為研究對象，探討她們的移居生活，特別是對當地男性的看法。由於篇幅有限，本章僅針對相關的實證資料與分析，相關的文獻回顧留待另一文〈跨國婚姻當中的階層問題〉再進行討論。

二、研究方法

　　因為統計抽樣的困難，過去以「台灣人在中國大陸」為主題的研究，都是以滾雪球的方式，在特定台商企業中選取受訪者（林平，2009a）。本研究不希望呈現的是特定企業內受訪者的反應，而是不同受訪者之間的共同反應，以及反應背後的共同因素。因此，筆者以最大差異化的抽樣方式，盡可能窮盡不同背景的受訪者，藉著訪談與參與觀察的方式，來瞭解她們移居中國的原因與

---

[1]　林平，牛津大學社會學博士，現為國立中正大學政治系助理教授，聯絡方式為polpl@ccu.edu.tw。

移居後的生活。

（一）資料來源

　　雖然至今沒有明確的統計數據可以說明台灣人在中國大陸的分佈狀況（林平，2009），但2004年之前的研究就已經顯示，東莞（以及鄰近的廣州與深圳）及上海（以及鄰近的江蘇昆山）是當時的主要聚集地，並且設有兩岸政府都核准的台商學校（牟淑芬，2001；林至慎，2002；莊好、魏炯翔，2003；劉勝冀，2002），因此筆者在2004-2005年時，選取這兩地為主要田野調查地。2004-2005年時，筆者在東莞與上海兩地一共接觸51位受訪者，其中22位是女性。這22為女性當中，有8位離開台灣時就已經結婚，14位離開台灣時未婚（當中又有4位後來結婚）。此外，筆者也積極參加相關單位的活動並蒐集資料，以補充（或確認）受訪者的資訊。本章是以這14位受訪者2004-2005年及2008-2009年的移居生活為主，同時參照其他資料，來探討單身女性的移居經驗。這些受訪者的基本資料如附錄一。

（二）分析與限制

　　如同〈跨國婚姻當中的階層問題〉一文中的整理，根據Colic-Peisker的討論，受訪者的階層位置定義成：「原居地（台北）與現居地（東莞或上海）的相對位階，加上移居者在現居地（東莞或上海）所屬團體的位階」。[2]那該如何瞭解這樣的階層位置對移居生活的影響？筆者假設假設，除了直接與受訪者討論外，透過比較同一時間同類受訪者在不同城市的生活，或比較同一受訪者在不同時間點對同一議題的反應，可以知道階層位置差距對受訪者移居經驗的影響。

　　在資料分析上，筆者是從田野紀錄中選取內部關鍵事件（例如2004/2005年某台資企業的「門禁事件」）、外部重大事件（例如2008年北京奧運、台灣總統大選，以及2009年籌辦中的上海世博與廣州亞運），以及一般生活事件（例如週末休閒活動與八卦傳聞）為主要資料。將每一個事件視為一個「小拼圖」，再以「鳥瞰」的方式將「小拼圖」拼湊成立體的「大全貌」，來呈現出

---

[2]　也許讀者會問，為什麼現居地要區分成東莞與上海，而原居地卻是以台北對象？第一、雖然本研究中受訪者都在中國大陸，但是分屬在東莞與上海兩個在教育水平、人均收入與基礎建設差異大的城市，所以前述「地主國」的定義修改成「現居地（東莞或上海）」，以符合討論需要。第二、雖然受訪者來自台灣不同城市，但是發現受訪者在移居之前，都在台北有過相當長時間就學或工作，對受訪者而言，台灣內部的城市差異雖然存在，但不被認為有影響力的比較基礎。

不同受訪者之間的共通點。此一方式雖然看似不如常見的「訪談與回答」直接，但資料是來自受訪者真實生活的觀察，更能反映出受訪者的真實意向。

　　此外，筆者雖然採取「最大差異化」的抽樣方式，根據不同背景受訪者的共同反應，來推測這是母群體（在東莞與上海兩地的單身台灣女性）「應有的重要現象之一」，但是筆者無意表示可以推測成母群體「所有重要現象」，也無意否認還有其他重要因素的可能。因此，本文當中與受訪者有關的數字部分，純粹是當時情境描述，除非特別說明，並不具備強度或頻率上的意涵。

三、發現與討論

　　雖然本章主題是集中在遷移後的生活，特別是她們對婚姻的期望，以及對當地男性的看法，但是為了讓讀者有較完整的瞭解，也稍微討論遷居前的生活。

（一）「位階上升」的想像：移居前的共同期望

　　在14位受訪者當中，12位在筆者初次接觸（2004-2005年）時就表示經濟因素是自己到中國大陸的主要原因。他們認為到大陸工作，是為了避免在台灣可能的失業風險，但隨著接觸時間越長，筆者發現這個「言之有理」的說法可能還有許多「一時說不清」的原因，像是「跟他分開〔分手／離婚〕後，我就來到這裡了」，或是「她是董事長／會長／總經理的親戚，〔所以她有這份工作〕」。很快的「經濟因素」並不能充分解釋她們的遷移動機，對她們而言，移居不僅是「找／換工作」，更是特定情境下掌握機會，滿足「階層上升」的期望。

1.「換個地方開花店」：8位較資深的受訪者

　　先討論14位當中，8位離開台灣時已經超過30歲的受訪者，雖然教育程度各異，但是移居前都有了相當穩定的工作，與當地人（或當地的台灣人）並無密切關係。為何在台灣工作穩定，大陸又沒有熟識親友的情況下，放棄台灣的生活呢？面對這個疑問，有6位受訪者回答「〔我朋友〕要我來跟他來這邊試試看，我就過來了」，表示移居大陸是為了想要試試看不同的工作環境。

　　她們為什麼會有信心選擇以中國當作新的方向呢？除了「語言通」的共同反應外，她們都感慨自己在台灣的工作雖然小有基礎，但不受到重視，透過

當時的資訊，發現自己的專業所學在當地「應該是很有發展的，因為這邊人不懂」，而有勇氣的決定移居。例如從南部某國立知名大學企管畢業後，便經營個人花店的受訪者S-7，她表示雖然生意穩定，但「開花店」的工作始終不被親友認可。偶然中聽到在大陸工作的朋友抱怨「去醫院看病人，居然找不到地方買一束像樣的花」，她發現即使是號稱「十里洋場」的上海，很多方面仍然是落後台灣，她認為自己在台灣不受重視的經驗，到上海應該會有發展空間，而選擇移居。

2.「小職員變機要秘書」：6位較年輕的受訪者

再討論在6位離開台灣時是單身，年紀都是20餘歲的受訪者。雖然她們在台灣至少都接受12年以上的教育，但是工作經驗有限，卻有4位是在當地台商企業擔任機要秘書或會計工作。面對筆者「為何到大陸工作？」的詢問，得到都是如「在台灣找不到〔適當的〕工作啊」這類答案。當筆者進一步詢問，如何在缺乏相關學經歷時，卻能成為當地台商企業的核心幕僚，得到了「運氣好」這類回應。然而隨著接觸時間延長，筆者發現她們都是在家庭近親的協助下，得到在大陸第一份工作，或第一份工作實際雇主，就是近親長輩。

雖然「找不到〔適當的〕工作」是受訪者思考離開台灣的主因，卻不是成行的關鍵因素。她們表示自己與若干家人都曾以「安全問題」為理由遲疑，但是另一些家庭成員表示，移居後不但可以有工作，更從無人聞問的小職員「升級」成為公司的核心幕僚，並且住宿交通等基本生活都有人照料，因而「放心」移居當地。當受訪者發現無法在台灣的就業市場取得一定的競爭位置時，透過近親的安排，發現自己有限的能力在大陸可以得到超過預期的工作機會，這種「爽爆了」的想像，相當程度使受訪者輕忽其他風險而決定移居。

3. 代小結：遷移不只是為了工作，更是對於向上流動的期望

這一節的討論發現，受訪者所宣稱的「經濟因素」與過去研究主張的「經濟因素」有所不同，並不是一種「非走不可」的情況。這個「找／換工作」的表層現象下，隱含的是「升級」的期望。受訪者覺得自己將由「有點小基礎，但又好像施展不開的幹部／小老闆」轉變成「開創另一片天空的專業經理人」，或由「累得要死，還被人當作是垃圾」的小職員轉變成「董事長／總經理的機要秘書」。也就是說，雖然受訪者在台灣的背景不同，但是共同點是都預測自己移居後會取得更高的社經地位，而願意去面對新的環境。

對於第一組「換個地方開花店」的受訪者，雖然自己在台灣的工作穩定，但也面臨一定的瓶頸，試圖藉由到東莞／上海從事相關行業，以尋找另一片天空；對第二組「爽爆了」的受訪者而言，雖然「找不到〔適當的〕工作」是離開的主因，但是從「安全問題」到「放心」的轉變，顯現出「升級」期望帶來的影響。這兩組受訪者的考慮，在不同方向上符合了過去的階層的研究，認為「階層流動的期望」相當程度上會引導個人行為與目標（Erickson and Goldthorpe, 1993: 2, 232-239）。對於這群具備若干資源的移居者而言，遷移不僅是「移出」，工作也不僅是「為了生活」，更是追求更好的「階層位置」。雖然新國家看似落後，卻可以取得相對優勢的位置，從母國社會的一個小市民轉換成地主國社會的重要人物，然而由於這種「向上流動」的期望是建立在與當地人的對比上，這種「高人一等」的預期心理，反而限制了移居後的定居意願（詳後述）。

（二）「不是不願融入，而是拒絕向下融入」：移居後的生活適應

她們移居後的生活又如何呢？筆者發現，當受訪者一方面高興的談論上海外灘美景與羅湖商場購物經驗時，另一方面卻對筆者「生活這麼好，那你應該會長久待下來囉？」的問題沈默，筆者的疑問是，上海外灘的五光十色與久光百貨的精品專櫃（或者東莞上島咖啡與虎門盜版DVD），真的可以滿足受訪者嗎？

如同〈從居住空間看身分認同〉一文的描述，2004-2005年時，東莞與上海兩地有工作的受訪者若非企業經營者，就是任職於台資企業中高階幹部。而當地台資企業對於台籍員工都會提供比當地員工優厚的食宿與交通安排，形成一種「同公司上班，同住在宿舍，卻各過各的」情況，即使自行在外租屋或購屋，與鄰里的互動也非常有限（林平，2009：80-95）。形成不僅是「地理空間」上的區隔，更是如同Bourdieu所說，是「社會空間」上的區隔，是一種同時結合了經濟能力、消費行為與生活品味上的區隔，才會有「我們去文華酒店吃飯，一餐六十八；她們去旁邊的路邊攤，一餐十塊錢」的現象。

筆者無意評斷這些生活方式，但是想指出這種生活方式，是另外一種形式的區隔。雖然如同移居前的想像，移居後「小職員變機要秘書」、「小老闆變經理」，真的是「有房〔宿舍〕有車〔交通車〕有佣人〔鐘點工〕」但是卻是一種「鳥籠裡的金絲雀」（Living in a Golden Cage），進一步限制了她們與外

在世界的互動（Fechter, 2007: 41）。這種因為「優勢階層」而造成的隔閡，以及造成的影響，更可以由她們對當地男性的態度說明。

1.「庭院深深深幾許」：8位較資深的受訪者

對於前述「換個地方開花店」的8位受訪者而言，她們都以「看看再說」的答案，表示自己的定居意願。這個回應乍聽之下都是指「工作上是否穩定」來決定，但深入瞭解後發現，相當程度上是受「感情是否穩定」影響。

如同〈從居住空間看身分認同〉一文的描述，受訪者假日也會到市區或鄰近城市逛街購物。當台籍男性希望能有適當的女性伴侶，受訪者也會希望在當地有適當的男性伴侶。但是令她們失望的是，當台籍男性的夜晚若不是忙於加班工作中，或有著可以一起「月上柳梢頭，人約黃昏後」的女性伴侶，就是享樂於當地聲色場所。她們發現自己一方面不被鼓勵如同男性一樣縱情於聲色場所，另一方面卻在尋找伴侶的過程中面臨產生焦慮，進而不確定是否真的要在當地定居？

她們認為「我不年輕了」，希望與單身男性的交往是能以婚姻為前提的，因此可能的對象應該如同Bourdieur或Becker所說，擁有若干可以「匹配」的外在條件，是可以提升（或至少維持）社會地位的。但這個看似寬鬆的選擇方式卻面臨相當的困難。當事人生活周遭中的單身台灣男性，若非已婚或有固定伴侶，就是經常涉足聲色場所而不考慮認真交往；而年齡相仿的大陸男性通常都已經結婚，即使未婚，幾乎都是工作上的中低階員工，缺乏交往的意願。因此雖然移居滿足了受訪者工作上「更上一層樓」的想像，但是情感失落使她們即使「房子都買了」，還是缺乏在當地有「安身立命」的感受。

此處要特別說明的是，影響受訪者與當地男性交往的，並非兩者之間的「族群差異」，而是如Bourdieu所說，是小資階層對中下階層的排斥（Bourdieu, 1984: 354-364），是一種階層位置上的差異。雖然大部分的受訪者都排斥當地男性，但是當2004-2005年時，仍有S-11、S-13與D-3三位受訪者與當地有一定身分地位的男性通婚或交往。[3]這些受訪者一方面表示排斥當地男性，另一方面也表示聽過類似S-11、S-13或D-3的例子，並且「有機會也會

---

[3]　S-11的配偶是在英國攻讀碩士時的同學；S-13的配偶是一位「文革的時候家裡還可以有佣人」的北京望族後代；D-3的前男友則是南方某知名高校的副教授。這些都表示她們交往的對象，都在當地社會有一定的階層位置。

願意試試」，這顯示影響她們與當地男性交往意願時，想像的階層差距，的確可能構成一個障礙。除非事先已經得知對方的階層位置，她們對當地單身男性都是抱持警戒，在「台灣男生太花，大陸男生不是太糟，就是沒機會認識」情況下，形成了「庭院深深深幾許」的現象。

這種「庭院深深」的失落情緒，在過去研究中很少被討論。當「南向北」的單身女性傾向透過與當地男性通婚而在當地定居，本文發現「北向南」的單身女性卻是因為階層因素排斥與當地男性交往，希望選擇同為「北向南」的單身男性交往，卻發現適合的單身男性若非身旁已有固定伴侶，就是必須面臨當地女性的競爭，相當程度因為情感的失落而不確定是否應該繼續在當地定居。為什麼階層的差距有這麼大的影響？階層差距又代表什麼意義？下一小節將進一步說明。

2. 無緣的「腳踏車羅曼史」：6位較年輕的受訪者

當筆者在2004-2005年接觸這組「從小職員變成機要秘書」的受訪者時，她們都是20餘歲，偶而抱怨工作／課業繁重沒機會遇到好男人，卻也互相調侃周遭的追求者都是「爛桃花」，不是早就花名在外的台灣男性，就是看不上眼的當地人。我們藉由受訪者D-19的反應，來說明她們對當地男性的態度。

> 我們約在廣州天河的中森名菜〔日本料理店〕碰面邊吃邊聊。我問她，「你有跟這邊人約會過嗎？你這麼可愛的，這邊應該有很多男生想追你吧……」她說，「沒有啦……唉唷，是有一個男生，他問我要不要坐他的腳踏車。他要騎腳踏車帶我出去玩。我不要坐他的腳踏車……」午餐之後，我們在餐廳門口分開，我看她蹦蹦跳跳的攔一輛計程車離開。
>
> （田野日誌14/11/04）

如同前述，大部分的受訪者是工作於台資企業中高階幹部，薪資都比大陸籍員工高出許多。這種收入上的差異不但帶來了購買力上的差異，而間接促成了消費模式的差異。受訪者出入交通工具幾乎都仰賴公司（或親友）專車接送，或搭乘有固定合作關係的私家車，而非當地人經常搭乘的「摩的」[4]、

4　「摩的」（一般發音Mo Di）是一種以摩托車來攬客，並向乘客收取費用的運輸工具。價格比同路程公交車高，卻又比一般計程車低，是當時東莞與上海郊區常見的交通工具。

公交車（公共汽車）或出租車（計程車）；消費場所也偏向於西式／日式／台式餐廳、明亮開放的百貨公司或大賣場，而非當地人常出入的路邊小吃、大排檔或市集。每當週末來臨，受訪者容易將搭乘交通車到深圳羅湖商場（或上海市中心）逛街、享用豐富的中餐（或下午茶）、打保齡球（高爾夫球或是沐足），然後在晚上搭乘特定交通工具返回住所，當作辛苦工作後的休閒活動。

然而對她們的大陸籍男性同事而言，搭乘交通車到市區之後，在當地市集購買日用品、狹小巷弄中的路邊攤用餐、然後在傍晚搭公交車或「摩的」回到住所，才是常見的休閒的生活。因此雖然受訪者D-19希望在中國大陸尋找到適合的異性伴侶，並不令人驚訝的發現她拒絕與當地男性發展一段可能的「腳踏車羅曼史」。這顯示受訪者與當地一般男性的階層差距，不僅僅是經濟能力的差距，更是Vebelen所說消費模式的差距，使台灣女性與周遭的當地男性在生活形式與休閒活動有不小的差異，降低了兩者交往的可能。

在另一次的會面當中D-19的好友Peggy也一起共進晚餐，Peggy說道，「你一定不相信我來這邊五六年都沒有交男朋友，就是沒有啊」。筆者正用「你們這些女人，看不起人家騎腳踏車啦」來調侃D-19與Peggy，並繼續問說「你們覺得到底是經濟能力的問題，還是文化思維上的差距」。Peggy說，「不能這樣分，我覺得是一起的。就像沒有一定的經濟能力就不可能坐在這邊吃牛排，就不可能知道該怎麼用刀叉，更不可能知道要怎麼點餐才比較好吃」。接下來的討論當中D-19與Peggy都表示，這並不只是經濟能力帶來的消費模式的差距，更是文化層次生活品味與談吐思維的差距。

對受訪者而言，「牛排問題」顯現的不僅是她們與當地男性在經濟能力有差距，更顯示在需要若干經濟能力才能支撐的消費模式，以及在必須經由特定的消費模式才能逐漸培養的品味與實踐上，都有著相當差距。如果看只某個時間點，會以為只是Bourdieu「社會空間」當中，小資階層藉由特定的品味與消費，將與自己不合的行為者排除在交往圈外的現象（Bourdieu, 1984: 169-174）。但當筆者撰寫本文時，筆者與受訪者已經認識超過五年，透過不斷的往返聯繫，筆者不但瞭解她們移居後的生活，也對移居前的背景有一定程度的認識。筆者發現受訪者所謂「跟當地人不一樣」的「高文化」消費模式（例如欣賞歌劇或音樂會，或到有名的西餐廳用餐），並不是在移居前就熟悉，而是移居後逐漸養成，甚至再成為新身分地位的象徵。

對這些在台灣只是「小職員／小老闆」的受訪者，是不太可能經常出入這

些需要一定經濟能力才能支撐的「高文化」消費場所，但是到了大陸成為「機要秘書／經理」時，卻有了多餘的經濟能力來嘗試這些消費模式，再逐漸模仿學習，而有時只是為了區別自己與當地人不同，而刻意表現出來。也就是說，受訪者所說她們與當地一般男性「消費模式差距」及「品味與實踐的差距」，相當一部分並非移居前就已經具備，而是移居之後逐漸學習培養而來。某些程度更像是Bourdieu所說，是小資階層刻意學習上層社會的品味，希望藉此內化而提升地位，甚至刻意避免原來的品味模式，將尚未習得上層社會品味的行為者，貶為低階的他者，並非自己真的熟悉且內化了這些「高文化」的品味（Bourdieu, 1984: 354-364）。我們看到的，不僅是社會階層如何影響人的消費習慣與品味模式，並成為社會關係的基礎，更看到受訪者不但模仿學習特定的消費或休閒活動，並藉此標示自己的社會地位，然後將不熟悉這些消費模式的人（通常是當地人），都視為「低階的他者」，排除在自己的社交圈之外。

　　但是這些差距某些時候也如同Bourdieu所說，是生活品味與慣習的真實差異。對受訪者而言，假日白天到市區的星巴克喝杯咖啡、晚上在西餐廳用餐，夜晚在酒吧小酌或狂歡，不但是消費或休閒行為，更是生活品味的表現，這些移居後的消費模式，不但是生活調劑，也逐漸內化成為有某種感知氣息的「慣習」，然後在不同的場域中實踐。受訪者不但有意識的模仿與內化新的消費習慣，並選擇適當的場合實踐，也會根據當地人在這些場合的實踐，來推敲對方的品味與內在慣習，進而判斷對方的階層位置，作為是否應該進一步交往的判斷基礎（Bourdieu, 1984: 466-469）。當有些當地台灣男性告訴筆者「手提LV的包包，邊走邊啃甘蔗的女生」的笑話，女性受訪者也告訴筆者類似「穿著汗衫短褲開賓士」、「穿西裝卻蹲在路邊」的笑話，來說明自己與當地人的差距，並不只是經濟能力與消費行為的差距，更是生活品味與感知氣息的差距。

　　這類的笑話很殘忍，反映了受訪者對階層差異的看法。筆者無意附和受訪者的看法，也無從考察這些笑話真實性，但是每當這類笑話出現時，一定還有其他人在旁提供類似的例子以「補充說明」，甚至直接告訴筆者「你說的那一種，各方面都有一定水準的，在台灣是基本配備不難找到；這邊卻是高階配備，很難遇到」，來說明即使是遇到了有一樣經濟能力的當地人，也可能會發現這個當地人在某些品味與慣習上，與自己有意想不到的落差。從這類笑話廣為流傳的程度，以及「基本配備／高階配備」的說法，顯示對受訪者而言，她們之所以不願意與當地男性交往，不但是經濟面向的差距，也是文化面向的差

距;不僅是消費模式的差距,更是生活品味的差距;不僅是外在實踐的差距,更是內在感知氣息的差距。這些差距不僅僅是約會時如何「吃牛排、看電影、喝咖啡」的差距,更是生活當中的衣著外貌、談話內容、排隊點餐,討論新聞時事,甚至舉手投足肢體語言的差距。這些看似細微不重要的現象,卻提醒了受訪者她們與當地男性的差距,因此除非特殊情況,她們對於當地男性都是抱持排斥的態度。

3. 代小結:跨越時空的比較

　　從前述的討論知道,受訪者普遍都將當地社會視為一個低階落後的環境,作為自己與當地保持距離的理由,「排斥當地男性」正是這個思維下的重要表徵。但是筆者也發現,她們「階層位置」的概念,除了來自於日常生活當中「台灣人(通常是指自己與熟識親友)與當地人(通常是指自己生活周遭的當地同事)在當地社會的相互比較」,也來自「原生地與現居地在兩岸之間的相互比較」。筆者更進一步的發現,受訪者心中兩岸之間的相互比較,是以台灣主要城市(通常是台北)來與現居地(東莞或上海)比較,作為「階層位置」與「進步/落後」的論證基礎,除非刻意討論,通常忽略兩地內部的差異,也忽略台灣人內部差異的事實,作為自己「比較高階」而與大陸人保持距離的理由。[5]

　　也就是說,受訪者對自己在當地社會位階的認定,類似於Colic-Peisker所述「移居者母國與地主國在國際上的相對位階,加上移居者在當地社會所屬團體的位階」(Colic-Peisker, 2008),但是進一步精緻為「台灣(台北)與東莞/上海在兩岸之間的相對位階,加上台灣社群在東莞/上海的位階」,得到「自己比當地人高階」的結論。根據這個結論,受訪者不但自己與當地人保持距離,更給予新進者(例如當時的筆者)一系列的生活建議。筆者無意在此細談這些建議的內容,但是想指出這些建議的說明了階層差距,不但影響著她們的移居經驗,並被認可成為常規,約束她們的生活。

　　這樣的發現引發了兩個問題。一、由於受訪者的認定方式相當程度是受到台灣(台北)與現居住地(東莞/上海)在兩岸之間的相對比較,當東莞與上

---

[5]　筆者這要特別提出受訪者「忽略內部差異」的現象。舉例來說,受訪者大多都知道所謂的「當地人」其實分成「當地戶籍人口」與「當地非戶籍人口」,前者擁有穩定的收入,享受有一定的生活品質與社會地位,後者多為來自外省市的農民工,生活在社會底層,但是受訪者普遍忽視前者的存在,將後者視為「當地人」的代稱,進而符合「當地人是比較低階」的認知。

海的城市發展與一般居民素質有所差異時，應該可以發現東莞與上海兩地同類型的受訪者，她們對當地社會態度是有所差異的。二、隨著中國崛起，東莞／上海在兩岸之間的位階也逐漸上升，應該會發現受訪者對自己階層位置的認定也發生了改變，進而影響到她們對當地社會的態度。如果這個空間與時間的差異確實存在，受訪者對當地社會的態度，特別是對當地男性的看法，是否又有不同？

　　不論是新聞媒體或相關的研究都顯示，雖然上海的基礎建設與生活水準與台灣（台北）有一段差距，但比東莞更來的現代化與舒適。不少受訪者自己或親友更是經常往來在台灣／上海、台灣／東莞，或上海／東莞之間，這些非正式的資訊都使受訪者在心中有一個「先進位階排序表」，2004-2005年依序為台北、上海、東莞。在這個排序表當中，台北是個雖然領先，但政治不安令人憂慮，上海是一個雖落後於台灣（台北），但是「有上升潛力」的城市，東莞則被認為是一個「只適合賺錢」，不宜居住的地方。在這個情況下，如果將同一時間，東莞／上海兩地同類型受訪者相比，上海的受訪者比東莞受訪者少強調自己與當地人之間的差距，對當地男性也持著較為開放態度。

　　例如，上海的Lotus（受訪者S-5同事，背景與東莞D-11好友Peggy相似）也曾表示與東莞「牛排事件」的Peggy基於同樣原因，不願意與當地男性交往，但是偶而也會半開玩笑半認真的表示「去新天地坐坐，看看能不能遇到CEO」當作自己的週末娛樂。對Lotus而言，上海的基礎建設的雖比台北略遜一籌，但五光十色的外灘與浦東商廈，加上淮海西路上的酒吧與招待所，帶給她某種程度西化的想像空間。對於在台灣只是小職員，到了上海成為核心幕僚的Lotus來說，在台灣不一定有機會感受到的想像空間，卻在上海體驗到了，因此有時也認為如果遇到適當的當地男性，也不排除發展出一段戀情，即使可能不會長久。

　　而這種情況在2004-2005年的東莞幾乎未曾聽聞。對當時的受訪者而言，東莞／廣州的基礎建設落後台北太多。雖然有著不少台灣人開的「上島咖啡」、「藍鳥西餐廳」或小酒吧，但除了麥當勞與肯德雞外，「真正的」西式餐飲並不多。當東莞東城區有了第一家星巴克，酒吧街開始吸引人潮，廣州天河城的購物中心開始營業，珠江邊的白天鵝賓館開始提供下午茶套餐時，這些「新產品」的確吸引不同的受訪者相約前往消費。然而東莞受訪者感受到的並不是如同上海Lotus所說「看看能不能遇到CEO」的好奇與探險，而是消費過

程中「先經歷混亂的交通」，慶幸「終於找到一個像樣地方」的「朝聖」經驗。這反而使東莞受訪者更確立了自己與當地社會的差距，更相信對當地男性的隔離態度是正確的。

但是如果進行同一城市不同時期（2004-2005年與2008-2009年）的比較，更容易發現外環境變化造成的影響。2008年中國主辦奧運時，雖然地點不在東莞與上海，而是千里之外的北京，而當時的台灣社會正在為了總統大選而互相攻擊，相較之下，受訪者普遍有一種「中國崛起、台灣衰退」的感受（即使這個崛起的中國仍有很多問題需要處理，而這個衰退的台灣仍有許多值得讚賞之處），連帶影響了現居（東莞／上海）在兩岸城市之間相對位階的感受。

當上海與廣州為了籌辦2010年世博會與亞運會，大力提升市區基礎建設與服務品質，引進西式經營管理的服務業時，也對受訪者帶來不小影響。2004-2005年「交通很糟糕」的上海，到了2008-2009年卻是「地鐵路線比台北還多」的上海；2004-2005年「只有一家星巴克」的廣州，2008-2009年已經成了「全市有21家，你說哪一家」的廣州；2004-2005年在東莞說「我們約在家樂福」，不用細說，因為「全東莞只有一家」，2008-2009年已經成了「難怪我找不到你，原來你在這一家」的東莞。這些看似「很不科學」的比較，卻從受訪者口中清楚感受到，她們認為當地社會正快速的改善，自己的競爭優勢逐漸下降，因此，每日兢兢業業工作為的不再是「兩倍的薪水加上來回機票」，而是「不要被砍掉就好」。

筆者並不否認也許這是生命軌跡影響了受訪者的態度，讓2008-2009年的受訪者都比5年前的自己，對當地社會呈現出更大的接受度。但是當不同的受訪者都有方向一致的改變時，更無法否認這是外環境改變造成的影響。例如，2004-2005年年經常性批評「大陸人沒水準，我不會在這邊買房子，也不會讓我女兒在這邊讀大學」的Olivia（D-22的配偶），2008-2009已經在東莞市區購置兩戶不動產，並希望女兒能夠進入廣州某知名大學就讀；2004-2005年表示因為「台灣沒工作只好來這邊，兩三年就要回去」的Lotus（D-5的同事），歷經與台灣男友的分分合合，最後是男友在2008-2009年辭掉台北的工作來上海；2004-2005年「牛排事件」的Peggy依然單身，但也不在那麼排斥與當地男性，因為2008-2009年時她妹妹正與一位當地男性交往；2004-2005年時「門禁事件」延伸出的傳聞女主角Doris，2008-2009年已與當地男性結婚定居。雖然整體而言，2008-2009年時的受訪者依舊抱怨當地男性「沒水準」，但是不再

像五年前那麼強烈，也開始表示「其實有的也不一樣，只是要注意找」。這些改變都顯示隨著中國崛起，東莞／上海／台北在兩地之間的相對位階也發生了變化，台灣人社群在東莞／上海的相對位階也有了改變，這些改變使受訪者以更開放的態度，來處理自己與當地社會的關係。

四、結論

如同本章一開始所說，傳統的跨國通婚研究認為，移居者與當地社會之間的族群差異，或自於族群差異的文化差異，來解釋他們在當地的生活適應或障礙，即使發現移居者與當地社會之間有階層差異，也認為背後的族群差異才是關鍵因素，因此都忽略了從階層差異來討論移居生活的影響。這種對階層差異的忽視，一直到近年才逐漸發生改變。然而既有的研究，又都是以男性或已婚女性為對象，以單身女性為主題的討論極為有限。

本章的對象，是華人社會當中人口流動，又是從想像中發展程度較高的台灣（台北），進入感覺上起步較晚的中國大陸沿海城市（東莞／上海）。當「族群」的差異被降低之後，移居者的在當地社會的階層位置又與傳統研究不同，是居於優勢位置時，剛好提供了一個好機會，討論階層差異對移居生活可能帶來的影響，特別是單身女性對未來婚姻的想像。

在經驗層次上，本研究發現，雖然受訪者在移居之前，大多只是台灣社會一般認定的小職員或小企業主，然而移居之後，都被提升到相對優勢的階層位置，成為機要秘書或專業經理人。此一位置上的「升級」，會促使受訪者刻意模仿或展現若干消費行為、生活品味與感知氣息，用以區別自己與當地人的不同。當受訪者遇到身分不明確的「他者」時，受訪者便以「他者」是否具備相似消費行為、生活品味與感知氣息，當作是否進一步互動的標準。這種判斷方式更具體顯現在受訪者的擇偶標準上，除非有其他方式事先得知訊息，都先入為主的認定所接觸的當地人都屬於「低階的他者」，而只將與當地人的互動維持在禮貌友善的表面層次上。

在理論層次上，本研究得到兩個結果。第一、由於原生國的社會結構或移居者本身能力有限，透過世界體系往更低階的國家流動，在新國家佔據一定的優勢位置，成為中低階白領向上流動的機會。第二、此一流動模式下的移居者，由於在新國家佔據了一定的優勢位置，除非情境改變，不太願意與當地

社會產生密切的互動。這兩項發現，打破了傳統「階層研究」的政治或地理疆界，將「跨國人口流動」與「階層流動」結合，形成一個跨國版的分析。

在未來研究的展望上，我們應該重新檢視移居者在新環境的適應或障礙，有哪些是出於族群差異的影響，又有哪些是出於階層差異的影響？或兩者之間的交互作用？除了應該有更多的研究，探討從先進國家進入台灣的外國人，以及從台灣移往後進國家的本國人，討論他們的移居經驗。也應該有更大規模的研究，比較同族群但不同階層位置移居者的移居經驗（例如：從泰國到台灣的工程師與外勞，兩者與同類型台灣人的通婚），或比較不同族群但階層位置相同移居者的移居經驗（例如：從印尼到台灣的印尼勞工與華人勞工，兩者與同類型台灣人的通婚），才能避免過去跨國婚姻與國際移民研究當中輕忽階層的現象。

五、附錄

14位主要受訪者基本資料（2004-2005年）

	代號／族群[5]	性別／出生年[6]	教育[7]	工作經驗[8]台灣／大陸	住宅[9]	職業[10]
東莞地區	D-3／外	女／67	16	10/3	是	外派
	D-6／外	女／77	16	0/2	否	外派
	D-10／外	女／81	16	0/1	否	外派
	D-12／客	女／83	14	0/2	否	外派
	D-19／客	女／85	13	0/0	否	學生
	D-20／客	女／77	16	5/0	否	學生
	D-25／閩	女／77	13	1/7	否	外派
	D-30／閩	女／81	16	0/1	否	外派

---

[6] 代號／族群：本文當中所使用的代號；「閩」代表閩南、「客」代表客家、「外」代表外省。
[7] 性別／出生年：男表示男性、女表示女性；數字表示出生於西元19XX年。
[8] 教育：表示受過多少年的學校教育。
[9] 工作經驗：表示在台灣與大陸兩地分別有多少年的工作經驗。
[10] 住宅：表示是否在大陸擁有私人住宅。
[11] 職業：「自營」表示為企業業主；「外派」表示台資企業派駐大陸幹部；「當地」表示受僱於大陸當地企業；「外商」表示為外資企業派駐大陸幹部。

	代號／族群[5]	性別／出生年[6]	教育[7]	工作經驗[8]台灣／大陸	住宅[9]	職業[10]
上海地區	S-2／外	女／57	14	10/10	否	外派
	S-4／閩[11]	女／69	18	5/4	是	自營
	S-7／閩	女／69	16	1/11	是	無業
	S-11／閩	女／67	17	8/1	否	外派
	S-12／閩	女／58	16	20/6	是	自營
	S-13／外	女／63	16	5/12	是	自營

參考書目

林平（2009）從居住空間看台灣人對中國大陸當地的認同，台灣政治學刊，13(2): 57-112。

林志慎（2002）外來動力的「制度創新」：「東莞台商協會」成立「台商學校」之研究，國立政治大學東亞研究所碩士論文。

莊好、魏炯翔（2003）融入大上海：台商低調策略，上海：復旦大學。

劉勝冀（2002）台灣學生在中國，高雄：復文書局。

Bourdieu, P. 1984. *Distinction: A Social Critique of the Judgment of Taste.* Cambridge, MA: President and Fellows of Harvard College and Routledge & Kegan Paul.

Colic-Peisker, V. 2008. *Migration, Class and Transnational Identities.* Chicago, IL: University of Illinois Press.

Erickson, R. and J. Goldthorpe. 1993. *The Constant Flux: A Study of Class Mobility in Industrial Societies.* Oxford, UK: Oxford University Press.

Fechter, A. 2007. *Transnational Lives, Expatriates in Indonesia.* Hampshire, UK: Ashgate.

---

[12] 加框的這4位，S-4, S-7, S-11, S-13，雖然離開台灣時未婚，但是後來都在大陸當地結婚。

朱柔若

一、對岸嫁過來的淘金女？

　　自1986開放大陸探親之後，海峽兩岸出現新一波跨界移民的趨勢。由於大陸配偶人數的迅速增加，加上兩岸的隔閡與疏離，以及經濟與生活水準的落差，在媒體過渡曝光、甚至渲染犯罪集團利用跨國婚姻從事「假結婚、真賣淫」的案例，大陸配偶負面的社會刻板印象不斷被強化，嫁入台灣大陸配偶的心態也不斷被污名化為（陳志柔、于德林，2005：97-98），諸如商品化的婚姻關係（曾嬿芬，2006）、以結婚名義賺錢打工的「淘金女」、便是這個過程中所出現的新名詞（朱柔若、劉千嘉，2005）。這類的刻板印象加上有限資源的爭奪，明顯影響民眾對外來者的態度與台灣社會既存的族群關係、省籍矛盾、以及國家認同的問題，連帶影響了政府的移民與社會福利政策，顯現在移民法規和國境管理機制對東南亞或大陸配偶的嚴格限制（陳志柔、于德林，2005：104；陳美華，2010：66）。其中，國境管制特別表現在兩個方面，一是入境時建立查察「假結婚」的面談機制，另一是在居留程序上，以法定事由和入境時間建立不同的身分類別和配額（陳美華，2010；廖元豪，2006）。

　　在許多人刻板印象中，「外籍新娘」的成因是單向的——台灣生活環境好，中國大陸與東南亞貧窮落後，所以她們一心想要來台灣過好生活。在這樣的簡單論述下，允許他們加入台灣社會算是施捨恩惠。隨著台灣經濟走下坡，外籍新娘的下一代紛紛到了入學年齡，發現他們語言與適應能力都有問題，需要額外的資源挹注輔導改善，於是「外籍新娘」又被定位為外來入侵的「資源掠奪者」。無聲無息下人數暴增近40萬的外籍新娘，每一位只要生一個小孩，人數就增加一倍，生兩個小孩，人數就翻兩翻，以此類推。難怪外籍新娘現象就某種程度而言，在台灣可以說是社會底層階級的男性對上層階級男性，所展開的一種資源反撲。

　　一般說來，根據陳小紅的研究（2006），1950年代後的兩岸婚姻關係有

四大特點：第一、多為老夫少妻的組合；第二、妻子的教育程度較先生的教育程度高；第三、陸配所嫁的台灣配偶大多屬經濟弱勢族群或身心障礙人士；第四、男女雙方屬於再婚，亦即第二次結婚的比例很高，而且多半都帶有第一次婚姻後所生育的子女。由於大陸配偶取得身分證的時間較東南亞籍的外籍配偶來得長，以致大陸配偶與身分權有關的工作權無法獲得充分的保障，在求職時面臨嚴重的障礙。雖然，這個問題在2009年的修法中，大陸配偶工作權基本上已經有一定的放寬，只要取得居留權就取得工作權，可以在台灣工作，但是無可諱言地，這個問題是在修法前嫁入台灣的大陸配偶必須面對的共同困境。

台灣新郎與大陸新娘的婚配，具有強烈的省籍傾斜，也就是說，娶大陸配偶的台灣新郎有八成以上原籍為中國大陸，也就是說，娶大陸新娘為妻的多為外省籍的台灣男子。榮民原本就是個外省籍為多數的群體，選擇大陸女子為婚配對象，比例自然更為偏高。根據行政院國軍退除役官兵輔導委員會的統計，至2010年底，46萬多的榮民中，與近44萬7千人為男性，其中有配偶的近30萬3千餘人。在這在這30餘萬人的配偶中，屬於大陸配偶的就有將近2萬9千人。[1]根據前述，台灣大陸配偶的比例佔所有婚姻關係中5.57%；而榮民中大陸配偶佔全體榮民配偶的比例約為9.4%。

雖然制度仍然在不斷修正改進，但是同為外來新娘，大陸新娘與東南亞新娘在居留期限、歸化國籍時間、以及工作權益的規範上，初期就出現相當大的差異與歧視。整體而言，有關居留權、永久居留權、與工作權的規定上，東南亞新娘所受到的待遇是比大陸新娘來得寬鬆；而兩岸關係的緊張、不穩定是致使大陸新娘申請入境居留或定居時，得面對較為嚴格的配額管制。關於居留期限，目前外籍配偶依《入出國及移民法》持結婚證明等相關文件，向駐外單位以依親為名申請核發居留簽證，經主管機關查驗後，即可取得居留權。入境之後，自入境翌日起15日內，向居留地警察局外事服務中心申請外僑居留證，居留證有效期間為1年，第二年起可申請延長，具3年效期。相對的，大陸新娘得依《台灣地區與大陸地區人民關係條例》的規定，初次只得申請進入台灣地區停留團聚，每次停留期限不得超過6個月。可申請延期，每次延期不得超過6個月，每次來台總停留期限不得超過2年。只有結婚滿2年、或已生產子女者，方

---

[1] 相關資料可參閱行政院國軍退除役官兵就業輔導委員會全球資訊網，http://www.vac.gov.tw/home/index.asp。

可申請依親居留。其次，關於歸化國籍的期限，外籍配偶在台居留滿3年、每年居住滿183天以上者可申請國籍歸化，領取外國人居留證明書；第四年起可向居住區戶政事務所提出申請核發台灣地區居留證，持台灣地區居留證住滿1年，方可登記戶籍及申領身分證。相對的，大陸新娘則必須在取得依親居留後滿4年，且每年在台灣地區合法居留期間超過183日者，才得申請長期居留，且長期居留滿2年方得申請長期居留證在台定居。關於工作權的問題，依照《就業服務法》規定，外籍新娘取得外僑居留證時，即可以從事一般性的勞務工作。但在2003至2009年之間依據《大陸地區配偶在台灣地區停留期間工作許可及管理辦法》第4條的規定，僅有條件性地受理大陸新娘的工作申請；而且只有取得長期居留證的大陸配偶，才可從事開放性工作。

　　由於語言文字的相通，外來新娘中以大陸新娘的自我意識最高，加上兩岸政治關係的複雜緊繃，嫁來台灣後，對於社會以「大陸新娘」、「大陸妹」這些名詞稱呼他們，特為敏感，甚至認為是排除、貶抑他們的證據。「難道每位嫁到台灣來的大陸新娘都一樣嗎？有必要用一個共享的籠統代號將我們綁在一起？」是經常聽到的出自她們口中的埋怨。更別提，兩岸開放之初，不論是媒體報導還是一般社交場合，「大陸新娘」常與不友善與負面的標籤相連。在污名化的情況下帶有貶損意味的「大陸妹」、「阿陸仔」、甚至「死阿六」這些稱謂，將所有的大陸新娘塞進一個同質的團體，讓置身其中的「大陸新娘」覺得這個稱謂傳遞一種鄙視、貶抑、低下、甚至物化的訊息，使其本身「作為一個人」的主體性蕩然無存，代之而起的是「工具性」的負面標籤與刻板印象。何況嫁來台灣社會，一晃眼10年光陰，都已成為「老娘」了，外籍新娘的標籤卻不見消退。

　　自我獨立性與主體性的消滅，是大陸新娘最不願意接受的事實。嫁給榮民的大陸配偶的處境更為複雜並難以反駁，尤其以那些嫁給年齡比他們大上數倍的大陸女子，她們的嫁娶動機更是台灣社會懷疑目光的焦點，在一樁又一樁老榮民與陸配的結合高達五成的離婚率、年事已高的老榮民財產遭陸配侵佔等新聞報導的揭露下，「等著接收老榮民財產的淘金女」成了她們每日必須與之對抗並力圖除去的黑鍋。「嫁做榮民婦」的大陸配偶，真的是有揮霍不完的養老金或退休金，讓她們嫁來台灣享福、當個現成少奶奶嗎？為瞭解答這個疑惑，論述的焦點鎖定在榮民陸配的經濟與就業排除經驗的檢視。

二、「老夫配幼妻」？不如說是「老夫配少婦」、甚至是「歐吉桑配歐巴桑」

　　一般的社會印象與相關的研究，大多凸顯榮民迎娶大陸配偶呈現「老夫少妻」配對。特別是媒體報導，普遍更是以「老牛吃嫩草」的方式描繪「老夫『幼』妻」榮民陸配組合中的年齡不對等性，一方面傳遞著榮民「靠勢以大欺小」，另一方面又暗示著願意接受這個不對等交換關係的陸妻恐怕是「別有所圖」，在這樣的情勢下，普遍讓大陸配偶承受著社會的刻板印象及污名化的壓力。根據個人教育部補助教學的計畫所蒐集到的23位榮民陸配的資料[2]，發現與其以「老夫少妻」，還不如以「老夫少婦」更能貼切地呈現榮民陸配的婚姻關係，至少一般觀念中的「老夫幼妻」的型態雖不敢說沒有，至少是為數稀少的。究其原因，照顧老榮民不是件容易事，過於年幼的妻子不太能夠勝任這項任務。也就是說，榮民所娶到的「少妻」並非一般人認為的二八年華、妙齡少女；而是多數已35至45歲的再婚女子。只有年紀原本就輕的榮民，才有可能迎娶年輕妙齡的大陸配偶；而年長的榮民所娶的大陸配偶年齡也比較要長，而且多數都屬於第二次甚至第三次的婚姻關係，具有照顧人的經驗，不排斥嫁給年紀較大的對象，因此年長榮民反倒可能成為她們的優先選擇。這點與現行其他研究發現相符（詹光宇，2004），有高達七成五的大陸配偶是屬於再婚，榮民陸配有68%表示與前夫育有子女；而且認識的管道有8成以上是透過親友介紹，只有不到兩成是榮民至大陸探親與觀光時認識（行政院國軍退除役官兵輔導委員會，2004）。

　　就這次台南地區的榮民陸配資料顯示，超過60%的大陸配偶，年齡介於40歲與60歲之間。大陸配偶平均年齡在49歲左右，年紀最長甚至有73歲的高齡；年紀最輕的為33歲，其所嫁的榮民老公年齡大約46歲，年齡差距約13歲，來台已有13年，回推當初嫁來台灣的年齡約為20歲，當時榮民也不過33歲，算不上「老夫幼妻」的典型。比較吻合「老夫幼妻」的是另一對34歲陸配嫁給76歲榮民的組合，陸配來台已有11年，回推當初可以說是以22歲的青春年華嫁給65歲的老榮民，屬於年齡差距第二大者，間距為42年。在這23對榮民陸配中，年齡差距最大的為43年，是48歲的陸配嫁給81歲的榮民，都屬再婚的配對，來台

---

[2] 教育部顧問室新興議題及專業教育改革中程綱要計畫之新移民與多元文化教學發展計畫下的主題教學計畫「人力跨國移動專題討論—在台外勞與外配的勞動權與基本人權檢視」課程所收集到的資料。

年資只有1年半，是「老夫少妻」中「老歐吉桑配歐巴桑」的等級！年齡差距最少的為9年，是43歲陸配嫁給52歲榮民，來台近11年，兩人都屬初婚。相較之下，榮民多數在80歲以上，佔將近六成，平均年齡為72歲，年紀最長的為89歲，年紀最輕的為46歲，迎娶大陸配偶的榮民，確實有年齡偏高的現象。其中，年齡差距15年以下的有六位，16年到30年的有9位，31年以上的有8位。可以說，各佔三分之一。

在這些不是「老夫少婦」就是「歐吉桑配歐巴桑」的婚姻組合背後，是什麼原因推促陸配做出嫁給榮民的選擇呢？高達四分之三的陸配不是出於經濟考量，就是因為來自社會壓力，選擇遠嫁台灣。出於經濟考量的，主要是認為台灣的經濟較好，賺錢打工的機會多——「那個時候，我在大陸雖然是在國營公司上班，但是，公司的訂單是時好時壞，好像快要倒閉。而當時，台灣的經濟正在起飛，聽說大家生活都過得很好，想說，我如果嫁到台灣來，並在這裡落地生根，應該也不錯」（55歲，再婚，來台已15年，已有身分證，老公是領就養金的榮民士官，第一次結婚，現年87歲）；直接了當表明看準榮民的退休俸，有固定的收入來源、固定的居所，在理性的估算下，就算嫁的是老榮民，只要經濟無憂，何嘗不是個正確選擇——「我嫁給榮民啊！老實講，是因為他有退休俸啦！經濟還是很重要的，因為我要生活，要過日子」（55歲，三婚，來台已10年，已有身分證，老公是領退休俸的榮民士官，第三次結婚，現年88歲）。

社會壓力是罕見於媒體報導與其他相關研究的重要因素，也解釋了為什麼嫁給榮民的不少是再婚的陸配。離婚的大陸配偶必須承受許多社會與心理壓力，在這個文化因素影響下，再加上有人從中牽線介紹，於是選擇飄洋過海嫁來台灣——「因為我的娘家在大陸算是有頭有臉的，鄰里彼此都認識，我本身離婚後承受各方面的壓力，來自鄰居或親友的壓力，都讓我想離開，離得遠遠的」（37歲，大專，來台半年，屬依親居留，老公是領退伍金的榮民軍官，再婚，現年48歲）。

絕無僅有是因為政治像是為了投奔自由民主的國度而嫁來台灣；少數是為了報恩，更荒唐的理由是因為與當時男友嘔氣等光怪陸離的個人因素而選擇遠嫁，重要的是，榮民陸配的結合多為親友介紹與自行結識，極少透過仲介媒合，不知真相或遭受矇騙的情況不多，因此為了圓淘金美夢而誤上賊船嫁給榮民的陸配，其實不多。與此相對，促使榮民選擇娶陸配的決策動因，大體上

不是出於抽象的愛情，而是因為實際上照顧的需要。所謂「照顧的需要」，可以簡單區分為兩類，一是原配死亡或與原配離婚，有前配偶留下的子女需要照顧，而且可能有經濟上的負擔；二是榮民本身年事已高，慢性病纏身需要有個老伴在旁照料（潘淑滿，2009）。所以，嫁給榮民的陸配往往需要面對照顧榮民、家庭、甚或承擔生計等的多重負擔，並不如外界想像的「嫁老即嫁金」的瑰麗生活。

三、榮民陸配的就業排除經驗

　　嫁來台灣的榮民陸配，不論所嫁榮民的官階與退除給與為何，榮民陸配都想投入就業市場找份工作賺點錢；只有少數的榮民陸配，一嫁來台灣就擔任起榮民的「照顧者」或「陪伴者」的角色，根本沒有機會投入就業市場。

　　榮民陸配選擇嫁給不少是出於經濟考量，她們相信台灣的經濟狀況或是榮民個人本身的經濟條件，會改善陸配原鄉或其個人的經濟狀況，所以在榮民生活尚能自理情況下，榮民陸配都會出去工作，賺取微薄的工資。然而，受限於榮民陸配本身學歷的影響，在就業市場中，學歷較低之陸配，僅能從事低階、錢少、不穩定等屬於勞力市場中邊緣化的雜工、看護工、清潔工之類的工作。雖然榮民陸配從事的多為低階的工作，由於職場同事的同質性較高，不是外籍勞工，就是同鄉、要不就是年長的本地勞工，所以在職場中被同事歧視的經驗並不多，反倒是來自雇主的差別待遇，是榮民陸配最耿耿於懷的痛與恨──「在職場上，我覺得老闆本身會排斥我們大陸來的，他對我講話總是冷嘲熱諷，對我也比較刻薄，反而越南來的就不會。同時我也知道越南來的薪水比我還多，我們是同時進來，做同樣的工作喔，而且當時我已經領到身分證了。」（34歲，國中，初婚，來台11年，已領有身分證，老公是領退伍金的榮民軍官，初婚，現年76歲）

　　下面是另外一位43歲，擁有大學學歷，嫁來台灣時是第一次結婚，現已來台10年多，已領有身分證，老公是現年52歲、領取退伍金、也是第一次結婚的榮民士官的陸配，所分享的多種就業歧視經驗──「我過去的工作被歧視的地方可多了，來台時，我到處求職到處碰壁，同樣都是大學學歷，我本身的外貌也不差，可是公司從來沒有錄用我。不得已，我只好花錢先學一技之長，我學美容，學了將近一年。有了美容技術，有一次因緣際會去代班3個月，期

滿老板看我表現不錯，告訴我，因為我沒有身分證，不能報稅，月薪1萬8，全勤3千，問我要不要留下來，當時，同樣的美容師，本省的有業績獎金可以抽成，我們外省的就沒有。後來，我到第2家美容公司上班，同樣的，因為沒有身分證，業績獎金部分，我只能抽成10%，本省的可以抽25%。等到我拿到身分證以後，我在第3家美容公司上班，我的業績抽成是40%，這差很多。……我37歲那年（那時我的身分是長期居留）到南科一家科技公司應徵，……公司經理說第一個禮拜是培訓實習，結束後必須通過公司的考試，才能正式錄用為公司的員工……聊到薪資、福利，才知道公司明顯的對外籍（陸配）有歧視，比如說，伙食費我們要自付一半費用，本省的免費。另外還有一些獎金，加一加，我算過，我們比本省的少4千元。我們是同樣的工作喔，卻不同酬，況且我做事的手腳又比本省的人快，後來我去找公司的經理理論，他直接告訴我，因為我們外來（籍）的沒有身分證，公司怕我們中途落跑，這4千元是用來賠償中途落跑造成公司的損失。我38歲，我拿到身分證，很高興，去報考國家考試，……報考時，竟然告訴我說，我超過35歲不能考，就不讓我報名。我們在這邊生活壓力真的很大，表面上說政策沒有歧視，但實務上我們就是屢屢碰壁，我們真的很可憐。」

四、榮民陸配的經濟排除風險

　　就居留權與取得定居權的程序，根據2011年5月修正的《台灣地區與大陸地區人民關係條例》，大陸配偶從入境申請團聚、依親居留、長期居留到定居的程序已縮短為6年，惟每年須在台合法居住滿183日。就工作權層面而言，修正後的《台灣地區與大陸地區人民關係條例》第17條之1，大陸配偶只要取得依親居留或長期居留的居留權，居留期間就可以在台灣工作，而不需再申請許可，但如果沒有定居設有戶籍滿10年，則不能服公職（許義寶，2009：127）。此外，在工作權有關的社會保障方面，雖然台灣的勞基法是不分國籍一體適用的，但是相關的社會保險，如參加就業保險以取得失業給付，2009年4月以後才將婚姻移民納入系統。《勞工退休金條例》、《國民年金法》均以本國籍為納保對象，僅有居留權身分的婚姻移民不在保障之列。在財產權方面，2009年《台灣地區與大陸地區人民關係條例》修正前，來自大陸的婚姻移民對遺產的取得有新台幣200萬元的限制；而在勞保給付方面，大陸眷屬

在勞工保險條例實施地區外罹患傷病、生育或死亡時，不得請領各該事故之保險給付。不過，這兩項限制，在2009年修法時均已取消（許義寶，2009：130-132）。

榮民陸配家庭的日常生活費用以榮民退除給與或工作所得為主要來源，其次是大陸配偶本身的工作收入。據此，一旦榮民亡故後，陸配陷入經濟排除的風險之中。一般說來，退伍的榮民依軍中服役年資，皆領有月退休俸或退伍金；而錢財散盡的榮民，透過一定的資格審核，還可向退輔會申請就養給付，即就養金，維持基本生活所需，這屬於社會救助體系的一種。根據行政院國軍退除役官兵輔導委員會在2002年的調查，迎娶大陸配偶榮民，以退除給與的類別做比較，就養榮民佔三成左右（31.9%），非就養榮民佔七成（68.1%）。非就養榮民中屬於領月退除給與（退休俸）者約43.1%，一次領取退伍金者約22.4%。由此可知，約有半數以上的榮民大陸配偶家庭，其生活不僅不寬裕，甚至有些窘迫，此與大陸配偶結婚的榮民有高齡化的現象，老年榮民大約佔八成以上（行政院國軍退除役官兵輔導委員會，2002）。2004年的調查則進一步發現，娶大陸配偶的榮民多為低階榮民，不但教育程度偏低，健康狀況較差，與2002年的調查結論類似，領取退休俸的約佔4成，就養榮民約佔3成，大都屬於經濟弱勢者，普遍月收入為新台幣2-4萬。這項調查同時發現，約有8成的陸配是依靠榮民退休給付而生活，依靠自己工作所得和收入生活者則不到兩成（行政院國軍退除役官兵輔導委員會，2004）。換句話說，多數娶陸配的老榮民，都是屬於低階身分的榮民，每月固定領少於2萬元的退休給付或1萬3千元的就養金，僅有少數榮民屬於高階身分的榮民（潘淑滿，2009）。

根據教育部計畫下所訪談的23位台南榮民陸配，則發現嫁給領取就養金榮民士官的陸配陷入經濟排除的風險最高，因為領取就養金的榮民必須要在61歲以上、無法再就業，才符合領取政府的救助金作為經濟來源的資格。在這個前提下，一旦榮民亡故，陸配可能立即陷入經濟貧窮，甚至產生負債狀況。但是有三位陸配表示，她們擁有大陸公務員退休的身分，所以就算榮民亡故，她們無法承繼領取政府救助金的資格，也能規避這個風險，緩和可能面臨貧窮壓力。當然，也因如此，她們當初保留大陸身分的主要原因，是為了守住在大陸那邊的退休金，並沒有國家認同或排斥取得台灣身分證的意圖，事後倒因如此，反而為她們避開了榮民亡故後，就養金隨即中斷的經濟風險。

　　「老公在時，我們2人都靠就養金過生活。現在老公死了，沒有就養金，我現在已經欠債當中了，生活必須的開銷，我已經欠了卡債，必須找工作清償債務」（47歲，初中，再婚，來台五年半，屬長期居留，老公是領就養金的榮民士官，再婚，現年85歲，剛過世）

　　「我不領台灣的身分證，因為我有大陸的退休金，每年我在大陸的女兒會幫我寄過來，這筆退休金我都存在我老公的郵局存摺內，我的退休金常常支援現在的生活」（61歲，初中，四婚，來台16年，屬長期居留，老公是領就養金的榮民士官，三婚，現年83歲）

　　「目前，我保留我大陸公務員的身分，不打算領妳們的身分證，因為我知道，我老公過世後，我什麼都沒有了，老公過世後，我會回大陸，至少我有大陸的退休金」（48歲，高中，再婚，來台10年，屬長期居留，老公是領就養金的榮民士官，三婚，現年88歲）

　　少了大陸公務員或國企退休的身分，其他嫁給領取就養金榮民的陸配，就沒有領取大陸國企的退休津貼的資格，加上她們本身多屬於中高齡婦女，要在台灣找份適當的工作，根本就不是件容易的事。但是，如果她們已經取得了身分證，那麼就多了一份享受社會救助的保障。也就是說，當榮民亡故時，已取得身分證的榮民陸配，會比仍處於長期居留或依親居留身分的榮民陸配，較多的機會規避立即陷入經濟排除的風險。根據《社會救助法》第5條規定，「尚未設有戶籍之非本國籍配偶或大陸地區配偶」，並不計入所訂家庭人口範圍。所以已取得身分證者，大陸配偶如無工作能力，或有工作能力與工作意願而未能就業者，可申請政府的低、中低收入補助；而未能領取身分證者，因尚未屬於本國國民，無法申請政府的社會救濟。這項社會福利體系的保障則是當初為了保有領取大陸國企或公務員津貼者，無法享受到的權利。至於，這兩類津貼誰多誰少，保留大陸身分是得是失，則非陸配所能估算。

　　其次，一般認為嫁給領取退休俸的榮民士官會比嫁給領取退伍金的榮民士官，承受較低的經濟排除風險。其實不然，士官退伍金榮民經濟排除的風險遠低於退休俸士官的榮民。究其原因，主要的關鍵在於榮民的年齡。選擇領取退伍金的榮民，較早自軍中退伍，退役時的年齡比領取退休俸的榮民來得年輕，常能習得一技之長再度投入就業市場，賺取另一份薪資；領取退休俸的士官，退役時的年紀已高，成為就業市場排除的對象，故僅能靠微薄的退休俸維持生

計，一旦榮民亡故後，陸配若無其他的經濟來源，又無工作能力或其他工作
機會，恐將立即陷入經濟排除。至於嫁給榮民軍官的陸配，由於榮民軍官軍階
高、收入在一定水準之上，不論領取的是取退伍金還是退休俸，陸配在遭受經
濟排除方面的風險，基本上沒有多大的差異，儘管一般仍認為嫁給領退休俸的
會比嫁給領取退伍金的，經濟狀況來得好些。

當領取退休俸或退伍金的榮民過世，不論榮民生前是軍官還是士官，榮
民陸配是否具有身分證，將成為其是否有資格繼承亡故榮民「退伍金的餘額」
或是「退休俸的半俸」的關鍵條件。因此，未取得身分證的榮民陸配，會比
已取得身分證之榮民陸配，有較高的風險陷入經濟排除的危機。取得身分證之
大陸配偶只能一次領取剩餘的退伍金，而且依據民法繼承順序之規定，第一順
位為配偶及子女，因此陸配將與榮民的子女同時為受益人，對榮民的退伍金有
均分的權利。至於退休俸的半額，已成年子女是不能領取的，除非是領有中度
身心障礙手冊之未婚成年子女；可領取亡故榮民退休俸半俸的，包括榮民之父
母、配偶及未成年之子女。由於榮民過世時多半年事已高，不太可能還有健在
的父母來分享退休俸或退伍金，因此榮民的婚生子女是影響榮民陸配是否能得
到足夠退休俸半俸或退伍金餘額的關鍵。換句話說，儘管榮民陸配已取得了身
分證，榮民有前任婚生子女之榮民陸配，會比榮民沒有前任婚生子女之陸配，
陷入較高的經濟排除風險。這是因為榮民陸配申請亡故榮民的半俸時，需要榮
民婚生子女的簽字同意。根據《陸海空軍軍官士官服役條例》，依民法繼承權
之規定，配偶及子女都是受益人，除非榮民的婚生子女放棄其權利，否則大陸
配偶必須和榮民前妻所生的子女均分餘額退伍金，同樣的除非榮民子女簽字同
意，否則榮民陸配也無領取半俸的權利。一位83歲高齡的榮民為了想將半俸留
給陸配而出現撤銷收養女兒的行動，這位陸配對於台灣現行的制度，則認為
「就老公百年後，我領半俸的部分，希望政府修改法令，只要配偶簽字就好
了，不要兒女也簽字。要請兒女簽字，他們也會來分錢。」（54歲，小學，再
婚，來台10年，已有身分證，老公是領退休俸的榮民軍官，再婚，現年83歲）

五、對於榮民陸配實務服務措施的建議

榮民陸配的婚姻組合中，不可否認地存在有一再改嫁給領有退伍金與退休
俸的榮民，藉此累積財富，過著生活無憂的榮民陸配。但是大多數仍是年輕的

陸配嫁給年輕軍階高的榮民、年紀大的榮民迎娶中高齡的再婚陸配。尤其是後者「老夫配少婦」與「歐吉桑配歐巴桑」的組合，榮民陸配承擔著照顧年高體弱、出外打工掙錢，甚至將大陸的退休俸寄來台灣貼補家用的相扶相依案例，卻是令人動容、罕在在社會流傳的真實生命經驗。

對於這群社會關係網路相當有限、又懼於媒體污名化而選擇自我隔離的榮民陸配，各縣市的榮服處常是其求助的主要對象。因此，各縣市的榮服處應扮演積極角色，建立各縣市包含大陸配偶在內的新移民家庭服務網絡的溝通平台，協助其對居留、就業、就學、社會福利與生活適應方面相關法令與服務措施的瞭解與使用。為了強化這項功能，各縣市榮服處首先需要加強對其輔導員的訓練，特別是該職位以退役軍人轉任居多，因此多不具備心理、社工或輔導科系助人專業的知識與背景。再加上榮服處的輔導員平日工作範疇與對象主要是關懷與協助老年單身且獨居的榮民的平日生活，這種以榮民為主、榮民配偶為輔的關懷模式，使他們極為欠缺輔導與協助榮民陸配的經驗與專業能力。針對這項缺點，榮服處一方面宜增加進用具有助人專業背景的人才出任輔導人員；另一方面，結合各縣市提供婚姻移民家庭服務的相關單位，定期舉辦服務婚姻移民家庭的相關知能研習與培訓工作，提升現有第一線輔導工作人員的助人專業知能，特別是對多元文化家庭的敏感度、對婚姻關係與家庭問題的處遇能力、溝通會談技巧、同理心訓練、以及需求與問題的評估。

其次，這些榮民陸配在就業市場上承受著歧視的對待，在媒體刻板印象的塑造下，讓她們有意或無意地選擇自我隔離，但是只要在年齡、體力、時間許可下，榮民陸配都樂意靠自己的能力或勞力賺錢，來避免可能的經濟風險。因此，回應榮民陸配的就業需求，各縣市榮服處除了積極連結職訓中心與就業服務網絡資源，提供榮民陸配有關職業訓練及就業諮詢、輔導與轉介等相關服務之外，宜針對所舉辦的各項職業訓練課程或就業輔導方案，執行進一步的成效評估，以檢討現行方案成效，同時作為規劃未來方案的依據與參考。

最後，對於需要兼顧照顧榮民及就業需求的榮民陸配，提供充分有效地結合在地社區鄰里與志工資源，協助榮民陸配發展「小本就近經營」的工作型態，達到兼顧榮民照顧與經濟維持的雙重目標。讓嫁進榮民家的榮民陸配，真正享受到當有的實質公民權利，也讓她們所努力取得的身分證，掙脫掉「那不過是張沒多大用處的紙」的嘲諷。

參考文獻

朱柔若、劉千嘉，2005，〈大陸新娘在台灣的認同問題探討〉，《社區發展季刊》第112期，頁179-196。

許義寶，2009，〈論新移民之基本權與其保障 —— 以工作權與財產權為例〉，警學叢刊第185期，頁113-134。

陳小紅，2006，〈跨界移民：台灣的外籍與大陸新娘〉，《亞洲研究》第52期，頁61-92。

陳志柔、于德林，2005，〈台灣民眾對外來配偶移民政策的態度〉，《台灣社會學》第10期，頁95-147。

陳美華，2010，〈性化的國境管理：「假結婚」查察與中國移民／性工作者的排除〉，《台灣社會學》第19期，頁55-105。

曾嬿芬，2006，〈誰可以打開國界的門？移民政策的階級主義〉，《台灣社會研究季刊》第61期，頁37-107。

詹光宇，2004，《榮民娶大陸配偶婚後生活調適與家庭角色之研究 —— 以台中縣為例》，退輔會委託研究報告。

潘淑滿，2009，《榮民之大陸及外籍配偶就業、就學與福利服務規劃之研究期末報告》，行政院國軍退除役官兵輔導委員會委託研究，台北：行政院國軍退除役官兵輔導委員會。

廖元豪，2006，〈全球化趨勢中婚姻移民之人權保障：全球化、台灣新國族主義、人權論述的關係〉，《思與言》第44卷第3期，頁81-129。

馬財專

一、緒論

　　人類的全球性移動並非在現今全球化社會才出現。無論是因為何種因素所造成的移民，都是人們為了生存、為了追求更好的生活或追求更高的利益而作出移動的選擇。不論是永久移民或短暫遷移，大多和遷移的經濟理論——「推拉」（push-pull）理論有關，即便此理論受到許多批評與挑戰，但卻是最應用最多又最廣為人知的移民理論（夏曉鵑，2000；Teichmann, 2007; Langley, 2008）。伴隨著移動之發展，新住民透過婚姻機制的連結產生了跨界的流動。新住民婚姻之家庭組合亦重構台灣社會家庭與人口結構的新風貌。然而在此跨海婚姻的家庭中，從諸多研究卻發現類商品化婚姻所產生的家暴與離異與日漸增現象。

　　台灣多年勞動研究曾指出，不同勞動參與模式在勞動場域終將形塑出結構性的不平等地位。近幾年來家暴案件的頻傳成為台灣日漸嚴重的社會問題，尤當新住民家庭漸增，這些新住民被家暴的現象與日邊增，家暴所造成的離異遠較一般離異的家庭存在更為複雜的問題，而這些問題亦將影響遠渡重洋婚配離異後的新住民之社會生活及勞動適應。本章針對家暴被害外籍配偶的勞動困境、支持體系及社會需求等多元層面來進行分析。

　　近來台灣家暴事件的激增，至於在新住民家暴的問題到底多嚴重？從內政部家暴及性侵害防治委員會統計可窺出端倪，截至2008年底新住民受暴件數正逐年攀升。內政部（2007）的統計資料顯示迄今家暴案件已接近5萬7000人；現代婦女基金會（2008）則指出，新移民女性受暴比例不斷攀升至近10%；由於新移民家庭為取得公民權不敢求援，其受暴黑數遠較一般婦女高出甚多。家暴事件與歷程所肇生的被害主體便是弱勢婦女與小孩，使近來新住民家庭隨著因家暴所產生的弱勢家庭及媽媽亦有漸增之趨勢。

　　自1990年代以來，我國有許多來自東南亞各國與中國大陸（含港澳地

區）的配偶透過仲介、親友介紹或自行認識等管道結婚來臺，外籍與大陸配偶和國人結婚的數量亦逐年增加。由表2-4-1「歷年國人與外籍或大陸配偶結婚人數之統計」顯示，外籍與大陸配偶人數逐年下降，並於2003年達到國人與外籍及大陸配偶結婚之高峰，而為了杜絕利用假結婚之名來台工作或遏止有心人士從事不法等情事，內政部入出國及移民署（2006年以前稱為入出境管理局）於2003年9月起實施「大陸配偶面談制度」；並於2005年由外交部加強「外籍配偶境外訪談措施」，有效降低外籍與大陸配偶入台的數量。

表2-4-1　國人與外籍或大陸配偶結婚人數之統計

單位：人

年別	我國總結婚登記數（對）	外籍配偶人數	大陸籍與港澳地區配偶人數		外籍與大陸配偶所占比率（%）
			大陸地區	港澳地區	
2001	170,515	17,512	26,516	281	27.10
2002	172,655	18,037	28,603	303	28.39
2003	171,483	17,351	34,685	306	31.86
2004	131,453	18,103	10,642	330	23.82
2005	141,140	11,454	14,258	361	20.14
2006	142,669	6,950	13,964	442	16.77
2007	135,041	6,952	14,721	425	18.29
2008	154,866	6,009	12,274	498	14.03
2009	117,099	5,696	12,796	498	18.71

資料來源：內政部統計通報，2010
http://sowf.moi.gov.tw/stat/week/week9903.doc

目前我國的外籍配偶與大陸配偶人數依舊可觀，如表2-4-2顯示外籍配偶與大陸配偶人數自2004年統計以來，逐年增加之趨勢，並於2009年首度突破40萬人大關，已成為我國的第五大族群。大陸及港澳地區配偶數量亦逐年增加；外籍配偶主要來自越南、印尼、泰國、菲律賓及柬埔寨等東南亞國家，人數分配上以越南籍居冠、印度籍次之、泰國籍第三。因此據每年外籍與大陸配偶人數增加的趨勢來看，其在台灣所衍生的各樣生活問題及相關政策的制定、法令的規範與權益的保障等措施的訂定將漸形重要。

表2-4-2　外籍與大陸配偶人數一按國籍分

單位：人

國別 年份	外籍配偶					大陸與港澳地區配偶		合計
	越南	印尼	泰國	菲律賓	柬埔寨	大陸地區	港澳地區	
2004	68,181	24,446	8,888	5,590	4,356	204,805	9,874	326,140
2005	74,051	25,457	9,675	5,899	4,541	223,210	10,487	353,320
2006	75,873	26,068	9,426	6,081	4,514	238,185	10,933	371,080
2007	77,980	26,124	8,962	6,140	4,502	251,198	11,223	386,129
2008	80,303	26,153	8,331	6,340	4,423	262,701	11,472	399,723
2009	82,379	26,486	8,166	6,694	4,346	274,022	11,771	413,864

資料來源：內政部入出國及移民署全球資訊網（2010）
http://www.immigration.gov.tw/aspcode/info9801.asp

　　然而對於這群面臨家庭破碎的新住民女性，卻較缺乏研究針對其後續的勞動參與及生活適應的持續進行關注。在此意義脈絡下，本章從新住民家庭家暴事件的發展，受暴新住民必須逐漸成為家庭經濟來源的主體作為觀察之起點。許多受暴新住民為維繫家庭經濟安全，必須初次進入勞動職場或再次從家務勞動轉換至勞動市場，產生二度就業參與之勞動歷程。就此現象，更有必要針對家暴後的新住民族群，在面臨社會適應及勞動市場挑戰所形成的勞動參與困境進行分析。藉以瞭解就業職場中，這群新住民的工作內容、型態與特質，以及制度與社會支持在歷程中所產生的影響及其所可能產生之限制。台灣近來的勞動考察皆指出，勞動市場中職場性別隔離的現象仍普遍以水平的與垂直的方式存在於勞動的市場結構之中（王麗容，1995；嚴祥鸞，1996；伊慶春與簡文吟，2002）。受家暴之新住民，不管是否產生離異，在其從事勞動工作的過程涉及到勞動參與及二度就業轉化的問題與困境，這群女性勞動者在個人及結構因素的導引下，產生了什麼樣的參與歷程，也將相對影響其未來生活上的適應。

二、無法停靠的避風港

（一）家暴作為新住民研究的切入點

　　早期法不入家門的觀念根植台灣社會已久，然自1998年通過「家庭暴力防治法」後產生重大的變化，透過法令制訂對家暴案從司法、醫療、警政與社政

體系之合作模式，針對施暴者的治療輔導與受暴者的防護建構了具體之法治規定。家暴法除協助家暴後的受害者外，從實務協助受暴婦女過程中[1]，得以有效防制家暴的「持續」進行。對於家庭婚姻暴力的施暴成因分析，終究必須回塑到施暴者的社會文化、個人、家庭與其他層面來進行詮釋，才能徹底瞭解社會建構下的暴力原因如何作用在家庭場域，以及後續如何產生介入的策略。勵馨基金會（2005）的調查指出，高達50%比例的男性曾聽聞身邊男性友人以暴力對待其女性伴侶；此外亦有10%承認曾經對女性伴侶使用暴力，顯示台灣家暴問題屆臨嚴重的界線。調查結果亦反映出父權化下女性順從男性的迷思與刻板印象。

　　國內的家暴現象，近幾年來隨著外籍及大陸籍新住民家庭在臺人數的激增，外籍及大陸婚配家庭區塊所產生的家暴問題也隨之揚升。內政部統計資料（2008）指出，外籍女性配偶的人數遠較外籍男性配偶為多，統計如下表2-4-3所示：

表2-4-3　新住民人數統計

年別	按戶籍登記數				台外聯姻所佔比率（%）
	結婚登記數（對）	合計（人）	外籍男性配偶（人）	外籍女性配偶（人）	
1998	145,976	10,413	1,788	8,625	7.13
1999	173,209	14,670	1,953	12,717	8.47
2000	181,642	21,339	2,277	19,062	11.75
2001	170,515	19,405	2,417	16,988	11.38
2002	176,662	19,210	2,768	17,339	11.65
2003	171,483	19,643	2,794	16,849	11.45
2004	131,453	31,310	3,176	28,134	23.82
2005	141,140	29,607	3,319	25,228	20.14
2006	142,669	23,930	3,214	20,716	16.77
2007	137,353	24,700	3,141	21,559	18.33

資料來源：內政部戶政司（2008）

---

[1] 家暴法實施之後，建構了多元警政、社政、教育、醫療及司法等處理家暴之防治網絡，共同關注家暴議題及家暴的防治工作。對傳統私領域而言其重大意義在於透過法律確定家暴不再是家庭私領域的事務，並建構完整網絡來支持受害者以及透過公權力積極介入與維繫等功能。

　　根據內政部（2010）統計資料顯示，2006至2009年家暴事件受理通報件數約呈現倍數的成長，家暴事件通報案件為：2006年66,635件；2007年72,606件；2008年79,874件與2009年89,253件。其中因婚姻、離婚或同居的暴力案件，2006年通報件數為41,517件；2007年43,788件；2008年46,530件與2009年52,121件。四年之內，婚姻家暴案件不減反增，增加10,604件或約成長1.26倍。又以2009年為例，該年婚姻暴力通報案件占總家庭暴力案件的58.4%，足見我國的婚姻暴力的現象日趨嚴重。透過相關資料之蒐集彙整，從表2-4-4針對新住民受暴人數，2007年總計為5876人，2008年為7102人，至2009年更擴增為8215人，數據上顯示出新住民受暴人數增加速率提升之現象。其中外籍與大陸配偶受家暴之人數統計如下所示。

　　在表2-4-4的國別資料統計中，自2007到2009年的家庭暴力事件通報被害人籍別由印尼、柬埔寨、泰國、菲律賓及越南等東南亞國籍者最多，皆高於大陸籍、港澳籍與其他國籍者。大陸籍配偶主要是由外人介紹或經自由戀愛等方式與國人結婚（陳淑芬，2003），與台灣同文同種的優勢，來臺的生活適應問題和東南亞籍配偶相比，亦較為容易。外籍配偶來臺的原因多為改善原生家庭的經濟狀況（邱方晞，2003），透過仲介或親友介紹遠渡重洋來到想像中的台灣。但台灣多數迎娶東南亞外籍配偶的男性，其社經地位與家庭經濟處於中下階層或身心方面存有障礙（張菁芳，2008），當家庭有傳宗接代的壓力或需要他人陪伴照料，外籍配偶漸受到青睞產生婚姻的連結。

　　東南亞外籍配偶因與丈夫的感情基礎薄弱貧窮、子女教養與家庭婚姻維繫等因素（薛承泰、林慧芬，2003；翁毓秀，2006），上述原因都是讓外籍配偶產生適應問題及與丈夫爭吵的導火線。一旦家庭暴力事件發生，受限於語言溝通、識字程度低落、不若本國婦女有娘家與親友的支持系統、國籍取得的顧慮與對社會資源系統不瞭解等（李瑞金、張美智，2004；施曉穎，2009），皆讓遭受家暴的外籍配偶面臨家庭子女照護及就業劇變時，缺乏完善的支援體系。上述因素促使受暴新住民陷入生活困境與沈重的壓力。

　　在制度設計上，內政部早於2003年便成立新住民保護諮詢專線[2]，提供新住民遭受家暴時的隱性保護與求助管道。2007年《入出國及移民法》修訂案通

---

[2] 內政部隨著新住民家庭的激增，積極思考如何透過專線轉型，提供廣大外籍配偶更為實際的咨詢服務。尤其「113婦幼保護專線」也提供了外語服務，目前部分外籍配偶亦會利用113來要求協助。

表2-4-4　家庭暴力事件通報被害人籍別統計

單位：人

年度	籍別		全國合計
2007	外國籍	印尼	474
		柬埔寨	104
		泰國	61
		菲律賓	92
		越南	2,284
		小計	3,015
		其他	144
		大陸籍	2,702
		港澳籍	15
		總計	5,876
2008	外國籍	印尼	510
		柬埔寨	140
		泰國	110
		菲律賓	84
		越南	2,954
		小計	3,798
		其他	175
		大陸籍	3,107
		港澳籍	22
		總計	7,102
2009	外國籍	印尼	601
		柬埔寨	144
		泰國	95
		菲律賓	114
		越南	3,326
		小計	4,280
		其他	221
		大陸籍	3,678
		港澳籍	36
		總計	8,215

資料來源：內政部家庭暴力及性侵害防治委員會，2010
http://dspc.moi.gov.tw/public/Attachment/0126172171.xls

過後，賦予移民官完整的司法警察權，更健全了對新住民的防護機制。然因缺乏完整學術研究與分析，在新住民家暴的考察上，我們僅能從賽珍珠基金會（2004）的調查分析發現，整體新住民受暴案件數量雖不高，卻有日漸增加的趨勢。如同一般家暴案例，新住民婦女在受暴後不肯脫離施暴者，亦為受暴婦女典型之一，此家暴迷思現象的成因更值得深思。部分受暴婦女不肯脫離施暴場域，只因為受暴婦女覺得受虐是可理解的世界，在脫離原來世界之後反而步入不可預知的未來，所有的家暴事件便被內化成為受暴者的自我內涵。在不同階段或過程中女性會試圖合理化成為男性的「衝動情緒及行為」，然此合理化的衝突循環，成為家暴事件中婦女不可避免的宿命[3]。家暴事實的延續與迷思進一步促使這群新住民在獨立自主的歷程中，面臨比一般離異的新住民婦女存在更為複雜的多元困境。

　　對於為何會產生不同家庭暴力的詮釋觀點，從心理的精神分析模式、形象互動論、女性主義觀點、生態模式、父權制模式、社會情境與學習模式等理論的討論給予了不同理論分析之視野（Healey and O'sullivan, 1998；葉肅柯，2001）。其中Healey and O'sulliva（1998）曾就實務運用上區分為三大面向[4]，分析不同暴力起源的詮釋，也提出各種不同的處預策略。這些家暴歷程對個別女性所產生的傷害，更推促社會弱勢家庭數目漸增之趨勢。因家暴而離異的婦女潛藏著更為複雜心路與勞動歷程的問題。基本上，從家暴事件到單親弱勢家庭的形成本為一動態歷程之發展，歷程中對新住民產生哪些影響，端視施暴與受暴後離異的個體在後續所建構的互動狀況而決定。雖然雙方可能已經具備法定的離異事實或瀕臨離異之邊緣，但多數申請保護令或離異後持續暴力糾葛與困擾，仍然無法改善這群受暴新住民的宿命，使得這群弱勢族群無法取得正常的生活適應及穩定勞動參與，更強化其成為持續經濟弱勢之可能性。

---

[3]　警政署指出2008年正值家庭暴力防治法施行屆滿10週年，家暴案件有逐年增加之趨勢。以2008年為例，警察機關共受理了2萬7147件家庭暴力案件；協助或代為聲請保護令則有7萬9255件，以及執行保護令9萬7939件。

[4]　Healey and O'Sulliva（1998）所區分的三大面向，包括社會及文化理論層面（social and cultural theories）：著重在家庭暴力之社會結構，檢視家父權制度、文化價值等合法化男性優越及主控權因素。家庭為基礎之理論層面（family-based theories）：則專注個人因素關注家庭結構與家庭互動因素導致之家庭暴力行為。至於個人為基礎之理論層面（individual-based theories）：則著重加害人的心理問題，如個人人格上的異常、童年受虐經驗等。

（二）「新住民」的邊際化勞動效應

　　不管是從個人層次或結構層次的分析，從歐美國家文獻中普遍發現的「貧窮女性化」現象（Pearce, 1979）。在薛承泰（2001）研究中指出台灣女性亦有貧窮化的趨勢。因為婦女在近十年間的就業模式未獲改善，促使部分婦女在職場面臨工作機會的邊緣化。因家庭問題被迫成為弱勢家庭，若制度支援不甚健全，受暴之新住民婦女更成為首當其衝的受害者。據主計處（2004）「台灣地區家庭收支調查報告」發現，婦女角色不再僅是承載家務勞動，在弱勢家庭中更須扛負起家庭的經濟壓力。新住民多因子女處於就學階段，教育支出比重佔其家庭收入19.4%，低薪加上子女教育費用的負擔，使弱勢家庭的經濟基礎較一般家庭更為脆弱。成為新住民之後，就業參與的急迫性是其必須立即面臨的問題。

　　長期失業的效應促使勞動市場中邊際勞動者的孕生，勞動者如新住民亦需透過邊際勞動的參與來維繫其家庭生活的穩定發展。因而促使邊際勞動成為當代資本主義社會中，弱勢勞動者的主要勞動參與型式（Blossfeld and Hakim, 1997; Gorter, 2000）。先進工業化國家勞動型態中非典型勞動型式逐漸對此邊際勞動產生積極的吸納，亦使得女性雖然於勞動參與率上有逐年漸增之趨勢[5]，然與男性勞動參與相較仍存在著顯著的差異。諸多研究顯示女性常是勞動市場中的附屬職位者或邊際勞動者[6]（marginal workers），同時是低薪（王麗容，1996）及高度流動的工作族群（馬財專與葉郁菁，2008）。上述就業結構不利因素對女性，尤其是受暴新住民在勞動市場的「工作選擇」產生重大的限制，這些限制亦對女性持續從事邊際勞動的生產工作存在相當重要的影響。

（三）結構導引下的勞動參與模式

　　台灣勞動職場從1990年代初期開始，勞力密集產業開始大規模解雇員工。首當其害的就是長久以來做為這些產業主要勞動力的女性員工（張晉芬，1997）。歐美勞動職場中因非典型勞動工作的增加，吸引許多邊際勞動力的

---

[5]　根據國際勞工組織（ILO，2003）的調查資料顯示，瑞典與美國婦女勞動參與率皆高達七成，歐洲體系國家如英、法、德三國的婦女勞參率皆超過六成。然而台灣卻緊縮在五成之下（2011年：49.89%），至今仍遠遠落後於上述國家。在國內資料分析，從1993年到民國2010年整整十幾年間，總體勞動成長率僅增加4.25%，呈現緩慢的上升。

[6]　婦女成為邊際勞動之形成原因，主要源之於婦女在勞動市場就業過程存在著不利女性的三大因素：一為職業性別隔離，二為部分時間工作者，三為中斷型就業形態或是從事不中斷型就業轉入部分工時的勞動型態（伊慶春與簡文吟，2002；馬財專與葉郁菁，2008）。

投入，尤其產生以女性勞動者競相投入的現象（Yeandle, 1996, 1999; Karen and Aene, 2004）。這些資料皆指出邊際勞動區塊所吸納的勞動人力特質，仍是以女性或新移民為主要的組成；這群因家暴所形成的新住民在面臨「立即性」的經濟壓力及勞動困境的雙元迫使下，是否迫使其為求經濟獨立而朝向以邊際性勞動的參與模式，作為其參與職場主要的勞動選擇？

探查受暴新住民與邊際化勞動參與之連結上，我們必須指出的是資本主義發展所衍生的彈性勞動中，有關部分工時、兼職工作和替代方式分配的工作正在洗刷著全時工作的基礎，並創造更加趨於邊際性的勞動場域吸納了這群受暴新住民的勞動參與。這些爭議亦為從事非典型勞動工作的研究學者在比較諸多先進國家後所產生與提出的疑慮（Bolle, 2001; Carnoy, 2001）。就資本主義市場而言，使用婦女勞動力對於積累發展具有非常優渥的條件，也促使婦女勞動邊際化的形成。勞動市場中有需要的時候才請妳做，反正妳的薪資也只是貼補家用（謝國雄，1996；伊慶春與簡文吟，2002）。從近幾年來勞動市場中有關非典型就業勞動的迅速發展，皆符膺了資本主義中後福特主義彈性勞動型式的發展需求。

Brodsky（1994）與Gouliquer（2000）指出彈性是具體本質變遷與勞動及資本的策略使用，是雇主與勞動者在雇傭勞動過程中的粉粧。Wigfield（2002）立基於 Atkinson（1985）的彈性勞動論述的分析中更指出，數量及功能上的彈性都與性別因素存在著重要的關連性及影響關係。婦女成為填入此非典型勞動型式的主要勞動力，當然亦含括新住民此勞動族群。在勞動市場中，相對於正職的勞務工作，女性顯然所從事的多屬於邊際的勞動型式。無酬與有酬的性別分工以及生產與再生產分離對女性的影響，不僅迫使其從事的家務勞動缺乏薪資報酬，也促使女性勞動市場中的就業負擔更為沈重。基於女性多數仍須承擔家務勞動，因此投入工作職場的時間相對缺乏完整及持續性，進而形成了Scheiwe（1994）所強調的性別化的時間（gendered times）利用的障礙，上述作用終將影響受暴新住民的勞動參與過程。

在描繪勞動者的工作圖像上，Knights and Willmott（1990）承襲了Burawoy的勞動過程研究，除了將勞動過程重新概念化的重要討論外，更深受重視之貢獻在於將勞動者「主體性」觀念帶入勞動過程的研究。本章的討論認為邊際勞動市場的勞動者其勞動過程是不是具有主體性的發展將嚴重的影響到其後續的就業發展。針對新住民勞動自主之討論，早期西方女性主義從反對家

父權壓迫女性的角度作為出發，倡議提昇女性地位，因此對於女性物化的非自主勞動形式多所批判（Dale & Foster, 1986; Wearing, 1986）。這受暴新住民在家暴之後，是否得以爭取到女性身體的自主權及親子的監護權是一個重要的觀察點：而其工作權的爭取，亦必須靠「身體自主與漸進式充權」逐步的來完成其在勞動場域上的發展。但上述勞動市場的結構困境將迫使或導引婦女朝向邊際及彈性勞動的投入，這些狀況是否會作用在受暴新住民此勞動集群上是有待考察的問題，並藉以回應弱勢族群在勞動參與困境與勞動自主性的討論。除上述問題的考察外，受暴新住民在適應過程中，是否有健全穩固的家庭支持，亦存在著相當重要的影響。

因此，在家庭支持可能存在之建構與考察上，張清富（1995）曾指出台灣社會政策對弱勢家庭的介入仍舊停留在保守、非普及性及非預防性的觀點。未能以積極及全面性的保護與預防觀點對弱勢家庭進行政策性的規劃，可見其所制定的政策內容和弱勢家庭所需仍有一段距離，未能掌握到實質的協助工作，再加上從事婦女福利的社工師人力不足（李瑞金，1995）。對於新住民就較難提供整體的協助，僅從受助者的向度思考，新住民的求助動機亦是值得注意的。新住民對於福利資源的介入往往會有矛盾情緒的雙元性，一方面認為使用福利是一種恥辱，但卻又不得不依賴福利之協助。然而部分的調查分析報告指出，其實許多的弱勢家庭對政府提供的社會福利措施並不清楚，因此常導致空有社會福利措施，卻無法導入協助至真正需要的弱勢家庭，此部分在受暴新住民身上更容易產生。每當一個新住民家庭形成時，意味著一個家庭可能立刻陷入貧窮危機之中，緊接著而來的福利需求除了藉由情緒支持之外，更實際的是如何協助弱勢家庭能夠脫離生活及勞動適應上的危機狀況。

（四）受暴新住民的就業困境

1980年代之後，針對家庭中的婦女角色以及勞動市場上的婦女勞動參與，議題的討論觀點含括性別角色分工、家庭生活週期理論和人力資本理論（Waite，1980；謝雨生，1982；伊慶春、呂玉瑕，1996；王麗容，1994，1997；簡文吟、薛承泰，1996；李大正、楊靜利，2004；簡文吟，2004）。從人力資源的角度指出，婚前人力資本較高的婦女若是中斷就業，其再就業的機會比其他中斷就業的婦女高。部分的研究指出現今女性對連續就業的認可程度較高，勞動特質也較傾向於不間斷之工作生涯型態（呂玉瑕，1981；簡文吟和

薛承泰，1996）。此外，對女性不利的結構環境，如性別職業隔離和同工不同酬、薪資差異等，會使婦女在面臨挫折或家庭和工作的衝突時，容易選擇中斷就業生涯（張晉芬，1995；簡文吟和薛承泰，1996）或退出勞動市場。上述發生在婦女勞動就業障礙的作用，皆可能對於家暴後新住民在人力資本的積累上產生影響。上述討論顯示出促使婦女就業的因素與困境，並非單一結構所能夠完全解釋，唯有透過元層面的探索，才能夠讓我們充分掌握影響受家暴的新住民其初次就業或二度就業的結構環境。有關婦女二度就業需求與政策之討論，王麗容（1994）與劉毓秀（1997）從台灣與歐美、北歐國家福利體制之比較，顯示出台灣的婦女就業政策仍有很大的進步空間。此外，張晉芬（1995）從女性勞動困境，例如參與、訓練、升遷、工作與家庭的兩難之外，在法令上亦呈現制度支持上的缺乏。由於國內尚未營造出對婦女二度就業的完整建置（王麗容，1999；李彥樺，2005），傳統家務勞動為婦女所負擔，在受家暴的新住民則必須同時兼顧因家庭與工作的抉擇。因此，不管是初次或二度就業，對這群弱勢新住民而言皆是沈重的負擔。此外，從Menjivar（2002）的研究中更指出，新移民女性外出工作雖是提升其經濟地位與獨立良好的開始，但也相對的導致其在家中的處境更加的困難。其雙重壓力來自於，必須扛起維繫家庭的經濟壓力之外，亦維繫了父權既有家庭結構中男尊女卑的文化壓力。而此對於受暴之新住民婦女，其所存在的經濟問題與參與困境將更加複雜。

三、移民社會的新住民與家庭

（一）婚姻下的移民

巨幅廣告「專辦東南亞各國外籍新娘，只要四十萬」隨處可見。近來從東南亞鄰近國家或大陸地區遠嫁到台灣的女性新住民人數逐年增加。女性新住民人數佔據新住民人數的八成以上，其中以越南及印尼兩國最多；在2000年時達到高峰（參見表2-4-5），在2001至2006年六年間則趨向成長平緩的趨勢。根據2009年內政部的統計資料顯示新住民已佔1.8%，約有42萬1千人，其中又以來自香港、大陸的新住民居多，佔66.4%，自東南亞國家（越南、印尼、泰國、菲律賓）佔33.58%。在移民社會中，因婚姻所形成的人口移動，代表著很重要的族群變化。在資本市場機制的自由運作下，婚姻仲介業者在運作的過程中扮演著相當重要的角色。也因此，促使部分學界的研究者將「外籍新娘」

現象視為資本主義國際市場中「商品化的跨國婚姻」（夏曉鵑，2002；王宏仁與張書銘，2003）。然而商品化下跨國婚姻連結所產生的新住民家庭，似乎在移民社會中相對潛藏著多重家庭問題發生的可能性。

表2-4-5　核發國人東南亞地區各國籍配偶簽證

國家＼年代	1994	1995	1996	1997	1998	1999	2000	2001	2003	2004	2005
越南	530	1969	4113	9060	4644	6790	12327	12340	12823	11566	11953
印尼	2247	2409	2950	2464	2331	3643	4381	3230	2602	2746	2683
菲律賓	1183	1757	2085	2128	544	603	487	377	389	193	260
泰緬	870	1301	1973	2211	1173	1230	1259	1389	1556	1780	1523
柬埔寨	-	-	-	-	-	656	875	567	632	644	890
合計	4899	7574	11212	16009	8879	13040	19397	17903	18110	17146	17559

資料來源：內政部戶政司（2006）

　　台灣隨著近期東南亞區域外籍新娘的大量湧進，建構於台灣與東南亞間仲介機制運作的成熟，促使市場中仲介婚姻交易熱絡。在國內仲介業者對「外籍新娘」的快速行銷與管制過程下，亦促使外籍新娘婚姻在原本去商品化的社會過程中，逐漸浸染跨國婚姻商品化的特質。然而這並非台灣獨有的移民現象，綜觀全球商品化的跨國婚姻逐漸產生擴張，從歐美國家風行的「郵購新娘」到日本的「菲律賓新娘」，都同樣是全球化經濟邏輯運作框架下所孕生的「市場」與「商品」。

（二）難以逾越的疆界

　　夏曉鵑（2002）指出台灣的家庭照顧工作有七至八成由女性負擔，這種將家庭再生產的責任女性化的傾向，正是造成台灣女性選擇不婚或不育的主要結構性因素。台灣近來少子化的表象，其實是台灣女性以不婚及不育來抗拒再生產的負擔，充分反映了整體社會福利制度維繫上之不足。現今新住民的移入與生產，適時填補了台灣社會福利過度缺乏所導致的再生產不足。整體而言，新住民提供的無償家務勞動及生育，實際上穩定了國內廉價勞動力的再生產機制，並增加廉價勞動力的來源，更有效的填補勞動市場中彈性勞動的需求。從表2-4-6資料顯示，新住民女性多數因工作權取得不易，無工作比例高達66.6%，有工作僅有32.1%，其中從事臨時工作者高達12.5%，擁有工作權的新住民多集中於製造業、服務業及臨時性工

作的勞動工作。早期大陸新住民配偶則因嚴謹法令，必須在來台六年之後方得以取得工作權，使得大陸新住民婦女呈現出更低的勞動參與，亦壓迫多數大陸新住民必須以非法勞動參與作為進入職場的單一選擇，雖於2008年透過修法縮短大陸新住民工作權的取得時間，然長久以來的運作已深深壓縮到大陸新住民的勞動參與空間。表2-4-6中整體女性新住民無工作的數值呈現出新住民的勞動場景，以及其在職場結構中所位處的弱勢勞動位置。在歷經家暴的新住民身上，可能存在的勞動及生活需求困境將更加的嚴峻。

表2-4-6　新住民工作狀況

單位：人；%

	合計		有工作								無工作	不知道
			計	固定性工作						臨時性工作		
	人數	百分比		小計	計	農林漁牧業	工業	服務業	公共行政業			
總計	175,909	100.0	29.4	18.5	100.0	8.8	40.8	48.9	1.5	10.9	68.3	2.3
新住民	82,358	100.0	34.6	22.3	100.0	11.5	48.1	38.9	1.4	12.3	64.1	1.3
男性	4,243	100.0	81.0	71.8	100.0	1.1	45.6	48.7	4.6	9.2	17.7	1.3
女性	78,115	100.0	32.1	19.6	100.0	13.6	48.6	37.0	0.8	12.5	66.6	1.3
大陸新住民	93,551	100.0	24.9	15.2	100.0	5.2	31.3	61.8	1.6	9.7	72.0	3.1
男性	4,161	100.0	51.6	35.5	100.0	2.2	36.2	59.3	2.2	16.1	43.5	5.0
女性	89,390	100.0	23.6	14.2	100.0	5.6	30.8	62.1	1.6	9.4	73.3	3.0

資料來源：2003年新住民生活狀況調查報告

　　基本上，從父權體制或資本國際分工皆以鉅觀層面詮釋「外籍新娘」現象的成因。若針對「外籍新娘」在家庭系統之討論，則可概分為將其視為買賣婚姻；另一分析則認為傳統的家庭關係便是一種剝削女人的體制與關係模式（夏曉鵑，2002）。由於外籍新娘是商品化過程與擔當媳婦責任的複合成品，因此外籍新娘如何與夫家所有成員產生互動，又如何透過家庭機制「融入」台灣社會；以及當面臨婚姻問題時，透過何種策略來「逃離」層層的要求與控制。這些沈重負擔促使外籍婚姻家庭融入過程中，存在著諸多適應上的問題；這些適應過程所發生的問題亦促使外籍婚姻家庭家暴事件逐漸增加。使近來因家暴

的新住民，存在著更複雜的適應與勞動歷程（內政部，2007）。柯嘉媛與唐文慧（2005）指出新住民婚姻下的女性，多數從事的是照顧及家務勞動的勞動角色。這些外籍新娘被束縛於家庭私領域，整體的生活世界更侷促於以家庭為主軸的私場域與空間。面對商品化婚姻容易造成家暴之歷程，如果一旦成為受家暴的新住民，其所面臨的生活及勞動挑戰與困境，將遠甚於一般家庭配偶。因此，如何鎖定在這群移民社會下的新住民弱勢婦女，針對這些積極想融入台灣社會，卻因商品化婚姻的原罪，在經歷家暴歷程後所產生的新住民，如何於台灣展開其另一階段的勞動參與及社會適應，將是台灣未來必須積極面對的勞動與社會課題。

（三）職場參與之支持

台灣若從勞動市場的參與結構來分析，充分說明著至今依然存在著「男主外、女主內」的勞動分工體制。亦因長期缺乏勞動經驗及資本上的積累，使得受暴新住民在勞動參與過程存在著相當程度的困境。面對困境的跨越，這群深受家暴的新住民更須在差異歷程中有著不同的支持憑藉，也相對突顯出弱勢婦女族群勞動參與在制度性及社會性支持的重要。對於不同形式支持的內在機制分析，對受暴新住民之工作尋找存在著重要的影響關係，亦是本章主要的說明與考察重點。

1. 制度支持系統

新住民因缺乏支持網絡，因此一旦落入經濟危機，其他的生活問題亦將隨之而至，包括子女負荷、社會關係及勞動參與等。尤其是在就業勞動市場中，直接面臨的便是勞動及家庭照顧之雙重承載。面對小孩的照顧問題，受暴新住民根本無法協尋自己原生家庭的幫忙，使得家庭照顧無法移轉，成為新住民在勞動參與上的重要束縛，間接的照護壓力促使彈性化勞動就業成為她們的主要選擇。這些多重負擔迫使此弱勢勞動族群在勞動選擇的空間上產生重大的限制。

多數研究著重於新住民家庭型態對子女可能產生的不良影響，卻甚少從整體結構面來輔助受暴新住民配偶所遭遇的多元結構困境，促使這些家庭極易落入貧窮及依賴福利之情況。究竟現今之政策制度設計[7]及服務輸送的過程與

---

[7]　制度性支持是以各地方縣市政府作為推動主軸，已於2004年推動「母子鳥」計畫，建構弱勢家庭個案管

機制[8]，是否得以協助新住民突破身為「母親」與「工作者」雙重身分上的困境？而此矛盾角色又如何影響她們進入就業市場的勞動實踐？透過上述問題之考察得以協助瞭解她們在勞動市場所可能遭遇到的排拒與歧視。畢竟唯有擁有一份穩定的工作及獨立謀生的能力，才能擁有更多與施暴先生談判離婚的空間與籌碼，以及離婚後迅速取得自身穩定家庭經濟之維繫。

目前台灣針對家暴被害女性新住民所面臨的經濟不安全與貧窮危機扶助措施，僅在2000年頒布的「特殊境遇婦女家庭扶助條例」在部分條文中關注到女性新住民相關扶助措施，透過法律制度強化其保障及提供相關扶助內容等重大措施。然而多數邊緣性的新住民根本無法得知與取得法令制度上的保障，因此制度福利「如何遞移」到新住民，尤其是家暴新住民弱勢勞動族群的過程中，其運作過程所產生問題的複雜性更是值得深入探索的問題。

2. 社會支持系統

社會支持概念的起源，Veiel and Baumann（1992）認為是跟人類基本需求有關，這些基本需求必須透過許多社會關係不同面向加以組成。Lin（1986）指出社會支持是由兩個部分所組成：「社會」和「支持」。社會的部分，反映出個體跟社會環境的連結，呈現於社群、社會網絡及個人信賴關係。因此，社會支持是由社群、社會網絡及信賴夥伴所提供，且被感受到或實際的工具性和情感性供給。社會支持的三個層次，最外層是和較大社群間的關係，反映出將其整合或者其歸屬的社會結構。第二個層次是由個體和其他非／直接聯繫之個體所組成的社會網絡支持。最內層的關係是由信賴夥伴所組成，基於彼此對互惠交換的期待，及共享福祉的責任。

新住民從面對家庭生活暴力到必須肩負起家庭經濟，是存在不同階段適應歷程的轉換。在此歷程中，除了政府和社會各種福利資源制度性支持之外，更重要的是個體所存在的社會支持。國內雖有許多研究針對新住民的支持系統研究，對於子女的角色多從被照顧者的觀點。社會支持在新住民歷經家暴之後，所擔任的機制與角色將促使不同的新住民在勞動場域中，產生不同的勞動歷程與結果。這些社會支持在弱勢新住民勞動歷程當中，不管是在哪一個階段所產

理中心，提供家庭變故及弱勢婦女脫貧、照顧、住宅與生活等福利措施的資源轉介及媒合。

[8]　從2005年在全國各地也分別設有38所婦女福利服務中心，28所婦女庇護中心，7所外籍配偶服務中心，提供婦女各項福利及保護安置服務。

生之影響關係都甚為重要。

（四）勞動與就業之困境

1. 受暴新住民之勞動就業

(1) 工作與家庭照顧之兩難

　　台灣社會越來越多雙薪家庭，經濟主要來源不再僅靠一方的收入，當婚姻出現裂痕時，原本家庭經濟來源的型態，將影響後續產生的問題。面對施暴者為家庭經濟來源者，受暴新住民面臨暴力行為時的態度多半較為消極與忍耐。如陳婷蕙（1997）與劉默君（2004）一再提及受暴婦女為經濟依附者通常較難脫離暴力，且面臨就業問題時要跨越的障礙較多。在訪談個案中，原先皆以施暴者為家庭經濟支柱，然因受暴新住民面臨就業時年齡較低，加上個人積極的尋找制度性資源之協助，適度降低新住民在就業參與上所可能產生之阻隔；部分受暴新住民則已申請保護令，遊走與掙扎脫離暴力期間，面臨施暴者暴力行為與監控，縱然在高度就業需求與動機下仍然缺乏穩定性就業。當施暴者為主要經濟來源的新住民類型個案，通常面臨較多在家照護小孩的煎熬與經濟自主之問題，由於缺乏工作經驗與資歷，在就業轉銜接上亦存在較多的障礙。

　　此外，當受暴新住民面臨到必須脫離婚姻關係之節點時，如於經濟問題得以減少，其所面臨的衝擊也將相對降低，而擁有較多的選擇自由。相對的，如施暴者是家中生活的支柱，或是原本家庭的經濟就有困難，若面臨施暴者不再提供物質生活之支持時，受暴新住民將在被迫的情形下面臨就業，其所要肩負的責任與問題便隨之增加，也更容易產生唐文慧與王宏仁（2010）所指出夫家發現工作後的越南媳婦，越來越難以控制之問題。從考察脈絡中，顯示出其他國度的新住民身上也多因外出工作而引發不同的問題。受暴新住民指出施暴者從未負起照顧家庭的責任，因此多由受暴者獨自支持經濟，在亟需工作之情況下，婚姻的有無對他們而言已然不甚重要，選擇離婚對受暴新住民而言多是一種解脫。

　　內政部2001年的「單親調查報告」及行政院主計處2006年社會發展趨勢調查及人力運用調查，皆指出單親經濟來源主要來自本人所得，及面臨撫養子女對經濟的高度需求，面臨如同單親的狀況，少數的受暴單親新住民更得同時面臨家庭與工作蠟燭兩頭燒之工作與家庭衝突。在家庭照顧方面，受暴新住民中子女照顧問題，普遍表示學齡後上下學問題比較不大，下課後還可以安排安親

班，學齡前很多都是必須一肩扛起全職的托育工作。不管是已離異與否，從全數個案的訪談中所呈現，為配合其家庭家務及相關照護工作，使其勞動參與呈現出高度不穩定狀態。

　　受暴新住民也指出，同時要工作與照顧小孩的辛酸與無奈，如同簡惠蘭（2006）觀察台灣單親婦女就業的實務困境中發現，每個弱勢單親個案都存在著工作時間與子女托育的兩難困境。在杜瑛秋（2006）受暴婦女的就業困境中也指出，擔心子女成長或長輩無法安排照顧。多數受暴者在面臨家暴過程中無法兼顧之困境，不僅在教育上造成子女學習上的干擾，對子女深感歉疚與不捨。面對子女托育之問題，深度的困擾著不管是已經離異或尚未離異的受暴新住民。

　　從訪談結果推測，單純就家庭經濟來源與受暴者就業情形間的關係，原本經濟收入的方式將會影響往後就業的銜接，經濟來源原本來自施暴者面臨脫離暴力即就業可能產生較大的障礙。原本夫妻同時就業的受暴新住民比較擔心脫離暴力後經濟能力是否能夠維持自己及子女基本的生活開銷。原本家庭經濟實際上就由受暴者負責的，脫離暴力對其而言顧慮及困難度相對減低，因此經濟自立程度與脫離暴力似乎有相當高的關連性。但如多數受暴新住民指出受暴新住民多屬與家暴者共同負擔家計為多，因此在受暴過程中，受經濟因素限制而致使其委曲求全狀態之受暴新住民無法斷然選擇離異，更增加處理過程中之複雜性。受暴新住民普遍反應子女照顧的重擔，在家戶系統之內，受暴新住民的經濟自立程度也與子女照顧情形存在著高度的關連性，此更加突顯出個案受暴與可能單親雙重身分的弱勢處境。從台灣田晶瑩與王宏仁（2006）及美國Thai（2008）的研究皆指出，男性出國娶妻基本上得以獲取妻子權力與順從之關係模式，藉以維繫其男子氣概。

(2) 就業參與意願

　　此部分針對受暴婦女面臨就業／再就業時求職的心態，與面臨求職／工作上困境時的態度進行探討。受暴新住民在尋找工作上，尤須肩負部分或全部家庭的家計，都呈現相當高的工作意願。然多數都表現出對於面臨經濟壓力的無奈，遇到就業或再就業時，並不會有太多的猶豫與退卻，全數受暴新住民即使面臨工作時多少會有一些害怕與擔心，這些情緒完全不會影響到就業意願。事實上許多受到家暴的婦女，在經濟壓力的情形下被迫就業，生計成為其主要必須克服之問題，在工作選擇上並無法考慮太多。除部分受暴新住民因已經家暴

離異，想積極尋找全職工作之外，多數受暴新住民就表示如果真的找不到全職工作，在必須生活的考量下都非常願意接受部分工時之工作機會，往往是抱著有工作就趕緊去做的心態。迫使其勞動選擇缺乏空間，職場的相對自主性相對降低，在追問的過程中，這群受暴新住民多在無奈的情況下，「不得不」甘願的去接受此職場勞動之安排。

受暴新住民當中所有受暴婦女是家中經濟主要的支持者，造成其就業的原因都因家庭經濟之壓力，經濟壓力的來源除來自受暴者與施暴者雙方經濟收入本身的問題外，有部分來自施暴者有喝酒及賭博等惡習的影響，間接導致經濟問題的壓力移轉現象。受訪資料所呈現，這些經濟問題與惡習是導致家暴持續產生的重要原因。此外，如同Chien and Quang（2003）之研究顯示飄洋過海遠從越南嫁到台灣的外籍新住民，接近有九成的新住民配偶都有透過寄錢回家來改善其娘家的經濟環境。此外，多數新住民因為會將自己所擁有的金錢，不管是夫家所給予或自己所賺的金錢，寄回給娘家幫助父母。在金錢使用與流出的疆界上，稍一不慎便容易導引更為嚴重的家暴起點。

受暴新住民在求職時除面臨龐大經濟壓力之外，亦必須考量其家庭照護的持續性，因此連原本是有工作就去做的想法，在工作選擇過程亦會產生限縮上的限制。如受暴新住民皆是在踏入工作後發現能夠符合他同時照顧家庭的需求才能繼續從事，因而錯失相當多兼職性彈性工作之參與。受暴新住民因在語言及教育程度較為低落，促使其進入職場的工作選擇亦受到職業隔離現象之影響。如同王麗容（1994）、伊慶春與簡文吟（2002）、馬財專（2004，2007）指出，女性容易進入職業性別隔離高的工作為主，或填入高度彈性切割的勞動工作。最後，多數受暴新住民皆表示，儘管面臨暴力問題，亦會擔心先生暴力行為延續到工作場所之問題。但為解決生計是首要問題，實無暇多顧。然亦有受暴新住民及雇主表示，工作後為避免被施暴者持續騷擾，會不讓施暴者知道其工作地點，藉以減低施暴者可能到工作場所騷擾的機會。受暴持續的干擾影響其勞動穩定性在多數受暴新住民上皆呈現出重要的影響。

(3) 受暴新住民之就業與再就業

受暴新住民在離婚後或受暴過程中後面臨尋找工作時，都表示相信自己的工作能力，只要肯做、肯吃苦就一定有工作。突顯出受暴新住民並未全然受限於職場的結構困境，工作的急迫需求與心態使其必須透過計時工等非典型勞動參與，產生其經濟困境之跨越。多數新住民皆認為，雖然初次或再次踏入台灣

職場多少有點生疏與緊張，但這些都不會成為就業的問題。受暴新住民許多在原生國就有工作資歷，因此在台灣的勞動參與多屬二度就業。然因職場上的差異，嚴格來說在台灣實屬初次就業，其在職場的勞動參與上，多以兼職之製造業與服務業為主。有少數受暴婦女在養育子女的經濟壓力及無法立即尋找到穩定工作的情況下，還兼職從事性交易與色情指壓按摩工作。此外，更為艱辛的是，這群受暴新住民多數的先生，長期處於勞動失業或從事相當不穩定的勞動工作。

根據行政院主計處（2006）婦女婚育與就業調查，近幾年內已婚婦女婚前有工作的比率高達八成以上[9]。隨著時代變遷女性經濟自主性的提高，因此相較於以往女性依靠丈夫經濟收入的情形而言，現在接觸的新住民個案大多擁有工作經驗，面臨第一次就業情況的個案較少。雖然如此，經濟依賴施暴者的受暴新住民依然面臨著多在從事工作，但對於施暴者仍高度依賴的現象。這部分的問題較台灣受暴者研究，如施曉穎（2008）的研究結果不盡相同，在台灣因經濟獨立的受暴婦女有日漸得以脫離施暴者的現象。如同唐文慧與王宏仁（2010，9）所認為，除了個人增能（王宏仁與沈倖如，2003）及社區支持（夏曉鵑，2006）之外，外出工作的參與提供了脫離夫家控制的重要機制與途徑。馬財專（2010）的研究亦指出，在不同國度的受暴新住民亦多指出外出就業的工作機會，提供了受暴新住民經濟自主的強化，社會網絡的支持與生活溝通及適應能力的增強。

(4) 多元的就業困境

這些受暴婦女就業歷程中所面臨之工作挑戰，包含對台灣職場初次就業的無助、二度就業時技能的銜接、就業時因家暴的家庭狀況造成工作騷擾等多元的問題及困擾。從台灣相關的家暴婦女研究，杜瑛秋（2006）指出工作上班後「擔心子女成長或長輩沒辦法安排照顧」最高，其次「擔心施暴者到工作地點騷擾、威脅」。在諸多研究的對照與考察上，多顯示不管是在子女照護與工作威脅上，受暴新住民都受到嚴重的限制。諸多婦女勞動研究指出台灣婦女會因結婚與生育有較高的離職率，受暴婦女幾乎於婚前在原生國都有工作經驗，很多初次就業是與先生共同開店，在多次受暴過程中亦產生開店的終止與在職場

---

[9] 由於婦女婚育與就業調查2010年的調查工作尚未完成，因此僅能根據行政院主計處2006婦女婚育與就業調查，15-64歲已婚婦女婚前有工作的比率逐年成長分別為：2000年82.08%、2003年80.82%、2006年84.36%。

中兼職工作的退出。新住民多數並未因婚育而得以暫停工作，其職場參與的過程中多因受暴而中斷，卻也在受暴事件平息之後再重新踏入職場，因此持續間斷的工作參與促使其人力資本無法產生積累。

受暴新住民因語言溝通因素的障礙，開始在應徵工作時便遭受到雇主在工作適應上的質疑。多數受暴新住民指出剛踏入未曾熟悉的工作領域，碰觸到許多工作執行與雇主認同上的困難。此時個人態度及搭建出來的社會網絡支持將是影響個人如何跨越此勞動障礙的重要關鍵，尤其是在受暴新住民在缺乏夫家及原生家庭支持的情況下。除社會網絡的建置外，在制度體系中因家暴法於1998年實施，給予了新住民更多制度充權之發展，然而制度法令在私領域的介入實為一體兩面，雖然建構出新住民更為強化的維繫，然亦更加觸發丈夫男子氣概受壓抑之情緒。當部分家庭的先生面臨父權意識維繫與太太逐漸獨立自主的交叉點；先生又無法去調控其自我的控制意識時，家庭的衝突也往往因而造生。在受暴新住民身上，得以看出這樣的端倪，當受暴新住民跟先生說及家暴法的戒護與保護時，往往得到是更為激烈的受暴與虐待。受暴新住民的勞動歷程中，早源自夫家鼓勵的進入職場與可能交到壞朋友的不鼓勵進入職場所產生的進退維谷，常鑲嵌於新住民的勞動參與過程當中，亦在不同階段形構出差別的緊張關係。

多數受暴新住民提及，家暴後面臨困難時，朋友同事的態度具有重要影響。在台灣因缺乏社會網絡，受暴新住民多在朋友、同事及少數來自夫家親戚的協助下，得以度過難關。針對受暴婦女的處境對其工作上造成的影響，如因家庭狀況間接造成工作上的問題，促使其就業穩定性上增添許多變數。姑不論家庭及社會對受暴婦女就業的影響，受暴新住民本身在就業時就面臨許多困境，除受到本身年齡、學歷及工作技能與經驗之影響外，以往的受暴程度、暴力延續的情形以及暴力造成的後遺症，包含生理、心理都存在著延續的影響。這些因素在也相當程度的限制受暴新住民的勞動參與空間，也限縮其就業參與上之選擇。如前所述，受暴程度及暴力延續到工作場所的情形較為嚴重工作穩定度較低，因暴力產生生理或心理的後遺症也會影響其工作參與的穩定性。

2. 職場就業分析

當受暴者長期面對施暴者言語與肢體暴力，精神狀態都不斷的處於高度緊繃以及嚴重的身體創傷下，皆會影響到受暴者之工作穩定性，並造成受暴者想

要放棄工作。造成家暴的金錢糾葛更讓受暴者覺得無力，受暴新住民因終日面對施暴者永無止盡的索求，使她們必須工作藉以維持家庭生計外，還要填補永遠也填不滿的家庭金錢需求。除了上述原因，促使家暴新住民婦女繼續堅持工作之因素，來自於母職的天性，強化孩子成為其精神支持之目標，由於對小孩感到歉疚，因此更希望能善盡自己的力量有所彌補。

(1) 工作特性之影響

工作特性對受暴婦女的影響相當大，多數受暴婦女指出暴力行為對工作的影響，面臨家暴脫離時經濟的考量，工作時間與家庭照顧的平衡。因此，當受暴者具有穩定的工作而面臨家暴問題時，其後續的經濟衝擊比較小。但如有受暴新住民是自行創業開小吃店，便面臨到經濟來源與暴力行為產生衝突的情形。其他受暴新住民多為受僱工作者，個案多選擇從事時間彈性高、進入門檻低的生產製造業及服務業為主，其他受僱工作的選擇則考量到雇主的雇用態度與意願。

受暴新住民雖有著不同的勞動參與模式，然皆須面對之前所提及之問題，當暴力行為延續到工作場所時，對工作的穩定與收入便與暴力行為產生之關連與衝擊。普遍來說，自營工作者的工作掌握在自己手上，受暴新住民因擔心影響生意，雖覺得很丟臉，大多能堅持下去。也有受暴新住民皆曾因受暴過程而影響其工作，並導致其失業，或是因受暴本身不好意思繼續就業而辭職，雖然雇主有意要她持續留任。台灣受暴婦女勞動參與之研究，如李仰欽（2005）研究發現，也有的雇主很願意幫助受暴婦女，此端賴雇主的態度與意願。

受暴新住民過往的就業經歷研究指出，受暴新住民在婚前／婚後多有轉換過工作的經驗。然因地域的移轉，對這些受暴新住民而言過往的工作經驗似乎幫助是有限的。因為工作所需的技能仍存在著差異。但不管是在跨國領域的職場中，對於職業的工作參與經驗之累積多少對其工作仍有相當的幫助。然因教育與技能較為低落，使其勞動參與之工作類型變化不大，致使受暴新住民婦女普遍工作類型產生高度聚集於製造業的兼職或全職的勞動工作參與；工作歷程也產生高度轉換之現象，然整體而言，受暴新住民婦女覺得過往的工作經驗實際上對其就業並未有顯著的幫助

(2) 目前工作及未來規劃

受暴新住民為自營工作者缺乏兼職的需求，然其他受暴新住民皆表達對兼

職有高度的意願。但卻因諸多因素的糾結，使得真正有從事政職或兼職的勞動參與個案很少，即使有兼職工作的參與但時間都不長，呈現出缺乏穩定性勞動就業。初步歸納其原因多為：(1)全職家務下所產生體力負荷之超載；(2)受暴之心理狀態尚未完全康復；(3)工作技能與訓練在人力資本上的匱乏。上述的原因更進一步致使其身兼家務的切割，而呈現高度非典型彈性勞動的參與，例如清潔工、洗頭髮、餐廳或便當店的洗碗或外送，早餐店及豬肉與雞肉販等兼職勞動工作的參與。

對未來工作的規劃上，受暴新住民在家庭支持之下，會尋求一個較為穩定但收入不這麼豐厚的工作，但目前對未來的規劃是守住自己的早餐小店，在先生及婆婆的語言及暴力迫使下，對於未來似乎未能有更為長遠的規劃。有受暴新住民則指出雖已跟前夫離異，然因小孩的照護關係，獨自租屋於外，並每天回前夫家協助處理小孩子的事務，在此次訪談中表達出其經濟上拮据，希望能繼續從事全職、固定的工作，來提升自己與小朋友所能擁有的物質水準。這些臨時性的經濟壓力往往會窄化受暴新住民之就業選擇空間，如前段所提及更有少數的受暴新住民被迫於經濟壓力，有從事兼職的色情按摩或性交易工作。尤其是在確定離異之後，由於經濟來源的不穩定，希望能多賺一點錢自己創業，建立自己的經濟基礎，讓未來生活比較穩定。訪問亦初步發現，對目前經濟狀況尚不滿意的受暴新住民，提及面臨轉換工作打算的恐懼，因為社會關係、語言及教育上的綜合因素使其工作更難尋找，更不敢輕易放棄目前所可能擁有的兼職的工作。這些因素也促使新住民在勞動轉化上存在著高度的困難，亦阻礙了其參與全職或穩定勞動工作的通路。整體來說，受暴婦女對未來工作的期望，儘管經濟問題多數存在，但都抱著穩定中求發展，畢竟在受暴糾結之下，能穩定持續的工作對她們而言已屬不易。

歸納這群受暴新住民對於未來最關切與擔心，大致可歸納為兩個因素，分別為孩子的教養以及經濟的穩定。從受訪資料觀察出，工作收入尚未穩定及尚有負債的受暴新住民，對未來經濟的部分深感憂慮；反之，在經濟上稍微穩定的受暴新住民身上，則看到其對孩子未來發展的深度憂慮，而小孩子也成為其受暴過程，甚至到離異之後，產生了切不開的連帶。在勞動就業的參與延續上，本章亦同時觀察了新住民在該原生國度所擁有的專業技能與證照，是否得以協助新住民產生穩定性的勞動參與。從相關訪談資料指出，多數的專業技能並無法協助其勞動就業，因為不同國度的勞動職缺存在著高度差異，使其勞動

轉銜產生銜接上的斷裂。諸多在國外擁有的技術執照，如美容及美髮證照，皆未能取得專業認定，必須從頭做起並接受相關職業訓練。此外，由於台灣尚未規劃其該國專業證照之台灣認證機制，使受暴新住民雖擁有該國專業證照，在台灣卻無法使用之窘境，不利於其職場的勞動參與。

(3) 暴力行為之延續

工作機會的取得，基本上是協助新住民產生獨立自主之充權，相當重要的階段。也唯有透過工作的參與，藉以維繫自己與夫家產生切割過程中的經濟無助，並得以營造出其生活獨立空間之可能性。然值得注意的現象是，外出工作之後的新住民不管在語言、網絡與經濟能力上皆產生了變化，如唐文慧與王宏仁（2010）指出當這些變化逐漸挑戰了夫家家父權中重要的「面子」時。受暴新住民指出在衝突與控制的層層挑戰下，往往使得暴力衝突的場域，逐漸產生擴張與延伸。從諸多經驗研究中普遍可以証成的是，相關施暴者的暴力行為延續到受暴者工作場所的情形，並沒有為她們是新住民而有所轉變。在台灣家暴研究中，杜瑛秋（2006）與周月清（2006）的研究皆指出，受暴婦女工作時「擔心施暴者到工作地點騷擾、威脅」為主要擔心項目。在受暴新住民身上，騷擾受暴者工作場所的暴力類型，多為精神暴力的持續迫害，加害人常用電話或在被害人周圍徘徊等精神暴力的方式騷擾，並夾雜著不定時的肢體暴力行為。雖受暴者皆有申請保護令，但皆在保護加暴害者的思考下，除多未報警處理之外，在受暴過程也存在著舉證上的困難。

如同唐文慧與王宏仁（2010）新住民受到暴力對待的形式相當多元，例如透過法令約束、鬧事及威脅雇主，或以延簽居留證及小孩作為威脅之工具。受暴者指出施暴者透過言語騷擾與威脅或是因懷疑受暴者有外遇行為而加以監視、跟蹤，甚至是限制其外出的行動，包括上班，偶爾會伴隨肢體上之暴力，如拉扯或以棍棒及菜刀之威脅，更有受暴新住民甚至曾被前夫砍傷手掌的事件。通常家庭暴力情形較為嚴重之案例，其工作場所遭受之騷擾情形便更為明顯與頻繁。受暴新住民都表示施暴者對於工作時之騷擾，不論透過何種方式，都對原本身心俱疲、家庭工作兩頭燒的受暴新住民，造成更為艱困之處境。在精神與肢體暴力交錯方式騷擾下，受暴者被(一)跟蹤；(二)言語騷擾；(三)性命及小孩威脅；(四)更直接到工作地點等騷擾方式。上述施暴者的行動建構出持續的家暴陰影，並產生了場域的延伸。這些持續交互運作的困擾，讓受暴新住民婦女在職場根本無法產生穩定就業。此外，施暴者為強化其控制，有多數受

暴新住民指出丈夫常以拒絕繼續延簽居留，或以離婚切斷新住民與小孩之關係為威脅手段，而衍生出其他的問題。不管是在精神或身體層次上的暴力，都成為丈夫控制或回擊新住民的反應策略，也形成諸多法庭上的攻防戰。

施曉穎（2008）的家暴研究指出，在台灣精神騷擾舉證不易，而且發生時常常是無預警的，多數受暴者不積極蒐集受暴證據。從部分台灣研究指出，台灣受暴婦女會透過積極的蒐證如工作被騷擾錄音，尋求證據藉以自保。但這群新住民受暴者，在工作場所受到家暴延續之影響，多數受暴者亦因騷擾舉證不易，皆以忍氣吞聲的方式來加以處理。家暴行為之產生，是斷難從公、私領域間切割之社會建構，因此從私領域延燒到公領域之勞動職場之情況時有所聞。對這群缺乏社會支持且身負經濟重擔的受暴新住民，從暴力蔓延到生計維繫之衝擊與影響，成為其勞動參與上不可抹滅之糾結。

多數受暴新住民在求職時不會主動告知家裡的情況，多為減低雇主對其聘僱之疑慮。在職場參與上，她們跟雇主強調不會因家暴情形影響工作，以及其自我工作類型上的選擇。原因在於即使知道暴力延續可能會影響工作，在她們心中實無暇考慮，然而持續的騷擾的確對她們造成相當嚴重的困擾。本章的重點在於考察出暴力行為的嚴重程度與受暴婦女工作的穩定度存在著高度的關聯，從工作場所受到暴力延續騷擾情形之觀察，有少數受暴新住民尚能繼續維持工作，亦有諸多受暴新住民因而轉換了諸多工作。受暴新住民受到傷害，輕則影響工作情緒，重則造成受暴者身心許多嚴重的後遺症，導致難以再回到勞動職場之困境。本章從受暴新住民的資料分析中，企圖堆整與捕捉上述有關勞動就業困境上之討論，也簡易呈現新住民在受暴之後所產生的就業困境之適應問題，值得再進一步思考其勞動困境的政策解套面向。

參考文獻

內政部（2001-2008）臺閩地區弱勢家庭狀況調查結果。

內政部戶政司（2003）九十二年外籍與大陸配偶生活狀況調查。

行政院主計處（2004）我國性別統計及婦女生活地位之國際比較研究。

行政院主計處（2003～2010）台灣地區家庭收支調查報告。

行政院主計處（2006）社區發展趨勢調查。

勵馨基金會（2005）台灣家暴事件調查報告。

王順民（2007）關於弱勢家庭創新高的人文思索。國政評論，台北：財團法人國家政策基金會。

王麗容（1994）婦女二度就業需求與策略之研究。行政院勞工委員會職業訓練局委託研究。

（1997）台灣婦女就業影響因素分析。理論與政策，11（3）：86-98。

（1999）婦女二度就業之檢視與政策建議。社會政策與社會工作學刊，3（2）：181-225。

王麗容、薛承泰（1995）台北市家庭結構變遷與福利需求之研究。台北市研究發展考核委員會委託。

王鍾和（1996）親職教育：弱勢家庭篇。教育部發行。

宋碧雲（1987）譯，Liz McNeil Taylor著。弱勢家庭。台北：允晨文化。

林忠正、徐良熙（1984）家庭結構變遷：中美弱勢家庭之比較。中國社會學刊，8：1-22。

林萬億、吳季芳（1993）男女單親家長生活適應之比較分析。中國社會學刊，第17期，127-162。

林萬億、秦文力（1992）台北市弱勢家庭問題及其因應策略之研究。台北市研究發展考核委員會。

林萬億（2003）全球化對女性經濟與社會生活資源之影響。內政部委託研究計畫報告。

林明傑（2000）性犯罪危險之心理評估暨危險評估。社區發展季刊，92期，316-340。

吳家聲、常慧娟（1995）台灣地區已婚婦女再就業之研究。台灣銀行季刊，46（3）：139-158。

洪毓鈺（1997）我國基本工資衍生相關問題之探討。經濟情勢暨評論，3卷3期，頁188-205。

吳季芳（1993）男女弱勢家庭生活適應極其相關社會政策之探討。台灣大學社會學研究所碩士論文。

呂寶靜（1979）臺北市婦女離婚後社會適應之研究。台灣大學社會學研究所碩士論文。

柯嘉媛、唐文慧（2005）一樣的勞動，兩樣的條件──女性短期移工和婚姻移民者的比較。2005年台灣社會學年會論文。台北：台北大學。

李淑容（1998）弱勢家庭與貧窮─兼談其因應對策。社會福利，139:33-46。

李雅惠（2000）單親婦女離婚歷程之探討。東吳大學社會工作研究所碩士論文。

李彥樺（2005）婦女二度就業的社會支持網絡分析。嘉義：中正勞工所碩士論文。

成露茜（1993）婦女、外銷導向成長和國家：台灣的經濟，台灣社會研究季刊，14：39-76。林忠正（1988），〈初入勞動市場階段工資與職業之性別差異〉「性別角色與社會發展學術研討會論文集」，頁121-168，台灣大學人口研究中心。

胡台麗（1985），〈台灣農村工業化對婦女地位的影響〉「婦女在國家發展過程中的角色研討會論文集」，頁337-355，台灣大學人口研究中心。

呂玉瑕（1981）社會變遷中台灣婦女之事業觀：婦女角色意識與就業態度探討。中央研究院民族學研究所集刊，50：25-66。

（1997）助力與阻力之間：家庭互動關係與已婚婦女就業。1-40，收錄於張笠雲等編，《九〇年代的台灣社會》。台北：中研院社會所。

李大正、楊靜利（2004）台灣婦女勞動參與類型與歷程之變遷。人口學刊，28：109-134。

周玟琪（1994）台灣地區家庭家務分工影響因素之討論。台灣大學社會學研究所碩士論文。

胡愈寧、張菁芬（2003）促進婦女就業之研究。育達研究叢刊，5/6：15-26。

周月清（2001）家庭社會工作──理論與方法。台北市：五南。

馬財專（2008）跨越性別的障礙：勞基法與相關法令相關指標的檢視。香港社會科學學報。33：1-34。

馬財專，葉郁菁（2008）勞動疆界的拓邊？傳統女性勞動場域中男性勞動者之
　　考察。台灣社會研究季刊，72，1-48。

湯靜蓮修女及蔡怡佳（1997）我痛：走出婚姻暴力的陰影。台北市：張老師文
　　化。

唐文慧，王宏仁（2010）結構限制下的能動性施展：台越跨國婚姻受暴婦女的
　　動態父權協商。台灣社會研究季刊，77，1-48。

張晉芬（1995）綿綿此恨，可有絕期？── 女性工作困境之剖析。頁
　　146-180。收錄於劉毓秀主編，《台灣婦女處境白皮書：1995年》。台北：
　　時報。

（1996）女性勞動者婚育離職原因之探討。宣讀於「中央研究院社會學研究
　　所小型專題研討會：第三回台灣勞動研究」，中央研究院社會學研究所主
　　辦，1996年6月7日。

張晉芬、黃玟娟（1997）兩性分工觀念下婚育對女性就業的影響：清官要管家
　　務事。頁227-251，收錄於劉毓秀編，《女性、國家、照顧工作》。台北；
　　女書文化。

劉梅君（1995）女性人力資源開發與國家政策。宣讀於「女性人力資源開發與
　　勞動權益保障學術研討會」，中央婦女工作會婦女政策研究發展中心、現
　　代婦女基金會主辦，1995年4月27日。

劉毓秀（1997）女性、國家、公民身分：歐美模式、斯堪地那維亞模式與台
　　灣現況的比較。13-55，收錄於劉毓秀編，《女性、國家、照顧工作》。台
　　北；女書文化。

蔡嫦娟（1999）不良生產結果對婦女就業的長期影響。宣讀於「跨世紀的台
　　灣社會與社會學學術研討會」，東吳大學社會學系、台灣社會學社主辦，
　　1999年1月17日。

薛承泰（2000）台灣地區已婚婦女再就業時機的初步分析。人口學刊，21：
　　77-99。

薛承泰、簡文吟（1997）再就業婦女的職業流動初探。人口學刊，18：
　　67-98。

簡文吟（2004）台灣已婚婦女勞動再參與行為的變遷。人口學刊，28：1-47。

簡文吟、薛承泰（1996）台灣地區已婚婦女就業型態及其影響因素。人口學
　　刊，17：113-134。

邊裕淵（1985）婦女勞動對經濟發展之貢獻－台灣之實證分析。259-275，收錄於台灣大學人口研究中心編印，婦女在國家發展過程中的角色研討會論文集。台北：台灣大學人口研究中心。

孫敏華（1991）離婚──雙方都是輸家。載於張春興（編）：感情、婚姻、家庭。台北：桂冠圖書股份有限公司。

高迪理（1991）社會支持體系概念之架構之探討。社區發展季刊，（54），24-32。

張英陣、彭淑華（1995）低收入戶弱勢家庭的優勢。福利社會，（51），9-21。

張清富（1992）貧窮變遷與家庭結構。婦女與兩性學刊，（3），41-58。

陳斐娟（1989）單親婦女的壓力、社會支持、親子關係之相關研究。彰化師範大學輔導研究所碩士論文。

鄔佩麗（1998）從失落經驗看弱勢家庭因應策略之研究。教育心理學報，30（1），23-50。范書菁（1998）低收入戶單親家長的問題與社會支持網絡──以台北市為例。中國文化大學兒童福利研究所碩士論文。

翁毓秀（1995）弱勢家庭問題與處遇策略。社區發展季刊，69：158-167。

張秀琴、沈秀卿、簡美娜（1996）台灣弱勢家庭社會福利需求調查摘要分析。社會福利月刊，126：39-45。

張英陣、彭淑華（1996）從優勢觀點論弱勢家庭。東吳社會工作學報，2：227-272。

張清富（1998）各國弱勢家庭福利政策比較。社會福利，136：51-58。

張清富、薛承泰、周月清（1995）弱勢家庭現況及其因應對策之探討。行政院研究發展考核委員會。

單亞麗（1994）台南市單親家長生活現況與社會支持需求之研究。社區發展季刊，68：287-235。

鄭惠修（2000）台北市女弱勢家庭社會網絡與福利使用之研究。台灣大學社會學研究所碩士論文。

薛承泰（1992）再論弱勢家庭。社區發展季刊，58：306-310。

薛承泰、劉美惠（1998）弱勢家庭研究在台灣。社區發展季刊，84：31-38。

謝美娥（1997）從弱勢家庭的教養困難談子女的照顧。社會工作學刊，4：55-75。（1999）台灣女性弱勢家庭的類型、（人力）資源與與居住安排之

初探。國立政治大學學報，28：117-152。

周月清（1995）婚姻暴力，理論分析與社會工作處置。台北市：巨流。

葉肅科（2000）家庭暴力理論觀點與防治策略，社區發展季刊，94，292-304。Alan Kemp（1999）家庭暴力（Abuse in family-an introduction）（彭淑華等譯）。台北市：洪葉。（原著1997出版）

Bane, M. J. and D. Ellwood (1986) Slipping into and out of Poverty: The Dynamics of Spells. *Journal of Human Resources*. 21:1-23.

Berman, W. H. & Turk, D. C. (1981) Adaptation to Divorce：Problems and Coping Strategies. *Journal of Marriage and the Family* . 43: 179-188.

Bielby, William T.(1991) The Structure and Process of Sex Segregation. P 97-112 in *New Approaches to Economic and Social analyses of Discrimination*, edited by Richard R. Cornwall and Phanindra V. Wunnava. New York, Westport, Connecticut, London: Praeger.

Blossfeld Hans-Peter and Hakim. C. (ed.) (1997) *Between Equalization and Marginalization: Women Working Part-time in Europe and the United States of America*. Oxford: Oxford University Press.

Caroline J. Easton , Suzanne Swan, Rajita Sinha (2000) Prevalence of Family Violence in Clients entering Substance Abuse Treatment. *Journal of Substance Abuse Treatment*. 18: 23-28.

Davids,R.,&Taylor,B.G. (1999) Dose Batterer Treatment Reduce Violence? A Synthesis of the Literature. *Women and Criminal Justice*.10(2): 69-93.

Davids,R.,&Taylor,B.G. (1997) A Proacticve Response to Family Violence: The Results of Randomized Experiment. *Criminology*, 35 (20): 307-333.

Dutton,D.G. (1995)*The Domestic Assault of Women*: *Psychological and Criminal Justice Perspectives*. Vancouver, Canada：The University of British Columbia Press.

Dwyer, D. (1999) Measuring Domestic Violence：An Assessment of Frequently Used Tools. *Journal of Offender Rehabilitation*, 29 (1/2): 23-33.

Godner, V., Penn, P., Sheinberg, M., & Walker, G. (1990) Love and Violence：Gender Paradox in Volatile Attachment. *Family Process*. 29: 343-364.

Gondolf, E. W. (2000) A 30-month follow-up of Court-reffered Batterers in Four

Cities. *International Journal of Offender Therapy and Comparative Criminology*. 44(1): 111-128.

Harris, K. M. (1993) Work and Welfare among Single Mothers in Poverty. *American Journal of Sociology* . 99(2): 317-352.

Hayes, C.L., & Anderson, D (1993) Psycho-social and Economic Adjustment of Mid-life Women after Divorce: A national study. *Journal of Women and Aging*. 4(4): 83-99.

Healey, K.,Smith,C.,& O'Sullivan,C.(1998) *Batterer Intervention: Program Approaches and Criminal Justices Strategies*. Washington D.C.: National Institute of Justice.

Kirkpatrick, J.M. (2005) Family Roles and Work Values: Processes of Selection and Change. *Journal of Marriage & Family*. 67(2). 352-369.

Leslie, L. A. and Katherine, G. (1985) Change in Mothers' Social Networks and Social Support Following Divorce. *Journal of Marriage and the Family*, 47, 1-36.

Loutfi. M.F. (2001) Women, Gender and Work. Geneva: International Labour Office Press.

Menjivar, C. and Olivia S. (2002) Immigrant Women and Domestic Violence: Common Experiences in Different Countries. *Gender and Society*. 16(6): 898-920.

Midlarsky, E. A. Venkataramani-Kothari and Maura Plante. (2006) *Domestic Violence in the Chinese and South Asian Immigrant Communities*: Ann. N.Y. Academy of Science 1087: 279-300.

Pearce, Diane (1978) The Feminization of Poverty: Women, Work, and Welfare, *Urban and Social Chang Review*, 11: 28-36.

Preisser, A. B. (1999) Domestic Violence in South Asian Communities in America: Advocacy and Intervention. *Violence Against Women*. 5(6). 684.

Reskin, Barbara F. and Patricia A. Roos. (1990) (ed.) *Job Queues, Gender Queues*. *Philadelphia*. Temple University Press.

Rhee. H.C. (1995) *The Korean-American Experience: A Detailed Analysis of How Well Korean-Americans Adjust to Life in the United States*. NY: Vintage Press.

Richards, L. N. & Schmiege, C. J.(1993) Problems and Strengths of Single-parent Families—Implications for Practice and Policy. *Family Relations* , 42 (2):277-285.

Rose, M. K(1992) Elective single Mothers and their Children. *Child and Adolescent Social Work*, (9)1: 21-33.

Scott, A,N. (1979) Who are the Self-employed? In Bromley, R,G. (ed.) *Casual Work and Poverty in the Third World Cities*. USA Press.

Tietjen, A. M.(1985) The Social Networks and Social Support of Married and Single Mothers in Sweden. *Journal of Marriage and the Family* , 47 (2): 489-496.

Walby, Sylvia. (ed.) (1988). *Gender Segregation at Work. Philadelphia*, PA: Open University Press.

Wang, Y. L., I. Garfinkel and S. McLanahan. (1993) Single-Mother Families in Eight countries: Economic status and Social Policy. *Social Service Review*, 67 (June): 177-197.

Yeandle, S. (1996) *Change in the Gender Composition of the Labour Force: Recent Analyses and their Significance for Social Theory*. Center for Regional, Economic and Social Research, Sheffield Hallan University, paper GW7.

(1999) Gender Contracts, Welfare Systems and Non-Standard Working: Diversity and Change in Denmark, France, Germany, Italy and the UK. In A. Felstead and N. Jewson (ed.) *Global Trends in Flexible Labour*. Hampahire: Macmillan Press. P 141-165.

陳美瑩

台灣人：「現在台灣到處都是『外勞』了！他們都是來賺錢的啦！賺了錢就跑掉了。先生小孩都不管。」

研究者：「外勞」怎麼可以在台灣有先生還有小孩呢？

台灣人：他們嫁到台灣來啊！

研究者：喔！！！原來從外國嫁到台灣來的，也稱為「外勞」，是一個不為人知的稱呼。

一、前言

（一）台灣通婚概述

台灣屬於移民社會，自古就有不同語言文化之原住民，再加上漢人移民到台灣後更增加其文化多樣性。近十餘年來，大量的外籍勞工和新移民女性更是為台灣多元文化加入新元素（Hsieh & Wang, 2008）。由於，台灣移民史上多是單身男人獨自移民至臺，故台灣一直存在著跨族群婚姻或是跨國婚姻。荷蘭時代的平埔族與荷蘭人的跨國婚姻（康培德，2010）、清代時期因滿清政府不准攜帶家眷而形成「有唐山公、無唐山媽」（李筱峰，1999）、19世紀臺南安平港開放後之少部分荷蘭後裔和台灣人之相識結合（今日新聞網地方中心，2010；黃文鍠，2008）²、日據時期的平埔族／原住民和漢人跨族群婚姻或原住民和日本人之跨國婚姻（洪麗完，2010；葉春榮，2009）³、1949年後的原

---

1 「新移民女性」有不同稱號，另外還有「外籍配偶」、「新住民」、「外勞」、「南洋媳婦」（東南亞）、「外籍新娘」、「台灣媳婦」等等。本文以東南亞籍的為主。

2 台灣民謠「安平追想曲」即是描述如此情況。由於非本文重點，故不詳述。有興趣者可參考：鄭恆隆、郭麗娟（2002）作品，由臺北市玉山社出版的《台灣歌謠臉譜》。

3 研究者就曾有原住民學生在課堂上表示其外祖父在日據時代與外婆認識，日軍退出台灣時，日本外公決定留在台灣與外婆共度餘生——非常浪漫感人的跨國婚姻故事。

客、閩客、原外省[4]通婚等等都很普遍（巫麗雪、蔡瑞明，2006；梁世武，2009；彭尉榕，2005），但是相關研究仍然非常缺乏。1970年代台灣經濟開始起飛，從1980年代起，台灣經濟較中國和東南亞發展得快，有些就讀於台灣學校的東南亞華裔學生也和台灣人結縭而居住於台灣，同時也有東南亞華裔女性透過旅行之管道與台灣男性結婚（王明輝，2006）。[5]1990年後臺商很多外移到中國大陸。1994年「南向政策」後臺商外移到東南亞日益增加，台灣與東南亞之跨國婚姻人數也隨著急速增加（許文堂，2003；Wang & Chang, 2002），2003年更是達到最多人次（內政部，2009）。不過，由於跨族群或跨國婚姻新移民女性人數遽增，而其下一代也因接受台灣國民教育，而逐漸受到台灣社會與政府的重視，甚至2003年宣布設立「外籍配偶照顧輔導基金」，自2004年起分10年完成，2006年成立了移民署，已有安排專屬單位處理相關事務。

　　根據內政部統計（內政部，2011a）台灣婚姻新移民有446,143人，人數約佔台灣人口比例1.80%，原住民則有521,701人佔2.15%（內政部，2011b）。因此，新移民婚姻人數逐漸接近原住民總人口數。2011年結婚人數共26,949對，其中與外籍及大陸（含港澳）人士結婚者3,512對，佔13.03%（與大陸人士婚者2,302對，東南亞與其他地區各為728對和428對共1,210對）。基於「男高女低」的傳統婚配文化，臺外／中國大陸婚姻在2003年達高峰占總結婚對數的31.9%。2004年起因為實施大陸配偶入境面談及外籍配偶境外訪談後，2008年則降至14.0%。而中國大陸與港澳約佔65.55%，東南亞約20.73%，其他地區為12.19%。其離婚率2000年是8.9%，2011年則降為4.0%（內政部，2011a）。2009年台灣有偶人口離婚率為11.30　　，而以結婚5至9年者占28.94%最多，首度超越結婚未滿5年者28.38%，國人近十年來離婚率平均增加率是1,53%（內政部，2009）。這就說明結婚5年內之離婚率一般來說是屬於高危險期，探討婚姻初期之適應模式對於跨文化之跨國婚姻夫妻更是重要。另外，國人常認為台灣與中國大陸和外籍人士之婚姻穩定性不如國人，資料顯示也許國人需要深思。

4　1984年出品的電影《老莫的第二個春天》就描繪外省老兵和原住民與閩南女子的結合。故事兩個女主角
　性格是否流入台灣社會對原漢之刻版印象，有待觀眾個人之評價。

5　這是透過東南亞的研究參與者透露給研究者。其實很多東南亞女性已經嫁到台灣20年以上，他們大多是
　透過旅行方式到台灣相親，因此，倒是有女挑男的感覺。結婚對象也是包含各行各業。

（二）跨國婚姻對象相關因素與議題

　　若按新娘年齡觀察，東南亞籍平均年齡最年輕為23歲，本國籍次之為28歲，大陸及港澳的則是30歲。但是以國人和新移民女性年齡相較，則發現國人年齡高於新移民女性10歲以上者逾6成。教育程度方面，大專學歷以上的新娘教育程度分別為本國籍37.3%、港澳41.8%、其他地區55.8%、大陸25%及東南亞籍21.1%[6]。本國籍、港澳及其他地區之新娘教育程度明顯高於大陸與東南亞籍。依內政部「97年外籍與大陸配偶生活需求調查」，女性外籍配偶和男性外籍配偶比較，學歷不及男性外籍配偶。2008年男性外籍配偶高中職以上合占78.1%，大學37.0%及高中職30.8%；女性外籍配偶則以國中37.9%最多，高中職以上占4成（中華民國統計資訊網，2009）。

　　其次，以嬰兒出生數而言，2002年時生母為外籍與大陸（含港澳）者占12.5%（平均每8個出生嬰兒，就有1位為是新台灣之子），[7]2009年時其總嬰兒出生數曾達嬰兒總數之七分之一（中華民國統計資訊網，2009）。因此，如何透過各種管道促進這些跨國婚姻夫妻能夠跨越語言文化的障礙，擁有幸福美滿之家庭生活，以培育健康之台灣之子，是刻不容緩的。

　　就外籍配偶之性別探討，男性占有16.2%，以美國（24.7%）日本（14.6%）最多，而女性則是83.8%，中國大陸占有約65%，越南22.0%，印尼4.4%。就經濟層面而言，女性之原生國家經濟發展和GDP不如男性外籍配偶，因此，經濟因素是跨國婚姻重要因素之一。其就業情況新移民女性則以服務工作及售貨員（30.5%）或非技術工及體力工（40.6%）為主；而其收入未滿2萬元有70.5%，2萬至未滿3萬元有22.6%，5萬元以上才1.1%。

　　至於生育子女人數則有38.0%無子女，1人的有32.4%，2人的有25.4%，3人以上的有4.1%。也因新移民女性子女加入，台灣學生結構上也有了變化。新台灣之子就讀於國中小共有176,373人（國小148,10人；國中27,763人）（教育部，2011a），在國中小所占的比率是7.259%；已經超過原住民國中小學生75,469人（國中47,942；國小27,527）之3.106%（教育部，2011b）。

　　但是，許多研究指出，台灣很多跨國婚姻夫妻，乃是一些比較弱勢的男性受迫於台灣女性要求門當戶對或男性條件得優於女性的要求下，而被迫向外

---

[6]　這是政府公佈在網路上的最新資料。
[7]　新移民女性／外籍配偶子女又稱新台灣之子。

尋找配偶（潘增強，2004）。娶進門之新移民女性也常會被社區的台灣成員稱為「外勞」（Chen, 2010）。此外，在研究者的田野調查中，有新移民女性密度高的村落人士告知，[8]很多1960到1970年代出生的台灣鄉村男性，在國中畢業後由於當地出產高經濟農作物，被家長要求留下來幫忙。當時專注於家業發展，孰料，1990年代後，農作物價格停滯，年華蹉跎也已蹉跎，而台灣女孩不願意住在偏遠地區幫忙農事，這些台灣男性也成為「低落無成就者」。故不得不透過婚姻仲介尋找伴侶，造成台灣社會容易將跨國婚姻視為「商業交換」，加上媒體不但極少報導新移民女性對台灣之貢獻，更把新移民女性渲染成——來臺之淘金客，是和台灣女性「搶奪」台灣男性之「惡婦」，台灣女性婚姻機會因而減少，導致台灣社會對新移民女性不友善甚至負面的印象，也因此造成新移民女性被邊緣化，受到台灣家庭之鄙視（王宏仁、張書銘，2003；潘增強，2004；夏曉鵑，2002）。如此，對新移民女性之污名化現象，對其婚姻關係有何影響？

　　另外，有研究顯示，會與新移民女性結婚的台灣先生，多具父權思想，期待新移民女性是類似台灣三十年前之「良家婦女」，除了遵守婦道做個賢妻良母之外，更希望自己成為家庭的經濟支柱，使自己能掌控家庭一切，而造成夫妻發生爭執（田晶瑩、王宏仁，2006）。因此有些新移民女性會逃離台灣家庭，尋覓能共同在臺安身立命的知己，作為他們無言的抗議，這也容易引起其他家庭和社會問題（Wang, 2007）。新移民女性在臺之慘澹經驗和污名化，也已經影響到其原生國家和人民對新民女性之觀感，並且對台灣社會和人民產生抗拒心理（李美賢，2006；龔宜君，2006）。由於新台灣之子持續增加，因為夫妻關係將影響家庭教育狀況和子女未來之生涯規劃，因此探討新移民女性和台灣先生的跨國婚姻是當務之急（葉郁菁，2010；鍾鳳嬌、趙善如、王淑清、吳雅玲，2010）。因此，新移民女性和台灣先生的跨國婚姻究竟是台灣夢還是台灣魘呢？台灣社會如何看待新移民女性會影響他們的婚姻關係嗎？新台灣之子在跨國婚姻之夫妻關係扮演什麼角色？基於上述現象，本章主要問題列述如下。

---

[8]　這位提供訊息的觀察者是1960年代出生，他指出很多該地區的台灣先生是他小學同學。

（三）研究問題

1. 跨國婚姻夫妻婚姻對於彼此結識的機制的見解為何？
2. 跨國婚姻夫妻建立甜蜜家庭之策略為何？
3. 家庭其他成員在跨國婚姻成功與否所扮演的角色有何影響？
4. 跨國而不跨族群婚姻和跨國又跨族群之婚姻親密關係有何異同？

二、相關理論探討

　　無論是跨國婚姻或是相同國家之婚姻，其實都有一致的功能，就是希望透過一男一女的方式來組成家庭，以提供彼此之間的情感支持、歸屬感和自我實現。理想上夫妻之間的組合應該是能夠提供溫暖和親密關係，讓夫妻兩人或者其他相關的家庭成員能夠感到滿足和安全。因此，在跨國婚姻裡頭的夫妻互動關係，也希望兩個人共組成的家庭，可以看作是「無情世界的避難所」（葉肅科，2010：31），並且能夠提供情感和精神慰藉的避風港。但是每對婚姻都是圓滿的嗎？雖然人人求婚姻美滿，但美滿婚姻過程難免有波浪有衝突危機，夫妻又如何共同預防求和，以創造幸福呢？

（一）緣分是社會文化選擇之結果

　　蔡文輝（2007：78）提到婚姻本身在挑選配偶的過程當中，其實是有受到社會規範和文化風俗的影響，當我們說這都是「緣分」時，其實也都是受到社會文化的影響，「緣分」並非完全偶然，而是在社會文化規範下所製造出來的機緣。一般選擇伴侶是以愛情為依據，婚姻伴侶的選擇就如同在市場上的買賣與討價還價，「郎才女貌」其實就是男女關係初期的交換資源，進而「門當戶對」也是一種資源的交換，但是交換資源的等質與否常常是由整個社會文化規範來界定，而非個人所能決定的。因此影響到這些規範的包含：種族／省籍問題、宗教、社會階級、年齡、地緣和近親。

1. 種族：台灣的歷史發展上，往昔有省籍的問題，但近一、二十年，來省籍問題慢慢淡化，不同省籍之間的通婚也比以前高出很多。
2. 宗教：一般來說同一宗教者比較容易有婚姻關係，而異教通婚會比同宗教離婚者高出約10%。
3. 社會階級：所謂的門當戶對就是婚姻對象幾乎都是來自同一個社會階級，如此彼此的視野、價值觀或是父母的身分地位都比較接近，較容易溝通。

4. 年齡：台灣基本上是比較傾向男大女小，近年來姊弟戀有增加的趨向，而歷史上的發展，譬如老榮民和台灣籍的年輕少女，在近代的台灣史都是可見的現象，但近十餘年來之臺外跨國婚姻則常有如此的現象（王宏仁、張書銘，2003）。

5. 地緣：在台灣大部分的夫妻，都是台灣人，同住於台灣，即使是類似原漢通婚或閩客通婚等，都是因為地緣關係，而比跨國婚姻來的容易認識而結合。另外，夫妻視同一國家公民時，是否就可以減少非機票費用呢？尤其台灣人有回娘家的習慣，回娘家是否也會考慮交通費呢？地緣接近是否代表思想接近，夫妻容易彼此瞭解呢？本研究的是屬於跨國婚姻，因此也擺脫了傳統上所謂的南部人娶南部人或者台灣人嫁台灣人的現況，而這中間是否因為地緣關係而造成文化模式、思考邏輯或者夫妻之間親密的關係受到影響，都是有待討論。

王明輝（2006）認為跨國婚姻中的親密關係並不會因為來自不同的社會文化、夫妻之間的親密關係就降低，主要還是夫妻是否願意共同創造和諧甜蜜的家庭，並能共同面對困境。Amster（2005）也指出，在馬來西亞高地（Kelabit Highlands of Sarawak, Malaysia）上的馬來西亞新郎和印尼新娘的跨國婚姻，雖然是需要跨越國界，但是由於男方是經濟比較優勢的馬來西亞，同時也能尊重女方；而女方即使是農家女，開始可能有社經地位之差異，但是女方努力學習當地語言民情，並相夫教子，自己的地位和婚姻都顯得美滿。

6. 近親：近親婚姻已經受到法律的禁止。

（二）伴侶選擇理論

伴侶選擇理論有以下論述（林松齡，2000；蔡文輝，2007）：

1. 角色論：男女之間所扮演的角色在選擇伴侶和約會中間，就會互相去探測，尋找適合自己符合角色期望的另一半。

2. 價值論：男女尋找伴侶關係時，常是以有類似價值觀念者，如此滿意程度或者是溝通模式也會比較接近，以便組織幸福美滿的家庭。

3. 互補需求論：尋求伴侶的時候男女雙方都會希望尋找一個可以彌補自己所短的對象，也就是日後組成家庭時希望能夠「截長補短」，以便形成更圓滿的家庭。

4. 過濾論：過濾論者提到的是伴侶的選擇，並非只是單純的挑選同類或異類來組織家庭，其實這是一種過濾的過程。第一階段常常是由一大群對象中因個人的需求或社會價值觀的影響，最後選出一位可以結婚的對象（張亭婷、張翰璧，2007）。

5. 刺激—價值—角色論：「SVR theory」S就是刺激（stimulus），是選擇伴侶的第一階段。也就是男女雙方提供刺激給對方，引起對方的興趣。V代表的是價值（value），雙方藉由互動中探索彼此是否有相同的價值觀。R指的是角色（role），是希望雙方能夠找到符合自己角色期待的。

　　縱觀上述，原則上同一血統的夫妻看似適應比較容易，因為語言文化接近，溝通理解不難。但是，即使同一社會環境，仍有個人性格、家庭生活經驗和家庭組合成員之差異，夫妻互動關係的因素很難掌握，因此不見得同國家同族群的夫妻關係就一定會比較美滿（林淑玲，2000），尤其當婚姻生活與爭奪權力和宰制關係時，影響婚姻的變數就增加了。張亭婷與張翰璧（2007）指出，台灣很多跨國婚姻其實跨國不跨族群，尤其是新移民女性和台灣先生夫妻雙方都是華人，這其中又以印尼客家女性和台灣客家男性之比例最多。雖然屬於同一族群，但是婆媳仍會為了掌握廚房烹飪的主控權，而使出策略。然而，跨國跨族群婚姻則可能因有共同價值觀或是有意願而能共創美滿婚姻辟如韓國之統一教婚姻模式則是因為同一宗教信仰而結合（蘋果日報，2005），教徒之婚姻即使原生社會文化有差異，但是因為有共同的信仰作為支撐，彼此便能依照教義的指示共同奮鬥。研究者訪談過一位透過宗教而婚娶的台灣男性表示，他的印尼太太與他交往結婚時間很短，彼此都不熟悉對方的語言社會文化，最堅信的是共同的宗教信仰帶來堅定的生活態度和信念，如此日久之後，婚姻就像倒吃甘蔗，越來越香甜。因此，無論是跨國或跨宗教，婚姻最主要還是得溝通並且依賴彼此共同的信念，如此在經濟懸殊的跨國婚姻中，困境才能迎刃而解。台灣這方面或是外文的研究發表較少，因此，本章僅是做初步探索。但是，根據研究者的田野調查顯示，很多臺越跨國婚姻是越南廣東人或客家人婚嫁台灣河洛人，也有印尼棉蘭之福建[9]女性嫁給台灣客家或河洛人。

9　其實就是台灣俗稱的閩南人或河洛人。

（三）社會交換論

社會交換理論（葉肅科，2010；蔡文輝，2007）認為人都有趨吉避凶、追求利益而逃避懲罰的本性，而且會以最小的成本尋求最大的利益。而對於人際的關係則有五個重點：

1. 社會交換的利益獲得者，常常也是利益提供者。
2. 當交換的經驗是正向的而且有利可得的，該行為則會持續。
3. 交換的模式是互惠而且是雙方面的。
4. 社會交換應該是屬於公平性的，如果不公平現象發生交換模式就會因此而停止。
5. 互動關係的穩定或變動，完全看參與者受吸引以及互相依賴的程度而定。

社會交換理論主張，個體常常會依照自己的參照水準，試圖以最小的成本獲得最大的利益。社會交換理論也常常以「市場交易」作為隱喻，也就是婚姻與家庭之間的關係是透過交涉和協定而做出來的交易買賣，因此辦理期間也常常有討價還價之商議行為。在男女交往的過程中，也會將自己的優點展現給對方瞭解以便引起對方的興趣。亦即，婚姻關係中的男女可能會用勞動、金錢、美貌、教育水準、才智等作為決定是否共同組成家庭的條件。也就是會有：

1. 「對稱交換」──新郎和新娘會能以類似的條件來交換。
2. 「補充交換」──新郎和新娘他們所交換的物質或特徵是不同面向的，但是外界認為他們是等質的，譬如說男有錢有勢、女為年輕貌美。

（四）衝突論的觀點

婚姻之間組成家庭之外，其實家庭和婚姻的組合，以衝突論的觀點來看，婚姻和家庭並非為了合作與協調，共同組成一個感情和精神的避風港而已，其實，婚姻和家庭也是財富權力和聲望鬥爭的舞臺。因此，家庭和婚姻其實是男人作為提升自身利益以及權利的工具和方式，而這其中常常是必須要壓迫女人和子女才能夠得到的（Thompson & Hickey, 1994, 323，引自葉肅科，2010：33）。

隨著農業社會的階層化，女人被認為是男人可以轉讓的「財產」。而其實在一般西方的婚禮上，父親「將新娘牽給新郎就是象徵性的表示，女人是從某一群或是某一個男人的手中移轉到另外一個男人。」（葉肅科，2010：34）

故婚姻與家庭助長了兩性關係的不平等，女性常常在家庭中是受到歧視，沒有享受到公平的待遇，尤其是在父權的社會當中，兩性的婚姻關係仍然是以男人的為主。以衝突論而言，夫妻婚姻關係之間的不平等，常常引自家庭暴力或者是身體上的衝突（潘叔滿，2003；2004；謝臥龍、洪素珍、劉惠嬰、黃志中，2003）。因此也造成家庭其實是反功能的，其中包含了：

1. 以男性思想為中心：女性的意見和地位屬於從屬，女性只是屬於從屬的地位，凡事以丈夫或家中男性決定為主。
2. 家庭暴力：由於傳統上的父權社會中常是男高女低，因此家庭暴力常被認為是比較保守的家庭或社會，詮釋為配偶之間的偶發事件，只要女人能忍一忍就行了。
3. 不同文化生活模式被否定：在跨國婚姻或跨族群婚姻中，以男性價值觀為主，因此語言文化生活模式皆以丈夫為主。無形當中，來自異質文化之妻子，只好在夫家放棄使用自己原生之語言文化和飲食習慣等，以求家庭平安和樂。

三、研究方法

（一）資料蒐集與分析

　　本章最主要是採用質性研究取向，以田野調查方式的參與觀察和深度訪談來瞭解跨國婚姻夫妻[10]之困境與解決策略。參與觀察最主要是透過一些政府組織或者是非營利組織的介紹，參與各項活動，藉由活動當中認識新移民女性或其台灣先生，進而建立彼此的信任。由於夫妻之間的私領域，對很多人來說是非常隱私的，故研究者會不定時的拜訪這些家庭，取得新移民女性先生信任之外，其公婆或其他家人的信任，才能深度訪談。可能因為研究者是女性教授，外表上看似東南亞來的女性，黝黑的皮膚似乎也讓新移民女性感覺與台灣家庭非常接近，再加上研究者本身是偏遠地區的農家出身，和許多的家庭有類似的背景，因此也容易取得信任感。加上研究者對於台灣的縣市，幾乎都曾經拜訪過，因此在台灣本島各地都有一定的熟悉度，以此很能夠使新移民女性的台灣家庭跟研究者有相似的話題可以溝通。另外，研究者曾經到過東南亞幾個國

10　本文以東南亞和台灣之跨國婚姻夫妻為主要訪談對象。

家，城鄉都拜訪過，而且也曾經到新移民女性家庭訪問過。因此，在研究過程中，許多新移民女性都覺得訝異，為何研究者能去那麼多地方，甚至有許多地方是他們沒有去過的。如此的信任感是建立在乎互相瞭解和分享的信任，故研究者和研究參與者之間的地位是一樣的，而沒有權力失衡的狀況。

資料蒐集主要是從2005年9月到2010年12月，以田野調查方式蒐集資料，有錄音、逐字稿，部分是當場紀錄訪問內容，部分則是以田野筆記為主。資料分析主要是先將訪談內容在再度瞭解後，找出個案間相似或相異之處而列出。共有32對新移民女性及其先生接受訪談（見附錄一），訪談地點有的是在家中，有的是在活動地點，亦即視受訪者之便利性為主。

（二）訪談問題綱要

1. 夫妻結婚的緣由和彼此認識的管道為何？

2. 夫妻之間相處的模式為何？如何維持親密關係呢？

3. 夫妻是否與公婆或其他家庭成員同住？其他家庭成員對夫妻之間關係之影響又是如何？

4. 夫妻年齡差距是否會影響夫妻之間的感情？如果是老夫少妻，先生的人格會受到影響嗎？

5. 新移民女性是否得兼顧看護家庭長輩？如果是，可能是哪些事項？

6. 跨國婚姻和跨族群婚姻之婚姻互動和美滿度有無異同？譬如，有一些是客家人嫁到客家村，有些是閩南環境長大的華裔，嫁到閩南家庭，如此適應是否會比較良好？那有哪些困境呢？

7. 夫妻是否屬於雙薪家庭？如果只有單薪妥當嗎？經濟來源一般來說為何？

（三）三角檢視

由於研究參與者之選定是因為研究者參與活動而認識研究參與者，從參與觀察中和研究參與者相識進而拜訪之，再建立友誼和信任。至於資料的三角檢定，則由活動中拜訪其家庭時透過觀察，並與不同家庭成員的溝通互動中來檢視。另外，研究者也將此研究報告和三對夫妻分享，並敦請他們檢視研究者之詮釋是否妥當。

（四）研究倫理

　　研究者在參與活動時，會與新移民女性或其先生和家人交談。在寒暄當中詢問是否可以接受訪問，經同意之後再進行訪談。有些研究參與者則是在活動進行時便願意接受訪談。無論是信任後才接受訪談或是活動進行中即接受訪談者，研究者事先會詢問研究參與者是否能夠分享其夫妻互動經驗等，並且告知會寫成研究報告，以讓台灣社會能對跨國婚姻夫妻有更進一步瞭解，也對研究者本身之教學工作有助益。但一定會讓受訪者瞭解他們的名字和生活地區都不會被標示出來。

四、研究結果

（一）結識管道與結婚緣由

　　結婚的管道基本上有三種，透過仲介、朋友介紹和新移民女性來臺工作時認識。

1. 結婚的意義和管道

(1) 婚姻仲介是媒人婆

　　透過仲介的有25位，透過朋友介紹的有2位，來臺從事外勞工作時認識先生的有3位。一般來說，這三十對夫妻都覺得他們的婚姻生活還算美滿，有「比上不足，比下有餘」的感覺，但他們看到有很多支離破碎的家庭時，就會更珍惜自己所擁有的婚姻關係。所以，透過仲介的婚姻，也會不覺得他們被騙婚了——來到了台灣家庭，就是要有留在台灣生活的決心，如果遇有困難應該透過和台灣先生的溝通來達到協調適應的地步。譬如，JYCO2先生雖然父母都是客家人，娶的太太是印尼客家人，按理說，溝通沒問題；但是由於從小就在閩南村長大，父母又沒教導客家話，剛結婚時，夫妻問題嚴重溝通有困難，都是仰賴JYCO2先生的父親先和JYCO2太太說明溝通後，再向JYCO2先生解釋。

　　JYCO2太太：我必須要坦承我嫁來台灣的最主要理由是為了賺錢，可是當我來台灣之後發現：「根本不可能啊！（提高音調）因為我對台灣的社會和語言根本不熟悉，哪有人願意請我工作？！」剛來的時候，都是我公公跟我說客家話，我先生反而不會說客家話，那時候就是手忙腳亂，用比的。所以心裡有很多痛苦和想法，都無法說出來，當時真的覺得很心碎。有一次，我自己就到

窗戶旁邊看著月亮，思念遠方印尼的家人，想著想著眼淚就掉出來了。

JYCO2先生：真的剛結婚的時候，問題真的很多。我不瞭解她也不瞭解我，我又不會講客家話她又不會說閩南話，都是要透過我父親的翻譯……。不過，當我太太閩南話越來越好時，我就會想辦法利用機會跟她溝通。

(2) 朋友架起友誼的橋樑

透過朋友介紹的類型有PDCO1、TPCO1兩對夫妻。這兩對夫妻基本上都是有透過比較長期（三個月到六個月）的通信或者是往來。PDCO1先生她相當的木訥，她會嫁給她先生的原因是因為先生看起來善良，而且家中兄弟姊妹好像都很會讀書，加上自己是大學生，對台灣有一股幻想。但是沒想到嫁來台灣之後發現，在越南對於台灣的繁榮發達，都是虛假的。譬如，她提到「台灣的地板會發亮」。但嫁到台灣南部的縣轄市，跟故鄉胡志明市比起來，是偏遠地區，視覺上也很不一樣。然而，同樣是由胡志明市嫁到台灣的TPCO1妻子則無此困擾，這是因為她們住在大臺北地區，夫妻常參加各種移民署的活動，共同為新移民女性議題付出心力。

PDCO1：其實我越南的家庭也算是小康家庭……他們當初是阻止我嫁到台灣的。不過，當時的我就想要往國外跑，……我父母一直阻止我，希望我完成大學學業，但是我就是不聽話。所以剛來的時候，有很多的挫折，我都不敢告訴父母，現在回想起來真的……（眼睛有點泛起淚光）。還好，我的先生和公婆對我非常好，我要出門的時候，如果天上有烏雲，我婆婆都還會拿著傘問我：「你要不要帶把傘再出門？」（臉上閃耀著感激的神情）

TPCO1先生：當初期時就是跟著朋友去玩一玩，當時也達到適婚年齡，就認識了老婆。「我當時還在我老婆家住了一個月呢！」（呵呵地笑著）
TPCO1妻子：對啊！我先生那時候就很勇敢，也不會講越南話或是廣東話，就住在我家一個月。我的姐姐和我的弟弟都說，這個人看起來很和善很不錯，所以我就帶他出去玩，每天都見面，慢慢的就覺得這個人不錯，所以就結婚了。其實我的妹妹也嫁給香港的澳洲公民，我的哥哥住在美國，所以我們家人有住在不同國家，所以到台灣也不會太擔心。

　　因此，新移民台灣家庭的照顧和疼惜在跨國婚姻扮演關鍵的角色，尤其是當新移民女性適應不良的階段，關懷是留住人心的重要因素。

(3) 由外勞而相知相惜

　　從事外勞工作而認識台灣先生的三位，有兩位是來自印尼爪哇島地區，有一位則是來自北越。基本上都是因為公司同事或者是從事看護工作時，因為跟鄰居往來而認識的。所以，這些夫妻都是有交往的過程，並且都表示如此可以長期觀察台灣先生，台灣先生也表示如此也可以觀察老婆，婚後比較瞭解彼此個性。而且因為女方都會說中文，即使台灣先生不懂女方的母語，溝通上也比一般仲介的夫妻來得容易。更重要的是，他們理解婚姻是有很多的障礙困難，但是因為有感情為基礎，所以他們很心甘情願地婚姻面臨的挑戰。

　　JYCO1妻子：我從來沒有想到自己會結婚。其實自己在越南，有一個相交很多年的男朋友，可是不清楚為什麼，有一次訂婚了，可是我又退婚了，有兩三次都想結婚，可是就是結不了婚。認識先生是因為有一位越南的朋友說我先生非常有耐心又很善良，所以叫我打電話給他。我打給他以後他也會打給我，我幾乎每天都問他吃飯了沒有、吃些什麼、工作好不好。JYCO1先生也回應太太婚前的關心。

　　JYCO1先生：對阿。她（JYCO1太太）每天就是打電話給我，每天就從工作以外，都會接到他的電話，有人關心的感覺真的不錯。其實，我也沒有想過要結婚，因為從十五歲就開始信仰宗教，年輕的時候也有機會可以結婚，但是因為前任女友家庭反對我的宗教，因此就不了了之。之後，就沒有想過婚姻的問題，所以我跟我老婆結婚，也算是冥冥之中上帝的安排吧。

(4) 婚姻永續經營認真負責是秘訣

　　從跨國婚姻夫妻在台灣發展的歷史來看，大部分的跨國婚姻夫妻，其實都是透過仲介的方式，尤其大部分都是來自東南亞和中國大陸。雖然最近中國大陸和越南等國經濟突飛猛進，不過十幾年前，以政治民主發展程度和國民所得而言，基本上在台灣之後，也因此許多台灣人視新移民女性為「撈錢的」。加上東南亞國家，都比一般國民膚色比較偏深，因此容易就被視為「外勞」，遭受外表歧視的現象。所有的新移民女性除了華裔之外，基本上都提到她們有親

身體驗過口語或非口語的歧視經驗。但她們很清楚這些歧視不見得會動搖台灣家庭成員對她們的照顧。因此，雖然心中有所不舒服，不過會以忽略的方式而對待之。

JYCO4妻子：**你們台灣人其實永遠都不可能把我們這些從外國嫁到台灣來的人，當做是台灣人。**無論我們再怎麼努力，你們很多人還是瞧不起我們。譬如，我們在這裡就很難找得到工作。我們又不是能力比較差，我們也很勤奮甚至比台灣人勤奮，但是很多人就是不喜歡我們。看到我們的外表，聽到我們說話的腔調，就認為我們是外國人。

PDCO1妻子：**台灣人真的瞧不起我們這些外國嫁過來的媳婦。**譬如，以前我在公司行號上班的時候，他們就會叫我做一些打掃的工作，而這些根本原來也不是我的工作。而且在學校，很多老師就會把「新移民女性」生的小孩當作是有問題。好像他們一定要上課後輔導班，難道我們不能自己教嗎？[11]所以我們其實都會受到不公平的待遇。台灣人又沒有比我們聰明。

TNCO5妻子：鄉下的鄰居常常說我們是來挖錢的，所以我不喜歡回去鄉下。我爸爸媽媽雖然很窮，我十九歲嫁到台灣，只有小學畢業，但是以前我很會讀書也喜歡讀書，只是因為我們家裡很窮，我需要幫爸爸趕鴨子，到處去找食物給鴨子吃，所以回來的時候已經超過開學的日子，當我知道我不能讀書時後，我一直哭哭很久。但是我爸爸媽媽，從來沒有跟我要過錢，他們說，「只要我過得好，就好了。」

雖然以上的新移民女性對台灣社會有一些評論，不過他們都認為台灣還是很溫馨的，只要自己好好努力，不管自己是透過什麼方式結婚的，或者是來台灣的目的為何，只要認真負責，好好照顧起長輩孩子，就可以擁有自己的美滿幸福家庭。譬如YLCO1和TPCO2就提出，台灣先生都很善良並且有擔當。周圍鄰居和朋友其實也都是相當和藹可親，尤其YLCO1在教會中受到大家的

11　家長（尤其女性家長）是否有外籍配偶的調查，以作為攜手計畫或夜光天使的教育優先區調查。通常如是新移民女性子女都會被鼓勵參加此類活動。

尊重，他也受洗了，因此，在臺的經驗算是相當愉悅的。他們都同時認為，如果台灣先生或其家人不愛惜新移民女性，因為自己是殘障人士或老夫少妻，就受到外界的煽動認為妻子年輕容易出軌，或者自己殘障妻子也容易出軌，那麼幸福家庭就如天之遙遠了。另外，研究者觀察到，有少數的台灣先生喜歡掌控新移民女性的自由行動。譬如他們會把妻子的護照藏起來，而且不幫忙辦身分證，因此夫妻之間就常會有爭吵。尤其如果是續弦的家庭，孩子還小，先生要照顧和前妻所生下的孩子，又要努力照顧和新移民女性所生的孩子時，難免會有失公平，這也是家庭糾紛的開始。JYCO8提到，其實很多台灣家庭不能體諒新移民女性需要跨越語言文化之鴻溝，他們常常以台灣人之觀點來判斷新移民女性的能力和行為，他們忽略了新移民女性來自不同的社會文化背景，他們必須要很努力學習語言，即使學習了難免也會有誤解的時候，但是台灣家庭常常忽略這一點，因而造成有歧視的現象。研究者就觀察到，有位新移民女性的公公竟然在上班時間，打電話給兒子叫兒子回來打自己的越南媳婦，雖然事後這位台灣先生解釋，這是不該有的情況，這位公公仍然堅持自己是對的——似乎有點有理講不清的狀況。

當然，台灣社會也流傳著，很多新移民女性只要拿到身分證，就是離婚了。不過，根據研究者的觀察，這些可能是因為先生變得懶散了，或是變得不體貼了，是一個原因。或是像JYCO1妻子和JYCO2妻子提到的，很多台灣家庭太善良了，他們把新移民女性給寵壞了，認為他們來自貧困的家庭和國家，必須要給他們大量的錢財並且不要讓他們出外工作，經過半年後，也間接造成這些新移民女性有懶惰的現象，因為在家無聊，而導致有和朋友小賭或者是紅杏出牆的現象，這也是很奇特的。

但是總括而言，台灣社會仍將新移民女性原生國家視為落後貧窮，這些落後貧窮的「他者」至臺是為了金錢和娘家，對台灣社會也難有貢獻。如此偏頗歧視的態度，是政府和教育單位需要用心用力，試圖從公民教育著手以讓台灣人民瞭解如何與新移民女性相處，並能進而尊重欣賞之，以期族群平等相處和諧。

（二）情人眼裡出西施

美麗的事物誰不愛？一般來說，男人想娶美女，女人想嫁帥哥。台灣的跨國婚姻（尤其透過仲介者）的成辦常決定於女方是否具有美貌。所有的研究參

與者都表示，大部分的台灣男性越洋娶妻的主要決定因素是外表，因為外表是第一印象，也許並非國色天香；但是因為台灣男性是優勢一方，擁有較多的主導權，因此，一般來說，女方姿色都不差。就像有位娶新移民女性的台灣先生被問到為何決定娶現在的老婆時，他就直接說，「每個男人都想要娶漂亮的老婆，但是，娶了漂亮的老婆，因為自己的條件不夠好，又有了不安全感。」

TPCO2先生：……我看了很多女孩子，但是都沒感覺。看到我老婆第一眼，我就很喜歡。她那時候還在讀高中（她比較晚讀書），我就要她。

研究者：為什麼？

TPCO2先生：漂亮啊！聽過一句話嗎？老牛疼美妻

研究者：知道啊！

TPCO2先生：就像我女兒幼稚園的老師跟我很坦白的講過一句話，他說衣服要選新的，但是老公要選年紀大一點的。

研究者：比較會疼老婆

TPCO2先生：老牛疼美妻！

不過，美醜有時候是很主觀的，有時候就是兩情相悅最重要了。TNCO7先生的對話就可以理解，美醜是因人而異，當一方覺得自己不美，而另一方能夠欣賞時，對於夫妻情感有正向的影響。

TNCO7妻子：我老公很笨，他覺得我很漂亮。

TNCO7先生：奇怪，我就覺得你很漂亮，你幹嘛那麼沒有自信？

TNCO7妻子：你（研究者）看我的臉，那麼多痘痘！很難看！

研究者：如果你先生覺得好看就是好看，你要相信他！！

TNCO7先生：就是啊！！……漂不漂亮是你決定的嗎？我是先生，我是看的人，是由我決定的。（夫妻倆人相視而笑）

TNCO7妻子：對，我先生真的對我不錯。譬如當我說我很醜的時候，我先生都會覺得我很漂亮。我覺得他很笨，我覺得我長得一點都不好看。

當然，並非所有的男男女女都是以美貌來決定自己的婚姻，有些夫妻其實因為自認不算帥哥美女，因此腳踏實地以能夠相處和感覺認真善良，而在幾天內決

定自己的配偶。譬如，JYCO2夫妻就表明，「也要看看自己相貌，不要自找麻煩。」JYCO2先生表示，自己不帥，找個美女老婆，一天到晚擔心老婆會不會紅杏出牆，也是不健康的。因此，選擇以「相配」的女孩為主。JYCO2妻子當初相親時，也有類似的想法。所以，因妻子的「美色」而被吸引的台灣先生以台灣之政經之優勢，而娶得美嬌娘，亦即新移民女性以年輕貌美「換取」能夠來臺尋求經濟改善。這類的婚姻「互補交換」（葉肅科，2010；蔡文輝，2007），不也普遍存在台灣夫妻嗎？如是，台灣社會何以有權以有色眼光對待新移民女性呢？

（三）夫妻親密關係經營策略

1. 耐心和等待

　　所有的夫妻都表示，夫妻之道是需要耐心和等待的，尤其是跨國婚姻夫妻，在語言文化上的背景有相當大的差異，即使是屬於同一族群，但是因為是在不同國度成長，整個社會脈落也有差異，因此就像JYCO2夫妻，同是客家族群，但是台灣先生只講閩南話和國語，而印尼太太當時只說印尼話和客家話，彼此熟悉的語言、手勢、文化思想都有很大的差異。因此如何跨越社會語言文化的鴻溝，是他們都面臨的困難，不過就像JYCO2先生提到的，「如果兩人同心，願意解決問題，那問題就不再是問題了。」KHCO1和PPCO3的越南妻子是來自同一個村莊，是研究者在2007年到越南做田調時，同時在一個小村莊認識她們。雖然兩位台灣先生在年齡上有差距，但是他們都非常疼愛他們的妻子。他們同時都表示，越南的風俗習慣，是由妻子來掌管經濟大權的，因此他們兩位都把金錢交給了妻子。

　　PPCO3先生：我會把錢完全都交給我老婆，但是我還是要告訴她什麼是對的什麼是不對的，只要我眼睛一眨，她就知道可能是不該做的事情，所以也不能讓她們完全都無法無天，也需要有一點原則。我的原則很簡單，就是要顧家、勤奮，夫妻共同經營家庭，不要管太多閒事。譬如有一次，我的越南嫂嫂故意離家出走，跑到我們家來住，那麼我就告訴我老婆，我們不應該讓嫂嫂住在這裡，應該請她回老家和哥哥同住，免得引起家庭糾紛。

　　KHCO1先生表示，他覺得跟外國人結婚很好，他幾乎每年都會陪老婆回

越南一次，他雖然不會講越南話，不過一到這個鄉下，他的越南小舅子就會騎著摩托車，帶著他到處去喝咖啡、欣賞風景或拜訪鄰居，雖然他不懂越南話，但是他非常享受這種自由自在的感覺。同時他也不要求老婆要生小孩，因為自己已經五十幾歲了，而媽媽也已經八十幾歲了，再生孩子有什麼用呢？因此他覺得，夫妻相處的模式，就是找出彼此共同的價值觀，和能夠接受的模式，在經濟上，他老婆賺的錢全部由她自己擁有，可以決定自己運用，而KHCO1先生所賺的錢則須負擔整個家庭的開銷。

2. 尊重體諒老婆單槍匹馬在臺奮鬥

　　所有的台灣先生基本上都很讚嘆她們的老婆，勇敢的來到台灣，而且拎著皮箱單槍匹馬就來，常常在這裡是無親無故的。台灣先生很難想像，如果自己是在外國，又不懂語言，又不懂文化，又沒有親人，又必須要去侍奉公婆和其他家人相處時，那該會有多難的狀況。台灣先生婚後跟著老婆回娘家後，會感受到自己好像文盲什麼也不會，都要依靠別人，因此，以同理心體諒老婆剛到台灣人生地不熟之困境。

　　TNCO2先生：我老婆雖然很活潑，但是當初我們結婚是她先來台灣然後我相親，她剛開始的時候還嫌我太黑太醜呢！

　　TNCO2妻子：對啊！（兩人相看哈哈大笑）當時我就想，哪有人那麼黑那麼醜。唉，（好像很傷心落寞的樣子）我那時候就想，乾脆回印尼去算了，不過我先生就要，後來等了一天媒婆問我要不要，我想想也不錯，所以我們就這樣結婚哪。

　　TNCO2先生：真的不簡單，剛開始的時候，我老婆和我是跟爸爸媽媽一起住的，他在這裡也沒有什麼親戚，就這樣要跟著我過日子，而我因為工作的關係也常常不在家，我也不知道她是怎麼跟我爸媽相處，真的很難想像。後來才知道我媽媽其實對她有一些不滿，或者可以說是有點瞧不起，就會常常故意或者是有點刁難她的感覺（這時候TNCO2太太很沉默，好像要流淚的樣子），所以我就跟我爸爸媽媽談一談，現在我們就各住一棟房子，雖然一起吃飯，但不會再像以前一樣三餐二十四小時都在一起。

　　TNCO2太太：那時候我婆婆也不知道為什麼，有時候我在樓上，她就認為我故意裝大少奶奶，我煮飯了，有時候她也不吃。反正，我也不曉得哪裡有問題。不過，我都會跟我先生說，我不敢直接跟公公婆婆說，因為我也是華

人，我覺得不應該跟公公婆婆頂嘴。

3. 表達愛的方式和行動

　　學說老婆家鄉話和吃老婆家鄉菜，也是尊重、疼惜新移民妻子的象徵。32位台灣先生，只有2位喜歡妻子的飲食文化，並且試著學習語言。其他的，雖然疼惜老婆，但是部分是無法接受飲食方式，部分則喜歡飲食而自認沒有能力學習語言文化。

　　TPCO1和TPCO2先生都表示，其實越南菜真的很好吃，而且也很健康，當他們初次到越南時，就喜歡上越南菜，TPCO1的太太基本上是偏廣東文化，因此家中大都也是使用中華料理，但是TPCO1本人非常喜歡越南菜，甚至在十幾年前剛結婚時就學習語言，同時也將越南話極力地推廣，TPCO2自認自己妻子做的越南菜真是美食，因此也會常常邀請朋友來同家共享。TNCO1先生也表示，越南菜真的很好吃，也很養生，他希望所有的台灣人都能夠試著去欣賞越南菜。不過談到語言，他自認自己比較沒有語言學習天分，不過倒是希望孩子能學習越南話，以後能夠在求學和就業上有所幫助。

　　雖然不能夠接受東南亞飲食也沒有盡力學習語言，但是他們的家庭仍是非常美滿。他們表示，雖然不用越南菜也不學習語言，也認為老婆的家鄉是在窮鄉僻壤之地，沒有慾望再去拜訪，如此可能會傷了老婆的心，不過，他們用行動表現出疼惜新移民女性的方式。欣賞婚姻伴侶的飲食文化和學習語言也是一種尊重和疼愛的表現。因為當一個人學習對方的語言時，其實就是想更深入瞭解，而喜歡吃伴侶做的食物，這也透露出珍惜和接受的態度（林開忠，2007）。不過，就台灣跨國案例而言，拒絕異國美食並非就是不珍惜跨國婚姻或妻子，而是個人對於異國美食的接受度低，再加上選擇居住台灣沒有迫切區要適應飲食習慣的壓力，新移民女性沒有執意期待台灣先生品嘗家鄉味，而作罷。因此，不吃東南亞食物並非就是不愛妻子。有很多的台灣先生無論在口頭或實際行動上其實非常疼惜感激妻子的付出，也能體會妻子孤家寡人的提著皮箱就跟他到台灣來。

　　TNCO5先生：我不想再去我老婆越南的家，真的太遠了。他的家和TNCO5太太的家離得不太遠，但是一次就夠了，我坐到頭暈屁股痛，真的不

要叫我再去了。

TNCO5妻子：對啊，我先生就不想再去了。（露出很遺憾的樣子）

研究者：那你吃越南菜嗎？

TNCO5妻子：哈！！我先生不吃。他覺得味道怪怪的。不過，我自己做來吃，沒有關係。

TNCO5先生（皺眉頭）：我不敢吃，就覺得很奇怪。我只吃台灣菜。

TNCO7先生：我吃不慣越南菜。不過，我太太嫁到我們家來，我都會注意到她跟我爸爸媽媽相處的狀況。我覺得我媽媽好像因為我老婆是越南人，就會受到外界的影響，認為她就是來挖錢的，因此好像打從心底有點不太喜歡她，不過，我都會站在我老婆這一邊。

這種體諒的心是新移民女性最重視的。也許會被視為同化主義，但由新移民女性自述可知，婚姻關係最主要端看二人世界的互動和承諾，外人不用擔心太多——不必用自我的觀念判斷他人的婚姻。但是由於台灣社會仍是偏同化主義，故應曾能賦權與新移民女性，使其有機會深思自我處境和對台灣社會批判為是。

4. 男人要能分辨是非有主見

台灣民間盛傳因為越南是母系社會，所以越南妻子是很堅持並有主張的。[12]但有趣的是，研究者觀察到，這些受訪的夫妻，基本上仍是以先生的意見為主。這充分表現，這些新移民女性無論是來自母系還是父系社會，基本上來到台灣的父權社會，仍會以父權社會的價值觀和行為為主。但是，如果太太是家中的長女，會比較有主見。但是無論如何，研究參與者一致認為：男人雖然要尊重妻子，要有主見能明辨是非，做出最佳決定，否則容易被妻子視為無能之人，也會因而影響夫妻或家庭關係。

JYCO1先生：我太太很會做生意，也很會管工人，她是個很聰明伶俐的女孩子，但是我做了幾十年的工作，我瞭解到現在要請工人真的不容易，因此

---

[12] 這是訛傳。越南法律和民間多是父系社會，只有部分的少數民族是母系社會。

有時候我會以比較寬鬆的態度來對待他們。同時我也告訴我妻子，應該如何做，我們溝通幾次。不過有一次我在開車的時候，他又一直跟我囉唆著工人如何管理的問題，我就告訴她對工人也要客氣給點面子，不要一味只從營利眼光著手，不過她就是不願意聽我的意見，在當時情急之下，我又要開車又要聽她囉嗦，我就狠狠拍他的肩膀一下，跟她說別吵了！她才住口，我就往前開車，以後再也沒發生過。「因此，男人應該還是要有氣魄或者當機立斷，否則也容易被妻子視為無用膽怯之夫。」

由此可知，有些先生太軟弱無主張，也容易被妻子瞧不起。有位新移民女性朋友就對研究者透露，「你們台灣有些先生應該在太太做不對的事情時，就要告訴她，不然會寵壞了。」不過，夫妻互動是沒有一定的模式，主要是夫妻雙方能以平等之態度對待，就能有良好的結果（Muncie, Wetherell, Langan, Dallos, & Conchrane, 2003）。但如未能如此，以父權為主的台灣社會，常導致婚姻暴力仍然是女性受到不公平待遇的頻率高於男性。新移民女性因是經濟弱勢，除了受到台灣社會和家庭鄙視之外，受到家暴的機率就比一般台灣婦女來得高（潘淑滿，2003）。

5. 親密關係

　　受訪的夫妻基本上比較羞於討論夫妻之間的親密關係，尤其是夫妻同時受訪時。但因為研究者本身為女性，台灣先生可能覺得比較難以啟口，而新移民女性則可能認為因為有先生在場，討論親密之事也不適宜。例如，JYCO1和JYCO2都表示，夫妻的親密關係其實是非常隱私的，當然不便於對外界揭露。所以，部分的夫妻，筆者就常常利用不同的時間和場所來瞭解他們的親密關係；他們認為除了夫妻心靈和諧關係外，肌膚之親也有必要。有些新移民女性因為年紀太小，加上學校或家庭教育都沒教導過，新婚初期有畏懼不知所措的恐慌。有些新移民女性表示：因為先生年紀比自己大很多，而沒有很高的「性趣」，所以自己要主動。有些則表示先生體貼，以妻子為中心。[13]

　　JYCO1妻子：其實我自己本身不喜歡性，因為我覺得不舒服。但是我的老

---

[13] 田野調查中也有新移民女性被告知有備婚姻性暴力的案例，但因非本研究之研究參與者，故將另文討論。

公真的很體貼，我瞭解他有需求，但是他也瞭解我不是很喜歡，所以他體諒我不勉強。每次都是很快的時間就解決了，老實講結婚幾年下來，我都不覺得有什麼好玩的。不過做人太太總是要滿足先生吧，所以，他尊重我，我也尊重他。

6. 年齡不是問題，人格不用懷疑

研究參與者夫妻年齡差距是15歲到37歲。他們表示，台灣人認為他們是老夫少妻，一定會有問題，而且也會認為新移民女性是比較年輕，也會重視外貌。不過，他們都表示：台灣也有很多人都是老夫少妻，他們的婚姻也不錯啊。這現象在原住民女性和從中國大陸來臺的士兵婚姻，非常普遍，電影《老莫的春天》便是描繪這類跨族群婚姻關係。其實台灣先生也希望能和年齡相近的異國女性結為連理，彼此的身心狀態才能配合。只是事與願違，因為東南亞國家的女性就像台灣30年前一樣，還是偏向早婚；姑娘們20歲還沒嫁，就會被認為「滯銷」或是「老處女」。所以仲介介紹的幾乎都是18至24歲的女性，導致台灣先生也無其他選擇。但台灣社會對於近十年來的跨國婚姻帶歧視眼光，故造成年齡差距也是此類跨國婚姻無形的枷鎖。台灣先生表示，結婚初期真的會彆扭，時時刻刻都會懷疑別人，是否以看好戲的眼光來看待他們這些娶「外國嫩妻」的男人；有時候會懷疑自己是不是和女兒結婚了。但他們透露，既然結了婚，就只好自我鼓勵別想太多，應該往前看想想如何經營婚姻比較重要。然而，有趣的是，年齡對於新移民女性的困擾遠低於台灣先生。新移民女性表示，因為待在「婚姻介紹所」的目的清楚，他們會眼觀四面耳聽八方，注意此類跨國婚姻的各種狀況，也瞭解大部分都是「老夫少妻」，故也是為理所當然，年齡就不是問題，以人格為重。至於先認識培養感情再戀愛結婚的夫妻，對於年齡差距就更能夠釋懷了。還有部分研究參與者認為：「婚姻就是緣分。」TNCO8夫妻同時表示，他們原來都沒有結婚的計畫，但是命運的安排讓TNCO8妻子30分鐘之內決定自己的一生，他們認為如果不是緣分又是什麼呢？也許人與人之間的相逢冥冥之中就有安排，也許是台灣人所謂的前世因果，也許是老天的美意或造化，但是結果都是事在人為──命運是可以自己創造的，一切看自己如何決定怎麼做。

　　TNCO8妻子：我本來是不結婚的，但是我想要到台灣工作賺錢。

　　TNCO8先生：我本來也不想結婚了，我是跟朋友到越南看看，結果媒人就介紹，都是20出頭而已，我告訴他幫我找30歲以上的。他說沒有，後來我看到我老婆端茶出來，有笑容，我覺得可以。

　　TNCO8妻子：對啊，所以沒人問我拜託我，30分鐘我決定了自己的一生。

　　TNCO5妻子：結婚以後就要會想，不要管別人怎麼說，自己一定要心頭穩住，做好該做的事，那就會很好。也不要看別人有錢就要跟著有錢，要看自己能賺多少錢。就是努力生活就對了。

　　YLCO1先生表示：當初是因為老婆往生，兒女都認為我已經年紀大了，最好是有老伴。因此鼓勵她去外國娶個老婆回家。

　　YLCO1妻子：我告訴我老公其實不要管別人的眼光，差幾歲沒關係，只要我們好就好了。

　　YLCO1先生：對，我老婆告訴我，別人的想法並不重要，最重要的是我們兩個人的想法。如果我們生活的很好，別人又能怎麼樣。

（四）麵包與愛情之相關性

　　新移民女性一般被視為是為了家庭經濟而到台灣，再加上是透過仲介，因此被視為是一種商品化的婚姻。台灣社會也流傳新移民女性本身部分是來自比較窮困的家庭，肩負改善原生家庭經濟之責任（王宏仁、張書銘，2003；夏曉鵑，2002）──JYCO2就坦言，嫁到台灣來的原因之一是需要賺錢，想要到賺錢了可以幫助家裡的經濟狀況。但是本研究顯示，只有6位新移民女性表示，其父母只要他們過得好，勿掛念家庭經濟。只有一位台灣先生表示岳父每次對於金錢的需求雖然不多，但是因為次數頻繁，讓他深感困擾無法負荷，故只好和妻子溝通以春節匯款為紅包。其餘都表示新移民女性原生家庭並無明確需求，但台灣先生和新移民女性希望逢年過節時，有能力聊表心意，算是回饋父母。如此，不是和一般台灣夫妻一樣嗎？

　　就本節而言，所有的研究參與者沒有無薪夫妻，都是雙薪家庭和單薪家庭，故從雙薪、單薪和有錢、沒錢給老婆回家過年的情況，來分析經濟是否會影響到跨國婚姻夫妻之間的情感。

1. 雙薪狀況

(1) 雙薪有安全感

　　基本上跨國婚姻夫妻和台灣典型夫妻一樣，都是需要雙薪才較能夠維持家庭的開銷，尤其台灣近年來通貨膨脹很厲害，東南亞國家也一樣。如果只有單薪，連在台灣的基本開銷可能都負擔不起，更遑論兼顧兩邊家庭，故雙薪有其必要性。TNCO1先生表示，我一個月才兩萬多塊，要養小孩、供養父母還要付房貸，老實說，靠我一個人的薪水是不夠的。

　　TNCO7妻子：台灣很多東西都很貴，越南的東西也越來越貴，所以我也要去賺錢，而且，我覺得在台灣賺錢比較容易，我也很高興能夠在台灣賺錢。其實在台灣比較容易存錢，可以幫助爸爸媽媽（親生父母）。

　　JYCO9妻子：老師，現在生意越來越難做了，沒有錢賺怎麼辦呢？兩個小孩都要讀書，開銷很大，所以我和我先生努力做，但是好像也沒有賺到什麼錢。有時候，我想回泰國去，那邊現在很多觀光客，應該沒問題。但是，要孩子願意還要先生願意。

不過，即使新移民女性能夠在台灣找到工作，大多是屬於台灣人不願做的工作，常常工作時數長、薪水低或是艱困的工作，亦即所謂的3D工作（dirty/dangerous/deskilled，骯髒／危險／無技術）（王宏仁，2001；游佳螢，2003），常是台灣人沒有意願從事的工作。然而，女性研究參與者表示，剛到台灣時因為語言文化不熟悉，能夠有糊口的工作已屬萬幸。如果要改善工作條件與薪資，學習並在專業上自我成長是必要的。一切都是事在人為——「有志者，事竟成」。譬如，JYCO2妻子來台後，便極力上國小國中夜補校以外，也成為移民署的志工，積極跨展社會網路並努力學習專業知識。去年開始正式成為某一公司的正式員工，有固定收入並同時取得國中補校資格，希望將來還可以繼續求學，成為社會工作者，以從事新移民相關的事物。

　　另外，跨國婚姻雙薪家庭拒絕台灣社會或政府將新移民女性家庭視為凡事都需要他人救助的「弱勢」家庭。「弱勢」在台灣社會代表「什麼都不行、什麼都不會」，似乎都在等待政府的補助，就是社會的寄生蟲一樣。尤其此意識形態會延伸到其子女，而認為「其子女不聰明、不會讀書，都需要輔導」。

其實新移民女性下一代不見得比別人差，新移民母親也不見得比台灣母親弱（Chen, 2010）。研究參與者皆表示，新移民女性家庭也許錢賺得少，但是經濟上仍然可以自力更生，而且不偷不搶，活得光明正大，比一些冠冕堂皇的人士，好得多了。同時，他們也表示，無法維持需求的家庭，其實是夫妻沒有溝通、沒有努力開源節流而造成的；有些則是台灣先生不願工作但又不放心讓新移民女性就業，而造成的後果，並非沒有機會。就像新北市有位台灣先生就表示，「既然敢娶，就要養得起。男人要有擔當。」因此，由於經濟較差，而受到輕視眼光，是新移民家庭拒絕的。因此，台灣社會看待新移民女性家庭時，也應該以看待台灣夫妻的眼光來公平對待。

(2) 新移民女性工作所得自由運用

另外的雙薪家庭是，其實新移民女性是不用負擔台灣家庭的開銷，只要自己能夠勤勞賺錢，也就能夠負擔一切原生家庭所需要的。這是因為台灣先生認知到：他們的妻子願意嫁到台灣來的因素之一是因為在台灣賺錢供給原生家庭的經濟需要。要不然她們不需要離鄉背井，來到陌生的異鄉。基於這樣的理念，5位台灣先生就表示，給老婆工作，錢讓她們自由運用並且援助原生家庭是體貼的表現。新移民女性也相當感激先生能夠體諒她們的需求。研究者在KHCO1妻子越南娘家訪問KHCO1夫妻時，KHCO1妻子的母親就表示，那棟房子是KHCO1妻子從台灣賺錢寄回越南而建造的。

　　KHCO1妻子：我先生不管我賺的錢，所以我拿回來蓋房子，給爸爸媽媽好的地方。

　　KHCO1先生：我老婆賺的錢自己花，家庭費用由我支出。反正，我也50幾歲了，我跟我媽媽說，我們不生小孩。我賺的錢不多，但是夠用就好了。

不過，剛開始夫妻磨合的時候，台灣先生是有顧忌的，不願意讓妻子到外面「鬼混」。因為工作就會認識很多同鄉的或是其他的新移民女性，加上外界似乎有一些負面的說法，因此有些台灣先生就會比較不放心，必須要經過新移民女性的努力爭取才能夠得到。

　　JYCO8妻子：我剛開始嫁來的前三個月，我先生不准我工作。我就很生氣，有一天開始，我就不願意和他睡覺。我先生覺得很奇怪，就問我為什麼，

我就很生氣的跟他說，「我嫁給你很重要的是，我要工作。我要工作養我弟弟養我媽媽，沒有工作哪裡有錢可以寄回家！（非常激動）」那次生氣以後，我先生就知道了，他就說好我可以去工作。那我的錢我就可以自己用。……去年我弟弟結婚，錢都是我花的，但是，老師（研究者），我沒有回去，因為我沒有錢可以回去了（傷心的樣子）。

JYCO7妻子：我剛剛來的時候也很氣我先生，他們都不給我錢寄回家，我需要給我爸爸媽媽錢。後來，我先生同意我去工作，自從那以後，我們的關係比較好，因為我的心就比較放心了，我的心就不會很煩惱。我也很感謝我的先生和我的婆婆。

(3) 雙薪家庭的第三種現象

以「先生為軸，新移民女性為輔」是雙薪家庭的第三種現象，也就是說先生有自己的事業，先生可以努力奮鬥而太太加以輔佐，這也是台灣社會普遍的現象，不足為奇。但是，如果以此檢視跨國婚姻則會發現，有些訛傳會把新移民渲染成會將台灣先生財產捲跑的外國妻子。如此危言聳聽的話語充斥在台灣民間。如此懷疑的態度，偶或引起新移民女性之反感。但最重要的是台灣先生的信任，是穩定婚姻的基石。有宗教信仰的夫妻，則會以「宿命」或「修行」不足來詮釋夫妻不和諧之狀況。譬如，JYCO1透露家中財產管理權是妻子，他認為妻子幫忙經營事業很妥當，不會擔心財產被越南妻子花盡或捲走逃離。

JYCO1妻子：對啊！我老公的錢都我在管。他（看看JYCO1先生），人太好了。不過，我不會把他的錢帶走，我自己的家過得也不錯啊！

研究者：但是你的家產很多，除了事業、房子還有土地啊！

JYCO1先生：沒關係。既然要結為夫妻，那就要互相信任。我們這種有宗教信仰的，就是相信輪迴。如果，家財被散盡，那也是自己修行還不夠，福德都未修滿，也沒辦法。

2. 單薪

單薪的跨國婚姻家庭生活美滿與雙薪的不盡然有差異，端看如何經營婚姻生活，以及夫妻如何分工並調適心態。值得再深入探討的是，在田野調查中

發現：有些台灣家庭很疼惜新移民女性，故不讓新移民女性出去工作，而固定給予經濟支援，讓她們可以維持家計，也可以寄回原生國家，以幫助娘家的經濟狀況，但不見得對婚姻和家庭有利。有些新移民女性研究參與者表示，新移民女性如果只需照顧家庭不用工作，容易被寵壞了；因為反而造成新移民女性無所事事，或者喪失原來勤奮的態度，甚至造成了家庭破裂。但是，本章中，沒有類似被寵壞的案例，可能這類的家庭因為面子問題，不太願意為人知。至於本研究之研究參與者，除了TNCO5和TNCO8夫妻之外，都是雙薪或曾經雙薪。TNCO5夫妻表示，他們從結婚以來都是靠妻子單薪收入維持家庭，但是彼此雙方卻能彼此珍惜體諒，欣賞對方的優點，而且將自己的角色扮演成功。不過，有些台灣先生就沒有如此氣度，甚至受到台灣社會對新移民女性歧視態度之影響，抱持懷疑，也讓新移民女性在臺生活更艱辛。但是，新移民女性則會以「緣分」來自我調適以維持婚姻。

　　TNCO5先生：我老婆家距離胡志明市開車要八個小時，連抽水馬桶都沒有，浴室也很不方便。雖然我是在台灣的鄉下長大，不過她們那裡真的比台灣的還偏遠（強調的口氣）。所以去一次就好了……但是，我真的很欽佩我老婆，我覺得她真的非常努力，她嫁到台灣要適應台灣的環境，學習台灣的語言，侍奉公婆，這真的相當不容易。而且家裡的經濟現在幾乎都靠她到市場幫人家賣東西而得的，因此，我在家裡就應該把兩個男孩子顧好，拖拖地、洗洗衣服這樣她回到家就不用在為這些家事煩惱了。男人就是要能夠認清情況，做好該做的事。
　　TNCO5妻子：我先生真的不錯，他做很多事情。
　　TNCO5先生：也沒辦法，就是都找不到工作。農業生產又不穩定，有時候連想做農夫，都沒辦法。

台灣先生能夠放下大男人包袱，當妻子工作持家時，台灣先生專心做個家庭主夫，沒有因為自己不是經濟提供者而意志消沉，著實不易。當然，以新移民女性能夠一肩扛起家庭經濟重任，而且也能肯定先生之付出，互相欣賞，應該是「台灣夢」實現之要素。但是，如果台灣先生執意「男人不可吃軟飯」，而又不付諸行動時，新移民女性的處境就艱難了。

3. 有紅包好過年

由於台灣先生透過仲介跨海娶妻時，所費不貲。因此，造成台灣社會誤解新移民女性原生家庭取得一大筆聘金，以改善原生家庭生活狀況，這可能包含修繕房屋、購買家用品或摩托車等，也因此容易為台灣社會和台灣家庭詬病。然而，實際上新移民女性和台灣先生大多是屬於弱勢，或因為某些機緣而有跨國婚姻的緣分，而形成被台灣社會邊緣化（王宏仁，2001；王明輝，2004）。但是，到底收到多少聘金，據研究者詢問後，一般是1000元美金左右到2000元美金而已，然後，台灣家庭可能婚後會再補加臺幣5萬元到10萬元不等，給予新移民女性原生家庭修繕房屋或購買必需品，而和有些研究顯現的「2,000美元到30幾萬臺幣不等」有些差異（顧美俐，2011）[14]。TDCO2妻子就透露，先生前後花了47萬台幣，但其父母僅受贈1,000元美金，與外傳的極大的差別。因為這類錯誤的刻板印象，深深刻在台灣社會中，可喜的是，明理的台灣先生瞭解到此種狀況後，對妻子更加憐惜疼愛。

不過，因為越南或是華人社會過年時間和台灣一樣，因此，新移民女性一般都會希望有節慶時能寄紅包給自己父母；如果台灣先生不願意或沒辦法，代表新移民女性在臺生活不順，原生父母也會擔心，故如沒有良性的溝通，夫妻齟齬是很難免的。譬如，JYCO2夫妻雖然現在婚姻美滿，但是剛結婚的前3年問題甚多，尤其是家庭經濟管理問題困擾最大。JYCO2先生表示，岳父母期待華人的每個大節慶都可有紅包，外加生日紅包，他就像妻子表明過年紅包是可行的，一切得以自己核心家庭為主。但TNCO5妻子表示，寄錢回原生家庭真是因人而異。雖然她家甚窮，但是她父母只強調希望她有個美滿家庭，其他都不用擔心。研究者2007年拜訪其姊姊時，是第一次給父母壓歲錢，也不過台幣4,000元。另外，有些新移民女性會很清楚地告知原生家庭父母和親戚，TNCO8先生就分享妻子比他有主見，會勇敢說出需要。

TNCO8先生：我帶老婆回越南過年，她給他姑姑紅包100美金。但是，她姑姑嫌少。我老婆就直接跟她姑姑說：「台灣先生並不富有，而且台灣物價高，賺錢不易，因此，過年紅包只能給這麼多，不是所有的台灣人都很有

---

[14] 也有可能該研究的受訪者將所有給娘家的錢數統整加起來的結果。即使如此，本研究的受訪者收到的總數最多是20萬臺幣，大多是5萬到10萬而已。

錢。」

　　TNCO8妻子：對呀！我先生賺的錢要養我、小孩還有我婆婆。我告訴我姑姑，如果她不要，我可以拿回來。要會想，既然嫁到台灣，就要以台灣的家庭為主。

（五）其他家人之影響

1. 同居之利弊

(1) 台灣先生易成夾心餅乾

　　有些公公婆婆甚至會限制新移民女性的自由，因為怕她們被帶壞，或者是自己胡作非為。甚至有的即使知道，在原生國家有同一地區嫁來的女孩子，也不願意讓他們互相交往。如果夫家是從事農作，常會被公婆限制只能在夫家和農田間活動，不能拜訪鄰居或任何同鄉。有些和公婆同住的新移民女性有時候也被禁止參加任何活動，即使是連識字班、生活適應班等。因為擔心新移民女性到了這些班級，沒有學到該學的，就只會和同鄉打混。即使願意讓她們參加，有部分的是先生會帶她們到活動地點之後，就留在該地，而且似乎有監視的傾向。這些新移民女性表示，只要能夠出來學習，其實先生帶她們來也是一種溫暖的感覺，他們已經很滿足了。不過，本研究參與者都表示，先生的支持和體諒是關鍵，誠如TNCO9透露的，「因為一輩子要一起生活的人就是先生，先生最重要。公公婆婆好，不夠。」

　　TNCO7先生：我媽媽不太喜歡我太太，也會說難聽的話。所以，我會告訴她不要這樣。我們就要搬出去自己住，但是假日還是會回來看看。

　　TNCO7妻子：我先生真的很知道我的心情，不然，我真的待不下去。

　　除了先生之外，公婆一方的讚賞，也能和台灣先生共同努力，開創自己的天地。但是，婚姻磨合初期，如果除了公婆還有其他家人共住時，台灣先生常會變成夾心餅乾，如何溝通並開啟家庭和諧之鑰，則有賴夫妻彼此共渡一生的決心和智慧。這些方面包含：新移民女性台灣語言能力的提升和自我探索、台灣先生發展同理心體諒妻子的艱辛和需要、公公或婆婆願意平等對待並耐心地與新移民女性溝通、其他家人的支持等等。另外，大多數的公婆因為新移

民女性來自政經發展比台灣慢的國家，以及透過婚姻仲介的關係，常誤認新移民女性原生家庭取得很高的「聘金」，而有不友善的態度。加上受到台灣社會或社區對新移民女性負面評價之影響，對於新移民女性有輕蔑的傾向（Chen, 2010），而造成對新移民女性有不合理的要求，或限制其行動自由。這是台灣家庭將新移民女性「他者化」，因為認為台灣比新移民女性原生國家政治開明經濟發展好，而認為新移民女性必須藉助婚姻到台灣，是向上流動改善她自己和原生家庭的方式，而忽略了新移民女性對台灣家庭的貢獻。

(2) 大家庭和樂融融

　　雖然大家庭因為成員多，相處不易，也有公婆限制新移民媳婦行動之現象，但大家庭和樂融融仍有9個家庭，約有三分之一弱比例。其原因都是公婆願意平等對待並視之為「外國女兒」，也體諒隻身在台；與公婆職業或是年齡無關，端看個人心態，如PDCO1提到公婆之關懷（見「朋友架起友誼的橋樑」一節）。最令研究者感動的是TDCO1一家——婆婆、先生、二個孩子和大伯同時接受訪問；即使大伯已經和外國妻子離婚，全家還是有問必答，婆婆也能理解為何大媳婦要離婚並且珍惜二媳婦。

　　TDCO1婆婆：用講的不行，就用手比。如果再不行，就叫我先生來講，我先生會講國語，我不會講，就做給她看，邊比邊說，這比帶小孩還辛苦，要有耐心，非常辛苦。起先都聽不懂，又看她像小孩子一樣瘦巴巴，現在比較好看了。剛開始她教我，我一看，心想，娶這個要怎麼辦，又瘦又小像個小孩子。那時候娶兩個，老大也娶，但是後來跑掉了。剛來的時候，要一面講一面比，多辛苦。

　　「人心是肉做的。」只要誠心以待，互相體諒，和樂的家庭是隨處可見的。但是在跨國婚姻特別難的原因，就像TDCO1婆婆表現的：台灣家人得想辦法有實質的行動，讓新移民女性在家庭中有受尊重和關愛。如此，新移民女性也會回饋。當然，也得避免JYCO1妻子和JYCO2妻子所說的「寵壞」地步。實際上，根據研究者之觀察，新移民女性原生國家之政治經濟發展比台灣慢，但是其社會文化類似30年前之台灣風俗民情淳樸，人心善良，人民是懂得回饋並且是禮讓的。本研究參與者之婚姻滿意度尚可，他們對台灣社會也是默默地貢獻，為何台灣社會總是對其瀰漫歧視之觀感呢？有待進一步探討。

2. 婚姻移民是緣分非免費看護

　　在台灣社會因為流行著子女必須要照顧年邁的雙親，因此當父母年邁而子女又無法負擔台灣看護的費用時，部分的台灣家庭會以婚姻移民的方式來取代台灣看護的費用——新移民女性變成了免費看護。在研究者的田野調查中發現，有極少部分的台灣先生其實是隱瞞事實，等到新移民女性嫁到台灣來之後，才發現原來自己是免費看護。不過，有些台灣先生在認識之初，就會跟新移民女性說清楚，她們嫁到台灣來之後，必須與公婆同住，同時可能也需要擔負照顧父母的責任。這些經過仲介介紹，而結合的跨國婚姻，即使新移民女性需要照顧年邁的父母，看似免費看護的狀況，不過因為在和先生認識的過程中，台灣先生有明確表白，因此她們都有心理準備，也覺得台灣先生是誠實的、誠摯的，因此毫無怨言。

　　PPCO2先生：我的妻子真的很不簡單，她不只要照顧我父母，而且也是個非常好的媽媽，做菜也很好。

　　研究者：那你這樣不是把你老婆當成免費看護了嗎？

　　PPCO2先生：我沒有把她當成免費看護！[15] 媒人介紹我老婆的時候，我一看就喜歡她。不過因為我也知道我需要跟我父母親同住，而且我不能騙人，因此，我都老老實實的跟我老婆說我父母親的狀況。

　　PPCO2妻子：沒錯，我先生認識我的時候，他就很老實跟我說，我要照顧公公婆婆。

　　研究者：那你還願意嫁到台灣來喔？

　　PPCO2妻子：沒有關係啊，因為我覺得我的先生很老實的告訴我，所以我覺得本來照顧父母親就是應該的。

　　PPCO2先生：你看吧，（眼光很興奮很有自信的樣子）我做人做事的原則就是要誠實，當然我也很感激我老婆願意照顧我的父母。

所以，只要台灣先生誠實，問題就不大，有欺騙不願告知問題就多了，也會影響家庭之和樂。其次，台灣先生之體恤和感恩也是維持婚姻之重點。

---

[15] 研究者採用比較直接的問答法，一般受訪者可能不容易接受。感謝PPCO2先生很開明，沒有感受到被質詢或被輕視的感覺。

研究者田野調查中認識一位印尼媳婦,她除了有全職工作以外,下班後還得照顧幾乎是植物人的小叔,而且有時候還要幫忙將小叔背上樓。但是,也在上班的先生因為自己也有病又得工作,故很感謝印尼老婆支付出,他們同時對研究者表示,其實就是緣分,碰到了就得克服。不過,台灣先生當時感謝之意,讓印尼老婆紅了眼。不過,研究者田野調查過程中也發現有些不知感恩的台灣先生,其實當初就是為了有免費看護才透過仲介尋得跨國婚姻;除了把老婆當成免費看護外,更埋怨有婚姻的束縛。研究者觀察到有位台灣先生埋怨:「倒楣死了!我本來娶老婆是為了照顧我中風的爸爸。結婚一個多月老爸就往生,害我沒有了自由,早知道就不要結婚。」[16]

3. 都會區小家庭

研究者的田野觀察發現到,新移民女性基本上嫁到台灣來,絕大多數都是要跟公婆一起住的,特別是鄉村的地區,還是習慣和公婆一起住,至於都會區,可能生活型態之差異,所以也不見得會跟公婆同住。尤其有一些是台灣先生從非都會區到都會區工作,公婆可能也不太喜歡住在都會區而沒有三代同堂。不過,因為新移民女性少和公婆見面,一般來說,摩擦也相形降低。此類的跨國婚姻幾乎都是以自己的核心家庭為主,影響婚姻的變數則是兩人如何經營兩人世界。[17]

TPCO3先生:我因為工作關係,從小就離開鄉下到北部工作,一直都住在都會區,只有過年過節才會回鄉下。所以我老婆和父母見面的機會也不多,所以囉,要有什麼問題也很難。不過,我很孝順,真有問題,我還是會先站在我父母那邊,再來瞭解問題。

(六)跨國不跨族群過得比較好

台灣跨國婚姻有一大部分是跨國不跨族群,亦即台灣先生和新移民女性都是華人/漢人[18]的夫妻,本研究一共有11對是華人通婚,一對是台灣原住民和印尼華人。其中同一族群的只有2對夫妻——JYCO2〔印尼、客家華裔;

---

[16] 當時他太太就抱著稚子坐在他旁邊。
[17] 有些跨國婚姻夫妻選擇住在台灣以外的地區或是妻子的原生國家,此類的家庭則將另文討論。
[18] 如果是中國或台灣以外地區的海外漢人,常稱為華人。

客家（但說河洛話）〕和JLCY3（印尼、閩南／福建華裔；河洛）；6對是接近的──TNCO2（印尼、客家華裔；河洛）、TNCO4（印尼、客家華裔；河洛）、TNCO6（柬埔寨、潮州華裔；河洛）、TNCO9（越南、高棉族＆潮州華裔；河洛）、JYCO10（越南[19]潮州裔；河洛）和TPCO1（越南、廣東華裔；河洛）。如果和其他夫妻比較，從參與觀察和訪談中發現，每對夫妻都有自己獨特的酸甜苦辣，他們無法辨識到底是同一族群締結連理比較好或者異族通婚好，他們表示一切都是得靠有心地「經營」，無心於家庭者，無論是何族群，幸福快樂的婚姻不會從天而降。

JLCY3妻子：每個人的狀況都不一樣，沒有辦法用一個方式來解決。反正家家有本難唸的經，自己最清楚該怎麼辦。

JYCO2妻子：剛來的時候，我台語（閩南語）和國語（普通話）都不會，都是我公公跟我說話，教我做飯。我也不知道為什麼我婆婆不喜歡我。我有很多話要跟我先生說，但是他都在樓下陪我公公婆婆喝茶來聊天。那時候，我真的覺得很孤單，常常看著月亮，真的不知道該怎麼辦。

JYCO2先生：夫妻相處不是只有兩個人，那我們就是和爸媽和弟弟一起住，所以問題更複雜。當初說真的，我也和一般的台灣人一樣，認為我是用錢把老婆「買」（加重語氣）過來的，所以我也不是很在乎她的感覺。……我每天和朋友喝酒，也不告訴我老婆我去哪裡。但是慢慢地，我爸爸告訴我，這是不對的；既然給人家娶來了，就要好好地對待人家。我老婆也抱怨，所以我慢慢地和她溝通。現在，就越來越好了。

JYCO2妻子：除了公婆，還有其他家人也是要很小心。但是我嘴巴不甜，講話直接，有時候話都會被說歪了（意義被扭曲了）。所以，小叔結婚後，我們搬出來，反正不住在一起，互相尊重就好了。

19　他們和孩子現住越南，研究者2010年訪越時，曾與之通過電話。研究者同時訪問夫妻時，他們仍住在台灣。

五、結論與建議

（一）結論

　　以上的研究結果和討論發現，研究參與者認為夫妻能夠結為是緣分，至於緣分是什麼？都指稱是老天的安排，沒有特別的解釋。但是，根據部分研究參與者的描述，可以得知台灣先生希望能夠取得自己認為是美女的女孩子。至於何謂美，則是「情人眼裡出西施」。台灣先生對於種族宗教沒有特定的偏好，新移民女性也沒有特定的選擇目標。研究參與者表示如果是透過朋友屬於自由戀愛，因為喜歡就會包容全部；而對於透過仲介結為夫妻的研究參與者則認為，自己的經濟狀況非中上流社會，主要就是娶個好老婆共同生活。所以，在跨國婚姻中，跨國夫妻的選擇是比較少，或者是他們用比較寬闊的「胸襟」，或者有的人會形容是面臨無奈的心境。但由婚後的描述來觀察，跨國婚姻夫妻其實就是為了共同創造生活而努力，這和一般的夫妻並無兩樣，也許結婚之餘，緣分是他們能夠理解和接受需要遠渡重洋尋覓對方的方法。

　　研究參與者對於伴侶的選擇雖然說是靠緣分，但是由以上的討論可以探知，台灣男性是以看得上眼或者是美女的標準來挑選自己的配偶。不過新移民女性似乎都沒有提出他們心目中的理想對象是甚麼模樣或具有甚麼條件，基本上都是偏向是好人就可以了。這可能是因為新移民女性的原生國家是在政治經濟發展上相較台灣屬於較緩慢的國家，根據移民的推拉理論，他們會因為台灣的政治經濟發展比較好，因此願意飄洋過海尋求較好的生活。重要的是，這些婚姻移民女性，沒有因為自己原生國家的政治經濟發展比較緩慢，而被台灣先生鄙視，這也許是因為研究參與者的台灣先生都是屬於有責任感的好男人，因此在國際婚姻當中，能夠和新移民女性溝通彼此的價值，討論彼此的角色而共同經營婚姻。或許台灣社會瀰漫的氣息，是新移民女性以「美色」和「年輕」來搏得台灣先生的青睞，作為彼此交換的因素。但是，共同婚姻中如果沒有共同的價值觀，又如何創造美滿的婚姻生活呢？因此夫妻之間的角色扮演，也在跨國婚姻中扮演婚姻成功的因素之一。

　　本章也發現跨國婚姻夫妻經營家庭之策略，和台灣家庭並無兩樣，不過他們其實得面臨更多的障礙，也就是需要更多的耐心和毅力來突破彼此之間語言與文化障礙的藩籬。尤其加上台灣社會對於新移民女性常常抱著負面的刻板印象，難免會影響台灣先生對家庭新移民女性的態度，但是如果台灣先生能夠秉

持平等的觀念，適時地幫助新移民女性或者是與他們共同面對外來的壓力，新移民女性在台灣的生活經驗就會比較愉悅。此外，跨國婚姻夫妻和台灣夫妻都是想要得到美滿婚姻生活，不過台灣先生在跨國婚姻中扮演的角色比一般的台灣先生來的多，因為新移民女性單槍匹馬地遠渡重洋，在台舉目無親，台灣先生能以欣賞的態度來對待新移民女性，進一步學習新移民女性的家鄉話，或烹調妻子的家鄉菜、或分享家庭趣事，這些都是能夠讓新移民女性更有意願留在台灣的重要因素。台灣先生和台灣家庭如果能夠以文化融合的態度來欣賞新移民女性的社會文化，那麼跨國婚姻夫妻比較容易達成的美滿的家庭。反之，如果台灣先生和台灣家庭是以同化的態度來對待子女，在台灣的父權社會當中，就更容易引起家庭暴力。新移民女性也會因為自己原生文化的生活方式遭受到否定，在台灣的經驗不愉快，使得婚姻當中的衝突不斷增加。至於，「免費看護」議題，則是「誠實為最佳策略」——誠實告知新移民女性，婚後就能各司職責。新移民女性有著堅忍不拔的精神，和台灣1990年代之前的媳婦類似，都是相信「緣分」，也會「認命」，而將擔負相夫教子侍奉公婆之責任。但是誠實相告示必要的。很多跨國婚姻問題是起源於「欺騙」，這也是台灣社會必須檢討的。

另外，「身高不是距離，年齡不是問題」，正可以說明本研究中的跨國婚姻夫妻是超越年齡，能夠以平等關係來建立夫妻間的親密關係。為什麼諾貝爾獎得主楊振寧博士以82歲之高齡婚娶28歲的妻子，世界只覺得驚訝進而給予祝福，為何對於台灣的跨國婚姻夫妻就不行呢？雖然前者有感情為基礎，但本研究參與者也表示即使沒有感情為基礎，但是他們有信心婚後以信賴和用心創造美滿的婚姻生活，為何還是很少受到台灣社會的祝福呢？夫妻之間彼此的付出，形塑和諧親密關係的跨國夫妻。至於是否需要同一族群的婚姻會比較幸福，就本研究而言，跨國跨族群或是跨國不跨族群都一樣好，也許剛開始是誇國不跨族群比較容易溝通，但是耐心、欣賞、等待就是跨國不跨族群婚姻幸福美滿的重要策略。

（二）未來研究建議

本章只能算是初探，跨國夫妻之間的互動或是與其他家人之互動，都影響婚姻的品質，有待將每一環節更加深入探討；除了夫妻以外，其家人、小孩、朋友、就讀之補校教師、鄰居或參與之非營利組織之輔導團體等等都應該

列入研究對象，以其能更全面探討相關因素。此外，在此研究只有一位受訪者是公教人員的，其餘都是公司行號員工。因此，日後應該以立意取樣為主。雖然，很多研究顯示，台灣跨國婚姻夫妻多是弱勢的，但是仍有很多是屬於中產階級，他們的觀點又是如何？公教人員在台灣社會是屬於最穩定的中產階級-鐵飯碗，是否因為工作穩定也因而容易找到台灣女孩作為婚配對象，而不用透過仲介媒合跨國婚姻？或者是因為其在台灣身分地位之關係，而比較不願意為人知曉，因此也不容易被研究者查知？日後的研究也可多發覺公教人員婚配外國女子之狀況，以避免跨國婚姻「皆是」弱勢或無法在臺取得美嬌娘之刻版印象。另外，婆媳問題和家人互動關係對於跨國婚姻影響甚大，需要更深入探討以瞭解跨國婚姻之實況，並能就現有的議題或刻板印象提出解決方案。

參考文獻

王宏仁（2001）。社會階層化下的婚姻移民與國內勞動市場：以越南新娘為例。台灣社會研究，41，171-207。

王宏仁、張書銘（2003）。商品化的台越婚姻市場。台灣社會學，6，177-221。

王明輝（2004）。台灣外籍配偶結構性弱勢情境之分析。社區發展季刊，107，320-335。

王明輝（2006）。跨國婚姻親密關係之探討：以澎湖地區大陸媳婦的婚姻為例。中華心理衛生學刊，19(1)：61-78。

田晶瑩、王宏仁（2006）。男性氣魄與可「娶」的跨國婚姻：為何台灣男子要與越南女子結婚？台灣東南亞學刊，3（1），3-36。

巫麗雪、蔡瑞明（2006）。跨越族群的藩籬：從機會供給觀點分析台灣的族群通婚。人口學刊，32，1-41。

李美賢（2006）。越南「好女性」的文化邊界與「越南新娘」：「尊嚴」vs「靈魂之債」。台灣東南亞學刊，3（1），37-62。

李筱峰（1999）。台灣史100件大事。臺北市：玉山社。

林淑玲（2000）。家庭與家庭教育。刊於中華民國家庭教育學會（編），家庭教育學（1－34頁）。臺北：師大書苑。

洪麗完（2010）。婚姻網絡與族群、地域關係之考察：以日治時期大瓏武派社

裔為例，載於戴文鋒（主編），南瀛歷史、社會與文化II（77-115頁）。臺南：臺南縣政府、南瀛國際人文科學研究中心。

林開忠（2007）。跨界越南女性族群邊界的維持：食物角色的探索。台灣東南亞學刊，3（1），63-82。

林松齡（2000）。台灣社會的婚姻與家庭—社會學的實證研究。臺北：五南。

許文堂（2003）。台灣與越南關係十年來的回顧。載於蕭新煌（編），台灣與東南亞：南向政策與越南新娘（117-162頁）。臺北：中央研究院。

康培德（2010）。荷蘭東印度公司治下的歐亞跨族群婚姻：臺南一帶的南島語族案例，載於戴文鋒（主編），南瀛歷史、社會與文化II（55-75頁）。臺南：臺南縣政府。

梁世武（2009）。台灣族群通婚與族群認同之研究。問題與研究，48(3)，33-62。

彭尉榕（2005）。原客通婚的族群邊界與位階：地域、世代的比較分析。國立東華大學族群關係與文化研究所碩士論文，未出版，花蓮市。

張亭婷、張翰璧（2007）。東南亞女性婚姻移民與客家文化傳承：越南與印尼籍女性的飲食烹調策略。台灣東南亞學刊，5(1)，93-144。

夏曉鵑（2002）。流離尋岸—資本國際化下的「外籍新娘」現象。臺北：台灣社會研究叢刊。

游佳螢（2003）。他鄉際遇。臺中大里市：朝陽科技大學。

葉春榮（2009）。族群與通婚：一個臺南山區村落的歷史人口學研究。載於葉春榮（主編），平埔歷史文化論集（333-372頁）。臺北市：唐山。

葉郁菁（2010）。家庭社會學：婚姻移民人權的推動與實踐。臺北市：巨流。

葉肅科（2010）。一樣的婚姻・多樣的家庭。臺北市：學富。

蔡文輝（2007）。婚姻與家庭：家庭社會學。臺北市：五南。

潘淑滿（2003）。婚姻暴力的性別政治。女學學誌，15，195-253。

潘淑滿（2004）。婚姻移民婦女、公民權與婚姻暴力。社會政策與社會工作學刊，8（1），85-131。

強增潘（2004年6月9日）。議員促縣府幫台灣女性牽線。台灣日報，23。

顧美俐（2011）。新移民女性與經濟危機－以越南籍配偶為例。輔仁社會研究，1，171-208。鍾鳳嬌、趙善如、王淑清、吳雅玲（2010）。新移民家庭：服務與實踐。臺北市：巨流。

謝臥龍、洪素珍、劉惠嬰、黃志中（2003）。國際婚姻的婚姻本質與性別權力
　　關係探討：以受暴的東南亞國際新娘為例。性別、暴力與權力研討會論文
　　集，61-95。

龔宜君（2006）。國家與婚姻：台越跨國婚姻制度。台灣東南亞學刊，3
　　（1），83-104。

Amster, M. H. (2005). Cross? Border Marriage in the Kelabit Highlands of Borneo.
　　Anthropological Forum，15(2),131-150.

Chen, Mei-ying. (2010). Becoming Taiwanese: Self-perceptions of the New
　　Taiwanese Immigrant Females. *International Journal of Asia-Pacific Studies*,
　　6(2), 1-22.

Muncie, J., Wetherell, M. Langan, M. Dallos, R., & Conchrane A. (2003). 家庭社會
　　學（洪惠芬、胡志強、陳素秋譯）。臺北：韋伯。（原著1997出版）。

Thompson, W. E. & & Hickey, J. V. (1994). *Society in Focus: An introduction to
　　sociology*. New York: Harper Collins College Publishers.

Wang, Hong-zen (2007). Hidden Spaces of Resistance of the Subordinated: Case
　　Studies from Vietnamese Female Migrant Partners in Taiwan. *International
　　Migration Review, 2007(41)*,3, 706-727.

Wang, Hong-zen. & Chang, Shu-ming. (2002). The accomodification of international
　　marriages: Cross-border marriages between Taiwan and Vietnam. *International
　　Migration, 40*(6), 93-116.

內政部（2011a）。內政部全國資訊網統計處婚姻初探2009。2011年3月10日，
　　取自，內政部性別統計，http://www.stat.gov.tw/ct.asp?xItem=835&ctNode=531

內政部（2011b）。外籍配偶與大陸港澳配偶人數。2011年3月10日，取自：內
　　政部統計處：http://sowf.moi.gov.tw/stat/week/list.htm

內政部（2011c）。台灣原住民人。2011年3月12日，取自：內政部統計處：
　　http://sowf.moi.gov.tw/stat/week/list.htm

今日新聞網地方中心（2010年2月28日）。台荷混血美女安平追想曲女主角
　　「金小姐」露臉。2011年5月日8，取自：今日新聞網：http://www.nownews.
　　com/2010/02/28/91-2574383.htm

黃文鍠（2008年6月1日）。安平追想曲「金」有其人。2011年5月8日，取自：
　　自由時報電子報：http://www.libertytimes.com.tw/2008/new/jun/1/today-so5.

htm

教育部（2011a）。外籍配偶子女國中小人數。2011年3月10日，取自：教育部
　　統計處：http://www.edu.tw/statistics/content.aspx?site_content_sn=8869

教育部（2011b）。全國國中小學生人數。2011年3月10日，取自：教育部統計
　　處：http//:www.edu.tw/fiels/site_content/boo13/b.xls

蘋果日報（2005年12月1日）。統一教文鮮明來台演講。2011年7月18
　　日，取自：台灣性別人權協會：http://gsrat.net/news/newsclipDetail.
　　php?ncdata_id=2228

附錄一

研究參與者背景

名字／代號	新移民原生國家、族群背景；台灣先生族群背景	認識途徑、婚姻狀態	孩子數、婚姻數	新移民來臺年數	年齡差距（歲）	夫妻職業與宗教	和公婆[20]或兄弟姊妹同住
1. TNCO1[21]	越南、京族[22]；河洛	仲介、持續	2、1	11-15	15-10	農、農／無、無	否
2. TNCO2	印尼、客家華裔；河洛	仲介、持續	2、1	11-15	0-5	工、農／無、無	相鄰的2戶
3. TNCO3	柬埔寨、高棉族（會說越南話）；河洛	仲介、持續	2、1	11-15	5-10	農、工／無、無	否，但每晚和公婆進餐
4. TNCO4	印尼、客家華裔；河洛	仲介、持續	2、1	11-15	16-20	農、服務業／無、無	是
5. TNCO5	越南、京族；河洛	仲介、持續	2、1	6-10	11-15	農、工／無、無	否，但曾經和公婆、兄弟姊妹同住
6. TNCO6	柬埔寨、潮州華裔；河洛	仲介、持續	2、1	11-15	11-15	農、工／無、無	否
7. TNCO7	越南、京族；河洛	仲介、持續	1、1	6-10	16-20	工、工／無、無	否，但曾經和公婆同住
8. TNCO8	越南、京族；河洛	仲介、持續	2、1	6-10	16-20	工、家管／無、無	是，只有婆婆
9. TNCO9	越南、高棉族＆潮州華裔；河洛	仲介、6年後離婚[23]	2、1	6-10	16-20	無（結婚後的前4年都有工作）、工／無、無	直到離婚前都是和公婆同住

---

[20] 因為以新移民女性之觀點來敘述關係，故用之。

[21] 高雄縣已列入高雄市、臺南縣已列入臺南市、臺北縣已改為新北市，但因為大部分受訪時間是在縣市為合併仍處於2都時代，故仍留舊名。

[22] 族群背景是研究參與者的自我認同而得。

[23] 研究者2005年認識這對夫妻時，他們非常恩愛，彼此互相欣賞，是男主外女主內。但後來，男方開始厭倦工作，加上不體貼懷疑，而導致離婚。研究者由他們非常恩愛一直到爭吵，甚至離婚都曾經參與輔導，也認識了他們的仲介。

名字／代號	新移民原生國家、族群背景；台灣先生族群背景	認識途徑、婚姻狀態	孩子數、婚姻數	新移民來臺年數	年齡差距（歲）	夫妻職業與宗教	和公婆[20]或兄弟姊妹同住
10. JYCO1	越南、京族、河洛	越勞、持續	2、1	6-10	16-20	工、工／有、有	否
11. JYCO2	印尼、客家華裔；客家（但說河洛話）	仲介、持續	3、1	11-15	16-20	工、工／無、無	否,但曾經和公婆、兄弟姊妹同住
12. JYCO3	印尼、爪哇&華裔（不知自己華裔族群背景）；河洛	仲介、持續	2、1	11-15	16-20	工、工／無、無	和公婆、兄弟姊妹同住
13. JYCO4	印尼、爪哇族；河洛	印勞、持續	1、1	6-10	16-20	工、工／無、無	否,公婆雙亡
14. JYCO5	越南、京族；河洛	仲介、持續	1、1	6-10	21-25	服務業、家管／無、無	否,公婆雙亡
15. JYCO6	越南、京族；河洛	仲介、持續	1、1	0-5	11-15	工、家管／無、無	和公婆同住
16. JYCO7	越南、京族；河洛	仲介、持續	2、1	6-10	16-20	工、工／無、無	和公婆同住
17. JYCO8	越南、京族；河洛	仲介、持續	1、1	6-10	21-25	農、工／無、無	否,但公婆住隔壁
18. JYCO9	泰國傣族&華裔（不說中文）；河洛	仲介、持續	2、1	21-25	11-15	服務業、服務業／無、無	否
19. JYCO10	越南[24]潮州裔；河洛	朋友介紹、持續	2、1	6-10	6-10	工、家管／無、無	否
20. YLCO1	越南、京族；河洛	仲介、持續	0、2（妻亡,兒女鼓勵再婚）	6-10	36-40	退休人員、家管／無、無	否
21. TPCO1[25]	越南、廣東華裔；河洛	朋友介紹、持續	2	16-20	1-5	服務業、服務業／無、無	否

[24] 他們和孩子現住越南,研究者2010年訪越時,曾與之通過電話。研究者同時訪問夫妻時,他們仍住在台灣。

[25] 高雄縣在2010年併入高雄市,和臺南縣、臺中縣鄉相同。

名字／代號	新移民原生國家、族群背景；台灣先生族群背景	認識途徑、婚姻狀態	孩子數、婚姻數	新移民來臺年數	年齡差距（歲）	夫妻職業與宗教	和公婆[20]或兄弟姊妹同住
22. TPCO2	越南、京族&客家華裔；河洛	仲介、持續	1	11-15	16-20	工、工／無、無	是
23. TPCO3[26]	越南、京族；河洛	仲介、持續	1	6-10	15-20	工、工／無、無	否
24. JLCY1	印尼、爪哇族；河洛	印勞、持續	3	6-10	1-5	工、工／無、無	是
25. JLCY2	越南、京族；河洛	仲介、持續	2	6-10	11-15	工、工／無、無	是，但不同樓層而共餐
26. JLCY3	印尼、閩南/福建華裔；河洛	仲介、持續	1	6-10	1-5	工、家管／無、無	否
27. JLCY4	泰國、傣族；河洛	仲介、持續	1	6-10	16-20	無（曾從為工人）、服務業／無、無	否
28. JLCY5	越南、京族；河洛	仲介、持續	1	6-10	16-20	工、家管／無、無	否，但曾經和公婆
29. TDCO1	越南、京族；河洛	仲介、持續	2	11-15	16-20	農、農／無、無	是
30. TDCO2	印尼、客家華裔；原住民	仲介、持續	2	11-15	11-15	零工、服務業／無、無	是
31. PDCO1	越南、京族；河洛	朋友介紹、持續	2	16-20	16-20	工、服務業／無、無	是
32. KHCO1	越南、京族；河洛	朋友介紹、持續	0（台灣先生決定不要有孩子）	6-10	16-20	工、工／無、無	是

---

[26] 台灣先生原是嘉義人，但自退伍後就因工作關係居住於臺北縣（新北市）。加上其夫人自結婚後就住北部，故列此。

蔡佩芬

一、詐婚移民之定義、要件與效力

　　1985年美國參議院移民小組召開公聽會，根據移民暨歸化委員會娜爾森提出之統計報告指出，每十對美國公民與非公民之間的婚姻關係，即存在三對企圖以非公民取得永久居留權之假結婚。報告中並將假結婚分為二種型態：一為單方詐婚，一為雙方詐婚。前者指一方有意並致力引誘不知情之美國公民或永久居留權者與之相婚，後者指契約式之假結婚，即雙方雖有結婚之合意，惟其合意僅存在一個目的，且雙方均知其合意之目的——使外國配偶之一方得以移民美國，而美國人或具備永久居留權之他方則基於同情或自該外籍配偶處獲得報酬或利益[1]；而具有「假婚戒結婚」稱號之地下組織即充分提供潛在的配偶來源，並同時協助當事人逃避偵查。除實質上金錢或利益之誘惑外，有時基於同情外國人迫在眉睫的強制出境，或各種嚴格之限制，使得此種假結婚有生存的空間。[2]而今，移民人權觀念抬頭，在這大帽子的保護下，動不動就以人權作為國際議題，或形式上未支持人權就是落伍或不夠人性的道德荊棘而令人畏懼，致使緝捕詐婚移民犯罪增添艱困，更令假結婚的生存空間變寬，加上多數人過往對移民配偶者歧視也造成社會多數人啟動同情心與反彈，主張有假結婚者竟儼然成為過街老鼠人人喊打，假結婚的惡性與潛在社會隱憂視而不見，單親家庭的小孩最是無辜，也最是未來社會安定與安全感來源的隱憂。

（一）定義

　　我國現有文獻中，假結婚在法律上的定義與要件，多數認為「假結婚」一詞在舉世文獻中相當普遍被廣泛使用，但定義未被統一。在維基百科全書中，

---

[1]　此定義同荷蘭民法對於假結婚之定義性規範：「當事人之一方或雙方為企圖獲得入境許可，而非以履行婚姻之法定義務為目的而結婚者。」參閱陳榮傳，涉外假結婚的事實認定及法律適用，月旦法學雜誌第182期，頁289，2010年7月。
[2]　徐慧怡，美國移民詐婚修正案之研究，中興法學第42期，頁3-4，1997年6月。

英文的shame marriage是指雙方愛情成分不多，卻基於政治上的利益或個人的便宜，而成立的婚姻關係或結合關係；立法上直接定義假結婚者不多，台灣的法律並未直接使用「假結婚」用詞，所以嚴格而言，假結婚在台灣並非法律概念，其定義也沒有法定的標準。[3]

本章所謂之「詐婚」，即「假結婚」，係指當事人內心在結婚之始欠缺與對方結婚意願的這一項實質內容卻有結婚之客觀行為，亦即在自由意志之下，當事人清楚明白自己內心意思不是要結婚，也清楚認知到結婚之意涵，當事人內心意思及法效意思不是要結婚，但是當事人利用表示意思與表示行為示眾結婚，更利用表示行為來創設他結婚的法效意思，以表徵其結婚之意願，達到欺瞞大眾之目的。

此等人在結婚當下或結婚後不會也不能讓人知道自己內心意思不是以結婚為目的，否則將影響婚姻效力，這他很清楚。

如果撤銷婚姻或無效婚將影響到他已經獲取之目的或利益時，則他會使自己的內心意思與法效意思永遠隱藏，第三者只能從外觀行為去推測，或從他不小心留下的證據去證明或推論他的內心意思。

此等人係外觀上以結婚意願之意思表示作為手段，卻實際上遂行取得國籍或財物，而取得之後，已失去留在婚姻關係中的意義，則想盡辦法離去婚姻生活，才是其內心真正的意願。

根據國籍法第4條規定：「外國人或無國籍人，現於中華民國領域內有住所，具備前條第一項第二款至第五款要件，於中華民國領域內，每年合計有一百八十三日以上合法居留之事實繼續三年以上，並有下列各款情形之一者，亦得申請歸化：一、為中華民國國民之配偶。」所以為了達到取得國籍目的，往往需要三年以上，這幾年中，這些人有部分因為環境因素或與配偶發生感情，所以放棄其目的也放棄離婚或逃家，則其當初假結婚之內心意思永遠不會顯現於外，永遠隱藏於它的內心秘密當中，其不會造成家庭與社會問題，也不會有人去研究他的當初內心意思，但這不代表他當初不是詐婚（假結婚），只能說他懸崖勒馬、值得鼓勵。我國關於外配或外籍人士的輔助課程，有可能也是教化或影響他從善的因素。

有部分人不會因為環境因素或任何因素而減緩或致使他放棄當初的內心意

---

[3]　陳榮傳，涉外假結婚的事實認定及法律適用，月旦法學雜誌第182期，頁288，2010年7月。

願，甚至更有加強他的步伐，加速手段的兇猛而遂行目的之情形。對這些人而言，如果婚姻解消會影響其目的或者影響其親友之利益或人身安全（反利用人蛇集團）者，更不能讓人知道他內心意思，所以，他會刻意隱藏，消滅證據，所以難以舉證。

有些人，也是多數人是處在於以結婚達到改善人生與生活之目的。

這些人有部分人是，內心意思一半是結婚一半是財物或國籍，法效意思是結婚，表示行為也是結婚；有一部分人是，內心意思全數是結婚，法效意思是結婚，表示行為也是結婚，但目的動機是財物與國籍，通常這些人是處在於幻想未來生活階段，有些人成真，有些人發現配偶經濟沒有想像中好有受騙感，進而這部分人數中有主張詐欺撤銷婚姻，或以逃家或以離婚收場，而這部分人最後會因此被誤認是假結婚，實際上他不是假結婚情形。

（二）假結婚之要件與效力

假結婚既然是無結婚意願卻利用結婚之形式與外觀達到令第三者以為已經結婚，故而關於假結婚之要件與效力，外觀上可見之結婚合法要件必當無瑕疵，瑕疵之問題該是出現在其意思表示，亦即應從當事人之內心和表示行為是否一致去著眼，此涉及當事人內心對結婚事實的認知、對相關法律的認知、對相關法律效果展現的認知、表示在外所欲給他第三者印象之認知、表示在外所欲展現給第三者印象之行為，用專業法律上術語，即是意思表示之要素與內涵是否健全無瑕疵，而能該當合法的結婚要件，故從意思表示之要素分析，從最基本的法效意思、表示意思、表示行為著眼，判斷當事人是真正結婚之意思表示或是假結婚之意思表示。

意思表示在法律上是法律行為之基本要件之一，從而若法效意思、表示意思、表示行為有其一瑕疵者，則真實結婚意願之意思表示亦是瑕疵。目的動機與內心意思雖非關法律上意思表示之要件與效力，在假結婚與否之判斷亦非法律效力之依歸，惟實際上欲將目的動機遁入結婚合法外觀當中，此目的動機必有其重要性地位，在實務的分析判斷上也是證據力採酌的衡量點之一，故將其一併列出。

關於假結婚之要件與效力，以表2-6-1示之：

表2-6-1　假結婚之要件與效力

假結婚	目的動機	內心意思	法效意思（效果意思）	表示意思	表示行為	目的達到後之行為	追蹤後續行為	說明
v	財物國籍或其他	財物國籍或其他	虛偽婚	結婚	結婚行為	逃家離婚	犯罪或合法行為	利用表示行為創設其有結婚之法效意思與內心意思示眾
v	同上	同上	同上	同上	同上	婚姻持續	合法行為	懸崖勒馬，婚姻中對配偶或其他人產生感情或種種因素，改變初衷成為真正的結婚意願
x	財物國籍或其他	結婚	結婚	同上	同上	逃家離婚	犯罪或合法行為	容易被誤會當初是假結婚（多數認為婚姻或財力與想像中不一樣者）
x	財物國籍或其他	財物國籍結婚或其他	虛偽婚結婚	同上	同上	逃家離婚	犯罪或合法行為	因參雜有結婚意願，不列為假結婚
x	財物國籍或其他	財物國籍結婚或其他	同上	同上	同上	待婚姻中	犯罪或合法行為	因參雜有結婚意願，不列為假結婚

　　所謂「法效意思」，係指效果意思又稱為效力意思或法效意思，乃表意人內部的主觀意思。表意人在內心上先有期望發生某種法律效果的意思，此項效果可能包括獲得財產上、身分上或精神上的法律利益在內，例如買受人期望獲得汽車1輛、出賣人期望獲得價金、期望與某人訂婚或結婚、或購票人期望欣賞音樂演奏會、演出人期望獲得報酬等。當事人的期望必須具有法律意義始有效果意思可言，否則不在法律規範之列，在社會活動上邀請好友晚餐或家庭舞會，雖具有重要意義，當事人也應遵守，但不發生民法上的權利義務關係。效果意思為意思表示的基礎，由於效果意思，促使意思表示的形成，最後實現法律行為的效果。效果意思與意思表示的「動機」有別，當事人可能為上學、送貨、實驗、旅遊等各種動機而購買汽車，內心的動機只是意思表示的「間接原

因」，欲取得汽車所有權始為「效果意思」[4]。

當一個人內心對結婚法律效果的認知是清楚明白的，且不願意發生結婚的法律上效果，可是為了達到心中的目的，又不得不讓第三人在外觀上誤以為已經結婚，從而讓第三人誤以為他（她）在法律上已經完成結婚要件且也產生結婚之法律效果，這種法律上的效果意思（法效意思）就是締結虛偽婚姻之意思，就是俗稱的假結婚之意思，而為了達到令第三者以為他（她）已經結婚，表示行為與表示意思之真意都是結婚。

從表2-6-1可知，表示意思與表示行為都是結婚，但是法效意思卻沒有結婚的意思，則表示行為人不願達到真正結婚的目的和不具備法律上真實結婚的意願，該次結婚意思表是有瑕疵，這是意思表示保留，正是民法第86條心中保留的規定。

因為自始沒有法效意思，則按民法第86條規定，單獨意思保留為對方知悉者可以撤銷意思表示；若是雙方都是締結虛偽婚姻之意思，則按民法第87條規定，為通謀虛偽意思表示，婚姻無效。

台灣現行法對於假結婚的實質內涵，仍在許多地方設有「通謀而虛偽結婚」之明文規定，例如兩岸條例第17條第7項、大陸地區人民進入台灣地區人民許可辦法第19條第1項第7款。此一「通謀而虛偽結婚」用語顯然源自民法第87條第1項「表意人與相對人通謀而為虛偽意思表示」，可見其中點係在說明其結婚行為無效。[5]

二、詐婚移民之判斷方法

假結婚該從何認定，在形式上是有很多爭議存在，此假結婚與真結婚在其形式要件上無不同，皆須符合民法上所規定之結婚要件，同樣需至戶政事務所辦理結婚登記，唯一不同的大概就是心態吧？！同樣一對新人至戶政機關辦理結婚，假結婚、真結婚所需辦理程序無不同，惟假結婚可能一辦完就各奔東西，或雙方有極大金錢交易在進行，我認為沒有所謂的假結婚，只要完整辦完結婚登記，就是夫妻了。

由於假結婚外觀上與結婚無異，是否為假結婚，認定上須有事證、人證和

---

[4]　施啟揚，民法總則，施啟揚發行，三民總經銷，民96年10月七版二刷，頁277-278。
[5]　陳榮傳，涉外假結婚的事實認定及法律適用，月旦法學雜誌第182期，頁288，2010年7月。

物證，並經由相關單位反覆調查，不能依外表外貌去認定。

　　該如何認定是否為假結婚？以下提供幾個參考標準。

參考標準

　　以下提供是否有結婚事實之參考標準，不是絕對的判斷標準，而是可以提供作為參考的標準之一。多種標準同時合併使用，會比僅採用其中一項標準更接近準度。

（一）假結婚如何認定？

1. 親屬間是否得知其有結婚之事實。
2. 有無同居：
   (1) 有結婚之實而不行同居之義務者，而無正當之理由。
   (2) 若因有事故而無同居，則須拿相關證明。
   (3) 無同居之事實，來台一段期間之後，也無子嗣。
   (4) 是否有非正當原因而分居、長期未住一起之情形。
   (5) 參考鄰居意見是否有共同生活，或從親友查探。
   (6) 共同生活不一定只同居，分居也可，但至少會聯絡、見面……等。可從通聯紀錄得知，是否經常連絡，由旁人確認是否常見面。如果雙方沒有任何交集形同陌路，連男女朋友關係都不到……假結婚可能性很大。
3. 有無性生活。
4. 有無行夫妻義務之實者。
5. 有夫妻之名無夫妻之實，可能以一些雙方之利益，並非兩情相悅，雙方達成協議，而去登記，而好掩飾她們以一些非法之行為達成目的。
6. 是否結婚前後有不當匯款紀錄。（可能與犯罪集團有關，或為假結婚集團的人頭。人蛇集團看控制外籍新娘達到騙取台灣單身男子的財產，並使許多外籍新娘以為人蛇集團的安排是為她們好，但外籍新娘本身有可能是真結婚意思，所以判斷上仍該與其他參考標準綜合判斷。）
7. 有沒有生小孩（台灣人通常與外籍配偶結婚是傳宗接代的觀念所致，因此有沒有小孩可做為判斷標準之一。）
8. 若有小孩，小孩子所描述之事，可作為有無假結婚之依據之一。
9. 生活上是否有相互協助之生活事實。

10. 夫妻間是否有某些默契或完全沒有。

11. 是否完全無法說出共同生活經歷中的過程

12. 是否一方生病另外一方就立即簽署放棄急救同意書。

13. 是否一方臥病在床行動不便時，另外一方是否竭盡所能的尋找家中所有有價值性財物、翻箱倒櫃或切開喇叭音箱或電燈等等器物的尋找現金或黃金藏身之處、該變賣所有財產或將財產轉到自己名下之行為等是否有可疑之處、是否旋即將財物匯入母國等等綜合性判斷。

14. 其中一方是否另存配偶或婚姻關係。

15. 兩人背後的雙方家族親密度。

16. 是否不清楚對方之出生年月日。

17. 彼此聯絡的頻繁程度。可以以查閱手機雙方通聯紀錄，雙方信件紀錄。可查雙方MSN的歷史訊息

18. 雖然年齡差距未必是假結婚，但若結婚年齡差異很大，且其中一方年紀很大，另外一方年紀很小，則有可能是其中一方假結婚機率比較大，但仍須參酌其他判斷標準綜合評斷。尤其外籍新娘嫁到台灣，老公也許年歲已大沒多久便壽終正寢，剩下的遺產也未有規劃，外籍新娘取得後也不知如何利用，使會被世人所誤會，其假結婚之認定著實應十分認真判斷。

19. 透過買賣、賣淫等等的非法方式而結婚，而要達成某種不正當或非法的目的。

20. 利用測謊。

21. 夫妻有無經濟來往。

    (1) 是否有不明收入來源。

    (2) 金錢來往紀錄、帳戶交易紀錄。

    (3) 是否其中一方財務日漸消減而於外籍配偶方卻日益增加，有著不尋常現象。

22. 是否長期失蹤或不在家、是否結婚後未再見面。

    (1) 是否於結婚登記後，無故消失或進入不當場所行不當工作。

    (2) 是否取得國籍之後失蹤。

    (3) 查獲集團犯罪，為名冊中之收購人頭。

（二）假結婚判斷標準與人權保障

　　實務上有當事人被認定是假結婚，但當事人認為行政單位誤判，提起訴願之案例。本章欲介紹探討的是，假結婚的判斷標準是否合理，判斷過程與結論是否有個案正義、是否對外籍配偶有法律上平等保障之問題。擇實務上案例之一作為探討示例。

　　本案例中，假結婚之認定，主要理由係以未有共同居住之事實，以及與訴願當事人之配偶坦承雙方係虛偽婚作為判斷準，詳細內容如下院臺訴字第0980081759號所示。

　　惟本案可探討的是，本案雖非以單一標準作為是否為假結婚之判斷，客觀上似乎達到兩種證據以上的參考標準，惟仔細探討之下，仍容有質疑空間：

1. 在現今實務情形下，許多人的戶籍地地址未必是真實住所所在地，本案戶籍地雖為庫房、無人居住，卻不得以此作為判斷未同居、假結婚之標準。從本案事實理由整體判斷，雖未將戶籍地無人居住且為庫房作為判斷家結婚標準之一，在思考上情感上仍有作為判斷的依歸。

2. 本案未提及未同居是否因為工作因素，蓋在現今工作環境可能一方離家較遠之情形下必須分居，不過若因為工作分居，不能長期未歸，在合理情況之下，有感情的兩人，至少一個月回家一次見面，應可被視為合理要求，又分居理由可能是基於平常住在一起會常吵架，所以分居已聚少離多維繫情感，這何嘗不是婚姻維繫的好辦法，故未同居不能作為唯一的判斷標準。

3. 再者，配偶的陳述是否有絕對真實性而可以作為參考標準？在本案理由為名，亦未能詳細探查。如果單以未同居以及配偶之詞，作為客觀上證據已有彼此佐證作為依據而判斷外籍配偶是基於假結婚之意思的虛偽婚，未免過於草率。

4. 縱使上述的證據法則認定沒有疏失，又若如案例事實理由所載，真實情形是2004年初時就未住在一起，2006年10月後就沒有與張君聯絡，是雙方均不爭執之客觀事實，且配偶張先生無正當理由拒絕與外籍配偶履行同居義務，那麼，這不履行同居義務該是由張君承擔，怎會將此拒絕的責任歸咎在外籍配偶身上而認定外籍配偶是未履行同居義務故為假結婚？據此，本章無從得知為何法院的判斷結果是將不履行同居義務之責任歸咎到外籍配偶身上，但這種判斷違反常理，無證據證明是不是法院有歧視外籍人士之現象，抑或若兩人都是本國籍人士，法院也會同此判斷，不得而知，惟此等判斷結果與常情

不合，是否法院先有結論始找證據之毛病發作？抑或蔑視外籍人士的訴訟權保障？抑或有其他因素？不論何者，令閱讀本行政判斷者有著匪夷所思及感受上認為法院有所偏頗之情。

閱讀本訴願決定書之感想與建議：

本欲糾正外籍配偶的行為，以及讓本國人與外籍人士結婚時睜大眼睛之效果，卻因為偏頗的判斷結論，激起眾人義憤而反對有所謂的假結婚，甚至在蝴蝶效應之下，欲發支持所有外籍配偶與本國人結婚均不可能存在假結婚的盲目態度，這不但失卻保護人民基本人權與家庭安定的用心良苦，對未來的社會安定也不是好現象。

但是，人有基本人權，外籍人士也有基本人權，這是人生而平等的價值可貴所在之處，不該因為是外籍人士所以受到訴訟上歧視，更不該因為人種不同與國籍不一而人權受到傷害。這種態度，是自身身而為人的價值，也是生而為人的可貴。

發文單位：行政院

發文字號：院臺訴字第0980081759號

發文日期：民國98年02月26日

資料來源：行政院

相關法條：訴願法第79條（89.06.14）

國籍法第3、4條（95.01.27）

要　　　旨：因申請歸化我國國籍事件提起訴願

行政院決定書院臺訴字第0980081759號

訴願人　林○○君

訴願人因申請歸化我國國籍事件，不服內政部台內戶字第0970180606號函，提起訴願，本院決定如下：

主　　文

訴願駁回。

事　　實

訴願人原國籍印尼，與我國男子張君結婚，於96年11月16日依國籍法第4條第1項第1款規定申請歸化中華民國國籍，經臺北縣政府於96年11月27日以北府民戶字第0960779553號函轉原處分機關內政部，該部於97年

11月3日以台內戶字第 0970180606 號函復臺北縣政府，及副知訴願人，以經內政部入出國及移民署專勤事務第一大隊臺北縣專勤隊（以下簡稱臺北縣專勤隊）訪查結果，訴願人與張君未有共同居住之事實，張君坦承渠等係虛偽婚姻關係，乃駁回訴願人歸化我國國籍申請案。訴願人不服，以其與張君之婚姻，自91年11月25日申請結婚登記至今仍持續中，且確屬真實，有台灣基隆地方法院94年度家訴字第38號民事判決可證，張君坦承虛偽婚姻之詞，不得採信云云，提起訴願。

理　由

按國籍法第3條第1項規定「外國人或無國籍人，現於中華民國領域內有住所，並具備下列各款要件者，得申請歸化：一、於中華民國領域內，每年合計有183日以上合法居留之事實繼續5年以上。二、年滿 20 歲並依中華民國法律及其本國法均有行為能力。三、品行端正，無犯罪紀錄。四、有相當之財產或專業技能，足以自立，或生活保障無虞。五、具備我國基本語言能力及國民權利義務基本常識。」第4條第1項第1款規定「外國人或無國籍人，現於中華民國領域內有住所，具備前條第 1 項第2款至第5款要件，於中華民國領域內，每年合計有183日以上合法居留之事實繼續3年以上，並有下列各款情形之一者，亦得申請歸化：一、為中華民國國民之配偶。……」

查外籍配偶申請許可歸化我國國籍之目的，在於共同經營婚姻生活，外籍配偶可否許可歸化我國國籍，須以申請時其婚姻真實為前提。訴願人於96年11月16日申請許可歸化中華民國國籍，惟臺北縣專勤隊97年6月5日至申請書填載臺北縣○○鎮○○路之國內住居所（張君住居所相同）實地訪查結果，該址為庫房，無人居住，經詢附近鄰居，至同路另號地點訪查到張君，張君坦承與訴願人乃假結婚，未共同居住，並不知訴願人實際住處。訴願人於97年12月4日接受訪談，亦稱現在未與張君共同生活，93年初時就未住在一起，95年10月後就沒有與張君聯絡等語，有臺北縣專勤隊97年6月5日查訪紀錄表影本及內政部訪談紀錄附原處分機關卷可稽。而所舉台灣基隆地方法院94年度家訴字第38號民事判決張君應與訴願人同居，事實及理由中記載訴願人起訴主張，93年11月25日來臺後，張君無正當理由拒絕履行同居義務，張君就此事實並不爭執，益證訴願人與張君無共同居住、無共同經營婚姻生活之事實。原處分機關

未許可訴願人歸化我國國籍，並無不妥，應予維持。

據上論結，本件訴願為無理由，爰依訴願法第79條第1項決定如主文。

訴願審議委員會主任委員　施惠芬

委員　王俊夫

委員　郭介恆

委員　陳德新

委員　蘇永富

委員　林昱梅

委員　洪家殷

委員　高聖惕

委員　林秀蓮

委員　張文郁

中華民國98年2月26日

如不服本決定，得於決定書送達之次日起2個月內向臺北高等行政法院提起行政訴訟。

（三）同居是否作為假結婚唯一認定標準之可行性

同居是否作為假結婚認定標準？以下是問卷調查結果之綜合內容：

不贊成以是否同居作為唯一認定假結婚之標準者，其理由如下：

1. 如以同居之有無做為假結婚之認定之一，是可行的；但如是唯一認定標準實為不妥，配偶間因工作關係而長期無法同居，雖無長期同居之事實，惟原因是工作的關係，因此只能視為認定原因之一。

2. 從有無同居認定太嚴格。有些夫妻分隔二地工作，一個月見幾次面，如果用此方法認定，台灣就太多假結婚了！應該是以是否有共同生活，至於共同生活的認定則給立法者去思考。

3. 當今社會上男女平等原則，女權主義高漲，女性於職場上不勝其數，所以常有男女結婚後，就分隔兩地工作，於一段時間或假日空閒時才會見面，就連台灣本身國人亦是如此，所以以有無同居之事實做為判斷之標準實有不妥。

4. 有無同居作為認定是否為假結婚並不客觀，因為有時可能因為雙方作息不合或是個別工作地點不同導致發生此情形。

5. 婚後同居係屬夫妻之義務，若無正當理由而不履行義務者，可能有假結婚之虞，故可做為認定要件之一，惟若為集團犯罪，可能會利用同居共謀之外觀，造成同居之事實，故若以同居與否為認定唯一依據，可能有漏洞之虞。

6. 以有無同居做為假結婚認定之標準，並不全然委當，僅得做為認定標準之一，且同居之事實可以造假。

7. 假結婚也可住於同一屋簷，所以應以是否行房做為認定。

8. 同居作為假結婚之認定，是不可的，因為情侶也是可以同居的。

9. 有可能是夫妻因工作而分離兩地者，也有同居很久很恩愛而未結婚者。

10. 以有無同居事實做為其認定標準雖為目前較客觀之判斷，惟將其做為單一判斷之要件，就具體個案而言欠具周全，應依當事人之個案實際情勢為綜合判斷，硬以法定要件審之，難上加難，充其量僅得以例示規定定之。

　　贊成以是否同居作為唯一認定假結婚之標準者，其理由如下：

1. 因夫妻是以共同生活為目的，結了婚不同居的話，就是形式上的婚姻，非實質的，因此婚姻失去意義，那結婚的目的在於？就因不知其目的，故能算假結婚。

2. 同居是結婚後最基本的義務吧，都結婚了，起碼要住一起吧！特殊情況就沒話講，不然結了婚不住一起，又沒特殊狀況也太奇怪了吧？！

3. 此種根據可依法令為後盾並明確有規範，用以做為審核的第一判斷可算是合適之方法，雖然也有許多例外與不同之狀況，但目前為止，台灣依此方法是成功的。

4. 此種方式乃為最為簡單之觀察方面，亦即依民法以觀夫妻各負同居之義務，故若違反此規定理應當然可得知兩人無履行上此義務，故以此做為假結婚之認定，應屬合理。

（四）容易成為假結婚招攬人頭配偶的對象

　　任何人都有可能成為假結婚招攬人頭的對象，依照男性與女性區分，通常女性比男性的容易程度約四分之一到三分之一。下面幾種類型的人相較之下更容易成為犯罪集團或假結婚招攬人頭之對象：

　　1. 經濟困難者→容易貪小便宜鋌而走險。

　　2. 身心弱勢者→相較一般人而言來臺相對審核較易。

　　3. 原住民→多兼具身分關係與經濟弱勢。

4. 遊民→兼具經濟因素與查緝困難。

5. 上年紀者→多半較無再婚之顧慮。

6. 老榮民→多兼具再婚顧慮與身分關係。

7. 利用假結婚來華的份子。

8. 負有養家壓力的年輕女性。

9. 夢想一步登天的年輕女性。

10. 體格壯碩的年輕男性。

11. 已經有親戚或熟識者在台者。

12. 母國生活困難或遭通緝而有必要遠走他鄉者。

13. 任何對本國物質水準、民主生活方式懷有期待者。

14. 色情服務。

15. 看護工作。

16. 低階勞動力之工作。

17. 遭集團利用之犯罪工作

三、詐婚移民案例介紹

（一）案例介紹

　　本章介紹假結婚實務案例，增進假結婚判斷標準之參考。首先是實務上有過之判決，次者以真實故事改編，目的是呈現實務判決中無法有證據證明，但實際上是假結婚之案例。藉此假結婚案例之閱讀，除從中獲取判斷虛偽婚之標準外，仍希望在結婚前能有深思與考量的視野與廣度。

　　以下為真實案例改編，內容摘要如下（本案例有拍攝成為DVD可供參考）：敘述新移民來台心態，在條件與家人相處融洽之下，不忘取得國籍之後出外工作、力圖掙脫逃家，導致婚姻家庭破碎，但外觀上看起來卻是台灣人民提出離婚的合法真實過程。

　　案例內容如下：一個印尼女子為了過更優渥的生活而與婚姻仲介所聯繫嫁到台灣，台灣籍丈夫是一個不懂交際應酬與內向的男子。初期到台灣對一切生澀，兩人感情很好，與婆婆相處也融洽，婆婆相當喜歡這位外籍新娘，將傳家寶項鍊等首飾都送給他。這位外籍新娘的表姊也嫁到台灣，兩人偶有連繫。時間一久，想回母國探親，丈夫給她20萬帶回去，幾次下來，因為妻子回印尼

兩地相隔，有時便用匯款方式，將近50、60萬匯款或帶回娘家。在台時間也不知不覺過了五年，丈夫為太太申請台灣國籍，取得了身分證。有了身分證之後，太太想出去工作，這時候也有了小孩，丈夫希望太太在家照顧小孩，且家中經濟無須太太出去工作，不答應讓太太出去工作。太太終日在家，對報紙看不懂，對每天洗碗煮飯的日子煩心，不甚開心的去找表姊。姊妹倆一人一句，抱怨家庭生活乏味像是當傭人，甚至談到離婚等法律問題。回家後太太有時會對婆婆吼，故意惹婆婆生氣，婆婆出門去就諷刺婆婆去約會、挑釁婆婆，意圖產生爭端，在家看到婆婆也雙眼怒瞪婆婆等等怪異行為漸漸出現，丈夫回到家之後，便向丈夫說婆婆虐待她對他不好，他想搬出去住等等。婆婆也會對丈夫抱怨其妻在家怪異行為，丈夫介在兩人中間，加上工作煩心，回到家中又不得安寧，脾氣也大的與太太吵架，太太心煩出去找表姊，一夜未歸，導致大家非常擔心，這種戲碼上演不少次，每次離家都不知去向，說是找表姊，但是表姊家沒有人，甚至曾經通報失蹤，被警察找到，回家兩星期又離家出走，問去哪也不說，幾次下來大家心煩氣躁。小孩因父親工作無法照顧，而婆婆年邁時而看醫生也無法照顧的必須交給姑姑或其他親戚照料。最後逼得丈夫提出判決離婚，太太主張自己都在台灣的親戚家，找來一堆證人作偽證，故作無辜的不願離婚，一直到最後丈夫放棄請求傳家寶與之前給娘家等所有財物，才協議離婚成功。離婚後街頭巷尾謠傳前妻去酒店上班，又說離婚前離家未歸是在酒店工作，先生循線追查，老鴇不正面肯定也不否認，丈夫自認被騙財騙國籍騙感情，憤而向法院提刑事訴訟，希望撤銷國籍，並附帶民事訴訟請求返還傳家寶敗訴。

（二）人頭配偶可能觸及之相關規範

假結婚有可能涉及相關刑事條文，臚列於下作為參考：

1. 外國護照簽證條例（取得國籍前）。
2. 刑法偽造文書罪章：刑法第214條（使公務員登載不實罪）：「明知為不實之事項，而使公務員登載於職務上所掌之公文書，足以生損害於公眾或他人者，處三年以下有期徒刑、拘役或五百元以下罰金。」、刑法第216條：「行使第二百十條至第二百十五條之文書者，依偽造、變造文書或登載不實事項或使登載不實事項之規定處斷。」
3. 就業服務法。

4. 台灣地區與大陸地區人民關係條例第15條。本條文雖為禁止行為之規定，第79條第1項、第2項對於違反禁止規定者亦有處罰規定：「違反第十五條第一款規定者，處一年以上七年以下有期徒刑……意圖營利而犯前項之罪者，處三年以上十年以下有期徒刑……」第87條：「違反第十五條第三款規定者，處新臺幣二十萬元以上一百萬元以下罰鍰。」亦有處罰規定，惟因第15條非處罰外籍配偶假結婚行為，故台灣地區與大陸地區人民關係條例未處罰詐婚移民之外籍配偶。

結婚目的只是為了取得國籍，若無非法手段之證據，取得國籍之後婚造成社會問題，不但國籍無法取消，亦不犯罪。此乃移民造成社會問題之本源。

四、詐婚移民法律效果

詐婚移民序曲之落幕，是指詐婚移民的法律效果，有可能是撤銷國籍、喪失國籍、移送出境，重者甚至涉及刑責問題，輕者民事賠償與行政處分等。惟具備喪失國籍之情形者，未必一定喪失國籍，有可能經內政部許可後又撤銷喪失國籍。以下說明。

（一）撤銷國籍、喪失國籍、回復國籍

首先介紹為何詐婚移民者可能被撤銷國籍？因為國籍法第19條規定（取得、回復、喪失國籍之許可撤銷）：「歸化、喪失或回復中華民國國籍後，五年內發現有與本法之規定不合情形，應予撤銷。」而國籍法第4條（特殊歸化）規定：「外國人或無國籍人，現於中華民國領域內有住所，具備前條第一項第二款至第五款要件，於中華民國領域內，每年合計有一百八十三日以上合法居留之事實繼續三年以上，並有下列各款情形之一者，亦得申請歸化：一、為中華民國國民之配偶。」此之『前條第1項第2款至第5款規定』係指國籍法第3條第1項第2款至第5款之規定：「外國人或無國籍人，現於中華民國領域內有住所，並具備下列各款要件者，得申請歸化：二、年滿二十歲並依中華民國法律及其本國法均有行為能力。三、品行端正，無犯罪紀錄。四、有相當之財產或專業技能，足以自立，或生活保障無虞。五、具備我國基本語言能力及國民權利義務基本常識。」據此，詐婚移民者根據國籍法第4條取得我國國籍之後，若被發現是締結虛偽婚者，通常涉及偽造文書的刑事責任，則未該當國籍法第3條第3款規定，根據國籍法第19條規定應予撤銷國籍，而縱使未有犯罪紀

錄者，締結虛偽婚姻也不該當品行端正之要件，亦未該當國籍法第3條第3款規定，再根據國籍法第19條規定應予撤銷國籍。

而為何詐婚移民者可能喪失國籍而非撤銷國籍？因為國籍法第11條（喪失國籍之情形）規定：「中華民國國民有下列各款情形之一者，經內政部許可，喪失中華民國國籍：一、生父為外國人，經其生父認領者。二、父無可考或生父未認領，母為外國人者。三、為外國人之配偶者。四、為外國人之養子女者。五、年滿二十歲，依中華民國法律有行為能力人，自願取得外國國籍者。依前項規定喪失中華民國國籍者，其未成年子女，經內政部許可，隨同喪失中華民國國籍。」所以如果與我國國民締結虛偽婚姻後，又與外國人配偶者，則根據國籍法第11條第1項第3款經內政部許可者喪失國籍。

由於在取得我國國籍之前，根據國籍法第9條（喪失國籍證明）規定：「外國人依第三條至第七條申請歸化者，應提出喪失其原有國籍之證明。但能提出因非可歸責當事人事由，致無法取得該證明並經外交機關查證屬實者，不在此限。」亦即外籍配偶在取得我國國籍之前，必須先放棄本國國籍，而喪失我國籍之後，若母國未能回復其國籍或取得其他國籍者，則此詐婚移民者會變成是無國籍人民，此時根據國籍法第14條（撤銷喪失國籍）規定，得經內政部許可，撤銷其國籍之喪失，則詐婚移民者縱使該當國籍法第11條喪失國籍之情形，亦未必會喪失中華民國國籍；或者根據國籍法第13條（喪失國籍之例外）規定：「有下列各款情形之一者，雖合於第十一條之規定，仍不喪失國籍：一、為偵查或審判中之刑事被告。二、受有期徒刑以上刑之宣告，尚未執行完畢者。三、為民事被告。四、受強制執行，未終結者。五、受破產之宣告，未復權者。六、有滯納租稅或受租稅處分罰鍰未繳清者。」仍不會喪失國籍。

又因為國籍法第15條有規定到：「依第十一條規定喪失中華民國國籍者，現於中華民國領域內有住所，並具備第三條第一項第三款、第四款要件，得申請回復中華民國國籍。歸化人及隨同歸化之子女喪失國籍者，不適用前項規定。」，所以按照國籍法第15條規定，本可讓喪失國籍者申請回復中華民國國籍，但是因為詐婚移民者本已不具備國籍法第3條第1項第3款要件，故縱有第11條喪失國籍情形及在中華民國領域內仍有住所，仍無法回復中華民國國籍。

綜上所述，喪失國籍者有可能在回復中華民國國籍，但撤銷國籍者就沒有機會在回復中華民國國籍。

（二）驅逐出境

關於撤銷或喪失且無法回復中華民國國籍之後的處理程序，是根據入出國及移民法第15條第1項規定：「台灣地區無戶籍國民未經許可入國，或經許可入國已逾停留、居留或限令出國之期限者，入出國及移民署得逕行強制其出國，並得限制再入國。」且按本法第15條第3項規定，強制出國者於出國前，入出國及移民署得暫予收容。出國後，入出國及移民署得廢止其入國許可，並註銷其入國許可證件。

關於驅逐出境之費用，依據入出國及移民法施行細則第21條規定，係由其自行負擔；確無能力支付者，由入出國及移民署編列預算支付。但其他法律另有規定者，從其規定。

此外，詐婚移民之外籍配偶可能因為涉及入出國及移民法第18條之規定[6]而禁止入境，除非該當其他得入境許可理由，例如第31條第4項第5款規定之情形者[7]，否則不得再度入境。

另外，台灣地區與大陸地區人民關係條例第17條第1項規定：「大陸地區人民為台灣地區人民配偶，得依法令申請進入台灣地區團聚，經許可入境後，得申請在台灣地區依親居留。」同條第7項又規定：「第一項人員經許可依親居留、長期居留或定居，有事實足認係通謀而為虛偽結婚者，撤銷其依親居留、長期居留、定居許可及戶籍登記，並強制出境。」

---

[6]　外國人有下列情形之一者，入出國及移民署得禁止其入國：
　　一、未帶護照或拒不繳驗。
　　二、持用不法取得、偽造、變造之護照或簽證。
　　三、冒用護照或持用冒領之護照。
　　四、護照失效、應經簽證而未簽證或簽證失效。
　　五、申請來我國之目的作虛偽之陳述或隱瞞重要事實。
　　六、攜帶違禁物。
　　七、在我國或外國有犯罪紀錄。
　　八、患有足以妨害公共衛生或社會安寧之傳染病、精神疾病或其他疾病。
　　九、有事實足認其在我國境內無力維持生活。但依親及已有擔保之情形，不在此限。
　　十、持停留簽證而無回程或次一目的地之機票、船票，或未辦妥次一目的地之入國簽證。
　　十一、曾經被拒絕入國、限令出國或驅逐出國。
　　十二、曾經逾期停留、居留或非法工作。
　　十三、有危害我國利益、公共安全或公共秩序之虞。
　　十四、有妨害善良風俗之行為。
　　十五、有從事恐怖活動之虞。

[7]　第31條第4項第5款：「入出國及移民署對於外國人於居留期間內，居留原因消失者，廢止其居留許可，並註銷其外僑居留證。但有下列各款情形之一者，得准予繼續居留：五、因居留許可被廢止而遭強制出國，對在台灣地區已設有戶籍未成年親生子女造成重大且難以回復損害之虞。」

（三）撤銷結婚登記

　　查獲假結婚是否撤銷結婚登記？首先，先瞭解實務上做法，再檢討這作法的利弊得失。實務上法務部針對本議題做過函釋，內容如下（未免失其真意，將原文抄錄於後）：

發文單位：法務部

發文字號：法律字第0930032588號

發文日期：民國93年08月17日

資料來源：法務部法規諮詢意見

相關法條：

行政程序法第36、37、43條（90.12.28版）

要　　旨：關於查獲假結婚之通知得否撤銷其結婚登記疑義

主　　旨：關於戶政機關得否依據警察機關查獲假結婚之通知撤銷當事人結婚登記疑義乙案，請查照參考。

說　　明：

一、復貴部九十三年八月三日台內戶字第〇九三〇〇六一七六〇號函。

二、按行政程序法（以下簡稱本法）對於行政機關依職權或依申請作成行政決定前之調查證據、認定事實，係採職權調查主義，故行政機關對於應依職權調查之事實，負有概括調查義務，且應依各種合法取得之證據資料認定事實、作成行政決定（本法第三十六條、第三十七條及第四十三條規定參照），前經本部九十一年一月二十三日法律字第〇〇九〇〇四九〇九二號函釋在案。至於與行政決定有關事實是否存在，行政機關應依各種合法取得之證據資料，本於其確信予以認定，而確信事實存在之標準，必須具有「高度之可能性」，亦即經合理之思維而無其他設想之可能（參吳庚著，行政法之理論與實用，增訂八版第五三七頁；林錫堯著，行政法要義，八十八年增修版第四六三頁）。本件所詢戶政機關得否依據警察機關查獲當事人假結婚之通知或相關證據資料撤銷當事人之結婚登記乙節，請 貴部參酌上開說明，就具體個案事實本於職權審認之。

正　　本：內政部

副　　本：本部法律事務司（三份）

　　從此號函釋可知，戶政機關根據警察通報之假結婚消息不能立即撤銷結婚登記，尚須依其職權案事實審酌是不是撤銷登記。換言之，如果審酌結果與警察機關不符，則仍維持結婚登記，由此結婚未撤銷則反而更加證明，結婚不是假結婚而是真結婚，所以警察機關的通報是不實，如此一來，各機關雖說是盡其權責，但也可能為了擔心事後出問題的責任歸屬承擔，因此，兩機關之間不互相信賴，作出相反而矛盾的行為，傷害國家公信力，此舉不值得獎勵。

　　再者，警察機關通報假結婚的權責何在？警方單方的認定是否有可靠信？假結婚會涉及偽造文書的刑責問題，這是非告訴乃論罪，警察依法必須提出於檢察官而進一步偵查，若果真有假結婚行為，則應按刑法相關規定起訴，尤其是結婚若依當時法律採取登記婚，或當時法律非登記婚但仍有結婚登記者，則判決假結婚確定時，必有使公務員登載不實罪，甚至有其他相關的偽造文書罪，如此一來，更能確定假結婚之真實性與可靠性。家庭是社會的基石，家庭的教育與扶養問題是未來社會的安定基礎，而假結婚涉及的層面不是單純結婚效力的問題，更不是只單純牽涉男女兩人而已，而是牽涉整個家族、小孩等社會基石的問題，是否將假結婚的判斷僅僅落在行政機關權責審查上，而警察機關與戶政機關彼此認定的時候還有矛盾與扞格之處，造成公信力傷害、不但容易造成雙方機關互踢皮球、甚至造成結婚仿若只是兩人單純的事件而已，如此一來，似乎將結婚效力一事過於輕忽，藐視國家社稷安定的基石，更是怠忽假結婚會涉及偽造文書之犯罪嫌疑的職守，未能機警而盡責的繼續調查並進入刑事偵辦領域。

　　既然，結婚採行登記婚了，虛偽結婚必涉及偽造文書，則應由法院認定是否有偽造文書情事而認定是否有假結婚行為，畢竟法院的調查證據過程比警察機關的訊問和戶政機關的詢問更為審慎與嚴謹，對當事人結婚效力更有保障，對結婚效力也更具真實性與可靠性。如此一來，是否假結婚不會因為警察機關與戶政機關認定不同而造成矛盾現象，就不會有傷害國家公信力之虞，也不會造成兩機關之間可能有互踢皮球的狀況。

（四）實務函釋與判決

　　以下介紹與評論實務上關於詐婚移民的作法，有些未給予外籍配偶應有的訴訟平等權，有些是適用法律錯誤。

　　詐婚移民與撤銷國籍之關係，從法源查詢系統中設定關鍵字「撤銷國

籍」[8]去查詢，到2011年6月5日為止，關於詐婚移民而撤銷國籍者，有高等行政法院、民政函釋、行政函釋、司法類函釋、法務類函釋各一筆撤銷國籍紀錄，訴願決定書函釋有八筆記錄，這不代表著實務上撤銷國籍只有這幾起案件，而是關於詐婚移民與撤銷國籍之函釋僅這幾者。這幾筆資料中，僅有高等行政法院是針對詐婚移民是否撤銷國籍之問題探討；訴願決定書是闡釋撤銷國籍是否可以訴願之問題；民政函釋是闡述撤銷國籍的應備文件；司法類函釋是為達詐婚移民目的而冒用身分被發現後，遭撤銷國籍許可，其結婚登記是否撤銷之問題；法務類函釋與司法類函釋是針對同一案件且做成相同內容。針對相同的內容，三者實務見解完全一致，顯示行政上的一致性與一體性，但是，錯誤也是一致性。以下分別介紹之。

　　詐婚移民與喪失國籍之間的關係，從法源查詢系統中設定關鍵字「喪失國籍」（扣除「撤銷國籍」）去查詢，到2011年6月5日為止，與詐婚移民而喪失國籍相關者，僅有戶政類函釋1筆，以及96年訴字第3924號[9]雖然喪失國籍亦與結婚有關，但從案例中無法得知是否為詐婚移民，惟本案仍有值得評論之疑義，故於後詳述之。

（一）高等行政法院裁判

　　高等行政法院96年訴字第3924號判決摘要如下：

事實（Facts）

　　原告原國籍奈及利亞，因與我國女子結婚，於2002年10月1日檢附喪失奈及利亞公民權宣誓書等相關資料，申請歸化中華民國國籍，經臺北縣政府轉經被告2002年11月21日台內戶字第0910009329號函許可歸化中華民國國籍。嗣被告經外交部查證結果，原告申請時所檢附喪失奈及利亞公民權宣誓書係屬偽造，依國籍法第19條規定，撤銷原告歸化我國國籍之許可。

8　從法源查詢系統中設定關鍵字「國籍撤銷」則0筆記錄。

9　本案件爭點是與我國國民結婚者，欲規劃我國國籍，應先持放棄原母國國籍證明。在本案，雖然當事人持有外觀上形式合法的喪失原國籍證明文件，但實際上此文件係偽造所得，雖經外交部確認係奈及利亞國外交部核蓋鋼印及相關官員簽字，惟我國駐奈及利代表處認為上開文件內容之真偽仍有疑慮，恐係價購而來，乃再行文洽奈及利亞國政府查證，以避免其藉以歸化我國國籍，經奈及利亞國內政部函復原告所持之喪失奈及利亞公民權宣誓書係屬偽造。承上，堪認原告持以申請歸化中華民國國籍之喪失奈及利亞公民權宣誓書係屬偽造甚明。故不論原告之喪失奈及利亞國籍證明文件究否經我駐奈及利亞聯邦共和國商務代表團認證及外交部複驗，亦僅有形式上真正之效力，不影響該證明文件之實質內容係偽造之事實，原告上開主張，自非可採，足見原告於申請歸化時並未喪失奈及利亞國籍。

爭點（Issue）

撤銷原告國籍歸化許可是否適法？[10]

判決結果（Judgment）

原告敗訴。

理由（Reasoning）

1. 被告撤銷原告歸化許可之原處分送達於原告程序合法。

2. 喪失原國籍之實質內容我國（駐奈及利亞商務代表團認證及外交部）無法驗證。[11]

3. 報載奈及利亞國文書查驗組組長涉嫌對可疑或偽造之認證文件收取費用而驗證通過後，本國行文奈及利亞國內政部，奈國函復本案被告所持喪失奈及利亞公民權宣誓書（the renunciation of Nigerian Citizenship）確屬偽造（forged）。

4. 我國對外國人申請歸化係採取單一國籍政策，且國籍法第19條規定：「歸化、喪失或回復中華民國國籍後，5年內發現有與本法之規定不合情形，應予撤銷。」；行政程序法第117條第1項規定：「違法行政處分於法定救濟期間經過後，原處分機關得依職權為全部或一部之撤銷。

5. 原告信賴取得歸化許可而長期定居台灣且與中華民國女子結婚並育有2女，該許可歸化之行政處分，係以原告不實之喪失奈及利亞公民權宣誓書而作成，原告之信賴即無值得保護之情事，此與行政機關是否善盡實質審查義務無涉。況且，原告在尚未許可歸化我國籍前即已與我國女子結婚，顯非因許可歸化之行政處分而實施生活規劃或財產之變動，自不屬因該行政處分產生信賴利益。

評本案判決（Comment）

縱認其有信賴利益，與所欲保護之上開公益相較，亦難謂其信賴利益大於撤銷所欲保護之公益。

---

[10] 被告根據原告申請歸化國籍當時所持之喪失奈及利亞國籍證明文件係屬偽造為由，依國籍法第19條規定，

[11] 我國駐奈及利亞代表處（即駐奈及利亞商務代表團）就原告申請驗證之外國文書—喪失奈及利亞公民權宣誓書，僅係核對驗證該文書上外國政府官員或公證人之簽章無誤後（駐外領務人員辦理公證事務辦法第17條第1項規定：「證明或認證外國文書，應驗明、比對文書上之簽字、鈐印或以其他適當方式予以查證」），予以作形式效力之證明，至文件內容及實質效力則不在證明範圍。

（二）訴願決定書函示

　　訴願決定書有八則，案件內容與類型類似，擇其中同類型各一則說明之。

　　對於撤銷歸化我國國籍許事件，是否提起訴願？本號函釋採肯定見解。

院臺訴字第0970090873號
發文單位：行政院
發文字號：院臺訴字第0970090873號
發文日期：民國97年11月04日
資料來源：行政院
相關法條：
訴願法第79條（89.06.14）
國籍法第3、4、19條（95.01.27）
國籍法施行細則第7條（97.11.14版）
要　　旨：因撤銷歸化我國國籍許事件，可提起訴願。

　　根據國籍法第9條規定：「外國人依第三條至第七條申請歸化者，應提出喪失其原有國籍之證明。但能提出因非可歸責當事人事由，致無法取得該證明並經外交機關查證屬實者，不在此限。」本案是提出喪失原國籍之證明係屬偽造，經查明之後，因為未符合取得國籍要件，故撤銷國籍。當事人對此撤銷國籍處分提出訴願，本訴願決定書駁回訴願，維持原處分。

　　詳細內容如下：

發文單位：行政院
發文字號：院臺訴字第0950088588號
發文日期：民國95年07月14日
資料來源：行政院
要　　旨：因撤銷國籍等事件提起訴願
行政院決定書
訴願人：羅帝米君
訴願代理人：侯傑中君

訴願人因撤銷國籍等事件，不服內政部台內戶字第09400632944號函等，提起訴願，本院決定如下：

主　　文

訴願駁回。

事　　實

訴願人原國籍奈及利亞，因與我國女子結婚，於93年11月3日檢附喪失奈及利亞公民權宣誓書等相關資料，申請歸化中華民國國籍，經臺北縣政府轉經內政部93年11月24日台內戶字第0930013428號函許可歸化中華民國國籍。訴願人據以申經內政部核准於93年12月15日發給第9332009025號台灣地區居留證。嗣內政部以經外交部查證結果，訴願人申請時所檢附喪失奈及利亞公民權宣誓書係屬偽造，依行為時國籍法第19條規定，以94年12月2日台內戶字第09400632944號函撤銷訴願人歸化我國國籍之許可，並以95年1月9日台內警境孝德字第0950920800號處分撤銷訴願人台灣地區居留許可，註銷第9332009025號（處分書誤載為第93320090250號）居留證。訴願人不服，以其與莊涵茹君結婚，長期居留台灣，申請歸化時，因路途遙遠，委託奈國人士代辦喪失國籍證明，經我國駐奈國商務代表團及外交部驗證無誤，並無故意或重大過失，是否能兼顧其權益，讓其重新申請證明文件，以維護其權益，內政部撤銷國籍處分未以其為處分對象，復無註記救濟方式，處分前亦未通知其陳述意見，違反行政程序法之規定，撤銷歸化我國國籍之許可、台灣地區居留許可之處分與法有違，應予撤銷，又免使其妻離子散，應停止原處分之執行云云，提起訴願。

理　　由

按行為時國籍法第4條第1項第1款規定，外國人或無國籍人，現於中華民國領域內有住所，具備第3條第2款至第4款條件，於中華民國領域內，每年合計有183日以上合法居留之事實繼續3年以上，並為中華民國國民之配偶者，亦得申請歸化。第9條前段規定，外國人依第3條至第7條申請歸化者，應提出喪失其原有國籍之證明。第19條規定，歸化、喪失或回復中華民國國籍後，5年內發現有與本法之規定不合情形，應予撤銷。

查訴願人於93年11月3日檢附喪失奈及利亞公民權宣誓書等相關資料，

申經內政部以93年11月24日台內戶字第0930013428號函許可歸化中華民國國籍，並核發第9332009025號台灣地區居留證。嗣經外交部查證結果，訴願人所檢附喪失奈及利亞公民權宣誓書係屬偽造，乃依行為時國籍法第19條規定，撤銷訴願人歸化我國國籍之許可及台灣地區居留許可，並註銷第9332009025號居留證，經核並無不妥。所訴係委託奈國人士代辦喪失國籍證明，並經我國駐奈國商務代表團及外交部認證云云，姑不論實情如何，無礙訴願人所檢附喪失奈及利亞公民權宣誓書係屬偽造之認定。參諸行為時國籍法施行細則第2條第2項規定，申請歸化、喪失、回復國籍或撤銷國籍之喪失，向國內住所地戶政事務所為之，層轉直轄市、縣（市）政府轉內政部許可，訴願人向臺北縣泰山鄉戶政事務所申請歸化我國國籍，經臺北縣政府轉經內政部許可，內政部撤銷國籍之處分經臺北縣政府函轉臺北縣泰山鄉戶政事務所以94年12月16日北縣泰戶字第0940002969號函知訴願人，並無不合。所訴原處分違反行政程序法之規定云云，以依行政程序法第3條第3項第2款規定，有關國籍變更之行為，並不適用行政程序法之規定。原處分應予維持。又本案違法事證明確，無訴願法第93條第2項規定之情事，核無停止執行原處分之必要，併予指駁。

據上論結，本件訴願為無理由，爰依訴願法第79條第1項決定如主文。

訴願審議委員會主任委員　陳美伶

　　　　　　委員　王俊夫
　　　　　　委員　郭介恆
　　　　　　委員　蔡墩銘
　　　　　　委員　蔡茂寅
　　　　　　委員　蔡宗珍
　　　　　　委員　林明鏘
　　　　　　委員　陳德新

中華民國95年7月14日

如不服本決定，得於決定書送達之次日起2個月內向臺北高等行政法院提起行政訴訟

（三）民政類函示

在民政類函示是處理相關民政事務之手續行政作業，故本函釋中顯示，變更國籍（理當包括撤銷國籍）的申請手續與應備齊之相關資料。

發文單位：臺北市政府

發文字號：府法三字第8902395600號

發文日期：民國89年03月07日

資料來源：臺北市政府公報89年春字第56期2-9頁

相關法條：

國籍法第1條（89.02.09版）

要　　旨：檢送國籍法修正公布生效後同法施行細則發布前國籍變更申
　　　　　請案件作業程序及提憑證件一覽表

主　　旨：內政部檢送國籍法修正公布生效後同法施行細則發布前國籍
　　　　　變更申請案件作業程序及提憑證件一覽表各一份，如附件，
　　　　　請查照。

說　　明：依本府民政局 89.3.2北市民四字第八九二〇六四三四〇〇號
　　　　　函轉內政部89.2.21台（89）內戶字第八九六八四〇五號函辦
　　　　　理。

（四）司法類函釋

本號函釋表面上不是針對詐婚移民是否撤銷國籍問題探討，是冒用身分遭撤銷國籍許可後，其結婚登記是否撤銷，但實際上，冒用身分之本源，是因為詐婚移民之行為。

本章認為，本號函釋並未處理到因詐婚移民之目的而冒用身分後，遭撤銷國籍，該結婚登記是否撤銷之問題，因為本號函釋效力誤認雙方是結婚效力問題而適用涉民法，實際上，本案不是合法結婚之後的結婚效力問題，而是為了締結虛偽結婚而冒用身分被發現後，遭撤銷國籍之後，該結婚登記是否應由國家機關撤銷之問題，此與單純婚姻效力是否存在應適用涉民法有別。簡言之，若詐婚移民而遭撤銷國籍者，結婚登記亦因此被撤銷，則無婚姻關係存在，當無適用涉民法之餘地，若撤銷國籍之後不再撤銷結婚登記，則該結婚效力何

在，方為涉民法該解決之問題。

　　本號函釋如下：

　　發文單位：司法院秘書長

　　發文字號：秘台廳家二字第0940015519號

　　發文日期：民國94年8月17日

　　資料來源：司法院

　　相關法條：

　　涉外民事法律適用法第11條（42.06.06版）

　　要　　旨：因冒用身分遭撤銷國籍許可後，其結婚登記是否撤銷疑義

　　主　　旨：關於貴部函詢印尼國人黃○○女士與配偶賴○○先生之結婚
　　　　　　　登記是否撤銷，涉及涉外民事法律適用法相關規定之解釋與
　　　　　　　適用乙案，本院意見如說明二，請查照。

　　說　　明：

一、復貴部94年7月15日法律決字第0940026847號函。

二、按婚姻成立之要件，依各該當事人之本國法，我國涉外民事法律適
　　用法第11條第1項前段定有明文。本件夫賴○○先生為我國國民，
　　配偶黃○○女士為印尼國民，其婚姻成立之要件，依前揭規定應各
　　依當事人之本國法，即夫依我國法律、配偶依印尼國法律。設夫依
　　我國民法規定，具備婚姻成立之實質要件，則本件婚姻關係之效
　　力，應視其配偶是否具備印尼國法所定婚姻成立之要件而定。如印
　　尼配偶適用印尼國之法律規定，不具備婚姻成立之要件，縱夫適用
　　我國民法規定具備婚姻成立件，其婚姻關係仍不成立。

　　正　　本：法務部

（五）法務類函釋

　　本號函釋與前述司法類函釋內容應是同一案件，為解決為達詐婚移民目的
而冒用身分被發現後，遭撤銷國籍許可，其結婚登記是否撤銷之問題。

　　惟可惜的是，本號函釋與前述司法類函釋秘台廳家二字第 0940015519 號
做成相同解釋，均適用涉民法之規定。據此，本號函釋仍是誤解本案的前提
是：遭撤銷國籍許可，其結婚登記是否撤銷之問題，而非結婚登記已經存在而

其婚姻效力該適用涉民法之問題。

> 發文單位：法務部
> 發文字號：法律決字第0940032529號
> 發文日期：民國94年08月23日
> 資料來源：法務部法規諮詢意見
> 相關法條：
> 涉外民事法律適用法第11條（42.06.06版）
> 要　　旨：因冒用身分遭撤銷國籍許可後，其結婚登記是否撤銷疑義
> 主　　旨：關於印尼國人黃○○女士因冒用其胞姊身分，撤銷我國國籍許可後，其與配偶賴○○先生之結婚登記是否撤銷，涉及涉外民事法律適用法相關規定之解釋與適用一案，復如說明二，請查照參考。
> 說　　明：
> 一、復貴部94年07月11日台內戶字第0940073233號函。
> 二、本件經轉據司法院秘書長94年8月17日秘台廳家二字第0940015519號函略以：「按婚姻成立之要件，依各該當事人之本國法，我國涉外民事法律適用法第11條第1項前段定有明文。本件夫賴○○先生為我國國民，配偶黃○○女士為印尼國民，其婚姻成立之要件，依前揭規定應依當事人之本國法，即夫依我國法律、配偶依印尼國法律。設夫依我國民法規定，具備婚姻成立之實質要件，則本件婚姻關係之效力，應視其配偶是否具備印尼國法所定婚姻成立之要件而定。如印尼配偶適用印尼國之法律規定，不具備婚姻成立之要件，縱夫適用我國民法規定具備婚姻成立要件，其婚姻關係仍不成立。」
> 三、檢附司法院秘書長前開函影本一份。

　　針對同一案件，內政部針對本問題亦做成解釋，同樣是誤解案件的前提，是針對結婚登記是否撤銷之問題，而非結婚登記後效力之問題。

　　此等錯誤的函釋內容一再發生，令人不得不懷疑，是否實務上在作成解釋時，是否前後抄襲所以一錯再錯，抑或有其他因素所致？或對涉外案件的處理效能不足？不得而知。

正　　本：內政部

副　　本：本部法律事務司（3份）（含附件）

附　　件：司法院秘書長函中華民國94年8月17日秘台廳家二字第
　　　　　0940015519號

主　　旨：關於貴部函詢印尼國人黃○○女士與配偶賴○○先生之結婚登
　　　　　記是否撤銷，涉及涉外民事法律適用法相關規定之解釋與適用
　　　　　乙案，本院意見如說明二，請查照。

說　　明：

一、復貴部94年7月15日法律決字第0940026847號函。

二、按婚姻成立之要件，依各該當事人之本國法，我國涉外民事法律適
　　用法第11條第1項前段定有明文。本件夫賴○○先生為我國國民，
　　配偶黃○○女士為印尼國民，其婚姻成立之要件，依前揭規定應各
　　依當事人之本國法，即夫依我國法律、配偶依印尼國法律。設夫依
　　我國民法規定，具備婚姻成立之實質要件，則本件婚姻關係之效
　　力，應視其配偶是否具備印尼國法所定婚姻成立之要件而定。如印
　　尼配偶適用印尼國之法律規定，不具備婚姻成立之要件，縱夫適用
　　我國民法規定具備婚姻成立要件，其婚姻關係仍不成立。

正　　本：法務部

　　另外，查獲詐婚移民者，是否撤銷結婚登記，實務上法務部其他函釋全文
詳下所示。

　　從此號函釋可知，戶政機關根據警察通報之假結婚消息不能立即撤銷結婚
登記，尚須依其職權按事實審酌是不是撤銷登記。換言之，如果審酌結果與警
察機關不符，則仍維持結婚登記，由此結婚未撤銷則反而更加證明，結婚不是
假結婚而是真結婚，所以警察機關的通報是不實，如此一來，各機關雖說是盡
其權責，但也可能為了擔心事後出問題的責任歸屬承擔，因此，兩機關之間不
互相信賴，作出相反而矛盾的行為，傷害國家公信力，此舉不值得獎勵。

　　再者，警察機關通報假結婚的權責何在？警方單方的認定是否有可靠
信？假結婚會涉及偽造文書的刑責問題，這是非告訴乃論罪，警察依法必須提
出於檢察官而進一步偵查，若果真有假結婚行為，則應按刑法相關規定起訴，

尤其是結婚若依當時法律採取登記婚，或當時法律非登記婚但仍有結婚登記者，則判決假結婚確定時，必有使公務員登載不實罪，甚至有其他相關的偽造文書罪，如此一來，更能確定假結婚之真實性與可靠性。家庭是社會的基石，家庭的教育與扶養問題是未來社會的安定基礎，而假結婚涉及的層面不是單純結婚效力的問題，更不是只單純牽涉男女兩人而已，而是牽涉整個家族、小孩等社會基石的問題，是否將假結婚的判斷僅僅落在行政機關權責審查上，而警察機關與戶政機關彼此認定的時候還有矛盾與扞格之處，造成公信力傷害、不但容易造成雙方機關互踢皮球、甚至造成結婚仿若只是兩人單純的事件而已，如此一來，似乎將結婚效力一事過於輕忽，藐視國家社稷安定的基石，更是怠忽假結婚會涉及偽造文書之犯罪嫌疑的職守，未能機警而盡責的繼續調查並進入刑事偵辦領域。

　　既然，結婚採行登記婚了，假結婚必定涉及偽造文書，則應由法院認定是否有偽造文書情事而認定是否有假結婚行為，畢竟法院的調查證據過程比警察機關的訊問和戶政機關的詢問更為審慎與嚴謹，對當事人結婚效力更有保障，對結婚效力也更具真實性與可靠性。如此一來，是否假結婚不會因為警察機關與戶政機關認定不同而造成矛盾現象，就不會有傷害國家公信力之虞，也不會造成兩機關之間可能有互踢皮球的狀況。

　　函釋內容全文如下：

發文單位：法務部

發文字號：法律字第0930032588號

發文日期：民國93年08月17日

資料來源：法務部法規諮詢意見

　　　　　行政程序法第36、37、43條（90.12.28版）

要　　旨：關於查獲假結婚之通知得否撤銷其結婚登記疑義

主　　旨：關於戶政機關得否依據警察機關查獲假結婚之通知撤銷當人結婚登記疑義乙案，請查照參考。

說　　明：

一、復貴部九十三年八月三日台內戶字第○九三○○六一七六○號函。

二、按行政程序法（以下簡稱本法）對於行政機關依職權或依申請作成行政決定前之調查證據、認定事實，係採職權調查主義，故行政機

關對於應依職權調查之事實，負有概括調查義務，且應依各種合法取得之證據資料認定事實、作成行政決定（本法第三十六條、第三十七條及第四十三條規定參照），前經本部九十一年一月二十三日法律字第○○九○○四九○二號函釋在案。至於與行政決定有關事實是否存在，行政機關應依各種合法取得之證據資料，本於其確信予以認定，而確信事實存在之標準，必須具有「高度之可能性」，亦即經合理之思維而無其他設想之可能（參吳庚著，行政法之理論與實用，增訂八版第五三七頁；林錫堯著，行政法要義，八十八年增修版第四六三頁）。本件所詢戶政機關得否依據警察機關查獲當事人假結婚之通知或相關證據資料撤銷當事人之結婚登記乙節，請貴部參酌上開說明，就具體個案事實本於職權審認之。

正　　本：內政部
副　　本：本部法律事務司（三份）

（六）戶政類函釋

　　本章贊成本號函釋，蓋歸化我國國籍之前，按我國國籍法第9條規定，應先放棄原國籍，而基於人權保障觀點，應讓外籍配偶先確定取得我國國籍者，方放棄原母國國籍，避免成為無國籍人民。

發文字號：台內戶字第09701546551號
發文日期：民國97年10月07日
要　　旨：
因緬甸國籍法令似無回復國籍之規定，爰該外籍配偶於申請喪失緬甸國籍前，宜先確認是否具備我國國籍法所定各項申請歸化我國國籍之要件，如現於中華民國領域內有住所（即取得外僑居留證或外僑永久居留證）；每年合計有183日以上合法居留之事實繼續3年以上；年滿20歲有行為能力；品行端正，無犯罪紀錄；有相當之財產或專業技能，足以自立，或生活保障無虞；具備我國基本語言能力及國民權利義務基本常識等，以免喪失緬甸國籍後，因故無法申獲許可歸化我國國籍，致成無國籍人之情形發生

第七章 婚姻移民離婚訴訟之實證分析及政策建議：以東南亞五國為例

陳竹上

一、為何必須關切入籍前東南亞婚姻移民之離婚訴訟

（一）婚姻結束的衝擊：本國婚姻與跨國婚姻之間

　　早於1967年，心理學家Holmes及Rahe於發展「生活改變與壓力感量表」時，便已將喪偶及離婚分別列為導致人生中生活改變及壓力感之第一及第二位（Holmes & Rahe, 1967）。然而，相較於一般國人，尚未歸化入籍而取得身分證之婚姻移民（以下統稱「設籍前外籍配偶」），其生命處境將更為艱辛，此乃因其面臨不幸福的婚姻生活或喪偶之痛時，尚須面對國家移民政策下居留權益與婚姻關係瓦解、子女親權行使等課題的交錯糾葛。移民政策上，設籍前之外籍配偶往往係處於「依親居留」階段，喪偶及離婚將導致居留原因消失、居留許可遭廢止，若再考量其文化適應上的困境，的確將面臨較一般國人離婚時更大的壓力及無助感。

（二）婚姻結束的居留困局：離婚與喪偶之間

　　同樣是婚姻關係的結束，相較於設籍前外籍配偶離婚之情形，我國移民政策對於設籍前外籍配偶之喪偶，入出國及移民法於1999年5月21日施行初始，便採取「外國人於居留期間因依親對象死亡，得申請繼續居留」之政策[1]。至於外籍配偶一旦於取得國籍前離婚，導致居留原因消失，是否准許其繼續居留，相較於不可歸責之喪偶情形，移民政策上顯然較具爭議及探討空間[2]。

---

[1] 請參考入出國及移民法，民國88年5月21日制定施行版本，第29條第2項。

[2] 就此可參照民國96年12月26日立法院增列入出國及移民法第31條第4項但書「得准予繼續居留」之法定事由，此次修法並由行政院定於民國97年8月1日施行。至於外籍配偶喪偶後難得申請繼續居留，移民政策上較無爭議，但亦有值得關注之繼承權、剩餘財產分配請求權行使等課題，此等權益是否獲得保障，值得未來研究持續關切與探討。

（三）文化適應成本：大陸配偶與東南亞配偶之間

此外，相較於大陸籍配偶，東南亞外籍配偶往往須承擔更高之文化適應成本，許多學者指出，設籍前之外籍配偶，其社會適應、工作權乃至於訴訟權等相關權益行使，均與語言能力攸關（Bennett, 1993; Este, 1999；江亮演、陳燕禎、黃稚純，2004）；多項地區或全國性調查研究均指出，相較於大陸籍配偶，東南亞外籍配偶所感受到之語言困境明顯較高，從而亦影響其相關權益行使及福利資源運用（內政部，2004；內政部入出國及移民署，2009；台南市政府，2004、2010），此等困境在離婚及未成年子女監護權之爭取過程中，亦可能成為遭法院認定為不利於行使未成年子女親權的因素，從而又進一步影響婚姻移民的居留權益，形成一套難解的循環（陳竹上，2007）。也因此，本文將聚焦於東南亞外籍配偶離婚訴訟之實證分析，期能就多元文化及人權保障之立場，提供未來政策興革之參考。

二、東南亞籍外籍配偶結／離婚統計及離婚途徑之思考

（一）東南亞籍外籍配偶結／離婚統計

根據入出國及移民署之統計[3]，自2001年起東南亞籍外籍配偶之歷年結婚對數已呈現逐年下降趨勢，2005、2006年更分別較前一年銳減6,649及4,504對（表2-7-1參照）；然而，相較於此，2001年起東南亞籍外籍配偶之歷年離婚對數卻呈現逐年上升趨勢，2011年雖較上一年減少977對，但推測應是受到2005年起結婚對數銳減的影響（表2-7-2參照），值得吾人規劃及落實更周延的政策以保障其人權及未成年子女之成長利益。

（二）走哪一條離婚路？本國婚姻與跨國婚姻之離婚途徑分布

關於離婚，我國民法親屬編分別設有協議離婚（第1050條）[4]、判決離婚

---

[3]　請參考入出國及移民署網址：http://www.immigration.gov.tw/aspcode/index_ch_main.asp，瀏覽日：2011/06/30。
[4]　請參考民法第1050條：「兩願離婚，應以書面為之，有二人以上證人之簽名並應向戶政機關為離婚之登記。」

表2-7-1　東南亞外籍配偶歷年結婚對數

民國	全國離婚對數	外國籍離婚對數（不含大陸港澳）		
		合計	東南亞地區	其他地區
90年	170,515	19,405	17,512	1,893
91年	172,655	20,107	18,037	2,070
92年	171,483	19,643	17,351	2,292
93年	131,453	20,338	18,103	2,235
94年	141,140	13,808	11,454	2,354
95年	142,669	9,524	6,950	2,574
96年	135,041	9,554	6,952	2,602
97年	154,866	8,957	6,009	2,948
98年	117,099	8,620	5,696	2,924
99年	138,819	8,169	5,212	2,957

表2-7-2　東南亞外籍配偶歷年離婚對數

民國	全國離婚對數	外國籍離婚對數（不含大陸港澳）		
		合計	東南亞地區	其他地區
90年	56,538	2,506	1,935	571
91年	61,213	2,643	2,136	507
92年	64,866	3,025	2,356	669
93年	62,796	3,541	2,944	597
94年	62,571	3,910	3,372	538
95年	64,540	4,425	3,737	688
96年	58,518	4,487	3,844	643
97年	55,995	4,843	4,179	664
98年	57,223	5,363	4,632	731
99年	58,115	4,265	3,655	610

（第1052條）[5]、調解離婚（第1052條之1）[6]等途徑。不同的離婚途徑將影響當

5　請參考民法第1052條：「夫妻之一方，有下列情形之一者，他方得向法院請求離婚：一、重婚。二、與配偶以外之人合意性交。三、夫妻之一方對他方為不堪同居之虐待。四、夫妻之一方對他方之直系親屬為虐待，或夫妻一方之直系親屬對他方為虐待，致不堪為共同生活。五、夫妻之一方以惡意遺棄他方在繼續狀態中。六、夫妻之一方意圖殺害他方。七、有不治之惡疾。八、有重大不治之精神病。九、生死不明已逾三年。十、因故意犯罪，經判處有期徒刑逾六個月確定。有前項以外之重大事由，難以維持婚姻者，夫妻之一方得請求離婚。但其事由應由夫妻之一方負責者，僅他方得請求離婚。」

6　請參考民法第1052條之1：「離婚經法院調解或法院和解成立者，婚姻關係消滅。法院應依職權通知該管戶政機關。」，本條係於民國98年4月14日由立法院三讀通過。

事人之權利行使或公部門的政策選擇、介入方式等，例如我國判決離婚時關於未成年子女權利義務之行使及負擔（即通稱之「監護權」），制度設計上係搭配較周延之社工訪視及法官裁判，而近年來法院於判決離婚時同時依聲請或依職權安排「會面交往」之比例亦已趨近100%（李麗珠，2005）；相較於此，協議離婚則仍由雙方於未必對等之情境下自行議定未成年子女親權行使相關事項。此外，我國移民政策亦有因應離婚途徑而做出不同規劃或價值判斷者，如入出國及移民法第31條第4項第4款即以「因遭受家庭暴力經法院判決離婚，且有在台灣地區設有戶籍之未成年親生子女」者，作為外籍配偶入籍前離婚而得准予繼續居留之事由之一，刻意排除了因遭受家庭暴力而協議離婚並有未成年親生子女之情形[7]。從而，不同離婚途徑將具體影響婚姻移民之相關權益，值得於研究及政策分析之際納入考量。以下即就既有政府統計，嘗試呈現本國婚姻與跨國婚姻之離婚途徑分布。

目前各機關雖未依不同離婚途徑公布相關統計數據，但由司法院搭配內政部性別統計換算可知，全國之離婚方式係以協議離婚為主要途徑，由表2-7-3可知，經由地方法院裁判離婚之對數歷年均僅占離婚總對數之10%左右（陳竹上、李美玲、劉鶴群、譚大為，2010），但外籍配偶離婚途徑之分布狀態是否亦如此，就既有資料而言並不易得知。本章嘗試經由「法源法律網裁判書搜尋系統」，搜尋東南亞五國2001年至2009年間共9年之裁判離婚件數[8]，並與上述移民署公布之歷年東南亞籍離婚總對數比對，發現所尋得東南亞籍裁判離婚件數占當年離婚對數之比例約21%至29%，若暫時排除一些統計上的干擾因素，則東南亞籍跨國婚姻因裁判離婚而結束之比例，明顯高於本國婚姻（表2-7-4參照）[9]。有鑑於協議離婚、調解離婚之資料較不易取得[10]，加上東南亞籍跨國婚姻走上裁判離婚途徑之比例偏高，故本文遂以東南亞婚姻移民之離婚訴訟為分析對象，並以近年來居外籍配偶數量前五位之東南亞五國為例，亦即越南、印尼、泰國、菲律賓、柬埔寨等五國。

---

[7] 類此，我國關於單親家庭福利權益之政策取捨，亦有因應離婚途徑而規畫之例，可參考「特殊境遇家庭扶助條例」之相關規定。

[8] 「法源法律網裁判書搜尋系統」網址：http://fyjud.lawbank.com.tw/index4.aspx?login=0，瀏覽日：2011/06/30。

[9] 這些干擾因素包括離婚訴訟如涉及子女監護權者，通常即無法自系統尋得，造成裁判離婚件數低估；然而，所尋得之裁判離婚件數，亦包括原告訴請離婚遭駁回者，就此而言則稍有高估。

[10] 關於協議離婚、調解離婚之資料，通常必須透過面訪式問卷調查、個案深度訪談等方式取得。

表2-7-3　離婚途徑之對數及比例

民國	登記離婚對數	判決離婚		協議離婚[11]	
		對數	比率（%）	對數	比率（%）
91年	61,396	6,089	9.92	55,307	90.08
92年	64,995	7,744	11.91	57,251	88.09
93年	62,635	7,873	12.57	54,762	87.43
94年	62,650	7,623	12.17	55,027	87.83
95年	64,476	7,584	11.76	56,892	88.24
96年	58,410	6,716	11.50	51,694	88.50
97年	56,103	6,465	11.52	49,638	88.48
98年	57,223	5,619	9.82	51,604	90.18

表2-7-4　系統搜尋東南亞五國外籍配偶裁判離婚件數

民國	越南籍	印尼籍	泰國籍	菲律賓籍	柬埔寨籍	合計	東南亞籍離婚對數	占當年東南亞籍離婚對數%
90	196	144	55	23	14	432	1,935	22.3%
91	293	154	52	36	19	554	2,136	25.9%
92	366	199	72	34	22	693	2,356	29.4%
93	426	170	86	45	26	753	2,944	25.6%
94	497	246	112	25	20	900	3,372	26.7%
95	538	270	129	28	41	1006	3,737	26.9%
96	437	239	130	35	43	884	3,844	23.0%
97	443	265	136	27	38	909	4,179	21.8%
98	397	192	125	33	27	774	4,632	16.7%

三、研究方法及研究設計

　　本章擬採用檔案分析法，就東南亞五國婚姻移民離婚訴訟進行司法判決分析，期能對東南亞外籍配偶判決離婚之實況及處境有所揭露，並藉以提出政策建議。所謂「檔案分析法」（Archival Analysis），係由研究者檢視某一特定系統中所累積之特定文件紀錄或檔案，例如日記、小說、信件、刊物、廣告、

---

[11]　民國98年4月14日由立法院三讀通過調解離婚新制後，本欄98年部分含有少數離婚係經法院調解或法院和解成立並依職權通知該管戶政機關登記者。

公報、文告等等，就此進行系統性之蒐羅、整理與分析，此一過程將有助於研究者檢視該系統及其行動者的價值觀及關注之焦點何在。檔案分析亦可稱為物件分析法，就特定系列之物件內容進行分析（Content Analysis），可運用於關於各種人類傳播記錄的研究，適合這種研究的形式，包括書本、網頁、報紙、期刊、法律與制度以及相關的任何成份或集合（Earl Babbie, 2005）。

　　本研究擬運用上述「法源裁判檢索系統」，進行東南亞外籍配偶離婚之司法裁判分析。在選樣分析的方式上，本研究係搭配教育部所補助開設之「新移民家庭政策及家事事件案例解析」課程，帶領學生分析外籍配偶離婚之司法裁判，故並未採用分層隨機抽樣（Stratified random sampling）之方式，而係以該課程之田野教學所在地——台灣臺中地方法院為抽樣對象，以增加事件分析時之在地感；此外，為求掌握及理解外籍配偶離婚判決之最新實況，並顧及學生分組作業之便利性，故分就台灣臺中地方法院外籍配偶離婚判決中越南、印尼、泰國、菲律賓、柬埔寨等五國，選取裁判日期最近之10件判決作為分析之樣本。

四、東南亞五國婚姻移民離婚訴訟之實證分析

（一）分析指標

　　本章就外籍配偶訴請離婚判決書中，選取可得分析並具社會或政策意涵之指標如下：

1. 外籍配偶性別；
2. 原告性別；
3. 原告母國；
4. 被告母國；
5. 外籍配偶是否已規劃入籍；
6. 原告是否有律師協助；
7. 被告是否有律師協助；
8. 是否為一造辯論判決；
9. 訴請離婚之原因；
10. 裁判結果；
11. 裁判離婚之原因。

（二）各國實況

1. 越南

在台越通婚的10件訴請離婚案例中，10位越南外籍配偶均為女性，原告分別為8男2女。8位男性原告均為台灣籍丈夫，2位女性原告則為越南籍妻子。故以下將分別就外籍配偶擔任原告訴請離婚，以及外籍配偶擔任被告遭訴請離婚兩者分別敘述：

(1) 外籍配偶擔任原告訴請離婚

就外籍配偶是否取得國籍而言，2位訴請離婚之女性越南籍原告均已取得我國國籍，並均有律師協助。相較於此，其被告之本國籍先生則均無律師協助，亦均未到庭而由法院一造辯論判決。至於2位訴請離婚之原越南籍原告，其訴請離婚原因均為遭被告實施家庭暴力行為，從而主張受到不堪同居之虐待，法院則均以符合民法第1052條第1項第3款及第2項規定，判准離婚。

(2) 外籍配偶擔任被告遭訴請離婚

就外籍配偶是否取得國籍而言，不同於上述2位訴請離婚之已入籍女性越南籍原告，8位遭先生訴請離婚之越南籍被告中，尚有6位未取得我國國籍。至於是否有律師協助，8位男性台灣籍原告中有3位有律師協助，8位遭先生訴請離婚之越南籍被告則僅有1位有律師協助，其餘7位均無律師協助之越南籍被告亦均未到庭而由法院依一造辯論判決。進一步分析8位台灣籍先生訴請離婚之原因，有6位均為越南籍妻子行蹤不明、離境後未返台，甚至結婚後從未來台與丈夫居住，故男方主張女方有未履行同居義務及惡意離棄等事由，此6案法院亦均以符合民法第1052條第1項第5款或第2項之規定判准離婚。另外2位訴請離婚之台灣籍先生則係以不堪同居之虐待或難以維持婚姻之重大事由為原因，法院則均以符合民法第1052條第1項第3款及第2項規定，判准離婚。

2. 印尼

在台印通婚的10件訴請離婚案例中，10位印尼外籍配偶有1位為男性，其餘9位均為女性。10位原告均為台灣籍，分別為9男1女。就外籍配偶是否取得國籍而言，10位遭訴請離婚之印尼籍被告，有8位尚未取得我國國籍。10案中僅一案原告有律師協助，所有印尼外籍配偶被告不但均無律師協助，且均未到庭而由法院依一造辯論判決。就訴請離婚之原因而言，10案中被告為女性印尼外籍配偶之9個個案，台灣籍先生均主張被告惡意離棄、未履行同居義務、離

境後未返台等並合併難以維持婚姻重大事由，9案一致均獲法院以符合民法第1052條第1項第5款或第2項規定，判准離婚；唯一1案由本國籍妻子向印尼籍丈夫訴請離婚之原因，則係主張難以維持婚姻重大事由，並獲法院以符合民法第1052條第2項規定，判准離婚。

3. 泰國

在台泰通婚的10件訴請離婚案例中，較特殊之處在於10位泰國外籍配偶中有5位為男性，5位為女性。訴請離婚之原告則均為台灣籍，分別為5位男性，5位女性，故以下分就被告為男性泰籍配偶、被告為女性泰籍配偶分述之：

(1) 被告為男性泰籍配偶

5位遭訴請離婚之男性泰籍配偶，均尚未取得我國國籍，5位訴請離婚之我國籍女性原告，僅一位有律師協助，5位男性被告泰籍配偶則不但均無律師協助，且均未到庭而由法院依一造辯論判決。就訴請離婚之原因而言，我國籍女方之主張包括泰籍被告夫方惡意離棄（2件）、重婚及與他人發生通姦行為（2件）、難以維持婚姻重大事由（1件），並一致均獲判離婚。

(2) 被告為女性泰籍配偶

5位女性被告泰籍配偶均尚未取得我國國籍，5位訴請離婚之我國籍男性原告，僅一位有律師協助，5位女性被告泰籍配偶不但均無律師協助，且均未到庭而由法院依一造辯論判決。就訴請離婚之原因而言，我國籍男方包括主張泰籍被告妻方惡意離棄及難以維持婚姻之重大事由，並一致均獲判離婚。

4. 菲律賓

在台菲通婚的10件訴請離婚案例中，10位菲律賓外籍配偶均為女性，10位原告均為台灣籍男性。就外籍配偶是否取得國籍而言，10位遭訴請離婚之菲律賓籍被告均尚未取得我國國籍。10案中原告均無律師協助，所有菲律賓外籍配偶被告亦均無律師協助，但有1位到庭答辯，本案法院並駁回原告之訴，其餘9位被告則均未到庭而由法院依一造辯論判決。就訴請離婚之原因而言，10案中我國籍原告均主張被告惡意離棄、未履行同居義務並合併難以維持婚姻之重大事由，除1案被告到庭答辯法院並駁回原告之訴外，其餘9案一致均獲法院以符合民法第1052條第1項第5款或第2項之規定，判准離婚。

5. 柬埔寨

在台柬通婚的10件訴請離婚案例中，10位柬埔寨外籍配偶均為女性，10位

原告均為台灣籍男性。就外籍配偶是否取得國籍而言，10位遭訴請離婚之柬埔寨籍被告，尚有7位未取得我國國籍。10案中僅一案原告有律師協助，所有柬埔寨外籍配偶被告不但均無律師協助，且均未到庭而由法院依一造辯論判決。就訴請離婚之原因而言，10案中我國原告夫均主張被告惡意離棄、未履行同居義務、離境後未返台、無故離家出走乃至於被告從未到台灣等，並合併難以維持婚姻重大事由，且一致均獲法院以符合民法第1052條第1項第5款或第2項之規定，判准離婚。

五、結語

以上關於東南亞五國外籍配偶裁判離婚之分析，雖各國間之情形略有差異，然而仍可見其整體趨勢。以下表2-7-5擷取女性外配、外配被告、尚未入籍、律師協助、一造辯論、遺棄判離等六項指標加以彙整，即可發現一些福利輸送或政策制定上必須留心之處，以下分述之：

表2-7-5　東南亞五國外籍配偶裁判離婚重要指標彙整

	越南籍	印尼籍	泰國籍	菲律賓	柬埔寨	合計	%
女性外配	10	9	5	10	10	44	88%
外配被告	8	10	10	10	10	48	96%
尚未入籍	6	8	10	10	7	41	82%
律師協助	1	0	0	0	0	1	2%
一造辯論	7	10	10	9	10	46	92%
遺棄判離	6	9	7	9	10	41	82%

（一）妻子為何一去不復返？

本研究抽樣的50對跨國婚姻離婚訴訟中，有48件（96%）係國人提出，有41件（82%）係因外籍配偶未履行同居義務、不願再共同生活而判決離婚。婚姻係以一夫一妻之永久共同生活為目的（陳棋炎，2008），唯此一目的是否能達成，亦與結婚時事實面之情境攸關，從而影響日後是否走向家庭暴力、離婚等法律面之發展。多項地區或全國性調查研究均指出，東南亞外籍配偶與國人步入婚姻之方式以朋友介紹及婚姻仲介居多（內政部，2004；內政部入出國及移民署，2009；台南市政府，2004、2010），於彼此交往及謀合基礎有限之情

形下，難免不利於婚姻之維繫，若迎娶外籍配偶之國人亦未有包容、尊重、欣賞多元文化的素養，則婚姻即難免觸礁。

（二）事實上被剝奪的婚姻訴訟權如何保障？

　　如上所述，不同的離婚途徑將影響當事人之權利行使或公部門的政策選擇、介入方式等，就我國制度而言，判決離婚較協議離婚更能周延保障夫妻對等權益及子女最佳利益。就此而論，前述統計上呈現東南亞籍跨國婚姻因裁判離婚而結束之比例，明顯高於本國婚姻（表2-7-4參照），似乎對外籍配偶有利。然而，本研究抽樣的50對跨國婚姻離婚訴訟中，僅有1件之被告外籍配偶有律師協助，卻有高達46件（92%）均為一造辯論判決。近來亦已經有相關研究突顯出設籍前東南亞外籍配偶離婚訴訟中司法程序之困境，例如法律人類學者郭書琴教授即以「逃家的妻子，缺席的被告？」為題呈現出外籍配偶離婚訴訟中「一造辯論」的窘境：「被告經合法通知，未於言詞辯論期日到場，核無民事訴訟法第三百八十六條所列各款情形，爰依原告之聲請，由其一造辯論而為判決……」之情形於外籍配偶離婚訴訟中比比皆是（郭書琴，2007）。按程序正義係實質正義之基礎，訴訟權亦為我國憲法所保障之基本人權，東南亞外籍配偶離婚訴訟中一造辯論及缺席判決之問題如何改善，未來宜規劃更周延之送達機制、法律扶助系統等措施。

（三）被遣返的父母親與難以進行的會面交往

　　本研究抽樣的50對跨國婚姻離婚訴訟中，有41位（82%）外籍配偶於遭訴請離婚時尚未取得我國國籍。因外籍配偶具有婚姻移民身分，而移民政策係以婚姻之延續為依親居留及取得下階段身分的基礎，故若無法延續婚姻，即可能遭致遣返的命運。就此，2008年8月1日修正施行之入出國及移民法第31條第4項規定：「入出國及移民署對於外國人於居留期間內，居留原因消失者，廢止其居留許可，並註銷其外僑居留證。但有下列各款情形之一者，得准予繼續居留：

　　一、因依親對象死亡。

　　二、外國人為台灣地區設有戶籍國民之配偶，其本人遭受配偶身體或精神虐待，經法院核發保護令。

　　三、外國人於離婚後取得在台灣地區已設有戶籍未成年親生子女監護權。

四、因遭受家庭暴力經法院判決離婚，且有在台灣地區設有戶籍之未成年
　　親生子女。

五、因居留許可被廢止而遭強制出國，對在台灣地區已設有戶籍未成年親
　　生子女造成重大且難以回復損害之虞。

六、外國人與本國雇主發生勞資爭議，正在進行爭訟程序。」

以上「得准予繼續居留」之規定，觀其要件仍有不少技術性限制及行
政、司法裁量空間。外籍父母親如遭遣返，則判決上縱使賦予其會面交往權，
亦將形同虛設，畢竟距離過於遙遠，交通成本過高，這也使得原本具有監督作
用的會面交往制度難以發揮效用（李麗珠，2006）。無論如何，我國入出國及
移民法之上述修正，方向應值得肯定，未來若能准許取得會面交往權之外籍配
偶亦得繼續居留，對於子女之成長利益將更有保障。

參考書目

內政部（2004），外籍與大陸配偶生活狀況調查報告。

內政部入出國及移民署（2009），大陸及外籍配偶生活處遇及權益之研究。

台南市政府（2004），台南市外籍配偶家庭暨子女生活狀況與福利需求調查成
　　果報告。

台南市政府（2010），台南市外籍配偶家庭暨子女生活狀況與福利需求調查成
　　果報告。

江亮演、陳燕禎、黃稚純，大陸與外籍配偶生活調適之探討，社區發展季刊第
　　105期，頁66-89，2004年。

李麗珠（2005），離婚後未成年子女會面交往之研究，國立中正大學法律所碩
　　士論文。

郭書琴（2007），逃家的妻子，缺席的被告？──外籍配偶與身分法之法律文
　　化初探，國立中正大學法學集刊22，頁1-40。

陳竹上（2007），〉〈法學與社會工作教育：從一個外籍配偶爭取子女監護權
　　的個案談起〉，發表於2007/05/11長榮大學社會工作學系主辦《全球與地方
　　尋求共存：2007新興社會議題與社會工作學術研討會》，地點：長榮大學
　　第三教學大樓仁愛廳。

陳竹上、李美玲、劉鶴群、譚大為（2010），〈離婚原因、離婚途徑與子女

監護權歸屬之探討〉，發表於2010年3月5日中正大學社會福利學系主辦：《台灣社會福利發展與政策研究：回顧與前瞻》，地點：中正大學。

陳棋炎（2008），民法親屬新論，台北：三民書局。

Bennett, M (1993) Towards Ethnorelativism: a Developmental Model of Intercultural Sensitivity" in Paige R. M. (ed.) (1993) Education for the Intercultural Experience, Yarmouth, ME: Intercultural Press Inc.

Earl Babbie 著，陳文俊譯（2005），社會科學研究方法，台北：雙葉。

Este, D. (1999) Social Work and Cultural Competency, in Lie, G. and Este, D. (eds.) (1999) Professional Social Service Delivery in a Multicultural World, pp. 27-45, Toronto: Canadian Scholars' Press.

Holmes, T. H., & Rahe, R. H. (1967). The social readjustment rating scale. Journal of Psychosomatic Research, 11, 213-218.

陳竹上

一、前言

　　2010年6月，台北縣林口鄉一名父親，因與離婚不久之越南籍前妻發生監護權爭議，竟殺害年僅兩歲的女兒[1]，本事件促使吾人不得不就面臨父母離異之新移民子女的親權規劃與安全需求，進行分析與探究。由移民署之統計數據觀之，1998年至2009年等12年間，國人與大陸港澳地區國民結婚之對數（即一般所稱「大陸配偶」）合計259,071對，其中已離婚之對數合計131,886對，占31%；國人與大陸港澳地區以外國民結婚之對數（即一般所稱「外籍配偶」）合計142,590對，其中已離婚之對數合計72,548對，占21%[2]。至於歷年之離婚對數，由圖2-6-1可知，相較於大陸配偶於2003年起離婚對數趨於緩和，外籍配偶之離婚對數則不斷攀升。較近的抽樣調查指出（移民署，2009：57）：外籍配偶育有子女之比率為92.1%，生育子女數以2個居多（45.6%），其次為1個（41.0%），亦即就外籍配偶而言，每一對離婚的夫妻往往都要面臨重新規劃未成年子女親權行使的課題[3]，本章遂以占外籍配偶最多數的東南亞跨國婚姻為範疇，探討其父母離婚後新移民子女親權規劃之困境[4]。

---

[1]　相關報導請參考自由時報2010/06/10刊載：「狠父掐2歲女 浸水丟火堆」相關新聞，網址：http://www.libertytimes.com.tw/2010/new/jun/10/today-so6.htm，瀏覽日：2011/08/22。

[2]　由於目前移民署之統計數據係自1998年起，並無法查知1998年以前大陸及外籍配偶離婚對數。此外雖有大陸及外籍配偶結婚總對數之統計，但未見離婚總對數，故本文以1998年至2009年為離婚／結婚之比例計算區間。可參考移民署網址：http://www.immigration.gov.tw，瀏覽日：2011/08/22。

[3]　本文所稱「監護權」，係指父母離婚後關於未成年子女權利義務之行使及負擔，法律用語可參考我國民法第1055條第1項。至於「探視權」，我國民法第1055條第5項則稱之為「會面交往」。本文所稱「親權規畫」，係包括父母離婚後未成年子女之監護權、探視權、扶養費等安排。因篇幅限制，本文暫不納入扶養費之探討，相關分析可參考劉鶴群、陳竹上（2009），〈由兒童社會與經濟權檢視我國離婚後子女扶養費給付之制度與實況〉，發表於2009年11月27日玄奘大學社會福利學系主辦：《證據導向社會工作研討會：鉅視社會工作的思維》學術研討會，地點：玄奘大學善導活動中心聖印廳。

[4]　關於「新移民」之定義，是否包括大陸配偶，可視研究範疇而定。本研究所運用之資料係以東南亞外籍配偶為主，故此處「新移民」一詞之範疇亦限於東南亞外籍配偶。

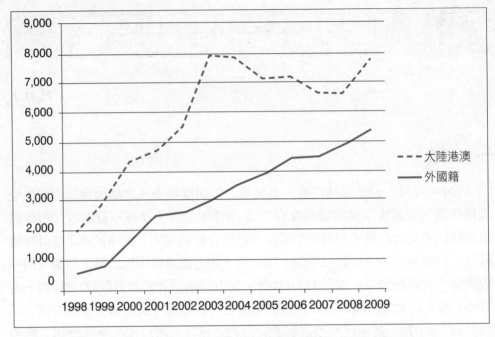

圖2-8-1　　大陸及外籍配偶起離婚對數：1998至2009

　　父母離婚後關於未成年子女監護權、探視權等親權行使之妥善規劃，是對於兒童安全成長的基本保障，特別是自1996年起，我國民法對於夫妻離婚後未成年子女之監護權歸屬及探視權安排，已改採兒童最佳利益原則（the best interests of the child）並搭配社工訪視程序進行之，以期進一步保障兒童之成長權益（陳竹上，2004、2007）。然而，此等制度於設計之初，未必考量到1980年代後半起台灣跨國婚姻及其離婚對數均明顯增加的社會現實，從而相較於本國婚姻，外籍配偶之離婚及其未成年子女監護權等安排，將同時面臨移民政策、文化差異及司法程序面之糾葛，導致最終親權規劃之結果未必合於子女最佳利益，甚且相去甚遠，致使兒童安全堪虞。本章以下即依序分就司法程序、文化差異及移民政策等面向，援引判決及法令等素材，分析離婚訴訟中新移民子女親權規劃之困境，最後並嘗試提出改善建議。

二、司法程序面之困境分析：一次小規模司法實證研究所透露之訊息

　　如前所述，夫妻離婚後未成年子女的監護權歸屬，自1996年起已採「子女最佳利益原則」為判斷依歸。子女最佳利益的確認，在離婚訴訟中，必須經由父母雙方參與司法程序，表達意見並接受承審法官的詢問及證據調查，加上社工人員的訪視報告等，經過法院綜合研判，方能有助於監護權歸屬判斷的正當性，並因此保障子女之成長利益（雷文玫，1999）。然而，在新移民的離婚訴訟中，吾人經由實地服務卻發現：外籍配偶經常是此一確認子女最佳利益之程序中缺席的一方[5]。為進一步瞭解此一問題之嚴重程度，本研究運用判決搜尋系統，進行了一次「婚姻移民離婚訴訟的小規模實證研究」，搜尋之範圍是2010年1月及2月期間全國之第一審離婚訴訟中，當事人一方現為或曾為越南、寮國、柬埔寨、泰國、緬甸、菲律賓、印尼等東南亞7國之國民者，搜尋結果共得43件判決[6]。

　　經分析發現43件判決中有39件為我國國民向外籍配偶訴請離婚，被告原有或現有之國籍及人數分別為越南18人、泰國9人、印尼8人、柬埔寨2人、緬甸1人、菲律賓1人。此外，由表2-8-1可知：43件判決中有高達40件（93%）係由原告「一造辯論判決」[7]，亦即居於被告地位之外籍配偶，多半並未參與離婚及確認子女最佳利益、監護權判斷等親職規劃程序，而被告之缺席也顯示社工訪視僅能及於原告一方，法官亦僅能憑藉原告一方的意見及證據作成裁判。就判決結果而言，40件由原告一造辯論，亦即被告缺席之判決，均為原告勝訴；相較於此，其餘3件被告有參與司法程序的離婚訴訟，即有1件原告敗訴。如此高比例之被告（通常為外籍配偶、母方）未參與離婚訴訟及監護權判斷程序，其原因可能包括被告行蹤不明，或原告刻意不提供被告所在地、聯繫方式等資

---

[5]　本文作者自2007年擔任家事調解委員以來，雖已調解一百多個離婚個案，但以外籍配偶為當事人者卻仍屈指可數，與移民署的離婚統計數據落差頗大。經向負責派案之家事庭庭長請益，方瞭解許多外配離婚事件均為本國原告指稱「被告行方不明」，而家事調解須以雙方到場為前提，故未派案予調解委員。

[6]　本研究所搜尋之網頁為「法源法律網裁判書搜尋系統」，網址：http://fyjud.lawbank.com.tw/index4.aspx?login=0。瀏覽日：2011/08/22。

[7]　相關規定請參考民事訴訟法第385條：「言詞辯論期日，當事人之一造不到場者，得依到場當事人之聲請，由其一造辯論而為判決；不到場之當事人，經再次通知而仍不到場者，並得依職權由一造辯論而為判決。前項規定，於訴訟標的對於共同訴訟之各人必須合一確定者，言詞辯論期日，共同訴訟人中一人到場時，亦適用之。如以前已為辯論或證據調查或未到場人有準備書狀之陳述者，為前項判決時，應斟酌之；未到場人以前聲明證據，其必要者，並應調查之。」

訊，導致法院相關通知不易送達，以及被告因語文能力或文化隔閡而未瞭解法院通知的意義及嚴重性等。不論如何，九成以上的被告缺席判決，均將導致確認子女最佳利益的過程充滿盲點，例如，縱使原告（通常為本國籍、父方）有暴力、失業、酗酒、煙毒前科等可能不利於教養子女之情事，在被告未到庭的情形下，法院也只能將監護權判予原告，被告之探視權亦無從規劃，對於新移民子女日後之成長難免造成影響。

表2-8-1　2010年1月～2月東南亞外籍配偶離婚事件一造辯論件數及結果

辯論程序	原告一造辯論		兩造互相辯論		合計
判決件數	40		3		43
相對百分比	93.0%		7.0%		100%
判決結果	勝	敗	勝	敗	
判決件數	40	0	2	1	43
相對百分比	100%	0%	66%	33%	

三、文化差異面之困境分析：一位越南媽媽爭取女兒監護權的案例

　　以上關於一造辯論判決的分析呈現出，當外籍配偶之一方無法進入離婚訴訟及監護權判斷之司法程序時，子女最佳利益原則顯然亦將無法落實。然而，研究者於檢閱新移民離婚判決時亦發現，縱使外籍配偶有機會進入司法程序爭取子女監護權，跨國間的文化差異亦可能導致法院於認定子女最佳利益的過程中顯露出本位主義的立場。以下即以一位越南媽媽爭取女兒監護權的案例呈現此一課題[8]：

（一）事件概述

　　A女（越南籍）與B男於民國88年結婚，並育有未成年子女C男及D女。婚後B男數度毆打A女，至民國94年A女取得驗傷診斷書及民事通常保護令，

8　請參考高等法院台南分院94年度家上字97號裁定、最高法院95年度台抗字第402號裁定。本案歷審裁判搜尋網址：司法院裁判書搜尋系統，http://jirs.judicial.gov.tw/Index.htm，瀏覽日：2011/08/29。

並向法院訴請離婚（此時C男約5歲，D女未滿3歲）。民國94年9月，法院依我國民法第1052條第2項，亦即夫妻間有難以維持婚姻之重大事由，判決雙方離婚。但就離婚後未成年子女權利義務之行使及負擔（即俗稱之「子女監護權」）部分，則均判歸父親，並使母親每月獲得二次與子女會面交往之機會。A女於是就女兒D之監護權部分向高等法院提起抗告。有鑑於一審法院判決子女監護權歸父之理由主要係指出：(1)A女為越南籍人。(2)子女交由父親監護，不用改變二名子女之住居生活環境，較符合子女之最佳利益。故A女於二審聘請律師後，特別就此有所主張，其表示：「抗告人（即A女）平日與子女情感親近；現已放棄越南國籍，擬在台長期居住，若取得長女監護權後，不致大幅改變其生活環境……」。然而，在聘請律師及放棄母國國籍等努力下，A女在第二審的訴求仍於95年4月遭到高等法院駁回。日後A女雖抗告至最高法院，然而最高法院仍於民國95年7月駁回A女之訴求。二審法院進一步就分割監護、文化適應、子女意願等問題質疑女兒D歸A女監護之適當性，其表示：

> 兩造既生育有一男一女，子女原本即不多，自出生後二位小兄妹即共同在鄉間生活，已有三年，長期共同相處在同一環境，已有相當親情存在，若將二位分割監護，造成小兄妹分離，對D女恐將有不利之影響。又兩造均明確表示願行使對D女之權利義務之行使或負擔，主觀意願均強，但抗告人畢竟原係越南籍，未能受相當之中文教育，日後對子女之學習教養，終究不如相對人係本國人對本地民情習俗之瞭解，對小孩從家庭生活中學習融入社會之能力相差甚大。又因二位未成年子女分別係五歲未滿，三歲半，未能充分表達自己之意願，故本院並未訊問子女之意願，併予敘明。

（二）文化面向的一些思考：本土化、國際化與子女最佳利益

如上所述，本案承審法官認為A女係越南籍，未能受相當之中文教育，日後對子女之學習教養，終究不如相對人係本國人對本地民情習俗之瞭解，對小孩從家庭生活中學習融入社會之能力相差甚大。然而，若此一推論成立，則外籍配偶不論其性別或母國國籍為何，幾乎均無法取得子女監護權，畢竟在中文教育及本地民情習俗之瞭解上，外國人往往終究不如本國人。此外，值得思索的是：若本案之外籍配偶為美國或英國籍，法院之認知是否將有所不同？這當

中是否仍存在著第一、第二、第三世界或已開發、開發中、未開發國家的意識形態？該判決除可能隱含法官個人層次的種族歧視，並反映出台灣社會對越南移民的文化歧視，以及司法體系對越南被告的制度性歧視。所謂個人層次的種族歧視，根據Jones的定義，係指「對自身種族優於其他種族的信仰，及維持這種優劣關係的行為舉措」（1972: 5）。而屬結構層次的文化或制度性歧視，則指涉「當種族歧視的結果因制度法令、習俗或慣例而積累，這樣的制度就是種族歧視的制度，不論維持這些法令、習俗或慣例的人是否有種族歧視的意圖」（Jones, 1972: 131）。從上述判決而論，雖無由洞悉該法官是否有種族歧視之意圖，然依被告之種族及與我國民情習俗之不同，而排除其法律賦予之子女監護權利，明顯係為保障我族凌駕他族之優勢地位及合法性之制度性歧視，迫使其他種族之人接受種族歧視之結果。

此外，法官著眼於「融入社會之能力」，若相較於目前亦頗受重視的「國際化能力」之間，是否有所衝突？而台灣社會是否已營造有助於新移民融入的友善環境？就此，被譽為文化人類學之父的鮑亞士（Boas, Franz）曾提出「文化相對論」之主張，用以反駁社會達爾文主義或種族中心主義之論述（黃應貴，1992）。此外，這位越南籍母親係因為遭受家庭暴力並取得民事通常保護令，方提出離婚，此時依照家庭暴力防治法第43條之規定，應推定由施暴者取得監護權將不利於子女[9]。然而，本案中法院將「文化差異」視為比「婚姻暴力」更不利於子女成長之因素，如此作法對於子女日後的成長是否隱藏著安全上之疑慮，亦相當值得評估。

四、移民政策面之困境分析：被遣返的母親與難以進行的會面交往

上述越南籍媽媽於第三審曾向法院表示：若子女二人之監護權均歸相對人，則其縱已放棄越南籍，日後恐有遭遣返之虞。此乃因外籍配偶具有婚姻移民身分，而移民政策制度上必須以婚姻之延續為依親居留及取得下階段身分的基礎，故若無法延續婚姻，亦未取得子女監護權，即可能遭致遣返的命運。就此，2008年8月1日修正施行之入出國及移民法第31條第4項規定：「入出國及

---

[9]　請參考家庭暴力防治法第43條：「法院依法為未成年子女酌定或改定權利義務之行使或負擔之人時，對已發生家庭暴力者，推定由加害人行使或負擔權利義務不利於該子女。」

移民署對於外國人於居留期間內，居留原因消失者，廢止其居留許可，並註銷其外僑居留證。但有下列各款情形之一者，得准予繼續居留：

一、因依親對象死亡。

二、外國人為台灣地區設有戶籍國民之配偶，其本人遭受配偶身體或精神虐待，經法院核發保護令。

三、外國人於離婚後取得在台灣地區已設有戶籍未成年親生子女監護權。

四、因遭受家庭暴力經法院判決離婚，且有在台灣地區設有戶籍之未成年親生子女。

五、因居留許可被廢止而遭強制出國，對在台灣地區已設有戶籍未成年親生子女造成重大且難以回復損害之虞。

六、外國人與本國雇主發生勞資爭議，正在進行爭訟程序。」

以上「得准予繼續居留」之規定，觀其要件仍有不少技術性限制及行政、司法裁量空間。此外，此等為求保障國際人權，避免外籍配偶因遭受家庭暴力卻仍須遭受遣返之制度設計，係於2008年8月1日施行，基於「法律不溯及既往原則」，於此之前發生居留原因消失的個案，包括上述越南籍媽媽，均無法因此獲得保障（吳庚，2001）。外籍母親如遭遣返，則判決上所賦予之會面交往權將形同虛設，畢竟距離過於遙遠，交通成本過高，這也使得原本具有監督作用的會面交往制度難以發揮效用（李麗珠，2006）。無論如何，我國入出國及移民法之上述修正，方向應值得肯定，未來若能准許取得會面交往權之外籍配偶亦得繼續居留，對於子女之成長利益將更有保障。

五、結語

有關離婚後未成年子女監護歸屬之認定，1996年起我國係以「子女最佳利益」為最終判斷之依歸。外籍配偶來自異鄉，面臨離婚訴訟之際，各方面有形、無形的資源往往無法與本國人比擬，難免居於劣勢，若未審慎規劃，無疑將扼殺其親權行使之機會。子女最佳利益之衡量涉及高度之價值判斷而常有見仁見智之窘境，例如，究竟是子女將來有前途較合乎其利益，還是快樂地成

長最重要？正因此等判斷之主觀成分濃厚，美國家庭法學者Robert Mnookin歸結：有關子女最佳利益之判斷，本質上正涉及一個人之生命目標與人生價值為何的決定（Mnookin, 1985）。一個人的價值觀及幸福感將受到其成長環境中文化脈絡的深刻影響（Howard, 1989; LeVine and New, 2008），法官亦然。從而，如何將多元文化之理念適度納入司法系統，並逐步排除婚姻移民於身分保障及司法程序上的不利地位，包括建構更人性化及考量外籍人士需求的通知程序，降低一造辯論判決的比例，並在移民政策上考量將取得探視權納入外籍父母得繼續居留之事由，均是確保兒童成長利益不可或缺的面向。

參考書目

吳庚（2001），《行政法之理論與實用》，臺北：自版。

李麗珠（2006），《離婚後未成年子女會面交往之研究》，嘉義：中正大學法律研究所碩士論文。

移民署（2009），《大陸及外籍配偶生活處遇及權益之研究》，台北：移民署。

陳竹上（2004），〈論我國兒童監護政策之內涵及司法運作實況：以吳憶樺小朋友監護權爭奪事件為例〉，《台灣社會福利學刊》，3(1)，83-118。

陳竹上（2007），〈離婚後未成年子女最佳利益之研究：福利國家與家庭角色的再思考〉，國立中正大學社會福利研究所博士論文。

黃應貴主編（1992），見證與詮釋—當代人類學家，臺北：正中。

雷文玫（1999），〈以「子女最佳利益」之名：離婚後父母對未成年子女權利義務行使與負擔之研究〉，《國立台灣大學法學論叢》28(3)：245-309。

劉鶴群、陳竹上（2009），〈由兒童社會與經濟權檢視我國離婚後子女扶養費給付之制度與實況〉，發表於2009年11月27日玄奘大學社會福利學系主辦：《證據導向社會工作研討會：鉅視社會工作的思維》學術研討會，地點：玄奘大學善導活動中心聖印廳。

Howard, Michael C. (1989), *Contemporary Cultural Anthropology*. Glenview: Scott, Foresman.

Jones, J. M. (1972), *Prejudice and Racism*. Reading, MA: Addison-Wesley.

LeVine, Robert A. and Rebecca S. New ed.(2008), *Anthropology and Child*

Development: A Cross-Cultural Reader. Malden, MA: Blackwell Pub.

Mnookin, Robert H. (1985), *In the Interest of Children: Advocacy, Law Reform, and Public Policy*. New York: W. H. Freeman.

第九章　文化認同與跨文化婚姻子女教育問題探討

一、前言

　　隨著具新移民背景的台灣家庭已經達到相當的數量，其下一代已經佔每年新生兒相當比例的時刻，跨文化婚姻子女的文化認同必然是個議題。

　　多元文化政策在西方國家的實施與探討已歷經一段很長的時間，理論探索與實踐的反思也累積相當的成果，本章先從探討兩個概念「文化認同」（Identity）與「多元文化政策」（Policy for Multiculturalism）著手，舉德國實施之雙重文化認同之多元文化教育為例，「淵源文化課程」教學為其主要之手段，透過「淵源文化課程」在對主流文化之認識與涵化（enculturation）的進行過程中，同時加強其認同本身「母國」文化之教育，這樣的教育政策到目前為止已獲致不錯的成效。緊接著本章探討台灣在多元文化教育框架下，教導新移民子女雙重文化認同之可能性，其立論觀點建構於類似原住民及各族群之母語及文化教學之理念。其目的不是要放棄中華文化傳承，而是改變中華文化一元獨大的教育政策為作者所期盼。

二、文化認同與多元文化政策──從一元到多元

　　文化認同是對一個群體或文化的身分產生認同，或者是指個人受其所屬的群體或文化影響，而對該群體或文化產生的認同感[1]。

　　Arnd Uhle則是替「文化認同」下了以下的定義：「文化認同」可以被理解成所有被文化特質凸顯的價值和因之而來的世界觀和思維方式，同時也包括了受文化影響之行為及生活方式，其塑造了一個文化共同體──亦即民族／Nation- 的特徵」[2]。

---

[1]　參照：維基百科全書「文化認同」一詞的解釋，個人參考中、英、德文的版本。
[2]　參照：UHLE, Arnd: *Freiheitlicher Verfassungsstaat und kulturelle Identität*, Habilitationsschrift München, 2006.

　　透過這種詮釋很清楚地表達了，「文化認同」決定於它所依存文化圈的性質或是取決於該共同體文化屬性的元素。「文化認同」的形成奠基在相同歷史，共同文化價值，共有的傳統和相同宗教的基礎上。在這個前提下，我們所說的「文化認同」也可以說是「民族文化的認同」[3]。

　　根據W. Gephart的學說，透過以下幾個特點可以來「實體化」文化認同，亦即「認同」乃是抽象的概念，但是透過具象的表徵我們可以察覺到「文化認同」具體之存在：這些包括了「認同符號」、「認同規範」、「認同機構」和「認同儀式」。集體認同得以透過這些具體事項，以社會實踐方式及社會機構形式獲得發展。「認同符合」、「認同規範」、「認同機構」和「認同儀式」共構了我們稱之為「認同」的各種共同特徵，也就是韋伯所稱之的」共同之想法」／Gemeinsamkeitsglaube。以漢民族傳統文化為例，很簡略地用比喻的說法：龍的圖騰、關公、媽祖、先聖先賢或是逝去的祖先是「認同符號」，儒家之「父慈子孝」、「三綱五常」、民間普遍之「忠孝節義」信念是「認同規範」，太廟、孔廟、宗祠、私塾等等是「認同機構」，而「認同儀式」是隨之而來與之關係非常密切的種種儀式。也因此對於「儀式」的解釋，通常是指具有宗教或傳統象徵意義活動的總稱[4]。

　　基於國家必須保障人民生存權利的最高原則，現代以憲法為根本大法之法治國家以保障其人民因其文化特質而來的價值觀和生活方式為國家生存之主要目的[5]。這樣的思維從傳統民族國家形成以降一直居於主導的地位，因此德國從1989年統一以來進行外來移民問題相關的討論時，對於社會中的「德國主導文化／主流文化」（deutsche Leitkultur）之議題探討仍引起社會相當的關注及激烈的討論[6]。

　　文化之保護、傳承及因襲自文化特色而來的價值觀及生活方式的延續誠然是國家重要之責任，這個任務也透過了種種的政策得以實現。相對地，一元化

自由的憲政國與文化認同，講座教授資格論文，慕尼黑，2006。
[3] 參照：WEBER, Max: Wirtschaft und Gesellschaft, 5. rev. Auflage, Tübingen, 1972, S. 237.根據偉伯的解釋，這些「集體信念／集團想法」- Gemeinschaftsglauben-往往跟統治者的政治操作有密切的關聯。
[4] 參照：GEPHART, Werner: Zur Bedeutung der Religionen fuer die Identitaetsbildung. In: Religion und Identitaet. Im Horizont des Pluralismus, Frankfurt 1999, P. 233-236.
[5] 參照：Arnd UHLE, 2006。
[6] 參照：PAUTZ, Hartwig: Die deutsche Leitkultur. Eine Identitätsdebatte: Neue Rechte, Neorassismus und Normalisierungsbemühungen. Stuttgart 2005. 有些右派民族主義者甚至把「德國主流文化」視為對抗多元文化政策的武器。2003年執政黨基督民主黨把「德國主流文化」的描述寫入黨綱。

的思維，以「主流文化」為唯一圭臬之教育及文化政策也在各地面臨了挑戰，因為後現代全球化社會之來臨已經是不爭的事實；社會中擁有相當比例並非出自於」主流文化「之群體，已經在世界各地成為一個很普遍的現象。因此如何從過去國族中心主義的文化政策走向多元文化政策乃是世界之潮流。

在此我們必須首先解釋清楚什麼是多元文化的概念，何者是多元文化政策？

多元文化的核心概念指的是在一個多文化的社會中，不同的文化或族群得以和諧共存[7]。主流社會及當權者對於少數族群及其語言文化的回應方式，可以從對少數族群的語言與文化全然的壓制到透過制度予以平等地位。Churchill（1986）將不同國家看待該國少數族群處於劣勢之原因，以及政策回應的方式分作六種類別或是階段：

1. 第一階段〔學習不足〕：將少數族群處於社會劣勢歸因於他／她們的語言與文化，因此快速過渡到主流語言及文化是必須的措施。

2. 第二階段〔社會連結的學習不足〕：有時與第一階段密不可分，將少數族群的劣勢地位與其家庭社經地位作連結。提倡補救方案以調適少數族群家庭，使其能順利融入主流社會。

3. 第三階段〔因社會／文化差異所造成的學習不足〕：主張少數族群的劣勢是肇因於主流社會—尤其是教育制度—無法尊重、接納以及正面看待少數文化。本階段提倡多元文化教育。

4. 第四階段〔因母語剝奪所造成的學習不足〕：主張少數族群的劣勢是因為母語及母文化遭受剝奪，以致於無法有效學習主流文化。因此本階段支持少數族群語言及文化，但限於過渡階段的雙語教學。

5. 第五階段〔維持母語在私領域的使用〕：支持少數民族／族群在私領域維持並發展他／她們語言及文化的權利，以免於文化遭到滅絕。提倡學校與團體／社區結合的雙語維持計畫。

6. 第六階段〔語言文化平等〕：賦予少數民族語言官方語言的地位。這包括在公家機關及學校平等使用少數族群語言，並廣泛承認少數民族語言在社會、機構及語言領域的平等地位。

若拿上述的分類來檢視一國的教育政策，Churchill認為處於第一階段到第

---

[7]　CASHMORE, E.: Dictionary of Race and Ethnic Relations, London: Routledge, P. 244.

四階段的國家，是希望少數族群在接受教育之後，能與主流族群獲得相同的社會、文化及語言的成果。換句話說，由主流族群所定義的教育目標，都是以主流文化為著眼點，不因種族而有差異，不考量其他少數民族的特殊處境及差異化的需求。雖然對少數文化的接納程度略有差別，這四個階段都是以將少數族群融入霸權文化所支配的公民社會為前提，而主流社會儘可能地不對少數文化做調適，或是根本無視於少數文化的存在[8]。

Churchill接著主張直到第五及第六階段，單一文化及單一語言的價值觀才被挑戰。May稱第一到第四階段的教育途徑為「為主流社會辦的教育」，而最後的兩階段才是「為少數族群辦的教育」[9]。

大體而言，歐美國家實施之多元文化政策以加拿大之例子最為成功，但是這樣的結果必須歸因於其特殊的歷史背景：英法兩個族裔之加拿大人民，以尊重彼此之族裔文化為原則，從1970年代開始透過一系列的立法程序，朝著建構一個多元文化社會的目標而努力。德國社會學家Rainer Geisler從加拿大多元文化政策的施行經驗，將多元文化歸納為以下七個基本原則：

　　1. 對於種族文化多樣性的原則性認同；

　　2. 文化差異性的權利；

　　3. 文化等值性與相互尊重與寬容；

　　4. 安全的交互接觸；

　　5. 異中求同；

　　6. 社會機會平等的權利；

　　7. 有計劃的規畫管理[10]。

加拿大之文化政策大約符合Churchill所述的第五、第六階段，相對而言台灣直到80年代對原住民厲行獨尊中華文化之漢化政策，大抵相當於前述之第一或第二階段之狀況[11]。

---

[8]　CHURCHILL, S.: The Education of Linguistic and Cultural Minorities in the OECD Countries, Clevedon, England: Multilingual Matters., 1986.

[9]　MAY, S. (2001) Language and Minority Rights: Ethnicity, Nationalism and the Politics of Language, Essex, England: Pearson Education Limited.

[10]　參照：WAYLAN, Shara: Immigration, Multiculturalism and National Identity in Canada, Department of Political Science, University of Toronto, 1997
GEIßLER,Rainer: Multikulturalismus in Kanada - Modell für Deutschland?, Bundeszentrale für politische Bildung, 2003. 加拿大多元文化政策之制定歷經頗為曲折的過程，筆者自知文中陳述過於簡略，期間各族裔的努力與衝突請參考上述文獻。

[11]　參照：謝順旭：從台灣光復後之政治發展探討政府原住民政策之演變，東海大學政治學研究所碩士論

　　依循Churchill的文化政策階段論述，以下舉德國之多元文化教育政策下的外籍孩童母國語言文化之教學為例，說明多元文化政策在德國實施之狀況，藉其成功的事例將在本文主張，對於跨文化婚姻子女採取雙元文化之教育。

三、多元文化教育政策下的「母語文化」教學在德國——從母語教學到淵源課程

　　德意志聯邦共和國—以下簡稱德國—之外籍孩童母國語文教學起源於20世紀60年代，其初衷並非顧慮到多元文化政策之實踐，而是當時的德國政府認為，從1955年開始大量招募的外籍勞工的家庭及小孩終究有回歸其祖國的時刻，因此對這些孩童施予其本國語言的教育[12]。

　　一直到80年代一般大眾開始意識到，這些仍舊居留德國的外籍勞工及其家庭已經不可能再回到其祖國，因此社會上開始出現取消母語教育的聲浪，其理由為母語教學阻礙了外籍人士融入「德意志主流文化」。另一方面研究卻發現一個很有趣的現象，能夠流暢運用母語並對母國文化熟悉的外籍小孩，其生活及學習，甚至對德語的掌握都來得比較強，其人格發展和將來的發展也比較正向。1984年德國北萊茵—西伐里亞邦是第一個發佈「外籍孩童課程建議書」的州政府。行之有年的「外籍學童母國語言文化」教學獲得官方的肯定，其存廢也不再是社會的爭議而共識[13]。經過二十幾年來的努力，移民背景學童之「母語教學」已經是德國學校課程的一部分，為因應時代的變遷「母語課程」在德國的共同稱謂已經轉換為「淵源課程」——主要是不少「外國人」已進入移民第三、四代，和為了實現歐盟自由遷徙公約的相關規定[14]。

　　2009年年底德國聯邦勞動部為了配合多元文化政策的理念，並使得相關政策得以落實甚至修改了聯邦相關勞動法規，允許從事「淵源課程」教學的師資

文，2002。不知道教育部日前強迫所有高中生必選四書讀本，有無排除原住民身分之高中生而代之以原民文化課程？或是讓為數已經不少的新移民之子學習其「母國文化—母親來源國的文化」？

[12] Bundesarbeitsgemeinschaft der Immigrantenverbande in der Bundesrepublik Deutschland und Berlin West BAGIV (Hrsg.): Muttersprachlicher Unterricht in der Bundesrepublik Deutschland, 1985.

[13] 參照：前揭文及Katja BRUCKHAUS：Muttersprachlicher Unterricht in Deutschland , 2007, GRIN Verlag.

[14] 參照：Integration in Deutschland, 2009，「國家融合計劃報告書」。「德國聯邦移民及難民署」委託研究案成果發表書籍。德國曾經是世界數一數二的外籍勞工接納國，也因為依循德國基本法而執行的「政治迫害者庇護法」收容大量尋求政治庇護者，如果加上歐盟自由遷徙居民，其移民背景的住民已達總人口之1/5，1/3在德國居住的6歲以下小孩具移民背景。因此如何讓如此龐大具移民背景的住民融入德國社會是一個十分艱巨的任務。根據2008年「國家融合計劃報告書」指出，到目前為止這項努力大致是成功的。

從「文化淵源國」進入德國。意即，德國中央政府透過立法程序引介合格之外國師資在德國的學校從事教學工作，其教學對象為居住在德國具移民背景之學童，其課程內容為「文化淵源國」之語文[15]。

　　淵源文化課程設立之目的，以最早立法保障「母語教學」之北萊茵—西伐里亞邦為例可以略窺其梗概，其教育部強調」淵源課程」的目的在提供雙語環境成長的學童語言課程，其宗旨維持這樣的雙語環境，藉此提供學童與家庭來自的國家文化得以維繫的機會。其手段就是運用「淵源課程」及「德語外語課程」互為奧援幫助孩童，達成學好德語的目的，通過對德語的掌握幫助具移民背景的孩童在德國社會順利成長。教育部並引用學術研究指出，母語的傳承對德語的學習有莫大的幫助。學校也證實日常生活可以流利運用母語的學童大部分可以順利升學，其學習德文的成效也遠比那些缺乏文化刺激的學童來的好[16]。

　　在北萊茵—西伐里亞邦學校提供1至10年級孩童「文化淵源課程」，無涉乎參加課程的孩童擁有哪個國籍。此課程屬於國家提供之正式課程，其基本課綱之確立，教科書之審定屬於該邦教育部之權責。「文化淵源課程」的授課老師一些人具有德國國籍，一些是來自「文化淵源國」，來自國外之師資必須畢業自該國合格之師資課程，兩者師資來源皆為北萊茵—西伐里亞邦之教育約僱人員。

　　2011年該邦之「文化淵源課程」計傳授下列各種語文：阿爾巴尼亞語、阿拉伯語、波西尼亞語、波斯語、希臘語、義大利語、朝鮮語、克羅地亞語、北庫德族語、馬其頓語、波蘭語、葡萄牙語、俄語、塞爾維亞語、斯洛文尼亞語、西班牙語、泰米爾語和土耳其語。如果有足夠的學童願意上課，並且具備合格的師資，在教育部審定合格的情況下，學校可以增設任何的「文化淵源國」之語言課程。

　　「文化淵源課程」每個語種的最低開課人數為10名學童，一週最多以5堂課為限。如果學生人數夠多，以學校上午之正式上課時間開課為原則。在大部分的情況下則是多校聯合授課，因為必須顧及班級大小及各個年齡層的需要，

15　參閱：聯邦勞動部網頁（2011年4月23日）：
　　http://www.bundesregierung.de/Content/DE/Pressemitteilungen/BPA/2009/08/2009-08-04-ib.html
16　參閱：北萊茵—西伐里亞邦 教育部網頁
　　http://www.schulministerium.nrw.de/BP/Unterricht/Faecher/Fremdsprachen/FAQMU/ZieleMU.html

學校有義務告知有意願參加之學童，該學區「文化淵源課程」開課之時間及地點。

「文化淵源課程」學習之成效不涉及學校的留級制度及畢業成績，然而可做為評估學生整體發展之依據。學童在5至10年級間如果持續參加「文化淵源課程」可以申請參加合乎中學第一階段（5-10年級）水準之語言考。該語言考試的成績得記錄在畢業成績單上，也可以用來抵銷其他成績不甚理想的必修外語課程。在這個階段淵源文化課之語言可被視為第二外語或是第三外語，5-10年級也可以以跨校合作及分組的方式進行「文化淵源課」語言課程。完全中學第二階段（11-13年級／預科階段）「文化淵源課」之語言課程可作為第一外語，並成為大學會考的考試科目。

北萊茵─西伐里亞邦教育部在其「文化淵源課程學則「也顧慮到某些很晚才移民德國的學童特殊情況，比方說，如果學童在6年級才到達德國原則上還是可以上英文加強班，目的是可以趕得上學校的英文課程的程度，但是如果已經是8、9年級的年紀或是更晚才到達德國則可以參加母語考試，以免除英語課程，不過在此之前學校必須提出證明，該生已經無法趕上任何學校所提供之外語課程。亦即，允許到達德國時年紀已經相當大的學童，透過語言鑒定考試以母語替代英語課程之學習。

對於穆斯林學童政府教育當局則提供了伊斯蘭教育相關課程，這是一種官方宗教教育課程，伊斯蘭教學主要教授宗教知識和對伊斯蘭宗教之理解，並無任何宣稱入信該信仰之教學。伊斯蘭教學屬於土耳其語，阿拉伯語和波斯語之文化淵源課程的一部分，在這種情況下「文化淵源語言課程」是由本身是穆斯林之老師所教授。除了以文化淵源語言課程授予伊斯蘭教義外，德國正嘗試以獨立學科的形式，用德語教授伊斯蘭教義。信仰東正教且母語為希臘語的學生，將在希臘語的「淵源課程」中授予東正教宗教教育課程[17]。

檢視德國全境之「淵源課程」之落實除了可以從上述北萊茵─西伐里亞邦所頒布的「淵源課程學則」，及該邦各個學區教育當局責成及督導學

---

[17]　參閱：北萊茵─西伐里亞邦教育部網頁
http://www.schulministerium.nrw.de/BP/Unterricht/Faecher/Fremdsprachen/FAQMU/Deutsch.html
http://www.schulministerium.nrw.de/BP/Unterricht/Faecher/Fremdsprachen/FAQMU/Teilnahme.html
http://www.schulministerium.nrw.de/BP/Unterricht/Faecher/Fremdsprachen/FAQMU/ReligioeseBildung.html

校辦理之情況得知其梗概外[18]，「淵源課程」之實施在德國並非限於一隅之政策，而是通行全國，各地都必須實施之政策，雖然各地方之「淵源課程」因地制宜或有差異，但這是聯邦德國中央政府一下各州政府共同之政策，德國根據其基本法各邦雖然在教育、文化政策實施上有高度之自主權／Kulturhoheit，但是在二次戰後盟軍分區佔領時期，各邦即察覺有必要在學制及重要教育政策之實施共同討論及做趨於一致之規劃。1948年文教部長聯席會議Kultusministerkonferenz/KMK」乃因此而誕生，隨之而來的是設於波昂之秘書處及柏林的辦公室。從其成立以來德國各邦之文教部長每年固定舉行3-4次之「聯席會議」，議決各邦之學制、教育政策、研究經費等相關議題，正因為有此機制及機構，德國各邦在其標榜的文化自主權下，仍有一致性之教育政策[19]。

承上所述，德國各邦普遍設立「淵源課程」，在其實施上並無很大的差異性，其實有其脈絡可尋。以漢堡邦為例，該城邦頒發了各級學校從1到10年級每個年級之詳細教學計劃及目標，作為各級學校從事「淵源課程」之準則。

至於淵源文化課程所要達到的目的，我們以柏林邦1-4年級小學階段的淵源課程教學準則為例，教育當局希望透過淵源課程希望讓學童獲致兩方面之能力方面，即跨領域之基本能力和專業能力。

透過淵源課程學童必須在獲得3個跨領域的基本能力：

1. 在面對自我的技能上，學生對於自身的態度為核心的能力，包括如何處理個人意見，感受和維護自己的權益。
2. 在社會技巧上，與他人適當交往的能力為核心能力，包括如何溝通、合作和在衝突時採取適當行動。
3. 在學習方式的能力上，核心能力為：系統性、目的性的學習，以及運用媒體來取得資訊及呈現資訊。

分析柏林邦頒布的學則，非常清楚地呈現出德國「淵源課程」的目的在絕不僅止於讓具移民背景孩童熟悉其移民母國之語言、文化，而是希望具移民背景的學童因對自身淵源文化的熟識乃至認同，增強其自信，提昇其對於自身態度的核心能力、與他人交往能力之核心力，以及學習方式的核心能力。其最終

---

18 參照：北萊茵一西伐里亞各學區之網頁，以波昂、科隆、杜塞道夫為例。
19 參照：德國文教部長聯席會議KMK 網頁 http://www.kmk.org/

的目的在幫助「移民小孩」在所謂德意志主流文化的社會中正常的成長。

　　當主流社會認同外來移民的孩童有權利在國家教育體系的幫助下，熟悉其淵源國的語言文化，並且藉此宣誓尊重其母國文化，乃至將其與德意志文化等同對待，則多元文化社會之理想方得以實現[20]。

四、多元文化教育在台灣

　　以我國97年的戶籍人口來看，在約2,300萬的人口中，非屬於漢族的原住民族約有49萬人，佔台灣總人口的2.14%；婚姻移民的外籍配偶約41萬人，佔台灣總人口的1.79%[21]；以上合計約佔台灣總戶籍人口的4%。若加上非屬台灣戶籍的外籍移工約37萬人[22]〔勞工委員會，2008〕，則現居台灣的非漢族人口則超過了總人口的5.5%。即便是在漢族當中，因為移居台灣先後的差別，一般通俗的分類區分為本省人與外省人，在本省人中因使用地方方言的差異，又可分為閩南人與客家人，不同的漢族族群存有一定的文化差異。由此觀之，當今的台灣無疑是個多文化／多種族的社會。然而一個存在多文化的社會是否等同一個擁抱多元文化〔Multiculturalism〕的社會？多元文化的核心概念指的是在一個多文化的社會中，不同的文化或族群得以和諧共存。

　　回顧歷史，台灣在二次大戰後由盟軍委託中國戰區接收，1949年後成為中華民國政府之反共精神堡壘，加諸「去日本化」及「再中國化」政策的實施，以及抱持對抗文化大革命運動並取得中華文化正統地位之企圖，在戒嚴解除之前，台灣官方採取非常嚴峻、一元化獨尊中華文化的政策，對中華語言、歷史文化、地理知識的掌握程度影響無遠弗屆，從各級的升學考試到各種國家考試對中華語言、文化的嫻熟程度決定多數人的命運。中華文化本有其內涵豐富的多元特質，但是在當政者的強烈意志下，台灣本土的語言文化長期受到貶抑，台灣本土語言不止在學校，也在各種大眾傳播媒體受到嚴格的限制，本地文化被嘲弄為低俗且不入流的。這種情形一直到第一次政黨輪替後方有顯著的改善，本地文化及母語不再受到官方投以鄙夷的眼光，到了這個時期，主要以本

---

[20]　參照：柏林邦，淵源文化課程學則。
[21]　內政部a〔2008〕內政統計月報，http://sowf.moi.gov.tw/stat/month/m1-04.xls
[22]　勞工委員會〔2008〕外籍勞工在華人數統計，http://statdb.cla.gov.tw/statis/webproxy.aspx?sys=100&kind=10&type=1&funid=q1301&rdm=PnXJ4MUAYL

地語言廣播的電臺如客家電臺等也方能成立。

　　對於同為漢民族的本土人士在語言、文化上採取如此強制的手段，遑論對待那些從儒家華夷之辯觀點下非我族類之「山地同胞」，同胞者，當如我手足遵循一套共同之禮俗，內化一體之文化價值，同胞者手足也，必須共同臣服於偉大之中華文化之下！一直到1980年代末期對於台灣少數民族各種壓迫，包括施予高壓之漢民族文化同化政策，罄竹難書，不忍多言，在台灣自由化後的20年來此等狀況也獲得某種程度的改善，雖然我們必須承認台灣原住民文化之流失仍令人十分的憂心[23]。

　　總之，二次戰後台灣因為歷史因素，文化政策上從一元走向多元，文化認同也從被政治強行塑造的單一認同，走向多族群乃至多種族的多元認同。以史為鑑，我們如何面對這二十多年來新加入我們新移民及其子女？對於新移民第一代我們必須透過成人、社會教育的方式加強其中文能力或是台灣本地語言能力，或是提供他們本地風土、人情及文化課程，唯有如此這些新移民才有能力適應在新天地的生活。對於已經在台灣生活很久的本地人，也可以提供各種東南亞語言、文化課程，藉此增加我們對於異國文化的瞭解，為多元文化下社會的共同生活奠下基礎。對於異質文化的雍容大度是雙向的，是建立於對彼此某種程度瞭解的基礎之上。

　　至於所謂新台灣之子，台灣到目前前為止的種種研究都顯示，近年約佔學齡兒童1/8左右具外國血統的新移民之子（不包括中國大陸及港、澳配偶的小孩），不少人在學習上遭遇種種的困難，最常見的問題是語文能力欠佳，因此對於課程的理解能力不高，對其本來就不高的自信心及自我認同更形成進一步的打擊[24]。

　　根據教育部2005年公布的「外籍配偶就讀國小子女學習及生活意向」調查，孩子語言發展及在校適應狀況與其外籍母親的之語言溝通能力，具有密切關係，也就是說外籍配偶語言溝通能力差導致孩子語言發展遲緩的百分比，

---

[23] 參照：謝順旭，2002；蕭至邦：88救災及度國際服務學習—心路歷程、記憶片段及雜感，刊載於：左擁印度，右抱台灣- 2009年南印度清奈社區服務學習（青輔會補助計劃，成果報告書），頁88-90，2009年10月

[24] 參照：薛承泰：近十年台灣家庭變遷—新移民與新台灣子現象，國政分析，February 05, 2007；巫博瀚等人：從多元文化教育談新台灣之子之學習輔導策略，研習資訊25卷第1期2008，2月。以目前新移民出生子女佔佔新生兒之比率看來，再過數年，具外國血統的小學生比率應當非常地高。筆者故鄉彰化縣社頭鄉舊社國小老師告知，該校新移民子女已佔半數。

比溝通流利者高出20%。教育部該調查最後強調，希望提升外籍配偶們的語言溝通能力，直接能幫助他們教養孩子和生活適應。

從上所述，新台灣之子的困境在於語文理解能力不足，即使再多的課程皆屬多餘，這個問題不只是因為其母親是外國人，不具備基本中文溝通能力無法指導其課業所致，可能因為這些小孩大多出自於低社經地位之家庭，家庭資源不足的緣故，教育部調查強調外籍母親中文流利者，小孩在各方面表現較佳，也可能是有閒暇時間學習中文的外籍母親，夫家的社經地位較高有關，另一方面，要求大多數的外籍配偶學習一口流利的中文，然後期待大部分的新台灣之子學習成效得以提高，無非是緣木求魚。

除去種種對於新移民之子課業的加強補救措施，我們是否可以從德國的做法得到啟示，一則鼓勵新移民在家裡好好地教導其小孩「媽媽的話」，社教、成教單位在提供新移民台灣語言文化課程之餘，可否提供一系列其母國文化教材，深化其對母國的認識，加強對母國文化的認同，因為不少新移民來自該國社會底層，所受到的教育不多。在母親從小教導其母國語言文化的基礎上，具外國血統的學童則由學校繼續深化對其「母國」的語言文化的掌握及認識。從德國的經驗得知，高度掌握「母語」的學童──在台灣「母語」為媽媽的話，掌握德語的程度接近德國小孩，其對自我的肯定較高，其人格的發展也較為正向。從學習理論而言可以學好一種語言的小孩，可以把學習這種語言累積的種種能力轉移到學習另一種語言；此外，熟悉及肯定母親母國的語言文化也是一種自信來源。

台灣的多元文化政策可以因為培養「雙元認同」的新台灣之子，而獲得更進一步的深化，假以時日，當佔台灣相當高人口比率具外國血統的台灣之子以身為台灣之子為榮外，並且熟悉其母親祖國語言、文化對其有光榮的認同感，應該是台灣之福。

國立台北教育大學社會科學教育學系學生 阮 氏霞對越南文化認同的歷程有著非常深刻的體驗，阮 氏為越南裔，因南越陷共全家成為船民，並因緣際會定居台灣，從小成長於此，其艱辛之文化認同歷程是她撰寫2008年之專題論文「越南體驗學習初探與文化認同轉變歷程」之動機。從其個人的特殊經歷可以印證，本章結所論述培養具外國血統之新台灣之子的雙元認同之可行性，而且根據阮氏霞之論述，這樣的做法方式是建立台灣成為寬容之元文化社會的正

確方式。[25]

五、結論

　　台灣毫無疑問是一個多元文化的移民社會，近20年來，數十萬新移民在此落地生根、結婚生子使得此社會樣貌更加地凸顯。隨著大量所謂新台灣之子進入各級學校也出現了不少的問題，新移民之子種種學習及適應的問題急待教育單位來加以解決。本章從介紹西方社會從一元到多元的文化認同的歷程入手，緊接介紹德國在面臨文化認同問題上的務實做法，即描述該國如何推行將近半個世紀以來的外國小孩母語教學課程，隨著時間的推移它已經發展成全面性的「淵源文化課程」，從小一到高中十三年級，藉著每週至多五堂課的母國語言文化課程，嘗試對具外國血統的學童施予「淵源文化」教育，也就是說，在國家一致的教育政策下，學校提供所有具外國血統的學童淵源國家之語言、文化、宗教哲學課程並且強化其多元的文化認同。結果顯示，越是精通母語，對淵源文化瞭解透徹，越是能掌握學校的課程，提昇自我信念，成功掌握德意志文化，融入主流社會。因此，本文提出：台灣可否借鏡類似德國之多元文化教育政策？台灣作為多元文化社會是否敞開心胸，在以台灣特色中華文化為主流文化的同時，接受其他國家之文化，提供具外國血統之新台灣之子一系列其母親國度的語言文化課程，教導其雙元或是多元認同。從歐洲的經驗來看，此舉不僅有助於學童之學習及成長，國家、社會也因此多元的政策更加寬容和和諧。

---

[25] 阮氏霞：越南體驗學習初探與文化認同歷程轉變，台北國立教育大學，2008年1月。

第三篇

教學

陳美瑩

一、導論

　　台灣自古就是多語言多文化的移民社會，長久以來有原住民族、閩南人、客家人、外省人（黃宣範，1994）。[1]近20餘年來，由於和中國大陸與東南亞之跨國婚姻盛行，台灣族群加入了新移民女性[2]，形成了台灣五大族群。[3]根據內政部的統計，台灣現有446,143人的新移民女性（內政部，2011a）。他們所占的台灣人口比例約有1.80%，而原住民有521,701人則是佔有2.15%（內政部，2011b）。國內學生人口比例也因新移民女性子女加入，結構上也有了變化。新移民女性子女──新台灣之子就讀於中小學的人數已經超越了原住民學生。新台灣之子就讀於國中小共有176,373人（國小148,10人；國中27,763人）（教育部，2011a）；原住民國中小學生有75,469人（國中47,942；國小27,527）（教育部，2011b）。父母親都是本國籍的國中小學生則有2,429,858人（國小1,519,456人；國中919,802人）（教育部，2011c）。另外，新台灣之子在國中小所佔的比例是7.259%，原住民學生則是3.106%，顯示學生背景越來越多元。因此，台灣社會逐步多元是必然走向，大眾對於跨族群的社會是否有適當的態度更顯重要。

　　台灣歷史發展上，原住民乃是原居住於台灣這塊土地的主人，而移民者依序為閩南人、客家人、外省人和新移民。但是由於生存競爭和族群觀點不同，由原漢（閩南和客家）關係和閩客關係，慢慢演變成原漢（閩南、客家和外省）關係、台灣漢人三族群關係（閩南、客家和外省），再加上現代的新移

---

[1]　就名稱而言，雖然「外省人」就像「外籍配偶」似乎有排擠的意涵，但還是沿用台灣社會概括名稱。

[2]　除了「新移民女性」一詞，尚有「南洋媳婦」、「外籍新娘」、「外籍配偶」、「新住民」（新北市）等等，但本文採用新移民女性自決之名稱（黎雪玲，2005）。

[3]　作者花了很多時間，企圖由內政部統計處或戶政司查得國內各族群人口數和比例無功之後，去電內政部戶政司才得知1992年戶籍法修正後，戶籍登記時已經沒有「籍貫」登記，因此，內政部戶政司或統計處僅有原住民人口和「新移民／外籍配偶」等二族群人口統計。

民女性和男性，讓台灣社會文化更多元與複雜化（李筱峰，1999；胡台麗，1990；張茂桂，1993；Hsieh & Wang, 2008）。然而，在歷史發展上，由於每個時代之政府為統治管理方便，將生番、熟番隔離，或是原漢隔離（洪麗完，2007；詹素娟，2004）。1949年國民政府播遷來臺後，設立眷村，造成外省人族群與閩南、客家和原住民隔離。雖然，現在已經沒有明顯的住宅隔離問題，但是由於歷史發展因素，在某些區域或縣市仍有閩客、原漢人口比較多數或是混居的傾向，譬如花蓮、臺東、屏東有明顯的原住民部落，彰化、台中、雲林、台南、嘉義以閩南人居多，桃園、新竹、苗栗、高雄和屏東則以客家聚落著名，另外外省族群在台北縣市台中地區和高雄地區佔有相當高的比例。不過，解嚴之後各族群成員因為求學、就業或婚姻關係遷徙甚多（洪嘉瑜、銀慶貞，2008），族群居住空間疆界縮小，族群間互動機會增加、界線也比較模糊了。新移民女性多因婚姻關係散居在全台；新移民男性則有來自歐美和東南亞的，服務於各行各業。然而，台灣學生可能因為居住空間疆界縮小、族群間互動機會增加而與帶有異質文化的不同族群互動嗎？如有，他們在何種場合與之認識？是大學生自己創造的機會或是被迫接受的呢？他們的文化多樣性的經驗又是如何？

　　主流社會學生的傾向將文化多樣性視為種族議題，而將自己排除在文化多樣性之外，但也有少數學生將之認為是與異質文化之人士互動（Banks, 2009）。不過，友善的族群關係學習可以透過學校課程以達跨族群學習之目標，並養成態度與行為之具體表現（陳麗華，2000）。如能將多元文化主義概念融入課程中，就能提昇學生對多元文化之認知與瞭解，並進一步實踐於生活中，尤其是能助益不同背景之大專生和諧相處彼此互重（Bowman, 2009; Sciame-Giesecke & Roden, 2009）。因此，作為社會精英之大專生院校學生，其文化多樣性經驗為何？其來源為何？本研究旨在以質性分析的方式探討，學生的經驗與其現階段所持有的態度間的關連性，試圖瞭解學生的經驗是否有助於發展其多元文化正向態度。

二、文獻探討

　　接觸影響不同族群間成員的互動與關係。Allport（1979, 261-266）提出了七種接觸來源類型：(1)熟識的接觸；(2)居住的接觸；(3)職業的接觸；(4)親

善的接觸；(5)追求共同目標的接觸；(6)偶然的接觸；和(7)個人性格不同的成效，以下分述之。

（一）熟識的接觸

跨文化教育強調的「真正的熟識的接觸」比「偶然的接觸」能有效地降低偏見。主要乃是在跨文化溝通教育當中，教師可以引導如何思考族群之間真正的異同；同時也能夠去瞭解不同族群之間的風俗習慣，而形成不同的心理狀態。譬如，社會旅行（social travel）其實就是一種很好的方式。在社會旅行中，我們可以發現年輕人對於族群外的人士會慢慢地瞭解，並能縮短人際或者族群之間的距離。研究指出，有些大學生住在紐約哈林區非裔美人的家庭之後，發現那是非常愉快的經驗——因為這裡面其實有很多的非裔美人是編輯者、醫生、作家、藝術家和社會工作者。這些人士的生活經驗和社經地位與自己相似，有的甚至還高於自己的社經地位。因此，跨文化教育常常使用心理劇（角色扮演）來讓參與者瞭解別的族群成員的意見和想法。如此的社會旅行其實對於族群之間的關係是有正向影響的。接觸有益於理解其他族群的社會文化和思想，並且能夠強化關於少數民族的概念，因而能降低偏見。下列七點量表可為理解的指標。

1. 最靠近自己的：願意成為自己最好的朋友。
2. 非常靠近自己的：希望能夠帶回家來參觀自己的家。
3. 靠近自己的：喜歡跟他交談。
4. 不接近也不遠離：就好像能夠在同一委員會上服務。
5. 與自己有些距離：其實只是聊聊天的對象而已。
6. 與自己有些遠的距離：希望不要在課堂中跟他坐在一起。
7. 離自己是最遠的：最好是離得遠遠的。

（二）居住的接觸

住宅的隔離也阻隔了該住宅區的人際互動和瞭解。因此，在美國黑白住宅隔離的氛圍下，美國黑人[4]和白人彼此不瞭解，彼此也看不順眼，而發生互相歧視和紛爭。反之，有研究發現混合式住宅區，加上有正向的知識和理解，能提昇該住宅區不同族群的人際溝通，也讓社會更和諧。雖然混合式住宅區看似

---

[4] 昔稱美國黑人（Black Americans），現以稱非裔美人（African Americans）。本文故將二詞互用。

有利族群間互動，但主要仍是因為該住宅區的住戶得到彼此族群正確之語言文化知識，再加上也被鼓勵正向互動，才能有正向結果。如果沒有合力向上提昇的計劃，混合住宅區不見得會比隔離住宅區有利。此乃混合住宅區需先考量的先備條件。

（三）職業的接觸

　　研究發現，美國黑人常受到典型白種美國人的歧視，但當他們瞭解到有部分非裔美人從事醫生、律師、教師或教授等專業工作時，他們對黑人的歧視程度就會降低。公平求職委員會（Fair Employment Practices Commissions, FEPC, 274）就發現，透過法令的制定，FEPC所執行的也只是作為心理補償而已；在實際層面的影響仍然有待商榷。亦即政策執行時，如果沒有顧全執行層面，反而易有反效果，引起更大的摩擦。總歸來說，職業接觸主要是能讓這些少數民族或是弱勢團體擁有同樣的地位或是讓主流社會的人能夠具有正確的知識，瞭解這些弱勢族群其實也有很多人擁有相當高的地位和良好的職業，不見得亞於主流社會。如此，可能是降低歧視偏見的最佳良方。

（四）親善的接觸

　　每一國家都有不同的非政府／非營利和政府組織，以促進國家之內族群的和諧。當某族群不知如何採取有效行動時，與之相關的族群反而會覺得沮喪。最重要的是，在心理層面上所有的成員應該是要有具體的目標，而不只是抽象的說明改善社區關係而已。沒有具體目標的親善接觸其實是徒勞無功的。主要的是，當不同族群的成員想要共同合作，為某個目標來努力以改善彼此之間的關係時，即是好的開始。但仍應擬定計畫，有強而有力的領導，加上共同目標，以及族群成員間協力合作，就能夠有具體的成效。

（五）追求共同目標的接觸

　　雖然職業接觸能夠提升族群間的和諧，降低族群間的歧視，但畢竟有限。譬如，美國白人表面上看起來好像會平等待遇非裔美人，但是實際上仍然含有一些反黑人的歧視。因此，要改變偏見的核心問題，就是應該要讓不同族群成員之間有深交，並且增加不同族群間的凝聚力，進而能夠合作，以能有改變態度的永久性與可能性，也是降低歧視的最佳上策。曾經有一個研究是以在戰爭期間美國軍隊為主的研究，在問題中曾提到黑人和白人的隊伍之間的態

度，以及隊員是否為不同族群成員之問題。此研究顯示，平時就已經和不同族群接觸的個體，其實對族群之間的包容度就會提昇，進而能夠共同追求共同的目標。雖然跨族群間的合作也其限制，但是這就好像是同一族群間成員的合作也有侷限一樣，故無需太過驚恐。

（六）偶然的接觸

同一個國家內的族群常在不同的情況下，有偶然的接觸；但這些接觸都是屬於表面接觸而已。尤其是處於隔離的狀態，或是有「高級」的「主流族群」控制「低級」的「非主流」情況下，越多表面的接觸，反而增加族群間的偏見。其實每一個表面上的接觸也有可能幫助跨族群的瞭解，而更強化刻板印象。因此，偶然的接觸將我們對於其他族群的概念停滯在某一印象或階段，而可能造成個體無法有效地進行跨族群溝通。但是否可由偶然巧遇的表面接觸到深層的熟識互動，進而有正向多元文化經驗呢？這也是本章想探究的要點之一。

（七）個人性格不同的成效

其實當我們討論不同族群間的接觸方式，我們主要的目的就是希望族群內所有的個體都能夠降低他們的歧視，也就是能夠正向對待不同族群的成員。有些人即使是在和同一地位的人相處時，似乎也會有抗拒接觸的影響力。譬如說，有一個實驗，把八個十四歲的男孩子，放在雙種族的營隊二十八天後發現，有四分之一的男孩的歧視態度明顯地降低；相反地，有四分之一的男孩，對不同族群的歧視態度卻急速上升。這些差異純粹是因為個人的因素。這些偏見降低的男孩整體來說他們會有以下的特徵：(1)他們是比較不具有攻擊性的；(2)他們常常是父母心目中的好孩子；(3)家中的環境常常不是仇視或者有威脅性的；(4)他們並不害怕等等。

這些歧視態度增加的男孩，相反的則有以下特徵：(1)他們常有掌控他人的需求和慾望；(2)他們對父母比較有仇視的想法；(3)他們的家庭環境常常是比較帶有仇視或者是灰暗的等等。因此，這些具有比較高憂慮和攻擊傾向的男孩子，就比較無法發展對不同族群成員男孩的包容度，他們往往都還是需要代罪的羔羊。

三、研究方法

（一）研究場域

　　本研究採用開放式問題讓學生針對族群議題，就個人經驗與感想描述，採以內容分析法來進行探索漢人[5]大專生之多元文化經驗。資料主要來自民國96年9月至97年6月間就讀於一所綜合大學的學生共218人，其中包含了女性167人及男性51人，來自於北部占95人南部123人。但是扣除原住民、僑生、外籍生和沒有標示地區者，研究分析資料共來自159個學生。

（二）資料收集與分析

　　本研究起源於想要瞭解學生背景，以便能在上課期間增加師生互動，並且能以學生經驗融入課程中，後來接觸了Allport之接觸理論，而決定分析學生與不同族群接觸之經驗，以瞭解大專生之多元族群經驗。在填寫表格中，研究者以「過去與其他種族接觸經驗」的開放式問題讓學生填寫，經由分析學生所填內容來瞭解其背景及態度。本文主要以Nvivo 7質性分析軟體來作業，在整理問卷時經由問卷內容來決定背景經驗的分類。在分析描述內容時，依照學生的經驗來將其不同的經驗分別譯碼（code）至不同的樹節（tree node）中，並反覆分析其內容應屬於哪類接觸，而將之歸類並同樣整理到樹節。歸類出一個完整的樹狀節點及學生屬性後，利用矩陣分析的方式將欲探討的影響因數列出以進行交叉分析，以探討各種接觸與背景經驗。接著，以矩陣分析結果為依據，試圖分析各影響因數間的關係，並做出適當的評論及建議。本研究者運用Nvivo 7軟體來進行資料的整理及分析，根據學生所填寫的問卷將其劃分為：家庭因素（family）[6]、社區（community）、學校教育（Formal Schooling）[7]、社會旅行（social traveling）、非正式學校教育（informal schooling）[8]、工作場所（work place）、職業（employment）、特殊因素（special factor）[9]和未知（Unknown）等等（見圖3-1-1和表3-1-1）。

---

[5]　漢人即前頁所述之閩南、客家和外省族群，亦即台灣社會之優勢族群（或稱主流文化、主流社會），故這些詞彙交換使用。學界或民間或認客家為弱勢，但以原漢關係而言，客家族群乃為漢人，故屬優勢族群。弱勢族群則是原住民和新移民女性。

[6]　含居住於同一屋或不同屋。

[7]　含同僑關係校外參觀教學來賓講座教師。

[8]　含一般學術補習班以及各類的才藝班都是。

[9]　當某一學生之陳述無法決定是哪一編碼類別時，作者會依平日對該學生之觀察，再和助理商討，決定編碼類別。

（三）三角檢視

　　在質性資料分析上，主要是由研究者和研究助理二人同時看學生之敘述後，經過商討後才決定屬性歸類。至於難以判斷或是無法歸類的，則經二人同意後，置於「無法得知」（unknown）一類。全文直接引用之敘述，皆採編號方式呈現，以免填表者之身分被辨識出來。另外，研究者也請三位研究參與者就其相關部分給予檢視，並詢問其就詮釋妥當與否給予研究者意見。

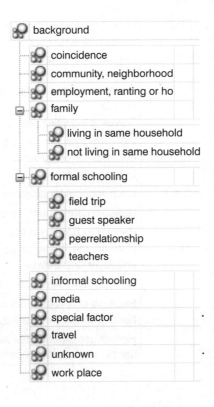

圖3-1-1　學生多族群經驗來源

表3-1-1　各項經驗的分類細節[10]

Background（背景來源）	Description（背景來源描述）
1. Family（家庭因素） 　(1) living in same household（居住於同一住宅內） 　(2) not living in same household（非居住於同一住宅內）	Family member who is or not living in the same household. (1) family members living together (2) members of the same kin, yet not living together
2. community, neighborhood（社區）	Living in the same neighborhood but without kinship
3. Formal Schooling（正規學校教育） 　(1) peer relationship（同儕關係） 　(2) teachers（透過教師群得到的經驗） 　(3) guest speakers（講座教授） 　(4) field trip（校外參觀教學）	Including peer relationship, field trip, guest speaker and teacher. Regular school teachers, teachers from cram schools or camps Speakers invited by regular/cram schools or camps Traveling activities provided by formal schooling
4. social traveling（社會旅行） 　(1) Travel（透過家人或學校的旅行） 　(2) coincidence（偶然相逢）	Traveling alone or with friends/family members/classmates/tour groups Unexpected meeting at various occasions
5. informal schooling（非正規教育）	cram schools for academic or arts programs
6. work place（工作場所）	Research participant's work place
7. employment（聘任員工或自營）	Renting or hosting in the same household because of work - the Research participant's family as the employer or the owner of shops
8. media（媒體）	Newspapers, television programs, etc.
9. special factor（特殊因素）	Because of researcher's personal understanding about the research participants
10. Unknown（未知來源）	How to get experiences was not mentioned, thus hard to define after 2- person discussion

四、研究結果

　　台灣大專生之多元文化經驗基本上是比較少的，就像97-1-95學生提到的「我與不同族群接觸的經驗少之又少，除了隔壁有一位從泰國嫁到台灣的鄰居以外……」。透過NVivo 7分析後發現，從學生的個別經驗而言，同儕關係

---

[10] 圖一和表一順序不同原因是因為：圖一在NVivo7中以英文字母順序排列，但表以乃以個體發展由近到遠出發。

（peer relationship）是影響多元族群最重要的因素，而大部分的現代台灣人幾乎都是從幼稚園就開始與來自不同社區之同儕接觸。因此，顯現出學校同學接觸經驗的重要性。值得注意的是，許多學生未能表達清楚的經驗（unknown）則是他們獲得多族群經驗的來源。研究參與者之多元文化經驗詳述如表3-1-2，但為能將研究參與者之經驗來源按照次數多寡排列，故整理之並以表3-1-3呈現。以下將由接觸類型加以陳述討論。

表3-1-2　學生多元族群之經驗來源

Background（背景來源）	人次[11]	人數多寡排列
1. Family（家庭）		
(1) living in same household（居住於同一住宅內）	3	12（並列）
(2) not living in same household（非居住於同一住宅內）	16	7
2. community, neighborhood（社區）	28	4
3. Formal Schooling（正規學校教育）		
(1) peer relationship（同儕關係）	94	1
(2) teachers（透過教師群得到的經驗）	21	5
(3) guest speaker（講座教授）	1	14（並列）
(4) field trip（校外參觀教學）	3	12（並列）
4. social traveling（社會旅行）		
(1) Travel（透過家人或學校的旅行）	19	6
(2) coincidence（偶然相逢）	33	3
5. informal schooling（非正規教育）	10	10
6. work place（工作場所)	13	8
7. employment（聘任員工或自營）	11	9
8. media（媒體）	1	14（並列）
9. special factor（特殊因素）	4	11
10. Unknown（未知來源）	53	2

---

[11]　人次於此指的是「有描述此類經驗的人數」，亦即一學生可能有幾種接觸經驗列於不同情境中，因此總人數會遠超過159人。

表3-1-3　按人數多寡排列

Background（背景來源）	人數[12]	人數多寡排列
3. Formal Schooling（正規學校教育） 　(1) peer relationship（同儕關係）	94	1
9. Unknown（未知來源）	53	2
4. social traveling（社會旅行） 　(2) coincidence（偶然相逢）	33	3
2. community, neighborhood（社區）	28	4
3. Formal Schooling（正規學校教育） 　(2) teachers（透過教師群得到的經驗）	21	5
4. social traveling（社會旅行） 　(1) Travel（透過家人或學校的旅行）	19	6
1. Family（家庭） 　(2) not living in same household（非居住於同一住宅內）	16	7
6. work place（工作場所）	13	8
7. employment（聘任員工或自營）	11	9
5. informal schooling（非正規教育）	10	10
8. special factor（特殊因素）	4	11
3. Formal Schooling（正規學校教育） 　(4) field trip（校外參觀教學）	3	12（並列）
1. Family（家庭） 　(1) living in same household（居住於同一住宅內）	3	12（並列）
3. Formal Schooling（正規教育） 　(3) guest speaker（講座教授）	1	14（並列）
8. media（媒體）	1	14（並列）

（一）家庭

　　家庭方面可以分成是否居住於同一房屋空間內的有3人次、排列第12；是居住在不同的房屋空間上的則是有16人次、排列第7。

1. 居住於同一住宅內

　　從學生自填的資料得知，有很多學生的家庭本身就是屬於多元族群的；因為父母常常是跨族群婚姻，或者是祖父輩就有跨族群婚姻的現象。譬如，

---

[12] 人數於此指的是「有描述此類經驗的人數」，亦即一學生可能有幾種接觸經驗列於不同情境中，因此總人數會遠超過159人。

有的家庭祖父輩外祖父是日本人，外祖母是原住民；或是祖父是1949年之後因為政府遷徙來台，祖父在台灣和台灣的閩南、客家或原住民結婚生子。因此學生有很多基本上都是屬於多元族群的血統。不過，台灣社會在1949年之後，由於「復興中華文化運動」和「國語運動」等，使得台灣社會慢慢傾向於單元族群文化，學生因此也很少思考自己的族群背景和語言文化議題。最近這十幾年來，多元文化主義意識慢慢又抬頭，再加上要填寫自傳，學生才會認真省視自己的血統。在研究者的課堂上，研究者常常詢問學生自己本身的族群背景，但是有很多學生其實只有很模糊的印象，對於該族群的社會、語言、文化所知有限，至於祖父母那一代的血統，似乎家庭中也不會談論。這可能是因為台灣偏向單元族群意識後，社會有些人被洗腦成「強調多元族群就是搞分裂」。譬如，部分的學生談到：是否提到血統就是要搞對抗？這讓研究者聯想到，其實當我們討論我們是誰時，我們瞭解自己是誰，是為了更清楚瞭解自己，由瞭解自己而能夠包容別人的多樣性，進而對於自己的人際關係或者是認同方面有正向的影響（Nieto, 2004）。所以，資料上顯示學生如果能夠在家庭中就浸濡在多語言多族群的氛圍下，就比較容易養成多元主義的態度，對其人際關係也有相當的助益，更重要的是，他們就會因此有包容尊重的態度，甚至進而對自己的人生、生涯規劃和學業成就上都有一些助益。

　　我媽媽就是一個道地的客家人，可惜我和姊姊都不會說客家話，有時候她也會很感慨，回家鄉的時候都沒有人說客家話，只有老一輩的人會說，她很勤儉、樸實。（97-2-29）

　　我是個土生土長的台灣人，可惜的是，我只會說國語，臺語和客語對我來說如同鴨子聽雷，但我正在慢慢學臺語[13]中。……我的血緣是一半客家（父）、一半外省（母），……從小我們家只能說國語，其他都不能，這也就是我對臺語和客語完全不通的因素。（97-1-93）

　　雖然是同住於一個空間，但是由學生的自述中發現，其實老一輩的人會

---

[13] 台語按理說應該包含台灣所有的語言才是，但因(1)在台灣民間或國際上仍以台灣為「閩南語/河洛語」；(2)研究參與者之描述以臺語稱之，故本文仍沿用臺語一詞。

說家鄉話或者是地方流行的語言，到大專生這一代，似乎都已經消失殆盡了，這可能是因為父母親那一代，只會跟祖父母那一代以母語來溝通，至於對下一代的溝通語言常常以國語／普通話[14]來溝通。張學謙（2004）表示，台灣因為國語運動的關係，許多人已經喪失母語的能力，即使近年來有鄉土語言教學，但成效仍然沒有在家庭社區中使用母語來得好。資料也顯示，許多學生因為無法與祖父母用最熟悉的母語來溝通，對自己喪失了一些能力而感到遺憾。雖然研究者常在課堂上鼓勵這些閩南、客家或原住民背景的學生盡量多學母語、多說母語，並以加分作為誘餌，但是，因為學生基本上已經離開家庭，似乎也沒有時間看原住民電台、客家電台或是有許多閩南語的電台，因此他們就會以此為理由（藉口），而羞於練習或者不願練習。學習語言本身就是一個漫長的過程，也必須要克服自己的羞怯心態。不過，部分的學生也因為研究者的鼓勵，曾經和父母提及希望能以母語和父母交談。因此，多元文化的經驗是可以從家庭為出發，以造就更和諧的班級或社會。

2. 非居住於同一住宅內

非居住於同一房屋空間內的多元文化經驗，基本上會比居住於同一房屋空間內來的多，且更富多樣性。這是因為台灣的家族關係很密切，但是由於社會的變遷，除了核心家庭父母和孩子以外，有許多的祖父輩或者是堂兄弟姐妹、叔伯輩的關係，都因為就業、空間使用或者為了減少摩擦的關係，已經不住於同一房屋空間內。故如能以核心家庭為中心向外擴散，一直到整個家族之間的關係，那在現今的台灣多元文化情境下，大專生的多元文化經驗是相當豐富的。譬如，從1990年代之後，有許多的新移民女性嫁到台灣來，自組家庭、另立門戶在外，即使逢年過節或者是平時的接觸，就會使大專生增加很多多元文化的經驗，因而能夠思考不同的現象和理念。除此以外，台灣原有的原住民、閩南、客家、外省人也都擁有不同的語言和文化，也成就了台灣非常豐富多元的文化和社會，再加上台灣歷史上各階段不同的跨族群通婚（康培德，2010；洪麗完，2010）都顯示，台灣家庭中，表面上可能是有所謂的偏閩南或偏客家或偏外省的家庭，但是現在幾乎每一個家庭都是有跨族群的親戚。加上台灣地狹人稠，常因工作與就業的機會，讓年輕男女有互相認識的機會，因此跨族群

---

[14] 台灣稱之為國語的語言，在中國大陸稱之為普通話，在非台灣、港澳或中國之地方，則稱之為華語或漢語。因此，國語、普通話、華語和漢語在本文中交互使用。

婚姻也越來越頻繁，此外社會時代民主化、多元化，跨族群婚姻越來越能夠被接受，也因此造就文化多樣性的家庭。

　　自己本身有兩個舅媽是印尼人，他們剛嫁過來時我還在國小年紀，只依稀記得當時的他們就會說客家話了，雖然說的不流暢，但算是很不錯了。……長大後看到越來越多的外籍新娘，他們其實和我們沒有差多少，只是語言不同罷了，為了家庭總是辛勤的工作，縱使語言不通，也很努力要讓你知道他想表達的意思，就像我們如果去到了美國，如果某個單字想不起來，也是會比手畫腳的告訴別人！（97-2-46）

　　親戚的媽媽是日本人，雖然相處機會不多，可是我覺得他們真的很有禮貌，送禮前一定會問好家裡有哪些人，年紀多大等，買適合他們的禮物，很難想像這是要去第一次見面的人家裡。日本女生對待人真的都很和氣，輕聲細語是我最大的印象，總是會不停的說謝謝，和他們相處會有很舒服的感覺。（97-2-46）

　　……像我親戚於暑假期間來台教英文，那是一個類似夏令營的活動，由台美政府共同舉辦，來台灣當夏令營的老師就能接受招待環島旅遊，但重要的是實務經驗和培養服務的精神，且由這樣的關係也讓我瞭解到美國的教育方式，並非單由老師提供知識的來源，更重要的是要讓學生學習蒐集資料並統整，並且與組別成員學習互助合作的態度，這樣的方法在台灣直到大學才漸漸步上軌道，但在美國卻從小便要學習，兩國的教育方式真的差很多，值得我們來深思且學習。（97-1-14）

　　從以上的資料顯示，其實跨族群婚姻有助於大專生的多元文化經驗。尤其是因為同一家族，就如同Allport（1979）指出，接觸的方式雖然有很多種，但是因為是家族式的接觸，所以基本上是屬於熟識、長期的接觸，如此容易產生正向的知識和印象，那麼人際之間的正向互動也因而會提昇。

（二）社區

　　社區接觸意含接觸的對象是住在同一社區但是卻是沒有親屬關係的成員，此類有28人次、排列第4。居住於同一社區且熟識之鄰人，會留給研究參與者深刻印象，對於族群間之瞭解有助益，並促進其對異質文化之瞭解，更能提昇台灣整體多元文化精神與實踐的層面。藉由研究參與者描述，台灣的住宅環境已經是多元族群混合居住的情況。譬如，屏東縣、高雄縣、嘉義縣、臺中縣、新竹縣、桃園縣、台北縣[15]等有原住民鄉鎮之縣市（之後概稱原鄉），[16]原住民為生活就業和求學常常遷居到各縣市都會地區，形成該縣市之顯性少數民族。因此，多數民族的漢人，就容易在居住的社區與之接觸。亦即台灣的四大族群：原住民、河洛[17]、客家和外省接觸機會增加甚多。由認識接觸，進而有好感，結交為男女朋友之機會也不無可能。

　　交過一個排灣族的男朋友，非常的寵人與黏人，心思很細膩，很有義氣與熱心，全家都很熱情，很容易融入他們！皮膚黝黑，黑到發亮。笑點很低。（97-2-90）

　　近十餘年來，由於台灣有三十幾萬來自東南亞之外勞，他們常常是居住在工廠的員工或是幫助家事的幫手，因此台灣人與之接觸的機會也很多。其次，最大宗的是形成台灣第五大族群的新移民女性。他們大部分都是從東南亞或是中國嫁到台灣來，分布在城市、鄉鎮和農村／漁村，而且很多也是與公婆同住（陳美瑩，審查中），因此，一般台灣人很容易認識並與之接觸瞭解；有些大專生也表明家中的直系或旁系親戚也有婚娶新移民女性的現象。

　　我與不同族群接觸的經驗少之又少，除了隔壁有一位從泰國嫁到台灣的鄰居以外，她常常會與街坊鄰居分享親手做的泰式料理，平常也會和住在附近的鄰居聊天，我從而得知一些泰國的生活民情，雖然與他接觸的機會不多，但我

---

[15] 自2011年12月底，台南縣、高雄縣和台中縣已經和原來同名之省轄市合併。台北縣則改為新北市，本文仍沿用著名，已能比較清楚瞭解族群混合居住之空間關係。

[16] 本文並非有意忽略平埔族之地位。乃因全台灣各縣市幾乎都有平埔族，但因尚未得到正名，加上漢化比較深，故在本文先以得到正名之14族原住民為主。

[17] 河洛和閩南在本文中交互使用。

覺得社區中有不同的文化存在，更增添不一樣的風采。（97-1-10）

鄰居伯母的媳婦是印尼人，臉上時常掛著笑容，待人也很有禮貌，不論碰到誰都會熱情地打招呼，像個親切的大姐姐。……很佩服大姐姐放下家鄉的一切，遠渡重洋來到陌生的國度生活，這是我還無法達到的勇氣；而大姐姐也讓我對外籍新娘有了正面的思維，不再侷限於社會新聞裡。我想無論是哪種種族的人，必定有好亦有壞，雖然可能會遇到不好的人，但一竿子打翻一船人，甚或將其貼上標籤是最糟糕的作法，當彼此瞭解、接納、包容，便能減少衝突與誤解，族群該融合而不是對立，理應攜手共創美好的未來。（97-1-5）

除了空間上的社區，因為心靈或志向相同而凝聚力量者，也是社區（Hoggett, 1997）。譬如，宗教聚會或讀書會都是因為有共同的志趣而相識接觸，因此信念相當接近。不過，台灣的各種宗教中，類似基督教等起源於西方的宗教，常因為是西方向東方擴展傳教，故傳教士多是西方歐美人士居多，傳統上也多透由教授英文來吸引台灣民眾，或是在台灣經濟仍是相當落後時期給予經濟上的援助；故參與基督教活動就會比參與佛教道教等東方宗教容易接觸到西方人，也比較有跨國的跨文化接觸。就族群宗教，原住民由於自從荷蘭殖民時代就開始接觸基督教（Christianity）[18]的關係，他們無論是在原鄉部落或是漢人地區有的有自己的教堂，有的則參與漢人的教會活動。至於台灣社會的民間信仰或是佛教相關活動，則多是久居台灣的河洛或客家族群，因為通婚或是常居台灣之關係，外省族群也有傾向民間信仰的取向（陳杏枝，2008）。

因為是基督徒……，有時的聚會活動是和別的國家一起進行。……美國人很熱情、且美國上在肢體語言的表現上的很豐富，常常會被逗的哈哈大笑。……日本人很有禮貌且感覺上他們會很注重禮節……韓國人很有紀律，對於一件事的抉擇上很有原則。……印尼人很內斂的熱情，有時候會被他們突然來的熱情嚇了一跳。（97-1-4）

---

[18] 台灣社會俗稱的基督教應該只是新教徒（Protestantism），應該是包含於基督教（Christianity）。亦即台灣社會所謂的基督教和天主教都是屬於Christianity。

（三）正規學校教育

正規學校教育將從同儕關係、透過教師群得到的經驗、講座教授和校外參觀教學分析。同儕關係有94人次、排列第1；透過教師群得到的經驗有21人次、排列第5；講座教授僅有1人次、排列最後；校外參觀教學也僅有3人次、排列第12。由此可知，學校教育是提供學生多族群多元文化經驗的最佳場所，尤其同儕關係更是重要，如何讓多元族群之教室能夠更豐富大專生的多元經驗以利其生涯發展，值得重視。

1. 同儕關係

從研究中顯示，就學中的同儕關係是本研究大專生去體認不同族群社會文化人士的方法。從求學的同學當中，他們有機會可以長期深入觀察班上來自不同社會文化族群的同學。研究參與者提到跨族群經驗常是與台灣的原住民的接觸，而且經驗偏正向的——描繪出來他們是較偏黝黑，喜歡唱歌，可惜因為自小就離家到平地就學，很多都已經不會說母語，同時也感受到台灣漢人主流社會的強勢文化抹滅了一些台灣原住民社會文化。重要的是，發現原住民課業沒比漢人差，而且認真負責，「個性非常直爽的原住民，讓我覺得相處之間沒有壓力，沒有多餘的心機，沒有所謂的虛假」（97-2-31）。同時，97-2-31也表示希望能讓原住民保留自己獨特的文化，「不要被同化，讓多元文化擦撞出不同的火花」。這些心聲透露出，透過在學校學習的機會，教師給予原住民學生分享原住民思想文化，也讓漢人學生有驚豔的感覺，增長跨族群的經驗。漢人學生之心路歷程可由附錄一更加瞭解。

在國中時期有認識一位原住民的同學，她是一位女生，黝黑的黑髮與膚色，她是一位開朗活潑的女生，比較一般的同學，她善於表達自己的意見，而且她喜歡唱歌，以前去KTV飆歌時她被我們封為天后。不過可惜的是，她因為從小生長的環境，她不會說母語—原住民語言，不知道原住民的習俗，這是我們這多元文化環境中該反省的部分，是不是因為我們強勢的文明抹殺了一些可貴的文化。（97-2-22）

有些客家背景的研究參與者對於台灣社會的漢人世界本來覺得沒有差異（尤其對於閩南和客家），接觸後才瞭解，每個族群皆有其特色——「上了高

中後，發現原來閩南人的傳統文化和客家還是不一樣的，像是我們的春捲是炸的、包肉的，閩南的卻是麵皮包一些涼拌的食物，又稱潤餅」（97-2-46）。值得重視的是，閩客之間的歷史仇恨是否依然存在？為何客家人會有遭閩南人白眼的經驗呢？或是二者都是屬於受害者呢？或是閩南人也該檢討呢？

在台灣有73%的閩南人，相處起來其實與我們並沒有太大的差別，只是有些比較注重所謂「本土」的閩南人，總是會用鄙視的話語或眼神對待那些不會說臺語的人，讓我的印象很不好。（97-2-46）

以前看電視總是會聽到客家人很勤儉，甚至被說成小氣，可是我覺得並不然啦！勤儉還是要看每個人的個性而不是因為族群的關係，大家總是容易以偏概全，而且我覺得客家人跟閩南人真的分不太出來，長相個性相異度都不大，很多時候都是經過本人描述才知道原來族群不同，但是在我接觸過的客家人裡都有一個相同的特性，他們都不太會講客家話了，即使那是他們的母語，但可能受到環境的影響，會講流利的客家話的人真的不多見了。（97-2-31）

有些學生則反應，他們求學中的同儕是來自金門或者馬祖，馬祖基本上是屬於閩北話和閩南話有相當大的差異，這也讓他們體認到雖然同樣是漢人卻因為所在地不同和使用的語言文化的不同，也會有跨文化的經驗。值得注意的是，有學生提到同學是從中國大陸來的，但是可能因為海峽兩岸之間的政治經濟文化發展不同，在想法上有相當大的差異。

對我來說，到不同的地方適應不同環境，就是自己在面對不同種族所做的調整。和一般人不同的是，我們的〔母語〕是閩北話，一直到上小學才接觸到所謂的〔台語〕，小時候適應〔台灣人〕，大一點回去適應〔馬祖人〕，其實大同小異，我反而覺得南北的差異大了些。（97-2-24）

另外，混血兒也是引起大專生注意的族群，譬如有學生認為台灣和馬來西亞的混血兒長得很漂亮，父母也相當注重孩子的學業。這些混血兒給台灣大專生的感覺就像是僑生一樣，對台灣漢人學生而言似乎還是很陌生，因為台灣社會整體而言，對混血兒僅止於覺得他們漂亮，但並未有機會深入的瞭解。僑生

和台灣學生之間雖然沒有語言的隔閡，但香港、澳門、馬來西亞、印尼僑生和台灣社會文化不同的原生國家，即使都是屬於華人社會，但是在初期的適應上都必需要能夠互相先包容，才能有進一步的良性溝通。不過，就混血兒而言，研究參與者沒人提到台灣跨國婚姻之下一代——新台灣之子，這意含他們不是混血兒嗎？也許新台灣之子對研究參與者並非混血兒，這可能是因為台灣跨國婚姻長期受污名化，研究參與者無形中受社會影響，而將新台灣之子變成了「隱性」混血兒；如果研究參與者能有機會接觸受到社會肯定讚賞的跨國婚姻和新台灣之子，這些混血兒自然就成「顯性」混血兒了。

由描述可知，藉由頻繁與有意義的接觸，大專生理解到：「同一族群性格不同」，如此有助打破族群刻版印象，提昇多元文化正面經驗。台灣也有自己社會的特殊情況，如前提過的：台灣社會有很多族群雜居的城市與鄉鎮，加上台灣中小學學區是按戶籍居住地而劃分，因此原住民或客家地區學生在中小學不是藉由居住社區有多元文化接觸，就是透過正規學校教育有多族群接觸。但是到大學之後，因為有僑生和外籍生，多元文化的經驗也常由國內族群的經驗擴展到國外的。由於高等教育學生越來越多外籍生，台灣大專生此類經驗也會持續增加。

最特別的是透過學校的同儕關係或是就讀區域之方便，台灣學生多少都有互相交流文化的現象，但是語言學習因除了必須持之以恆以外，主要還是學習者之心態是否願意利用機會學習同學之語言。台灣社會受到國語運動的影響，很多父母其實只期待下一代的華語能夠流暢，並像台灣主流社會要求的腔調或遣詞用字，很少會鼓勵下一代多學習其他族群的語言。單語[19]現象外省族群最嚴重，因為他們的語言基本上是主流是求學就業需要的，很多是單語的；其次是河洛族群，因為在台灣是人數最多的族群，所以是華語和河洛語。客家族群因為比外省和河洛弱勢，因此得學習其語言為生存之道。（詳見「七、聘任員工或自營，97-1-95」）

2. 透過教師群得到的經驗（teachers）

由於台灣教育體系中非常強調英文的重要性，並作為國際化的指標，故很多研究參與者透過英語課認識來自美國、墨西哥、加拿大、法國、德國、日本

---

[19] 單語是以國內語言為指標，不含外語。

的教師群。從語言課程當中他們也能夠瞭解各個國家可能不同的風俗習慣與文化。不管是歐洲還是美國的白種人，似乎都給大專生一種活潑外向、想法獨特的印象，即使有些部分的學生可能覺得他們是冷淡的，不過正向的印象遠比負面印象高。

美國人在台灣是很常遇到的一個族群，可是真正有交談過的應該是我上了大學之後吧！……以前的我覺得美國人很難以接近，或許是因為他們的商業吧，一秒幾十萬上下的，沒有多餘的時間和別人聊天，可是當我長大後發現，其實他們是很懂的過生活的人，和原住民很類似，只是生活環境不同，他們喜歡在自己的有限生命中，做完自己夢想中要做的事，而且他們總是會不吝嗇的稱讚別人，藉此讓自己進步。（97-2-46）

在我高二的時候，我曾經上過非洲老師的英文課，他常常用誇張的表情、搞笑的動作來吸引我的注意，使我印象非常深刻。我主動要求和他拍照，他答應和我拍照。我問他要不要喝水，他說不用了。我和他只有短短三天的接觸。（97-2-36）

學生會對白種人的幽默或者思想獨特性有正向的印象，此和整個全球化時代下，白種人在政治經濟發展上比台灣早同時也更民主。但是對於非洲國家或者南太平洋國家，因為台灣媒體上或者教育體系上其實學生都認識不深，接觸機會少。如果台灣社會和政府能強調非洲語言或南太平洋語言，甚至將之列為大學外語門檻之一，並能引進語言的外籍教師到台灣來任教，相信也會提升台灣學生對這些國家人士的認識，並且有正向的印象。

3. 講座教授（guest speaker）

講座教授只有一個人次，排列最後。此意含台灣社會中因為聽演講提問或演講互動中而能進一步認識的方式很少，可能與台灣人不太提問或在演講後與演講者互動之文化有關。該生描述從講座教授領略到西方的客座教授似乎比台灣的教授活潑並且言談之間比較具有鼓勵性，因此也會有慾望與之互動。此生之意見值得國內學者專家之參考，在演講或與大專生互動時，可以擺脫以往教授需要正經地傳達思想，無妨採活潑激勵方式；尤其如果演講者和聽眾之族群

背景不同時，更應該留意以免造成以一窺族群的刻印象。

4. 校外參觀教學（field trip）

校外參觀教學活動的人次是3個，排列第12。此乃台灣教育從小到大必有的學習活動，本應是多元文化接觸的良機，但都是集體行動，並要求紀律，自由行動時間很少，再加上如果在旅途中隨意和陌生人交談，也容易引起誤會，故也喪失和他人交流的機會。有此經驗的大專生也是透過校外教學期間，經由逛街、特定安排的演講或見習而得，經驗都是愉悅的，但也都是短暫偶然的接觸。

（四）社會旅行（social traveling）

1. 透過家人或學校的旅行（Travel）

旅行在此意指描述者自己參加校外的各類活動，無論是透過學校報名或是和家人共同活動等，共有19人次，排列第6。由於是自願性的，表示該生對於該活動有正向的評估和期待，亦即該研究參與者個人有意願擴展自己多元文化經驗，因此無論時間長短，對於擴展都有相當正向的影響。有些大專生家庭經濟比較寬裕，也有很多出國旅遊機會。但一般來說，本研究之大專生就讀之學校學生，出國（含中國大陸）旅遊之比例約只有八分之一，而且多是鄰近台灣之東北亞或東南亞國家居多，很少到歐美國家，97-2-92的經驗是鳳毛麟角，是個特例（見附錄二）。

曾經參加活動，然後親自體驗了布農族的生活，穿他們的衣服、吃他們的食物、玩他們的大型盪鞦韆、體驗他們的生活，覺得他們個性很大方熱情，樂於和人分享，雖然生活資源並不多，但是還是生活的安逸快樂，雖然生活還是受到我們漢人的影響而被同化，但是大部分仍保有他們的基本文化。其他則是遇過原住民的同學，覺得他們體能方面都比我們還要強，唱歌都很好聽。（97-2-28）

2. 偶然相逢（coincidence）

部分學生描述在其居住之社區會偶見外籍勞工或新移民女性，進一步與之交談，因為重逢之可能性極高，故列於「社區」一類。但偶然相逢只是在生命

中的某一時空上有接觸，何年何月再相逢，很難預料。故和偶然相逢之途徑不同，而歸屬不同類別。有33人次，排列第3。

　　在很多偶然的場所當中，其實人都會有一面會數面之緣，甚至在街上、在火車上、在各種的場合當中，都能夠偶然遇到不同族群不同社會文化的人士，進行展開交談，或者彼此互相觀察，做為瞭解彼此社會文化之開端。在青少年階段的大專生，是相當具有好奇心並且有其單純、具同情心的光明面，所以基本上遇到不同社會族群或國家的人，都是帶有好奇心。無論是白人、非洲人、東南亞人士、東北亞人士、台灣的原住民或客家人等等，本研究中的大專生都抱持著好奇關懷的角度來看待。

　　　　歐洲人熱情且大方，看見來自異鄉的我們會主動上前寒暄或幫忙（奧地利店家）；重視母語，不喜歡別人跟他講英語（法國路人）。（97-2-37）

　　台灣無論居家或是在醫院都相當盛行，聘外籍看護。然而更多的外勞是從事危險的工作，受傷的機率相當高。97-1-11描述如何在醫院觀察到越南年輕的外籍勞工如何面對隻身在外之鄉愁和面臨傷痛之際，還能泰然處之，並且協助照顧自己的爺爺，打破她對外勞的刻版印象外，更由衷地欽佩那位比她只大一歲的越南外勞（詳見附錄三）。

（五）非正規教育（informal schooling）

　　非正規教育包含學業補習班、安親班和才藝班等；有10人次，排列第10。由於台灣的特殊環境，很多的安親班會以英語教學來吸引學生和家長，特別是以金髮藍眼的西方人為主，以此來說服家長英語教師是真實的「美國人」。耐人尋味的是，研究者認識的一些德國或法國人覺得台灣的家長很容易受騙，因為很多家長誤以為金髮藍眼的西方人就是「美國人」。因此，本研究中提到美語補習班之美國教師不盡然是美國人，但是由於學生的印象是美國人，本研究以學生描述的為準。不過，部分學生也能瞭解以英語為主的國家，有美國、加拿大、英國、紐西蘭和澳洲等，就外觀上很難辨認是哪國家的，也許口音可以有些辨識，但也很難肯定。

　　　　小時候有去學兒童美語，那時候幫我們上課的是外籍老師，很可惜的

是，那時候還太小，不知道他從哪裡來的，只記得老師肚子圓滾滾的，下課的時候很喜歡學生跟他聊天，用再爛的英文也沒關係，可是上課時老師就會很嚴格，回答問題一定要照他訂定的規則回答，其他的我就都不記得了。（97-2-20）

（六）工作場所（work place）

工作場所意指研究參與者本身藉由工作而得多元文化之經驗，或是藉由家人受聘為員工之經驗而得；有13人次，排列第8。部分研究參與者透露，暑期工讀因為有來自不同學校和身分背景的同事，因此也容易結識不同族群之學生。而有些則是因為幫忙父母的工作而有接觸機會。

因為媽媽在醫院當護士的關係，到媽媽醫院時時常會見到在醫院工作的外籍勞工。醫院裡的外籍勞工多從印尼來台灣工作，跟他們相處很自在，可以從他們工作的態度上面，發現他們很重視現有的這份工作；他們不會計較誰做的事情較多、誰的較少，只要是老闆分配給他們的工作，他們一定會做得很好，也把病人照顧打理的很乾淨；他們待人也很親切且有禮貌，不論是看到醫院裡的醫生護士或是病人家屬等，他們都會說上一聲「先生好」、「小姐好」，也常常把笑容掛在臉上，讓人感覺十分的舒服。（97-1-16）

（七）聘任員工或自營（employment）

其家庭為僱主聘請多元族群之員工而接觸的多元文化之經驗，或是自己經營事業由接觸顧客而得。此類有11人次，排列第9。不過，在研究參與者之描述中，僅有97-1-95的客家學生提及因為家中經營雜貨店之關係，因此都會接觸到不同族群；加上顧客很多是河洛人，為了廣招生意，得和其他族群互動，因此學會了河洛語。

身為客家人這樣一個弱勢的族群，從小就已經被灌輸一定要學習與其他族群的人相處的能力，而最主要的能力就是語言，所以臺語也是我們必備的語言，家裡面開雜貨店，閩南人、原住民、外勞都會遇到，而他們互動的共通語言就是閩南語，所以從小就常聽家人與來往的客人說閩南語，再加上幼稚園時

其實是在媽媽所任教的幼稚園就讀，而那邊的族群都是閩南人，所以也就學會了閩南語。……與其他族群的接觸沒有多大特別的地方，只有在語言與習俗、食物方面的不同。在閩南人中，我覺得很特別的一點就是宜蘭的閩南人有著特殊的口音，很難學會也很難聽懂，挺有趣的一點是，他們還會要我當下學會那種腔調，也告訴我應該要多學習更多種方言，這樣才能更容易與他人交談，認識更多人。（97-1-95）

如此，因有互動而積極學習其他族群語言的動機，如果能在台灣語言政策和教育發展史上極力鼓勵推廣，台灣幾十年下來，就會更多台灣人互相學習彼此的語言文化，進而互相欣賞尊重，台灣也更實現多元文化的實質，人民跨文化能力也會提升，社會更和諧。

自家工廠聘任員工，傾向於跟外籍勞工或外籍女傭的跨文化經驗，這是因為研究參與者潛意識中認為外國人才是異質文化。另外，也有可能是因為描述者擔心如果透露自家工廠員工有台灣內部的族群，會被指為自傲。不過，最主要的原因台灣進十餘年來，由於有很多工廠聘請許多外籍勞工幫助生產線之工作，因此，家中經營工廠之學生，就容易有接觸。

阿祖請外籍看護，看到他們都很努力的想要盡快融入這片土地，學習國語台語聽說才能溝通，飲食習慣也要做修改，但大家還是容易以一種較輕視的眼光去看他們，覺得他們的地位比我們卑下，這真的是要不得的，應該以一種包容的心態去看待。而且其實她們內心都是很孤寂的，因為他們會去附近找來自同一個國家的朋友，所以總是很常看到好幾個外籍看護陪著老人家到公園聊天，不只是老人家聊得很開心，他們自己本身也是笑容滿面彼此說南道北，我們應該多給予他們一點同理心，讓他們能夠過得更好。（97-2-3）

大專生與外籍勞工之經驗都是正向並有省思的——從同理心檢討台灣社會對外勞之態度和待遇，此對會讓這些異質文化的外籍人士在台灣有愉悅的經驗，亦是感謝他們對台灣之貢獻。

（八）媒體（media）

媒體範圍可包含電視、電台、報紙或任何平面廣告等，非媒體工作者對

於此類接觸一般來說比較少。但媒體之影響可說是無遠弗界，不容忽視。本研究中，僅有一位提出從媒體中得知某些影星之族群背景，而將之列入接觸之類。媒體一般都是間接瞭解的，因此也容易是以形象為主，其實真實部分難以推測，但是卻不能忽略其對大專生多元族群印象的影響。故就直接接觸層面而言，此類並無包括於Allport之接觸層面中，這是因為在其年代媒體之影響與功能遠不如現代，然而在21世紀中，雖然媒體有些是虛擬或是無法直接第一手接觸，但是媒體之影響是不容忽視的，故日後仍有探討的空間。

見電視上許多選秀節目有些唱歌厲害的人都是原住民，所以感覺原住民都很會唱歌。眼睛都大大的、又很熱情、講話有一種特別的腔調。……印象中好像有很多影視明星是客家人。例如我最愛的女子團體：S.H.E其中的Hebe就是客家人、另外還有小鐘也是。雖然沒有面對面跟他們接觸過，但小鐘給我的感覺就是他很省錢吧！而我喜歡Hebe很久了，大概瞭解她一些，她是個很好客的人。（97-2-50）

（九）特殊因素（special factor）

少部分的研究參與者描述很難由字句中判斷其經驗來源，或許是有刻意隱藏或有些不願為人知的因素，而難以判斷；有4人次，排列第11。但是由於研究者和該生之互動或透過其他研究參與者而瞭解其背景，而將其描述歸類。譬如有位研究參與者本身是寬容親善的學生，但是不知為何對於中東地區和非洲的學生似乎因為飲食和生活方式之差異而比較不友善。根據研究者之瞭解，其在求學過程中曾有機會與這些遙遠國度的學生接觸，但是經驗不太愉快，因此造成日後對於這些地區的學生難以釋出善意。

（十）未知來源（Unknown）

未知來源意指研究參與者之描述經過研究者和助理討論後，仍然無法判斷其接觸來源，也無法由互動或其他第三者得知；共有53人次，排列第2。因為有這麼多人次，卻又無法判斷，著實可惜。此乃因為研究者沒有特別註明需要描述接觸來源，而導致此錯失。其中，有很多對於跨族群經驗的描述非常生動。

原住民感覺都不愛唸書，可是體能及反應力很不錯；個性直爽，比較沒有心眼；資訊和資源較缺乏，比較安於現況，缺乏開創性；各族的語言、儀式和服裝很有特色，但逐漸被同化。……客家人勤儉，但有時覺得比較小氣；正直，做事一板一眼；用客家話和長輩交談時他們會顯得很愉快；客家小吃（麻糬……）及手工技藝（紙傘……）很有特色。……外籍勞工（越南）喜歡找人聊天，互相學習語言與文化習慣；他們說韭菜是給豬吃的，所以不吃韭菜水餃；覺得到台灣工作被歧視，工作量和收入不成比例；說話速度及語言學習都蠻快的；常和其他地方的越南朋友上街，存不到錢；我不喜歡「外勞」這個詞，所以都說是「外國朋友」。……瑞典人（交換生）思想開放，喜歡和人討論不同話題；注重隱私；經常讚美別人也很有幽默感；重視生活享受及生涯規劃。……外籍新娘被老公嚴密監控，怕跑掉或亂說話；語言及文化不同，比較沒有社交圈；婆媳問題嚴重，媳婦總被當「外人」；對小孩教育比較無法提供協助，因為課業看不懂；有鄰居指指點點，被視為次等公民；.對「賺錢」非常投入。（97-1-15）

五、結論與建議

（一）結論與討論

正規教育的同儕關係、未知名的接觸來源、社會旅行的偶然相逢、社區、正規教育的教師接觸來源、社會旅行的校外活動和非居住於同一房屋內的家庭親人，以上是漢人大專生跨族群多元文化經驗的七大來源。這說明學校教育裡的同儕關係是影響學生多元文化經驗最主要的因素。因此，如何在學校當中提供同儕來自不同背景的學生，能夠互相瞭解學習，以提昇學生多元文化的經驗，是台灣高等教育面臨的議題。研究者本身從國小、國中到大專二十餘年來的教學經驗得知，教師如果能夠讓同學之間的氣氛和諧，從班級經營中讓學生瞭解來自不同族群文化背景的學生都具有平等的地位，可以互相學習，並且讓學生瞭解到這些知識與接觸經驗並非都是課本所得，能夠豐富學生的人生，如此學生或是弱勢族群的學生在這種環境之下，能夠有安全感，再加上教師的鼓勵，也就容易願意分享自己做為少數族群的經驗。至於多數族群學生，教師則可以鼓勵欣賞的態度，和弱勢學生之間彼此互相學習。

研究結果得知的未知名接觸來源共有五十三人次，排列第二，這將在未來

的研究建議上再加以討論。排列第三的透過旅行的偶然相逢，也是學生多元文化經驗的主要來源。這和Allport提到的個人性格因素有關，也就是有此類經驗的學生基本上的人格特質是比較開放、勇於冒險，並且能夠寬容百川的態度，也願意接受新事物，因此針對此點，以學校教育而言，教師可以多鼓勵學生做個背包客，或者是同學之間能夠成群結隊做個環島旅行甚至國外的旅行，以增加彼此的安全感。不過從事此類旅行時，安全的考量也是必須注意的。

　　在社區的接觸上，也是漢人大專生不同族群經驗的第四來源，這包含居住的空間和共同的志趣。在以往，台灣的社會是比較偏向族群獨居，也就是閩南地區、客家地區、原住民地區和所謂的眷村。但是近幾十年來，由於求學、就業的因素，就學因素，台灣的居住空間基本上已經是屬於混合雜居，尤其近年來新移民女性婚嫁到台灣來，再加上在臺工作的三十幾萬名外籍勞工，因此在不同的社區或者是因為宗教和志趣的結合，而能夠有不同文化經驗的機會越來越顯著。因此，在台灣的社會教育中也必須要提升多元主義的意識，否則，居住在同一空間的不同族群，不盡然會有和諧的氣氛，反而容易造成紛爭的現象。但是如果以本研究而言，研究參與者的描述基本上都是比較偏向正向的，重要的是許多負面的刻板印象，由於接觸也慢慢由負面轉向正向，譬如97-2-48就提到以往對外省人的看法都是老兵或是榮民，感覺很兇不好相處……（直接引用原來的描述），所以接觸時候的心態如果能夠持有正向的態度，願意開放心胸去瞭解，那麼多元族群的正向經驗才有可能提升。

　　透過正規教育裡頭學校教師的接觸，也是大專生多元文化經驗的主要來源排列第五，因此，如果能夠從國小甚至幼稚園階段，就能讓學生接觸不同族群，這也是提升正向多元文化經驗的結果，不過，由研究參與者的描述可知，基本上都是所謂的英語或美語教師，很少有國內不同族群的教師，尤其是新移民女性分享他們在臺的經驗，基本上是沒有被提及的，連原住民或者是客家人在閩南村的學校也都沒有描述，這就代表其實台灣的正規教育，基本上還是沒有善用各種不同族群背景的人士來分享該族群的語言文化。雖然教科書中，有關各個不同族群的社會文化越來越多，但是基本上這些編者都是屬於漢人。因此，如何能夠請該族群的人士來分享，以促進學生對於不同族群社會文化的理解，並且有多元族群的觀點融入，這也是學校教育需要加強的地方。台灣的高等教育基本上有各類的人才，而且常常學校所在地也會有多元族群的人士，如何善用這些不同族群背景的人士而成為多元文化教師，這也是高等教育需要考

慮的，或者是從幼稚園到高等教育都應該留意的。

　　透過學校報名校外活動等的旅行也是促進多元文化經驗的重要來源，不過，有趣的是和自己背著背包到處遊覽的偶然相逢比較之下，可以發現，旅行中的偶然相逢，而不是透過學校或是家長安排的旅行，大專生的多元文化經驗，遠比這類的旅行經驗還多。台灣社會以往比較保守，父母親也不鼓勵孩子自由行動提著背包去旅行，但是由研究結果顯示，在安全之下，鼓勵學子能夠多旅行並且多與旅途中的人互相交流（當然一定在安全的情境下），是增進自我成長的良好機會。除以上敘述外，由研究參與者的描述中得之，非居住於同一屋內的家庭親人，其實也常提供不同族群文化的經驗，這中間有很多描述的是，因為不同族群的通婚，或者是移民的關係。這和97-2-90提到的，本身是漢人但是因為結交了原住民的男朋友，因此對於原住民也有更進一步的瞭解，這些也可能是個人因素的影響。前面提到，通婚在台灣並非新鮮事，但是跨族群通婚的現象，其實近十年來由於新移民女性婚嫁到台灣而成為台灣的熱門話題。但是跨族群的通婚，其實也和個人性格有關，有些人喜歡透過不同族群來瞭解自我，並且認為與不同族群的人士交往是有新鮮感和挑戰，但是有些人卻認為和同一族群的是比較容易溝通理解而不費事。但無論是何種狀況，當一個家庭類似聯合國或者是有不同族群的親戚時，其實對於研究參與者的多元文化經驗成長是有相當助益的。因此，就以上根據研究參與者的描述所提出的討論，總結而言，學校教育扮演一個相當重要的角色，教師如何能夠讓學生有安全感地分享自己的族群文化經驗，並且樂意互相學習，這有賴班級經營的成效。另外，養成台灣下一代開放並且在安全考量下有挑戰冒險的精神，去接觸各種不同族群背景的人士，也是促進個人和社會和諧的重要經驗。通婚也是有助益多元族群的融合和成長。

（二）未來研究建議

　　本研究參與者就其直接接觸層面而言，此類並無包括於Allport之接觸層面中，這是因為在其年代媒體之影響與功能遠不如現代，然而在21世紀中，雖然媒體有些是虛擬或是無法直接第一手接觸，但是媒體之影響是不容忽視的，故日後仍有探討的空間。台灣主流大專生多元文化經驗之議題在台灣還很少探討，本研究以質化研究取向探討一綜合大學，日後如果有量化並擴充範圍到中北和東部比較其異同，將會對台灣主流大專生多元文化經驗有更深瞭解。其

次，對於非主流或是各個族群大專生之多元文化經驗也值得探討，以更有全面性地瞭解台灣大專生之多元文化經驗。

參考文獻

李筱峰（1999）。台灣史100件大事。臺北市：玉山社。

洪嘉瑜、銀慶貞（2008）。台灣人口遷移屬性與動機的變化。東吳經濟商學學報，61，31-65。

洪麗完（2007）。清代楠仔仙溪、荖濃溪中游之生、熟番族群關係（1760-1888）：以「撫番租」為中心。台灣史研究，14（3），1-71。

胡台麗（1990）。芋仔與蕃薯：台灣「榮民」的族群關係與認同。中央研究院民族學研究所集刊，69，107-132。

張茂桂（1993）（編）。族群關係與國家認同。臺北市：業強。

張學謙（2004）。結合社區與學校的母語統整教學。台灣語文研究，2，171-192。

陳杏枝（2008）。外省人宗教信仰變遷初探──1984年至2004年台灣地區社會變遷基本調查資料分析。東吳社會學報，23，107-138。

陳美瑩（審查中）。新移民女性子女母語教育：以東南亞新移民女性觀點為例。

陳麗華（2000）。大家都是好朋友──族群關係學習。臺北：五南。

詹素娟（2004）。日治初期台灣總督府的「熟番」政策──以宜蘭平埔族為例。台灣史研究，11（1），43-78。

黎雪玲（2005）。請不要叫我「外籍新娘」。載於夏曉鵑（主編），不要叫我外籍新娘（50-51頁）。臺北：左岸文化。

Allport, G. W. (1979). *The nature of prejudice* (4th ed). New York: Addison-Wesley.

Banks, K. (2009). A qualitative investigation of white students' perceptions of diversity. *Journal of Diversity in Higher Education, 2*(3), 149-155.

Bowman, N. (2009).College diversity courses and cognitive development Among students from privileged and marginalized groups. *Journal of Diversity in Higher Education, 2*(3), 182-194.

Hoggett, P. (1997). (Ed.). *Contested Communities: Experiences, struggles, policies.*

Bristol, UK: Policy Press.

Hsieh, S. C., Wang, M. C. (2008). Immigrant wives and their cultural influence in Taiwan. 師大學報：人文與社會類，53（2），101-118。

Sciame-Giesecke, S.; Roden, D. (2009). Infusing diversity into the

curriculum: What are faculty members actually doing?. *Journal of Diversity in Higher Education, 2*(3), 156-165.

內政部（2011a）。外籍配偶與大陸港澳配偶人數。2011年3月12日，取自：內政部統計處：http://sowf.moi.gov.tw/stat/week/list.htm

內政部（2011b）。台灣原住民人。2011年3月12日，取自：內政部統計處：http://sowf.moi.gov.tw/stat/week/list.htm

教育部（2011a）。外籍配偶子女國中小人數。2011年3月12日，取自：教育部統計處：http://www.edu.tw/statistics/content.aspx?site_content_sn=8869

教育部（2011b）。原住民國中小學生人數。2011年3月12日，取自：教育部統計處：http://www.edu.tw/statistics/content.aspx?site_content_sn=8869

教育部（2011c）。全國國中小學生人數。2011年3月12日，取自：教育部統計處：http//:www.edu.tw/fiels/site_content/boo13/b.xls線上檢索日期2009/03/12。

附錄一

97-2-95經驗

　　現在能被定義成不同種族且最常有交集的，大概就是具有原住民血統的同學了。事實上，他們和我們「漢人」並沒有甚麼不同，一樣的求學經歷、一樣的交友廣闊，膚色並不能代表一切，黑，不一定就是原住民的表徵，像偶像新秀蕭敬騰，就是白斬雞一隻。教育政策所給予他們的「保障」，例如，在各種國家考試可以有成績一定比例的加分，這種作法，讓我所認識的朋友們很受傷，他們認為他們和我們沒有甚麼不一樣，他們的實力被政策給掩蓋掉了，大家只知道，「哦，他是原住民」，很直接得給他們貼上「不一樣」的標籤。我國中同學就很羞於提到他的血統，每每班上的男生消遣他膚色黑、討厭其他人說他從母姓是為了國中基測加分等等之類暗諷的話語，他情緒很激動且動作反應很大，相較之下，我高中同學解決的方式就很不一樣，他會笑笑的說，「沒辦法，我媽媽就是那麼黑」，幽默的話語帶過可能造成的窘境，他很坦然的提到他驕傲的血統，並為此自豪，也樂於介紹給我們認識不同的文化，但對教育政策的歧視，他感到很不平，這點，曾經在我高中班上展開激烈的辯論。

　　「原住民」簡單的3個字，取代了十多族在台灣不同的原生族群，如果，沒遇到來自各種種族的原住民，可能會以一族的文化偏論之。像我的高中同學，有位是純血統的排灣族公主，有位是排灣和泰雅混血的孩子。曾經班上文化討論的議題上，有請排灣族公主為我們介紹他們族內的文化，排灣族是現今台灣原住民擁有少有貴族制度，並以巫術出名，從祖靈像雕刻反映對祖靈的崇拜，而我這位同學的外婆就是巫師，所以他承襲來自母親家族的榮耀，不過，因為他是次女，未來有可能的話，是他的姐姐繼承巫師的位置。但是，雖然他貴為公主，在班上也不一定吃香，很多時候，公主都很樂意幫助、伸出援手，當然，運動神經發達的他，免不了被我們拱出來成為體育股長的命運，不過，偶爾也會小小捉弄一下班上同學，為我們緊繃又苦悶的高中生活增添一點小趣味。

附錄二

97-2-92經驗

　　小學旅遊馬來西亞發現當地馬來人好像是認為華人賺走他們的錢；國教伊斯蘭教有諸多限制，尤其是對女性限制更多，男女地位不平等以及沒有固定的姓氏，爸爸的名為兒子的姓。……覺得日本人非常注重禮儀。例如收到禮物一定要回禮，語言的文法也是對不同的人需有不同的講法，還有女生外出一定要化妝；男尊女卑，例如外出吃飯時女性一定得幫男性倒酒、分菜、收盤子等。……遊中國大陸發現，很容易為了自己的利益而蠻不講理。我想是因為長期人治而非法治的社會，造成人民法治觀念薄弱，認為利比理還重要；行事作風都有點粗氣，喜歡先講先贏、先佔先贏，一點虧都不能吃。……去美國遊學，覺得美國人很注重個人隱私與個人空間，不熟的人不能站太靠近；種族歧視還是存在；結婚不包紅包，而是採用送禮的方式，甚至是由新人到店裡列出購物清單，由賓客買單；喜歡古銅膚色，無法理解台灣一白遮三醜的觀念；分不太清楚亞洲人是哪一國人，常把台灣和泰國搞混。……巴西同學非常熱情，我們有人生日，還主動幫忙辦派對慶生。非洲學生則是純樸友善；最特別的是他們喜歡豐腴的女孩子。

附錄三

97-1-11經驗

　　這個暑假，阿公罹患重大疾病，而成為長庚醫院的房客。暑假大部分時間都陪著阿公住院，讓我認識了不同的人，尤其是遇到了一位很特別的朋友。

　　第一次看到他，只匆匆瞥了一眼，我還以為他是個台灣青少年。後來才知道，原來他是越南人，來台灣工作，在工作時發生意外而受傷。因為阿公的床位是C床（靠窗邊），我每次出入都一定會經過他的B床，當我轉頭看他，他總會笑，笑得純真燦爛，讓人覺得非常愉快。

　　有一次醫生來巡房，拆掉他手指上的紗布，在護士還沒包紮前，他躺在床上反覆看著自己的手，我也跑過去看。他的右手食指、中指、無名指前面指肉是縫合的，指甲有的斷一半，有的則整片都不見了。他笑著讓我「觀賞」他的傷勢，當我問他痛不痛，他也笑著搖頭。他的國語很有限，因為他才來到台灣五個月而已，但他很努力的向我描述他當時受傷的情形：當他在電焊時，突然有鐵板從上面掉下來，砸到他的手指。據之前A床的阿伯說，因為他手的肉都碎了，醫生就把他的手插在肚子裡好長出新的肉，然後再開刀取出縫合。當他笑笑的向我描述時，我的臉卻皺起來了！聽起來就覺得非常痛！他笑得很可愛，有兩顆虎牙，但是他可愛笑容背後的所忍受的疼痛，以及撐過了這些恐怖時刻的勇氣，才是他最可愛的地方。

　　我反覆看著他受傷的右手，再看看他的左手，我發現他的手非常好看！手指細細長長的，指甲很大片。「你的手很漂亮耶!」我說，他笑得很靦腆，不知道是不是剛來台灣的越南人都這麼單純。其實他才大我一歲，我想到他這麼輕的年紀，就離鄉背井到國外做這麼粗重的工作，而且才工作五個月就受這種傷，也許指甲長不回來了、也許手指不能像以前一樣靈活了、也許手指的觸覺也不能像一般人一樣敏銳了、這麼漂亮的手，傷成這樣……，想到這些，真覺得好捨不得、很心疼。可是他卻仍然笑著，對每個人都親切的笑著，他的笑有種單純、純粹與真誠。那是一種我所佩服的成熟以及堅強，我無法想像我到異鄉工作，舉目無親、受重傷、工作可能不保等等這樣多重的壓力下，我還可以這樣笑。

　　我知道住院是多麼無聊的一件事，雖然他的朋友晚上會來陪他，但是朋友來的時候都是睡覺時間了，早上很早還要趕回去工作，因此他大半時間都是自

己一個人，國語會的不多，台語更不用說，可以說他的住院生活應該是很煩悶的。我很佩服他，因為在他總讓我覺得他是開心的，每一次我經過他的床，他都會抬頭給我一個燦爛的笑。甚至是他走出他床前的垂廉，都會對我「回眸一笑」。他的笑有種神奇的力量，好像會傳染一樣，總會使我開心起來。讓我驚訝的是，他在這麼無聊的日子裡，生活態度出奇的好！我從沒看過哪個病床的櫃子像他整理這麼乾淨整齊的，他甚至只是白天出去走一走，都把被子折得很好！因為他收得太乾淨整齊了，打掃的阿姨甚至指著他的床問我：「他出院了嗎？」，我想他應該打破了很多人對「外勞」的看法吧！

當A床換了一個年紀很大的阿公住進來，他甚至還會去服務阿公！當阿公要吃飯的時候，他去搬桌子給阿公；當阿公吃完便當，他還幫阿公處理垃圾，再把桌子搬回去。我覺得他很棒，因為他有助人的心還有勇氣，對不熟又語言不通的阿公，他能這樣出手相助，真的讓我覺得他是個很善良的人，所以A床的阿公和護士小姐都很喜歡他。每次護士小姐跟他說什麼，不管聽不聽得懂他都會乖乖說好、什麼都答應，不管做什麼都很配合，真不知道該說他乖巧還是個性好。

當A床的阿公過來我們這裡聊天時，他雖然都聽不懂，但是他也會努力的參與，認真的聽，和我們坐在一起。有一天，我和阿公坐在醫院外湖畔星光的樹下乘涼透氣，他恰巧也到這裡來，看到我們，就走過來坐在我們旁邊。因為怕他聽不懂，所以我沒有勇氣跟他多說很多話，我們只是靜靜的坐著，享受涼爽的風一陣陣吹來。雖然沒有交談，但這樣的相處感覺舒服，相處很輕鬆沒有壓力。

對我來說，他是一個很特別的朋友，不只因為他是越南人，而是他本身就是個特別的人。我們談的話不多，只是彼此交換笑容，但笑容之間傳遞的溫度，讓我們在醫院的日子裡，添加了許多色彩。我記得高中時，有一陣子身體很不好，兩隻膝蓋又都受了外傷，心情上就變得很脆弱，很渴望回家，對我來說那真是一段低潮黯淡的時期。但是看著自己一人隻身在國外工作，還受這種傷的他，住在醫院裡不但沒有消沉、難過，反而積極幫助別人、積極參與我們、用好的態度過日子。他的笑容是一種溫暖、一種勇氣，也是人與人之間的一種單純，他的開朗也激勵了我。他努力用左手拿筷子吃便當、用左手切蘋果的身影，讓我覺得我真的要堅強努力一點！

郭書琴

一、前言

　　本篇文章將分享與檢視筆者以性別研究（gender study）與法律人類學（anthropology of law）為認識論與研究方法，規劃了「性別與法律」、「新移民人權、性別與法律」兩門課程，開設於中正大學法學院法律研究所。時間各自為：2007年9月與2008年2月。在這兩門課程中，筆者規劃為討論課（seminar），主題為：「檢視法規範與新移民人權的關聯」。特別是從性別研究、女性主義法理學、家庭權、全球化與在地化之糾結等議題，進而檢討跨國、性別、階級、經濟等各層面對新移民與其家庭之影響。

　　本章將說明，由以上這些議題所架構出來的「多元文化之法學教室」，到底帶給「教學者」，哪些不同於傳統部門法律的教學經驗與研究啟發？此外，對於「學習者」而言，在這兩門課程當中，他們又將可以得到哪些迥異於其他傳統部門法律課程的靈感與收穫？這些筆者在本章中所分享的「教」「學」日誌，希望成為微薄的法學教育改革之經驗回饋，將執行新移民人權計畫的「教」與「學」的成果，貢獻給關心法學教育改革的學術社群、關心新移民與多元文化的研究先進與學生們。

二、多元文化與法學教育

　　當全球化影響（Globalization）、社會變遷（Law and Social Change）、多元文化（multi-culture）等趨勢與思潮，急遽衝擊舊有之婚姻價值與家庭型態，課堂內當然也無法自外於大環境之衝擊。筆者曾在〈從身分法之教學實踐看法律知識之建構與反省：以「多元價值」與「文化」為核心〉一文中討論身分法的法學教學方法（pedagogy of law），特別是從女性主義法理學的角度，討論將如何設計與創造一個「不歧視他人、不邊緣化、不污名化任何一個可能

非來自主流核心家庭型態的學生」的法學教室？[1]這其中將引用哪些教材、設計哪些活動，讓法律研究所的研究生們，可以體會如何以「脈絡化」的觀點，來學習與思考身分法。將可能如何設計課程？其背後的認識論與研究方法論為何。[2]

於是，繼筆者對於身分法在教學上融入「多元文化」與「多元家庭」概念的嘗試之後，[3]筆者將「外籍配偶」、「跨國婚姻」、「跨國女性家務勞工」等現象衝擊到台灣現代家庭生活後，所發生的法律、人權、與社會生活等相關問題，規劃為三個與法律系學生在學習上較為相關的單元，來開啟整個課程。這三個主題分別為：

1. 婚姻移民對於法律科際整合研究之挑戰與啟發。亦即自公民權觀點出發，研討與婚姻移民與其家庭涉及之實定法學（如涉外民事法律適用法、國際民事訴訟法、民法親屬與繼承、移民法等）與基礎法學（如法律人類學、法律文化分析、法律社會學等）。

2. 全球化對法規範之理論、制訂與因應等各層面之影響。但因這個面向實在太廣，又顧及法律研究所學生在外文文獻上的理解效率，因此本課程設計較偏重台灣相關的移民法規（例如出入國及移民法等）之適用與解釋。

3. 全球化對於婦女以及第三世界國家之影響。特別的是，在此類研究中，第三世界婦女固然亦成為跨國流動之主體，然其亦深陷性別、種族、國籍、經濟、階級、優勢文化與劣勢文化等多重壓迫，法律系學生該如何體會這些迥異於部門法律的社會生活現實，並據此理解「生活中的法律」？[4]

藉由以上三個專題討論的單元進而從新移民的個案內容，針對其衍生出之相關公民權與實定法（包括涉外民事法律適用法、國際民事訴訟法、移民法、民法親屬繼承等）、法理學（包括法律人類學、法律社會學、性別理論等），進行討論。

---

[1] 郭書琴，〈從身分法之教學實踐看法律知識之建構與反省：以「多元價值」與「文化」為核心〉，《台灣本土法學雜誌》，第89期，頁105-117，2006年12月。

[2] 郭書琴，〈法律人類學之理論與方法初探：以外籍配偶為例〉，《法律思想與社會變遷雙年刊》，第1期，頁215-254，2008年12月。

[3] 郭書琴，〈從「伴侶」到「父母」論身分法規範重心之轉變- 兼評96年度養聲字第81號裁定〉，《成大法學》，第20期，頁75-119，2010年12月。

[4] 關於「生活中的法律」之概念，參見劉宏恩，〈「書本中的法律」（Law in Books）與「事實運作中的法律」（Law in Action）〉，《月旦法學雜誌》，第94期，2003年；王曉丹，〈從法社會的觀點論女性主義立法行動—女性主義法學在台灣的實踐及其法律多元主義的面貌〉，《東吳法律學報》，第19卷1期，2007年。

三、課程活動設計與教學成果分享

　　筆者所開設的96學年度上、下兩學期的課程名稱並不相同，上學期為「性別與法律」專題研究，下學期為「新移民人權、性別與法律」。上學期的「性別與法律」專題研究中，筆者規劃出六週的時間來與學生一起討論婚姻移民（包含東南亞籍配偶、大陸配偶）、性別研究與女性主義理論的檢討等。並非整學期均為討論新移民之性別與人權問題。在下學期的「新移民人權、性別與法律」，則規劃為整學期都以「婚姻移民」為主題，且要求學生進行實地參訪、寫作報告等活動。請見【附件一】與【附件二】為這兩門課的各週教學進度表。

　　此外，在規劃這兩門課的時候，筆者考量到這兩門課對象均為法律所的研究生，這些研究生先前的學習背景均為大學法律系學生。對於其他社會科學的期刊論文與議題的討論方式，較不熟悉。因此在兩門課程設計當中，筆者所設定的學生學習目標，並非以一個學期（十六至十七週）的課程就奢求學生可以馬上對法學跨領域研究方法融會貫通，筆者希望他們能繼續深化「如何在具體的個案中，適用抽象的法條」之法律技術,[5]並從閱讀大量的具體個案或經驗研究取向的社會科學期刊論文、透過師生討論，進而激發同理心（empathy），最後筆者希望他們可以成為「能夠站在個案的當事人立場設想的『法律人』」。因此，本課程規劃時，筆者特別是選取跨領域社會科學的期刊論文與紀錄片觀看，使學生培養、增強對新移民（特別是婚姻移民），此一台灣新興族群的瞭解與認知。

　　既然希望學生可以從不同於向來部門法律的學習方式，並期待學生可以透過實地參與、參訪學習等活動，因此，此外，在「新移民人權、性別、與法律」這門課的課堂活動，筆者規劃了相關案例討論及訪談活動之作業，希望一方面可以選取司法實務判決或相關新聞時事案件為個案，在師生討論過程中，呈現台灣社會中之婚姻移民樣貌。另一方面，藉由學生實地進行訪談之作業，讓學生深入瞭解新移民之公民權在性別、婚姻、家庭、世代差異與法規範等不同面向之爭議與衝突。這些課程活動的學生成果，請見【附件三】。

5　關於「法律技術」的概念，見郭書琴，〈從法律知識典範轉移觀點看台灣法學教育改革〉，發表於2010兩岸四地法律發展研討會「兩岸四地之法學教育」，中央研究院法律學研究所籌備處主辦，2010年6月11日。

同時，為了可以保存、並供公開瀏覽本課程的進度、課堂實踐內容、學生學習成果等，本課程還規劃了以電子教學平台，主要希望持續課程討論之動能與活力，並使網路上各類關於新移民之資訊，快速在討論區內，由師生們進行交流、溝通與心得、資訊分享。[6]

四、結語：多元法學教室的「教」與「學」

在〈從身分法之教學實踐看法律知識之建構與反省：以「多元價值」與「文化」為核心〉[7]一文中，筆者希望能建立一個注重尊重多元價值、避免偏見與歧視的法學教室，尤其是謹慎對待「法律」所代表的國家權威與主流想法，並期待筆者自己、與課堂上的學生們，身為「法律人」，可以時時刻刻對「法律人」的地位具有不間斷的反思。「外籍配偶」這個台灣近年來的新興現象與其所引發的研究，帶給筆者在教學與研究上的啟示，不僅在於「看到『她們』」；更在於在研究上，筆者從這些層層考察分析外籍配偶的法律與社會現象，得到法學跨領域研究的啟發。在教學上，從設計課程、到帶領學生上課的同時，筆者自己再度地重新思考、實際體會到「教學相長」。因為在帶領學生認識「婚姻移民」的過程中，常不可避免地與習見的性別歧視、對「非我族類」的警戒心、對大眾媒體的片面論述時而缺乏警覺心與批判力等偏見（bias），在課堂上與學生們狹路相逢。但透過與學生一次次地討論過程中，師生都同時體會到，除了「看到『她們』」，其實我們也是「她們」。[8]

6　關於教學成果之收集（含課程進度大綱、課堂活動記錄、學生作業分享等），主要置於以下網頁：http://www.lawandculture.url.tw/

7　郭書琴，〈從身分法之教學實踐看法律知識之建構與反省：以「多元價值」與「文化」為核心〉，《台灣本土法學雜誌》，第89期，頁105-117，2006年12月。

8　關於「我們」與「她們」，社會運動者顧玉玲在《我們：移動與勞動的生命記事》有著極為精采、翔實的故事、訪談資料與分析。請見顧玉玲，《我們：移動與勞動的生命記事》。台北：印刻出版。2008年10月15日。

參考書目

王曉丹，〈從法社會的觀點論女性主義立法行動—女性主義法學在台灣的實踐及其法律多元主義的面貌〉，《東吳法律學報》，第19卷1期，2007年。

顧玉玲，《我們：移動與勞動的生命記事》。台北：印刻出版。2008年10月15日。

郭書琴，〈從身分法之教學實踐看法律知識之建構與反省：以「多元價值」與「文化」為核心〉，《台灣本土法學雜誌》，第89期，頁105-117，2006年12月。

郭書琴，〈法律人類學之理論與方法初探：以外籍配偶為例〉，《法律思想與社會變遷雙年刊》，第1期，頁215-254，2008年12月。

郭書琴，〈從法律知識典範轉移觀點看台灣法學教育改革〉，發表於2010兩岸四地法律發展研討會「兩岸四地之法學教育」，中央研究院法律學研究所籌備處主辦，2010年6月11日。

郭書琴，〈從「伴侶」到「父母」論身分法規範重心之轉變—兼評96年度養聲字第81號裁定〉，《成大法學》，第20期，頁75-119，2010年12月。

劉宏恩，〈「書本中的法律」（Law in Books）與「事實運作中的法律」（Law in Action）〉，《月旦法學雜誌》，第94期，2003年。

附件

附件一：九十六學年度上學期課程進度表

2007 Fall性別與法律專題研究（Gender and Law）專題研究（上）（碩博合開）

授課教授：郭書琴，lawsck@ccu.edu.tw

◎課程目的

本科目為一學期的課程。將從女性主義法理學、法學研究方法論、法律科際整合研究等討論開始，隨後進入幾個主題的檢討：(一)跨國婚姻；(二)同志研究；(三)性工作；(四)性別與跨國勞工；(五)性別與全球化議題。以上主題將分配在上下兩學期討論完畢。

本課程不限於公法組（尤其與人權法有關）或民法組（身分法）之同學研習。本課程大綱與閱讀材料的設計與選擇，主要希望藉由以上對傳統法學研究方法與釋義法學派帶來相當大的挑戰等諸議題，激發同學對於法學深入研究的興趣，並且培養科際整合法學研究與法律實證研究的基本認識與研究素養。

◎課程進行方式及課程要求

1. 每次需要有「值週生」一位至兩位輪流帶領當週閱讀材料的課堂討論，計入平時討論成績。

2. 期末口頭報告一次，需用powerpoint進行報告，報告時間12-15分鐘。

3. 期末書面報告一份，請注意書寫結構與附註引用格式（以本校碩論或中正法學集刊為準）。需有封面、大綱、本文、引註、參考文獻。頁數約10-15頁，最多不可超過18頁。每頁四周邊界2.54公分，行距一行半。字體為12號新細明體。文中引用他人文獻或訪談等，請使用標楷體。格式不合者，退件拒收。

4. 平時討論成績佔學期成績30%，口頭報告佔學期成績30%，書面報告為40%。

◎課程進度大綱與閱讀材料

一、研究方法、方法論與法律科際整合研究（Interdisciplinary Legal Research）

1. 9/17

引言、自我介紹、值週生閱讀材料分配。

2. 9/24

陳昭如，〈「遇見」美國女性主義法學〉，2005年。word檔。

畢恆達，〈女人有幾種？〉，收錄於《空間就是性別》，心靈工坊，頁19－23，2004年。pdf檔案。

3. 10/01

林芳玫，〈自由主義女性主義〉，收錄於顧燕翎主編，《女性主義理論與流派》，台北：女書文化，初版，頁1－25，1996年。pdf檔案。

王曉丹，〈性別與法律〉，收錄於黃淑玲等編，《性別向度與台灣社會》，台北：巨流，頁158－176，2007年。pdf檔案。

二、外籍配偶

4. 10/08

邱貴芬，〈後殖民女性主義〉，收錄於顧燕翎主編，《女性主義理論與流派》，台北：女書文化，初版，頁237－258，1996年。pdf檔案。

夏曉鵑，《流離尋岸：資本國際化下的「外籍新娘」現象》，台北：台灣社會研究雜誌社，初版，頁1-50，2002年。（序、第一章：楔子—故事、傳記、學術、實踐、第二章：探索的路徑）。

5. 10/15

王瑞香，〈基進女性主義〉，收錄於《女性主義理論與流派》，台北：女書文化，初版，頁105－137，1996年。pdf檔案。

夏曉鵑，《流離尋岸：資本國際化下的「外籍新娘」現象》，台北：台灣社會研究雜誌社，初版，頁51-120，2002年。（第三章：真實的社會建構—官方的建構、第四章：真實的社會建構—自我認同的建構）。

6. 10/22

黃淑玲，〈烏托邦社會主義馬克思主義女性主義〉，收錄於《女性主義理論與流派》，台北：女書文化，初版，頁27－70，1996年。ｐｄｆ

檔案。

夏曉鵑，《流離尋岸：資本國際化下的「外籍新娘」現象》，台北：台灣社會研究雜誌社，初版，頁121-156，2002年。（第五章：真實的社會建構—大眾媒體的建構）。

畢恆達，〈家，不是我的避風港〉，收錄於《空間就是性別》，台北：心靈工坊，頁84－95，2004年。pdf檔案。

7. 10/29

夏曉鵑，《流離尋岸：資本國際化下的「外籍新娘」現象》，台北：台灣社會研究雜誌社，初版，頁157-252，2002年。（第六章：資本國際化與商品化跨國婚姻、第七章：識字班，姐妹班、第八章：課題、趨勢、願景）。

龔宜君，〈國家與婚姻：台越跨國婚姻與政治〉，《東南亞學刊》，Vol.3，頁83-104，2006年4月。http://www.cseas.ncnu.edu.tw/journal/v03_no1/new_page_1.htm

8. 11/05

范情，〈當代社會主義女性主義〉，《女性主義理論與流派》，台北：女書文化，初版，頁179－214，1996年。pdf檔案。

趙彥寧，〈公民身分、現代國家與親密生活：以老單身榮民與「大陸新娘」的婚姻為研究案例〉，《台灣社會學》，第8期，頁1-41，2004年12月。（請自行上網閱讀）

台灣社會學第八期 http://social.ntu.edu.tw/journal/ts-8/ts-content-8th.htm

三、同志研究與另類家庭型態

9. 11/12

影片欣賞：面子

10. 11/19

「面子」影片討論

畢恆達，〈衣櫃，開門〉，收錄於《空間就是性別》，台北：心靈工坊，頁122－141，2004年。pdf檔案。

趙彥寧，〈台灣同志研究的回顧與展望〉，收錄於《戴著草帽到處旅行》，台北：巨流，頁83－121，2001年。pdf檔案。

11. 11/26

張小虹，〈女同志女性主義〉，《女性主義理論與流派》，台北：女書文化，初版，頁245-268，1996年。pdf檔案。

張宏誠，〈論歐洲人權公約對同性戀者之保障〉，收錄於何春蕤編，《同志研究》，台北：巨流，初版，頁117-181，2001年。pdf檔案。

陳耀民，〈我們都是一家人？論《孽子》及《逆女》中的家庭機制／身分認同與抗爭之可能性〉，收錄於《同志研究》，頁207－238，2001年。pdf檔案。

12. 12/03

戴瑀如，〈超越性別的家庭？—德國同性伴侶法的借鏡〉，發表於[法律與家庭]學術研討會，中央研究院主辦，2006年10月20日。pdf檔案。

黃丞儀，〈航向酷兒共和國-淺談「晶晶案」中的性、同志、平等權〉，《司改雜誌》，第60期，2006年2月15日。http://www.jrf.org.tw/mag/mag_02s.asp?SN=1573（請自行上網閱讀）

四、性工作

13. 12/10

畢恆達，〈沒有歧視，才有尊重〉，收錄於《空間就是性別》，台北：心靈工坊，頁144－153，2004年。pdf檔案。

陳美華，〈當「女性主義」遇上妓女〉，清大女學會年會研討會論文，2003年9月。word檔。

何春蕤，〈為什麼有人要掃黃廢娼〉，收錄於何春蕤編，《性工作研究》，桃園：中央大學性別研究室，初版，2003年。

14. 12/17

陳美華，〈論性工作中的性與工作〉，發表於台大女性主義法理學研討會，2005年4月。word檔。

吳翠松，〈酒店男公關之研究〉，收錄於何春蕤編，《性工作研究》，桃園：中央大學性別研究室，初版，頁95-144，2003年。pdf檔案。

15. 12/24

學生期末報告與評論

16. 12/31

學生期末報告與評論

◎ 1/07繳交期末報告

◎參考書目

夏曉鵑，《流離尋岸：資本國際化下的「外籍新娘」現象》，台北：台灣社會研究雜誌社，初版，2002年。

顧燕翎主編，《女性主義理論與流派》，台北：女書文化，初版，1996年。

何春蕤編，《性工作研究》，桃園：中央大學性別研究室，初版，2003年。

米歇爾・傅柯著，尚衡譯，《性意識史—第一卷：導讀》，台北：桂冠，1990年。

畢恆達，《空間就是性別》，台北：心靈工坊，2004年。

附件二：九十六學年度下學期課程進度表

科目名稱：民法專題研究：身分法(十一)：新移民人權、性別與法律

英文譯名：Seminars on Civil Law: Family Law (11): Law, Gender and Human Right of New Immigrants in Taiwan

授課老師：郭書琴助理教授

上課時間：Feb.-June 2008, 週一2:10-4:00pm.

一、各週進度

1.2/25　專題研討之課程教學目的與進度說明

2.3/3　新移民之實際案例研討一：從人類學之「文化」觀點檢討

本週課程目的：讓同學對東南亞地理位置、文化，與其跟台灣之政經關係有概略瞭解。並以外籍配偶之自我發聲之真實故事，使同學瞭解外配之心聲。

黎雪玲、王小英、林金惠、娟舒結、邱雅青等，〈一個現在才說的故事〉，收錄於夏曉鵑主編，《不要叫我外籍新娘》，台北：左岸，

2005年。

陳佩修，〈東南亞政治與經濟〉，收錄於國立暨南大學東南亞研究中心
　主編，《東南亞文化教學參考手冊》，頁117-148，2006年。

龔宜君，〈近代台灣與東南亞之關係〉，收錄於國立暨南大學東南亞研
　究中心主編，《東南亞文化教學參考手冊》，頁149-172，2006年。

參考閱讀：越南文化學習網：http://blog.yam.com/user/hongzen63.html

3. 3/10　新移民之實際案例研討二：從「性別」之觀點檢討

本週課程目的：讓同學以「性別」觀點出發，對於婚姻移民之狀態有初
步瞭解。

王君琳，〈性別與國族-從女性主義觀點解讀新移民女性現象〉，收錄
　於夏曉鵑主編，《不要叫我外籍新娘》，台北：左岸，頁 192-205，
　2005年。

李美賢，〈越南「好女性」的文化邊界與越南新娘：尊嚴vs.「靈魂之
　債」〉，《東南亞學刊》，Vol.3，頁37-62，2006年4月。http://www.
　cseas.ncnu.edu.tw/journal/v03_no1/new_page_1.htm

參考閱讀：

夏曉鵑，《流離尋岸-資本國際化下的「外籍新娘」現象》，台北：台灣
　社會研究雜誌社，再版二刷，2004年。

邱貴芬，〈後殖民女性主義〉，收錄於顧燕翎主編，《女性主義理論與
　流派》，台北：女書文化，初版，頁237-258，1996年。

4. 3/17　性別與新移民之一：跨國流動與性別

劇情片觀賞與討論：伊媚兒新娘

參考閱讀：越南文化學習網：http://blog.yam.com/user/hongzen63.html

5. 3/24　性別與新移民之二：跨國婚姻與性別

紀錄片觀賞與討論：「阿草向前衝」

謝國雄，〈以身為度、如是我做：田野工作的教與學〉，收錄於謝國雄
　編著，《以身為度，如是我做》，台北：群學，頁1-35，2007年。

6. 3/31　性別與新移民之三：婚姻中之家務勞動與性別

藍佩嘉，〈女人何苦為難女人？雇用家務移工的三角關係〉，《台灣社
　會學》，第八期，頁43-97。http://pclan.social.ntu.edu.tw/html/research-
　set.htm

田晶瑩、王宏仁，〈男性氣魄與可「娶」的跨國婚姻：為何台灣男子要與越南女子結婚？〉，《東南亞學刊》，Vol.3，頁3-36，2006年4月。http://www.cseas.ncnu.edu.tw/journal/v03_no1/new_page_1.htm

7. 4/7　**法律與新移民之一：法律學門內的法學領域整合**

蕭瑞麟，〈思維的來處〉，《不用數字的研究》，台北：培生，頁98-129，2006年。

郭書琴，〈關係、認同與身分法：以外籍配偶與其親密性公民關係為例〉，發表於法律與家庭學術研討會，主辦單位：中央研究院人文社會科學中心之制度與行為專題中心，會議時間：2006年10月19日至20日。

8. 4/14　**法律與新移民之二：跨領域法律學科之研究方法**

蕭瑞麟，〈打開衣櫃，通往納尼亞〉，收錄於《不用數字的研究》，台北：培生，頁40-61，2006年。

郭佩宜、王宏仁等，〈導論：非關田野，非關技藝〉，收錄於郭佩宜、王宏仁等編著，《田野的技藝》，台北：巨流，2006年。

9. 4/21　**法律與新移民之三：新移民與跨領域學科**

王宏仁，〈國家意識型態的科學化：移民統計調查〉，見越南文化學習網：http://blog.yam.com/hongzen63/article/12247624

藍佩嘉，〈階層化的他者：家務移工的招募、訓練與種族化〉，《台灣社會學刊》，第34期，頁1-57。http://pclan.social.ntu.edu.tw/html/research-set.htm

10. 4/28　**法律與新移民之四：新移民與法律文化分析**

王宏仁，〈婚姻移民研究的知識社會學分析〉，見越南文化學習網：http://blog.yam.com/hongzen63/article/6487960

郭書琴，〈逃家的妻子，缺席的被告──外籍配偶與身分法之法律文化初探〉，《中正法學期刊》，第22期，頁1-40，2007年5月。

11. 5/5　**學生實例習作之方法檢討、初步成果報告**

蕭瑞麟，〈鑑定研究的優劣〉，《不用數字的研究》，台北：培生，頁132-153，2006年。

吳偉立，〈象牙塔的業務機密：參與實作與四位一體〉，收錄於謝國雄編著，《以身為度，如是我做》，台北：群學，頁159-187，2007年。

12. 5/12　**法律與新移民之四：全球化下之公民權與法規範**

王宏仁，〈跨國活動不只是菁英階級的專利〉，見越南文化學習網：
　　http://blog.yam.com/hongzen63/article/6608091

廖元豪，〈「我們的」法律，「她們的」命運—台灣法律如何歧視外籍
　　與大陸配偶〉，收錄於夏曉鵑主編，《不要叫我外籍新娘》，台北：
　　左岸，頁146-169，2005年。

13. 5/19　**法律與新移民之五：全球化對於女性地位之影響**

夏曉鵑，〈尋找光明—從「識字班」通往行政院的蜿蜒路〉，收錄於夏
　　曉鵑主編，《不要叫我外籍新娘》，台北：左岸，頁12-47，2005年。

龔宜君，〈跨國資本的性別政治：越南台商與在地女性的交換關係〉，
　　收錄於《出路：台商在東南亞的社會形構》，頁139-179，2005年。

14. 5/26　**學生學習成果發表**

15. 6/2　**學生學習成果發表**

16. 6/9　**綜合研討**

◎參考書目：

夏曉鵑主編，《不要叫我外籍新娘》，台北：左岸，2005年。

龔宜君，《出路：台商在東南亞的社會形構》，中研院人文社會科學研
　　究中心—亞太區域研究專題中心出版，2005年。

國立暨南大學東南亞研究中心主編，《東南亞文化教學參考手冊》，
　　2006年。

謝國雄編著，《以身為度，如是我做》，台北：群學，2007年。

蕭瑞麟，《不用數字的研究》，台北：培生，2006年。

郭佩宜、王宏仁等編著，《田野的技藝》，台北：巨流，2006年。

二、學生作業與成績評量方式

一、請參與上課同學至少「認領」兩週閱讀材料，準備簡單的口頭心得
　　報告與問題提問，做為導讀。

二、在學期末時，請準備10-15分鐘之口頭報告自己的訪談狀況與訪談心
　　得。

三、並於本課程最後一週繳交6-10頁的書面訪談報告。期末書面報告
　　中，需有封面、大綱、本文、引註、參考文獻等。頁數約6-10頁，
　　最多不可超過15頁。每頁四周邊界2.54公分，行距一行半。字體為

12號新細明體。文中引用他人文獻或訪談等，請使用標楷體。

四、上課參與表現、課堂導讀、與期末口頭報告佔學期總成績50%。期末書面報告佔學期總成績50%。

附件三：學生回饋

一、台中地方法院外籍配偶離婚調解實況參訪與座談田野實習活動心得（節錄）

作者：中正法研所民商法組二年級 謝祥延

作業日期：2008年6月

(一) 大陸籍配偶之語言優勢？

本次參訪的兩件離婚調解案件中，兩位原告都是已歸化的大陸籍配偶，在司法資源的使用上，相較於其他外籍配偶，我認為語言占了一個很大的優勢，畢竟大陸配偶看得懂中文，在尋求法律途徑解決其婚姻相關問題上，比起母語不是中文的外籍配偶占了一些優勢，也較能清楚表達其訴求。

(二) 外籍配偶或大陸配偶一定是弱勢的一方？

在第二件調解案中，原告大陸籍配偶有聘請律師並且有法務助理陪同出席調解，在此可扭轉一般人對於這些新移民女性一定是弱勢一方的印象，過去對於新移民的論述多為同情的道德論述，透過課堂教授講述、文獻探討及實際參訪，可證明此一族群並非如此單一，因此，當我們不完全瞭解這一群人的時候，一味的給予同情與補助，可能無法徹底的解決問題。

(三) 傳統的父權思想無論在本國人的婚姻或跨國婚姻皆存在？

無論在第一案或第二案中，配偶在家務勞動的付出，對於先生來說似乎都是免費的、無償的、應該的，因此，第一案的先生不願接受調解的條件，認為他們婚後在大陸購買的房地產會要不回來；第二案的太太希望調解的條件改成每月給付一萬七千五百元的「工資」而不是「零用金」，我認為這種現象無論在本國人的婚姻中或跨國婚姻中皆會出現，並且在跨國婚姻中，外籍配偶或大陸配偶更是常

被冠上「騙錢」的汙名！因為家庭勞務有給制挑戰了這種家庭內的勞動是來自於愛，應該是免費的傳統想法。

二、修課學生回應與感想

作業日期：2008年6月

(一) 林詩婷：此次訪談經驗中，面對受訪者所敘述之內容，筆者深切感受到「察言觀色」之重要。言語是否反覆、答案是否矛盾、表情是否自若、訪談問題是否帶給受訪者壓力？當下所處的空間因素皆影響著受訪者所言之真切，面對受訪者所述事情之真假，筆者深感「每個訪談者心中自會有把辨別真偽的尺」，畢竟只有訪談者與受訪者真正面對面接觸，也只有訪談者能以感官去感知訪談當下影響敘事真假之各種因素，也因此，讓筆者體會到質性研究之所以異於要求精確之量化研究，差別點在於量化研究要求科學假設與論證；而質性研究著重每個個案之獨特與差異。個案訪談之珍貴在於訪談過程能透過訪談者之紀錄呈現，因此無論受訪者所言是真、是假，透過訪談者筆尖所記錄下來之內容，便是一種真實。

(二) 陳玟珍：不可諱言者，個人對於外籍或大陸配偶之想法，受到新聞媒體報導或是學者批評之影響：當婚姻移民問題佔據新聞報導版面之比例愈來愈多時，非法行為、弱勢家庭之觀點一一浮現；後從學者之批判，開始接受我國相關規定對於此些婚姻移民者是歧視、是監控。帶者這樣的觀點，進行訪談外籍配偶前之行前準備，如閱讀相關資料或係相關問題之方向設計。因此在「訪談前」對於外籍配偶或是大陸配偶之個人想法，受限於新聞媒體可能有所偏頗的報導，或是學者嚴厲的批判，以視為「理所當然」的現象，設計訪談大綱。

(三) 謝柏芝：有外配或陸配成員的家庭，通常都不是「僅僅因為娶了外籍或大陸配偶」就「變成」所謂的特殊、弱勢或問題家庭。許多潛在的高風險家庭，存在於社會的各個角落，某些問題，譬如社會地位低落、工作收入不穩定、情緒管理不佳、家人間衝突激烈、父權思想根深蒂固……等早已存在這些家庭中，但政府或社會都對之不聞不問。直到其中的部分家庭娶了外籍或大陸配偶後，因為上述原本就存在家庭內的問題，造成這些家庭危機處理能力較差、或是文

化包容力不足,以致於引爆眾所矚目的社會事件。這些社會事件之所以引人注目,並非因為它們在由土生土長台灣人所組成的家庭中很少見,而是因為這些家庭多了外配或陸配這個「(準)外國人」的因素,很有話題性,所以媒體喜歡大肆報導,某些國族主義優先的政客則會持這種新聞,做為倡議採取緊縮移民政策的佐證,久而久之,這些僅發生在「部分」外配或陸配家庭的社會事件,就變成一般民眾對「整體」外配/陸配家庭的印象,官方與部分學者,也逐漸習慣以「整體」外配/陸配家庭為研究探討的對象,而忘了事實上也存在不少羅氏夫妻這樣的家庭。

(四) 謝祥延:當初,筆者抱著交作業的心情和只有一點點的好奇心 去做了兩個「訪談」,訪問了兩位「大陸新娘」。這嚴格說起來應該不算是人類學中所稱的「田野工作」,因為我不但只訪談了兩位,而且都只個別訪問了短短的一至兩個鐘頭。然而無論如何,我還算是稍稍的踩進了田野的一小角,或者說是路過吧!雖然不是正式的田野工作,卻也帶給我排山倒海般的反省、思考與對話。雖然不一定解決了自己的疑問,但也許更能看清楚問題。把課堂上與老師和同學們的對話、自己和相關文章資料的對話與受訪者的對話結合之後,產生了更多對話。這也是我當初沒有料想到的收穫。田野工作不僅只是「工作」而已,它或多或少轉化了研究者對於知識以及對於自己的認識,也是自我成長的一個過程。

(五) 陳鵬一:外籍配偶的嫁入台灣,乃至於外籍移工的引進上,此種情形在台灣已十年餘,誠然,無論在外配子女教育的問題上,乃至於外籍移工的工作權上所存在的諸多限制,和保障上的不足,相關文獻理論上的漸次開展,均明確點出了可能遭遇的困境,然而,於訪談後,確實發現到一些新的面向的事物,每一個外籍配偶或是外籍移工的故事,聽她們娓娓道來,究竟該把這些視為一個特殊的案例,還是應該將之視作可以將理論更加細緻化的起點,『弱勢的外來者』所產生的社會問題應僅這個新移民議題中的一環,而非全貌。當欲為這些一般所謂的弱勢者於法律面、經濟面、乃至於社會上備受歧視而發聲時,仍應持續關注這十餘年來,這些人於融入台灣社會中時,於不斷的互動下,產生了什麼樣新的變動軌跡。

許碧純

一、導論

　　隨著全球化的發展，國與國之間的人力流動日益頻繁。以台灣而言，1990年代之後，越來越多的中國大陸及東南亞女性透過婚姻的方式移入台灣，即所謂「婚姻移民」。根據內政部入出國及移民署（2011）的統計資料顯示，截至2011年1月底，大陸籍配偶與外籍配偶的人數約45萬4千人，女性配偶人數約41萬5千人，其中，女性大陸籍配偶的人數約28萬人，女性外籍配偶的人數約13萬5千人。與2010年底原住民的總人口數51萬人相比，大陸籍與外籍配偶的人數持續增加，已成為台灣的第五大族群。

　　儘管婚姻移民女性已成為台灣主要族群之一，社會大眾對其之印象與瞭解，多數來自媒體的報導，其往往將婚姻移民女性與「假結婚真賣淫」、「婚姻買賣」、「撈夠了錢就會跑」、「非法打工」等負面印象連結在一起（宋麗玉，2001）；或者認為這群婚姻移民女性來自經濟、文化落後的國家，因此，對其產生歧視或偏見。由此可見，缺乏多元文化的素養是阻礙台灣當前社會大眾接納婚姻移民女性的主要原因，有鑑於此，如何協助社會大眾發展多元文化觀實為不容忽視的議題。透過筆者所開設之大學部「社會問題與適應」的通識課程，本章主要探討大學生多元文化觀的學習成長與改變，首先從多元文化的觀點分析大學生選修通識課程前後，對於婚姻移民女性的態度之變化狀況，其次探討不同性別、年齡、與族群的學生，面對婚姻移民女性之態度是否有差異？最後討論不同教學方法對大學生學習婚姻移民文化之影響與成效。

二、文獻回顧

（一）多元文化

　　何謂多元文化？「多元」（multi）意謂「多樣」，「文化」（culture）有

許多的定義，其可以被界定為一個社會團體的生活方式，或整體的人為環境。文化通常包含物質與非物質文化，物質文化包含建築物、藝術、工具、玩具、出版品及其他有形體的物品；非物質文化主要是一群人所共同擁有的規範、法令、習俗、想法和信仰，研究上主要著重於非物質的文化，即文化的象徵性。另外，Andersen & Taylor（2009: 52）將文化定義為「界定某特定團體或社會生活方式之複雜意義與行為系統，其包含信仰、價值觀、知識、藝術、道德、法令、習俗、習慣、語言與穿著。」整體而言，文化具有幾個特點，首先，其代表人們的共同生活方式及信念，再者，其必須透過學習而得，社會的成員通常很少質疑自己的文化，且將其視為一種所當然的存在，同時，文化也賦予事物意義及象徵性，最後，每個社會與環境的文化有所差異（Andersen & Taylor, 2009）。

由於文化因社會及環境有所差異，其兼具複雜、多元及動態的特質，因此，具備多元文化的觀點已成為不容忽視的議題，所謂「多元文化論」（multiculturalism）是不以單一團體的觀點，但以社會多元組成份子的不同觀點與經驗為基礎來思考事情（Andersen & Taylor, 2009）。「族群中心主義」（ethnocentrism）與多元文化論的觀點相對立，其意謂只從自己團體的觀點來看待其他團體，並且認為自己的團體較其他團體優越。然而，社會裡面不同種族、族群、階級、性別及年齡等群體，各有其文化的表現形式，如果只從族群中心主義的單一觀點來理解文化，將扭曲不同群體的多元文化經驗，因此，多元文化教育就是為了避免族群中心主義的弊病。

（二）多元文化教育與大學生之多元文化觀

回顧國內外的研究可發現，大學生的多元文化觀受到眾多因素的影響，包含：個人的背景因素、學生所選修的多元文化教育課程、學校的組織環境是否具有多元文化包容力，以及社會的影響因素（Astin, 1993b; Chickering & Reisser, 1993; Whitt et al., 2001）。換言之，大學生的多元文化觀受到個人層面、互動關係層面及組織層面等多重因素的影響。本章的主要目的為探討大學生多元文化觀的學習與改變，以及影響其多元文化觀的因素，儘管影響其多元文化觀的因素眾多，本章主要著重於探討個人背景因素與選修課程的影響，以下即分析國內外的相關研究結果。

國外的研究指出，大學生的個人背景因素明顯影響其多元文化觀，而個

人的背景因素主要包含性別、年齡、族群等因素。首先，性別顯著的影響美國大學生的多元文化觀，進一步的研究結果顯示女性比男性大學生更能以開放及包容的態度面對多元文化（Astin, 1993b, 1998; Levine & Cureton, 1998a; Springer et al., 1996; Whitt et al., 2001），儘管多數研究指出男女的多元文化觀之顯著差異，Pascarella與其同事（1996）的研究卻顯示兩者並無顯著差異。其次，年齡也是影響美國大學生多元文化觀的重要因素，研究發現高年級的大學生比低年級的大學生更具有開放且包容的多元文化觀（Arnold et al., 1993; Graham 1998; Kuh 1993b; Whitt et al., 2001）。同時，Pascarella與其同事（1996）的研究亦發現美國高年級大學生比低年級大學生較無「威權主義的」（authoritarian）及族群中心主義的傾向。再者，美國的研究顯示大學生個人的族群背景會影響其多元文化觀，有色人種的大學生比白種人大學生更能接納多元文化，並以開放態度面對多元文化（Pascarella et al., 1996；Whitt et al., 2001）。另外，諸多的研究顯示，美國大學的多元文化教育與大學生的多元文化觀有因果關係，在此，多元文化教育主要指學生所選修的相關課程學分數，以及投入該課程的時間。換言之，選修多元文化課程有助於大學生對多元文化的瞭解，並發展開放及包容的態度（Astin, 1993a; Pascarella et al., 1996；Rich, 1976, 1977; Whitt et al., 2001）。

　　有關台灣大學生多元文化觀的研究，鍾鳳嬌（2009）的研究主要探討大學生多元文化觀的成長與變化，在其開設的大學部通識課程，經由分析學生在網路互動平台上對種族、性別與東南亞文化議題的討論，其發現選修該課程之後，學生會主動關懷新移民女性與多元文化議題，並且進一步展現關懷與尊重，且身體力行到實踐的層面。另外，何青蓉（2004）的研究採取批判性識字與社會文化識字取向的教育觀點，經由閱讀生活常出現的文本、課堂的對話討論，以及課後的自由寫作與日誌書寫，希望協助學習者發展批判反思能力與多元文化觀點。

　　綜合以上的討論，針對美國大學生的研究顯示學生的多元文化觀受到諸多因素的影響，而這些因素與台灣大學生的多元文化觀之關係如何？有關台灣大學生的多元文化教育與其多元文化觀之量化研究相對有限，因此，本章的主要目的除了探討台灣大學生的多元文化觀之狀況，同時亦分析個人的背景因素及多元化教育與台灣大學生的多元文化觀之關係。

三、課程設計

此課程為大學部的通識課程，選修此課程的學生來自全校各個不同學院，課程主要從多元文化的觀點帶領學生認識婚姻移民文化，並培養其對多元文化的尊重與瞭解，以下即說明課程的設計與實施情形。

（一）課程參與對象

選修此通識課程的學生共有69位，男性有25位（36%）；女性有44位（64%）。在修課的學生當中，二年級學生有18人（26%）；三年級學生有42人（61%）；四年級學生有9人（13%）。學生所屬的學院以商學院最多，有23位（33.3%）；其次為理學院，有18位（26.1%）；再者為教育學院，有6位（8.7%）；文學、藝術及新聞暨傳播學院皆有4位（各佔5.8%）；工、農及外國語文學院各有3位（各佔4.3%）；環境設計學院有1位（1.4%）。

（二）課程設計：課程內容、教學策略

1. 課程內容

本課程主要目標為培養學生對於多元文化的瞭解，並學習尊重不同文化的價值。為達成此目標，課程的內容設計包含三部分：婚姻移民原生文化的介紹、婚姻移民在台灣遭遇的社會文化適應問題、現有的相關政策如何回應婚姻移民的需求。

課程首先在於吸引學生對於婚姻移民文化的注意力，因此，課程的開始先播放與婚姻移民原生文化相關的影片以及媒體報導，引領學生認識婚姻移民文化，並設計課堂上的小組討論，瞭解學生看到什麼？對什麼問題感興趣？還有什麼問題有待釐清？在學生對婚姻移民之原生文化具備初步印象之後，課程進一步帶領學生瞭解婚姻移民女性移入台灣之後所遭遇的種種社會文化適應的問題，包含移民政策、語言、文化適應、工作權、兒童教養、家庭照顧、家庭暴力、離婚、監護權等。最後，在公民權的理論基礎上，針對婚姻移民所面臨的種種社會與文化適應問題，進一步思考國家的相關政策如何回應其需求。

2. 教學方法

為培養學生的多元文化觀，並學習尊重婚姻移民文化，本課程採用多元的教學方式。

(1) 課堂講授：由教師講授多元文化的概念，介紹婚姻移民的原生文化，

並探討婚姻移民在台灣社會遭遇的種種社會文化適應問題，最後探討
國家的政策如何回應婚姻移民的需求。

(2) 專題演講：邀請與課程相關的專家、學者、實務界工作者演講。

(3) 婚姻移民女性現身說法：邀請婚姻移民女性及其配偶分享其在台灣生
活適應的種種經驗及心情。

(4) 媒體教學：運用與婚姻移民相關的影片、新聞報導及網站資料，吸引
學生對婚姻移民文化及相關問題的注意力，並引導學生思考婚姻移民
的相關問題。

(5) 期末小組報告：所有修課同學必須分成小組，選一個與婚姻移民社會
文化相關的議題，在學期末的時候以行動劇、廣播劇、動畫或布袋戲
等等動態方式呈現。

四、研究方法

（一）資料來源

　　本章所使用的資料來自於選修此門通識課程的學生所填答之問卷，問卷分
為兩種，一為開放式問卷，一為封閉試問卷。課程一開始，研究者先發放開放
式問卷讓學生填寫，主要藉由開放式問題，讓學生根據問題自由描述其對婚姻
移民女性的印象。另外，課程進行至最後一週，再次發放問卷，問卷包含兩種
形式，開放式問卷及封閉試問卷，開放式問卷測量的問題與課程一開始發放的
問卷一樣，而封閉試問卷則是由研究者設計問卷題目，讓學生填答。

　　問卷的施測對象為研究者任教之大學選修「社會問題與適應」通識課程的
學生。以抽樣方法而言，本章的樣本來自立意抽樣，並無法推論至母群體，然
而，由於選修該課程的學生涵蓋不同性別、族群、年級與學院，且18歲以前居
住之地區分布於台灣各縣市，因此，儘管樣本並非來自隨機抽樣，其所呈現之
資料結果仍有意義。

（二）變項說明

1. 封閉式問題

　　本研究調查的問題包含封閉式與開放式問題，封閉式問題主要包含：樣本
的基本資料、對婚姻移民女性的態度、對課堂上不同教學法的看法。樣本的基

本資料包含：性別、年級、族群、學院、18歲之前居住的地區等變項。

本研究之焦點在於分析大學生的多元文化觀，在此，多元文化觀主要指的是受測學生對婚姻移民女性的態度是偏向開放或是保守，為測量受試者之態度，研究者回顧相關研究文獻，並整理大眾媒體對婚姻移民女性的報導，設計十個問題以測量大學生對婚姻移民女性之態度（詳見表3-3-1）。回答的選項有四個等級，1.代表非常不同意，2.代表不同意，3.代表同意，4.代表非常同意。另外，為幫助學生學習多元文化之觀念，此課程採用多元的教學方法，為瞭解不同教學方法對該課程學生吸收多元文化觀之影響，另一個分析的變項為教學方法，總共包含：播放電影、小短片、專家學者之演講、婚姻移民女性經驗分享、小組表演及報告、教師課堂講授等六種教學方法，詳見表3-3-2。測量問題的問法都類似，以播放電影為例，問題為：「課堂上播放有關新移民的電影，有助於我對新移民的瞭解」，回答的選項有四個等級，1.代表非常不同意，2.代表不同意，3.代表同意，4.代表非常同意。

表3-3-1 對婚姻移民印象之描述統計

題　目	平均數	標準差	N
新移民來台灣之後，都是「假結婚，真賣淫」。	1.98	0.408	55
新移民女性來到台灣，除了瞭解及學習台灣文化，我們也應該尊重並包容他們的母國文化。	3.35	0.637	55
新移民女性的平均生育率比台灣女性高。	2.80	0.487	55
新移民女性普遍來自較為貧困的家庭，因此嫁到台灣之後，常常要寄錢回母國的娘家。	3.11	0.416	55
新移民女性既然已經嫁給台灣男性，就是台灣的一份子，不應再分「外籍」或「本國」。	3.04	0.607	55
新移民女性與台灣男性的婚姻往往是買賣婚姻，沒有感情基礎。	2.49	0.767	55
新移民女性來自文化較為落後的地區，缺乏文化素養，讓人擔心會造成台灣人口素質下降。	2.25	0.645	55
新移民女性在台灣屬於少數族群，政府應如同保障其他少數族群（如原住民）一樣，立法保障其權益。	3.05	0.558	55
新移民女性所生的子女，發展遲緩和身心障礙的比例比一般台灣女性所生的子女高。	1.89	0.533	55
相較於台灣女性，新移民女性較不重視小孩子的教育。	2.07	0.604	55

表3-3-2　課堂上不同教學法之描述統計

題　目	平均數	標準差	N
課堂上播放有關新移民的電影，有助於我對新移民的瞭解。	3.35	0.480	55
課堂上隨堂穿插的小短片，有助於我對新移民的瞭解。	3.29	0.497	55
邀請從事新移民服務的專業人士到課堂上演講，有助於我對新移民的瞭解。	3.27	0.525	55
邀請新移民到課堂上經驗分享，有助於我對新移民的瞭解。	3.45	0.899	55
課堂上小組的分組表演及報告，有助於我對新移民的瞭解。	3.18	0.945	55
老師每一週在課堂上講解的內容，有助於我對新移民的瞭解。	3.22	0.498	55

2. 開放式問題

　　為瞭解修課學生對婚姻移民女性的想法，除了封閉式問題以外，本研究同時以開放式問題測量學生對婚姻移民態度的變化情況，開放式的問題為：「請用兩個名詞或形容詞描述你對婚姻移民（或新移民）女性的印象？」由學生根據其對婚姻移民女性的印象及想法自由填答。開放式問題的分析，由研究者邀請另外兩位學者，三人共同討論，並將答案分類成生理特徵、穿著打扮、行為舉止、工作、飲食、語言、性格態度、文化、處境、刻板印象及其他共十一個類別，在各個類別下再區分正面、負面、中性等三個面向。

五、資料分析

（一）基本統計資料分析

　　參與此問卷調查的學生共有55位，平均年齡為20.58歲。其中男性20位（36%）；女性35位（64%）。在受測的學生當中，商學院18位最多，佔33%；理學院16位其次，佔29%；教育學院有5位第三，佔9%；文、藝術、工與外國語學院皆有4位，分別佔5.5%；農學院與新聞暨傳播學院各有2位，分別佔約4%。在受測的學生當中，二年級有12人（22%）；三年級有36人（66%）；四年級有6人（約11%）；其他有1人（約2%）。受測學生的居住地區而言，居住於北部地區的人數最多，有42人，佔總修課人數的76%；居住於南部地區的有7人其次，佔13%；居住於中部地區的有3人，佔5%；居住於

外國的有2人[1]，約佔4%；居住於東部地區的有1人，約佔2%。受測學生的族群分布狀況，本省閩南人最多，有41人（75%）；本省客家人有8人（15%）其次；大陸各省市有3人（6%）；其他有2人（4%）。

（二）對婚姻移民女性印象與態度之分析

本章分析的資料來自於課程開始及結束之前，選修該課程學生所填答的封閉式與開放式問卷，主要的分析內容著重於探討修課前後，學生對婚姻移民女性印象之變化狀況，因此，研究者首先將先分析修課前後，學生所填寫的開放式問卷當中有關於婚姻移民女性印象之描述，接著再分析封閉式問卷當中有關婚姻移民女性的態度之相關問題。

1. 開放式問卷之分析結果

開放式的問卷共施測兩次，一次在學期剛開始上課時，一次在學期結束前最後一次上課，因此，可由兩次的施測結果比較選修該通識課程前後，學生對婚姻移民女性的印象之變化情況。根據學生填寫的答案，本研究歸納出十一個對婚姻移民女性印象之類別，包含：生理特徵、穿著打扮、行為舉止、工作、飲食、語言、性格態度、文化、處境、刻板印象及其他，然後在各個類別之下再區分正面、中性、負面等三個不同面向的印象。

就學期初所進行的開放式問卷而言，當問及學生對婚姻移民女性的主要印象時，研究的結果顯示，在十一個主要的類別當中，出現最多的前四名依序為：刻板印象（17個）、文化（15個）、語言（10個）、性格態度（8個），詳參表3-3-3。首先，學期初時，學生描述最多的是對婚姻移民女性的「刻板印象」，且主要是負面印象，最常出現的形容詞或名詞有：外籍新娘、大陸新娘、越南新娘、印尼新娘、吵雜的、不乾淨的、落後、來騙錢的等。其次，學生對婚姻移民的印象當中，有關「文化」的描述占第二位，此類描述主要都是中性的印象，例如：文化不同、外來的、特別的、陌生的。對婚姻移民女性的描述當中，有關「語言」的描述占第三，且此類描述主要以中性居多，例如：語言不同、說話特別。對婚姻移民的印象當中，有關「性格態度」的描述占第四，正向與負向的印象皆有，正向的印象包含：開放的、樂觀的、可愛的、熱情的等；負向的印象則有：愛計較的、聒噪的等。

---

[1]　分別為香港及馬來西亞的僑生。

　　接著，在學期末最後一堂課以同樣的開放式問卷對選修此通識課程的學生再次施測，問題仍是請學生以名詞或形容詞描述其對婚姻移民女性的印象。研究的結果發現在十一個對婚姻移民女性印象的類別當中，出現最多的前四名依序為：性格態度（63個）、處境（45個）、刻板印象（23個）、文化（13個），詳見表3-3-3。首先，學期末時，學生描述有關婚姻移民女性的「性格態度」占最多，主要的描述都是正向的，少部分為中性描述，值得注意的是，所有的回答當中，並未出現對婚姻移民女性性格態度的負面描述，最常出現的正向描述有：認真的、努力的、勇敢的、堅強的、熱情的、勤儉的、孝順的、刻苦的、單純的等；中性的描述則有獨特的、認份的。其次，學期末時，學生對婚姻移民女性的印象，描述其「處境」亦不少，且以中性的描述最多，主要的描述有：辛苦的、無助的、貧困的、弱勢的、可憐的、孤立的等。另外對婚姻移民女性的描述，「刻板印象」的部分占第三，且負面與中性印象各約一半，負面描述常見的有：聒噪、怪怪的、落後的、假結婚、外籍新娘等；中性描述主要有：女性、媽媽、賺錢、努力賺錢過生活等。有關「文化」的描述占第四，且全部為中性的描述，例如：文化融合、文化差異、陌生、神秘等。

　　綜合以上開放式問卷的結果顯示，在選修該通識課程前後，學生對婚姻移民女性的印象有明顯的差異。首先，主要的差異為關注的面向有明顯的變化，學期初時，當問到學生對婚姻移民女性的主要印象時，研究的結果顯示多數的學生停留在對婚姻移民女性的刻板印象、文化、語言等面向的描述，呈現強烈的族群中心主義的色彩，因此，多數的描述為強調婚姻移民女性與台灣社會的差異，並且明顯貶低婚姻移民女性及其原生文化。然而，學期末的問卷結果則產生明顯的變化，由學期初著重婚姻移民女性的刻板印象、文化差異、語言等面向，轉為強調婚姻移民女性的性格態度，並理解其在台灣的處境，儘管對婚姻移民女性仍保有刻板印象，但此面向的描述已大幅降低。此明顯的轉變或許無法完全歸因於該課程的影響，但至少可以說明學生在選修該課程之後，對婚姻移民女性的瞭解由表面的刻板印象逐漸轉變為較深入的瞭解。其次，在十一個對婚姻移民女性印象的類別當中，藉由分析前四名的類別之變化，亦可看出選課前後學生對婚姻移民女性認知的轉變。以「性格態度」而言，學期初時，正、負面描述各占一半，到了學期末則全部都是正向及中性的描述，在學生對婚姻民女性的印象當中，此一轉變最為明顯。另外，學期初時，問卷分析的結果顯示學生很少關注新移民女性在台灣社會的「處境」，但修完該通識課程之

後，期末的結果顯示此面向的描述大幅增加，且主要著重於中性的描述，負面的評價相當有限。同時，學期初時，大多數的學生對婚姻移民女性皆抱有負面的「刻板印象」，但到了學期末時，正負面的印象皆有，負面的刻板印象有減少的趨勢。最後，在「文化」面向的描述，修課前後的改變則不明顯。

　　簡言之，開放式問卷結果顯示，選修該通識課程之後，大學生對婚姻移民女性認識之深度有增加的趨勢。同時，選修該課程之後，其對婚姻移民的印象雖然沒有完全轉為正向的評價，但中性的描述大幅增加，且負向的描述明顯減少。因此，從修課前後的分析結果可知，選修該通識課程之後，大學生對婚姻移民女性的理解與認識的確產生明顯的變化，從負向的印象逐漸轉為中性或正向印象，對其文化與在台灣社會的處境，也多了理解與同理心。至於造成這種變化的原因，可能包含諸多面向，此問題雖不在本章的研究範圍，但至少顯示，選修多元文化的相關課程可能是培養大學生具備多元文化觀的重要影響因素之一，此研究結果支持Astin（1993a）、Pascarella與其同事（1996）、Whitt與其同事（2001）與鍾麗嬌（2009）的研究結論。

表3-3-3　選修課程前後，學生描述對婚姻移民印象次數分配之比較

類別	總次數	正向次數	中性次數	負向次數	總次數	正向次數	中性次數	負向次數
	學期初				學期末			
生理特徵	5	0	3	2	10	0	5	5
穿著打扮	2	0	1	1	3	1	0	2
行為舉止	0	0	0	0	2	1	0	1
工作	3	0	3	0	8	0	8	0
飲食	1	0	1	0	1	1	0	0
語言	10	0	7	3	8	0	6	2
性格態度	8	4	0	4	63	59	4	0
文化	15	1	14	0	13	0	13	0
處境	4	0	4	0	45	1	38	6
刻板印象	17	0	3	14	23	0	11	13
其他	7		*		14		*	

*被歸納到其他的，因難以進行分類，故不再區分正向、中性或負向描述。

2. 封閉式問卷之分析結果

　　測量學生對婚姻移民女性的態度之問題共有十題（參表3-3-4）。首先，當問及對婚姻移民女性是「假結婚、真賣淫」的看法時，在受測的學生當中，有高達93%的學生不同意或非常不同意此說法。其次，對於「新移民女性來自文化較為落後的地區，缺乏文化素養，讓人擔心會造成台灣人口素質下降」的描述，有約71%的學生表示不同意或非常不同意此說法，僅有不到30%的學生表示同意。再者，有關對「新移民女性所生的子女，發展遲緩和身心障礙的比例比一般台灣女性所生的子女高」的看法時，高達91%的受測學表示不同意或非常不同意。詢問學生對於「相較於台灣女性，新移民女性較不重視小孩子的教育」之看法時，有約八成的學生表示不同意或非常不同意。最後，當問及「新移民女性的平均生育率比台灣女性高」時，約76%的學生表示同意或非常同意，同時，有約55%的學生同意或非常同意「新移民女性與台灣男性的婚姻往往是買賣婚姻」。由以上修課學生對婚姻移民女性態度之次數分配可知，在修完該課程之後，儘管在「生育率較高」、「買賣婚姻」的問題上，學生仍持有刻板印象，整體而言，大多數的學生傾向於以開放及接納態度面對婚姻移民女性。

　　除了從刻板印象測量學生對婚姻移民女性的態度以外，本章同時從保障婚姻移民女性的權利來測量學生對保障少數族群的權利之看法（參表3-3-4）。首先，當問及「新移民女性來到台灣，除了瞭解及學習台灣文化，我們也應該尊重並包容他們的母國文化」，有高達96%的學生表示同意或非常同意。同時，約84%的學生認為新移民女性既然已經嫁給台灣男性，就是台灣的一份子，不應再分「外籍」或「本國」。最後，約87%的學生同意或非常同意「新移民女性在台灣屬於少數族群，政府應如同保障其他少數族群（如原住民）一樣，立法保障其權益」。由以上次數分配的統計可知，大多數的學生對於保障婚姻移民女性之權益，皆抱持開放及接納的態度。

表3-3-4　大學生對婚姻移民女性態度之百分比分配

題　目	非常不同意	不同意	同意	非常同意	總計（N）
新移民來台灣之後，都是「假結婚，真賣淫」。	9.1	83.6	7.3	0	100 (55)
新移民女性來到台灣，除了瞭解及學習台灣文化，我們也應該尊重並包容他們的母國文化。	3.6	0	54.5	41.8	100 (55)
新移民女性的平均生育率比台灣女性高。	0	23.6	72.7	3.6	100 (55)
新移民女性普遍來自較為貧困的家庭，因此嫁到台灣之後，常常要寄錢回母國的娘家。	0	3.6	81.8	14.5	100 (55)
新移民女性既然已經嫁給台灣男性，就是台灣的一份子，不應再分「外籍」或「本國」。	0	16.4	63.6	20.0	100 (55)
新移民女性與台灣男性的婚姻往往是買賣婚姻，沒有感情基礎。	10.9	34.5	49.1	5.5	100 (55)
新移民女性來自文化較為落後的地區，缺乏文化素養，讓人擔心會造成台灣人口素質下降。	7.3	63.6	25.5	3.6	100 (55)
新移民女性在台灣屬於少數族群，政府應如同保障其他少數族群（如原住民）一樣，立法保障其權益。	0	12.7	69.1	18.2	100 (55)
新移民女性所生的子女，發展遲緩和身心障礙的比例比一般台灣女性所生的子女高。	20.0	70.9	9.1	0	100 (55)
相較於台灣女性，新移民女性較不重視小孩子的教育。	14.5	63.6	21.8	0	100 (55)

（三）大學生個人背景因素與其多元文化觀

　　在本章當中所測量的大學生的個人背景因素主要包含性別、年級與族群，多元文化觀則是由十題對婚姻移民女性的態度之問題組成，運用平均數差異性檢定及變異數分析，本章分析不同性別、年級與族群的台灣大學生，其多元文化觀是否有差異？

　　首先，平均數的差異性檢定結果顯示，在十題對婚姻移民女性的態度問題當中，僅有三題男女有所差異，換句話說，男女大學生對婚姻移民女性的態度與想法大致上並無差異，僅有在少部分問題有差異，分別為：「新移民女性既然已經嫁給台灣男性，就是台灣的一份子，不應再分外籍或本國」、「新移民女性與台灣男性的婚姻往往是買賣婚姻，沒有感情基礎」、「新移民女性在台灣屬於少數族群，政府應如同保障其他少數族群（如原住民）一樣，立法保障

其權益」。在「新移民女性既然已經嫁給台灣男性，就是台灣的一份子，不應再分外籍或本國」的問題，平均數差異檢定結果顯示男性大學生顯著的比女性大學生的態度更為開放（t=2.554, P<0.05）。同時，在「新移民女性在台灣屬於少數族群，政府應如同保障其他少數族群（如原住民）一樣，立法保障其權益」的問題，統計結果亦顯示男性大學生顯著的比女性大學生的態度更為開放（t=2.017, P<0.05）。但在「新移民女性與台灣男性的婚姻往往是買賣婚姻，沒有感情基礎」的問題上，女性大學生則比男性大學生顯著的開放（t=2.353, P<0.05）。根據Astin（1993b, 1998）、Levine與Cureton（1998a）、Springer與其同事（1995）與 Whitt與其同事（2001）的對美國大學生的研究結果，女性大學生比男性大學生對多元文化抱持更為開放及包容的態度，本章的研究結果與其結論差異極大。

其次，統計的結果顯示，不同年級大學生的多元文化觀並無明顯差異，在十題對婚姻移民女性的態度問題當中，不同年級大學生僅有一題有顯著差異，在「新移民女性來自文化較為落後的地區，缺乏文化素養，讓人擔心會造成台灣人口素質下降」的問題上，高年級大學生比低年級大學生顯得更為開放。此研究結果並未支持Arnold與其同事（1993）、Graham（1998）、Kuh（1993b）、Whitt與其同事（2001）針對美國大學生的研究結論。最後，統計的結果亦顯示，台灣不同族群的大學生對婚姻移民女性的態度並無顯著差異，此研究結果亦未支持Pascarella與其同事（1996）及Whitt（2001）的研究結論。

簡言之，與先前針對美國大學生多元文化觀的研究相較，本章的研究結果大體上並不支持先前的研究結論。究其原因，除了本研究之樣本非來自隨機抽樣，且樣本數有限以外，另外，由於東西方社會的文化差異，在美國社會所得到的研究結果是否可推論至台灣社會，亦有待進一步的研究。

（四）不同教學法對大學生學習多元文化觀之影響

為啟發學生對多元文化的關注，本課程採用多元教學法，主要的教學方法包含：播放電影、小短片、專家學者之演講、婚姻移民女性經驗分享、小組表演及報告、教師課堂講授等六種。從各種教學法對於學生吸收多元文化的成效而言（參表3-3-5），次數分配的結果顯示「課堂上播放電影」最有助於學生瞭解婚姻移民，其中，34.5%的學生非常同意及65.5%的學生同意此教學法

有助於其對婚姻移民的瞭解。其次則是「邀請婚姻移民女性」至課堂上經驗分享，有34.5%的學生非常同意及63.6%同意此教學法之成效。第三則為課堂上補充的小短片，30.9%的學生非常同意，及67.3%的學生同意此教學法對其瞭解婚姻移民女性之幫助。然而，如果就六種教學法，請學生依序選出三種最有助於其瞭解婚姻移民的教學法，邀請婚姻移民女性至課堂上經驗分享被認為是最有助於學生認識婚姻移民文化，其次則為播放與婚姻移民相關的電影，第三為邀請專業人士至課堂上演講。綜合以上的統計結果可知，儘管次數分配及排序題的結果稍有不同，邀請婚姻移民女性至課堂上經驗分享及播放婚姻移民相關的影片是兩種最有助於學生瞭解多元文化及婚姻移民議題的教學方式，再者為邀請專業人士演講與課堂上依課程需要播放補充的小短片。至於教師課堂上的教學與小組的報告儘管並非最有成效的教學法，但仍有高達90%以上的學生同意或非常同意此兩種教學法對其學習多元文化之幫助。

表3-3-5　不同教學方法成效之百分比分配

題　目	非常 不同意	不同意	同意	非常 同意	總計 （N）
課堂上播放有關新移民的電影，有助於我對新移民的瞭解。	0	0	65.5	34.5	100 (55)
課堂上隨堂穿插的小短片，有助於我對新移民的瞭解。	0	1.8	67.3	30.9	100 (55)
邀請從事新移民服務的專業人士到課堂上演講，有助於我對新移民的瞭解。	0	3.6	65.5	30.9	100 (55)
邀請新移民到課堂上經驗分享，有助於我對新移民的瞭解。	0	0	63.6	34.5	100 (55)
課堂上小組的分組表演及報告，有助於我對新移民的瞭解。	0	9.1	72.7	16.4	100 (55)
老師每一週在課堂上講解的內容，有助於我對新移民的瞭解。	0	3.6	70.9	25.5	100 (55)

六、結論

　　藉由大學部的「社會問題與適應」之通識課程，本章主要探討大學生多元文化觀的學習與改變，個人背景因素的差異是否影響其多元文化觀，及不同教

學法影響大學生學習多元文化觀之成效。在此，多元文化觀的測量方式主要是透過檢驗大學生對婚姻移民女性的態度而得，資料則來自學期初與學期末對選修該課程的學生所發放的問卷，最後進行統計分析。

　　首先，大學生對婚姻移民女性的態度之學習與變化的部分，從開放式問卷的結果可知，選修該通識課程前後，大學生對婚姻移民女性的理解與認識產生明顯的變化。學期初時，修課學生對婚姻移民女性的認識主要著重於刻板印象的描述，到學期末時逐漸轉為強調其性格態度，並理解其在台灣社會的處境。同時，學生對婚姻移民女性的描述也由學期初的負面印象，轉為學期末的中性及正向的描述。另外，封閉式問卷的結果亦顯示，大多數修課的學生以開放及接納的態度面對婚姻移民女性的議題。

　　其次，研究的結果顯示該修課學生的個人背景變項與其面對婚姻移民女性的態度並無顯著的關係。本章測量的三個個人背景變項包含：性別、年級及族群，統計結果顯示，十個測量對婚姻移民女性態度的問題當中，僅有三個問題男女產生顯著差異。至於不同年級對婚姻移民女性的態度僅在其中一個問題上有差異，其他亦無顯著差異。最後，研究結果顯示不同族群的學生，對婚姻移民女性的態度並無任何顯著差異。以上的研究結果大體上並未支持先前針對美國大學生的研究結論，究其原因主要是本研究的受測對象並非隨機抽樣，且樣本數有限，加上先前研究主要以美國大學生為研究對象，不同社會的文化差異或者可能影響大學生的多元文化觀，此有待後續進一步研究。

　　本章的另一個研究主題為探討不同教學法對大學生學習多元文化觀之影響，本研究採用六種教學法，包含：播放電影、小短片、專家學者之演講、婚姻移民女性經驗分享、小組表演及報告、教師課堂講授。研究的結果顯示，學生認為婚姻移民女性的經驗分享，與播放婚姻移民放相關的影片最有助於其認識並理解婚姻移民女性的議題。

　　綜合以上的結果，本章的研究對象為選修該通識課程的學生，由於樣本數有限，且非隨機抽樣之樣本，因此得到的研究結果與先前的研究結論有所差異，有鑑於此，未來有關大學生多元文化觀之研究，宜採取隨機抽樣，並針對全台灣大學生抽取具代表性之樣本，以瞭解台灣大學生多元文化觀之全貌。另外，影響大學生多元文化觀的因素眾多，除了個人的背景因素與選修多元文化教育課程，還包含學校的組織環境是否尊重多元文化，以及個人與不同文化背景的人之互動經驗，這些因素交互影響，形塑大學生的多元文化觀（Hurtado,

1992; Pascarella & Terenzini, 1991; Terenzini et al., 1996），因此，除了個人的背景因素影響大學生的多元文化觀以外，個人與不同族群的互動經驗，以及組織的環境皆為重要的影響因素，未來的研究可以針對這些相關因素進一步探討。

參考書目

行政院內政部入出國及移民署，2011，外籍配偶人數與大陸（含港澳）配偶人數，http://www.immigration.gov.tw/public/Attachment/152517423046.xls，取用日期：年2011年4月15日。

何青蓉，2004，〈閱讀、對話、書寫與文化理解：一個多元文化教育方案的實踐經驗〉。《高雄師大學報》17：1-20。

陳麗玉，2001，《來自東南亞的新娘——一個後殖民女性主義觀點的深度報導》。台北：國立台灣大學新聞研究所碩士論文。

鍾鳳嬌，2009，〈遊走於東南亞文化—大學生多元文化觀的詮釋與改變〉。《教育與社會研究》18：33-70。

Margaret L. Andersen and Howard F. Taylor著，齊力審閱，林冷等譯，2009，《社會學》。台北：雙葉。

Arnold, J., G. D. Kuh, N. Vesper, & J.H. Schuh, 1993, "Student Age and Enrollment Status as Determinants of Learning and Personal Development at Metropolitan Institutions."*Journal of College Student Development* 34:11-16.

Astin, A., 1993b, *What Matters in College: Four Critical Years Revisited*. San Francisco: Jossey - Bass.

Astin, A., 1998, "The Changing American College Students: Thirty - Year Trends, 1966-1996." *Review of Higher Education* 21:115-136.

Chickering, A.W., & L. Reisser, 1993, *Education and Identity* (2nd ed.). San Francisco:Jossey - Bass.

Hurtado, S., 1992, "The Campus Racial Climate: Contexts of Conflict." *Journal of Higher Education* 63: 539-569.

Kuh, G.D. 1993b, "In Their Own Words: What Students Learn outside the Classroom." *American Educational Research Journal* 30:277-304.

Levine, A., & J.S. Cureton, 1998a, *What Hope and Fear Collide*. San Francisco:

Jossey - Bass.

Pascarella, E.T., & P.T. Terenzini, 1991, *How College Affects Students*. San Francisco: Jossey-Bass.

Pascarella, E.T., M. Edison, A. Nora, L.S. Hagedorn, P.T. Terezini, 1996, "Influence on Students' Openness to Diversity and Challenge in the First Year of College." *The Journal of Higher Education* 67(2):174-195.

Rich, H., 1976, "The Effect of College on Political Awareness and Knowledge." *Youth and Society* 8:67-80.

Rich, H., 1977, "The Liberalizing Influence of College: Some New Evidence." *Adolescence* 12:199-211.

Springer, L., B. Palmer, P.T. Terenzini, E.T. Pascarella & A. Nora, 1996, "Attitudes toward Campus Diversity: Participation in a Racial or Cultural Workshop."*Review of Higher Education* 20:53-68.

Terenzini, P.T., E.T. Pascarella & G.S. Blimling, 1996, "Students'Out - of - Class Experiences and Their Influence on Cognitive Development: A Literature Review." *Journal of College Student Development* 37:149-162.

Whitt, E.J., M.I. Edison, E.T. Pascarella, P.T. Terenzini, & A. Nora, 2001, "Influence on Student's Openness to Diversity and Challenge in the Second and Third Years of College." *The Journal of Higher Education* 72(2):172-204.

朱柔若

一、跨國移民的女性化

　　全球化加速全球人口的跨國流動，致使為了工作、婚姻、與家庭的因素而涉足國際遷徙的人數也隨之增加。傳統以來父權制度為主導的社會結構，留在跨國遷徙上的印記，就是以男性為中心的跨國遷徙。先進國家接受的移民主要申請人仍一再複製這項偏好男性的角色分工。的確，1970年代以前的跨國移民研究，女性是不存在的、不被注意的。那個時期跨國移民研究的性別迷思，主要源自於主流理論強化男性優越地位的模型，女性主要的角色是無薪的照顧者，女性移民是男性移民決策下的副產品。女性的移動被併入家族遷徙的一部分，當做家族移動的附件，是男性移民者的隨行者。

　　在進入20世紀中期之後，這項明顯的性別差異，逐漸出現了變化。女性的跨國遷徙現象先是受到女性主義思潮的影響，才獲得重視。被當成與男性行動者同等的主體，遷徙乃出於女性行動者個人自主意願的跨國流動，屬於獨立事件而非附屬事件。到了1980年代中期，女性移民人數快速增加，而且大多數女性移民最後都選擇在移居社會定居落腳。於是，性別變數開始受到跨國移民研究的重視，並被視為影響移民決策與適應過程的重要因素。

　　勞動力的全球化帶動了全球性的勞動力分工，而先進國家人口老化對女性看護工的殷切需求，不但增加了女性跨國移民的能見度，也加速了跨國移民的女性化（feminization of transnational migration）。歐美先進國家人口老化的結果，造成看護勞動力的不足，是促成女性家務工作者跨國流動的主因，尤其是在1980年代中期到1990年代末，女性跨越國境從事家事工作的人數明顯出現快速增加的趨勢。單就歐盟的經驗而言，1984年來自非歐盟國家的女性勞動者，進入歐盟從事家務工作的人數比例，不過6%，短短三年時間，到了1987年則暴增到52%。美國與加拿大的情形也相當近似，人口老化逐年嚴重致使照顧者需求大幅增長，吸引來自世界各地的女性勞動者大量投入他們的勞力市

場。聯合國人口基金會（United Nations Population Fund, 2006）在其《世界人口狀況—女性與國際移民（State of World Population—Women and International Migration）》的報告書中指出，全球目前有9,500萬名女性移民，約佔總移民人數的一半。越來越多的跨國移民顯示移民的女性化已經成為一股新興的不可忽視的國際趨勢。在美國與加拿大這兩個先進國家，女性移民的實際人數甚至超過男性。進入南歐的移民勞工，大多數是來自於菲律賓、東歐、與拉丁美洲的女性勞動者。進入亞洲台灣、香港、新加坡、甚至馬來西亞等新興工業化國家的製造業、家務幫傭、醫療看護勞動市場的外籍勞工，則是來自周邊國家的女性勞動者（朱柔若，2008）。

　　儘管有越來越多的移民女性，不依賴男性，獨立自主地以照顧工作者、專業技術者、結婚生子、甚至性工作者、或者是尋求庇護者的身分，展開跨越國界的移民旅程。這些跨越地方、國家與邊界的移民女性，無疑是世界融合、全球分工的反映，但這些女性移民所享有的公民權與就業機會卻是相對緊縮的。固然女性移民的經驗是異質、多樣且多面的，移民經驗的性別的差異，不論是工作移民還是婚姻移民，都緊緊於女性在社會上的從屬地位，性別結構策動不同的男性與女性移民機制，進而模塑迥異的性別移民經驗。性別是社會關係與組織的一個重要元素，在移民過程中，性別、階級、種族，在全球經濟體系下再度碰撞較勁。經由移民這個不平等的權利關係，不同的種族與階級的女性再次互動，尋求新的平衡點，這個互動過程涉及移民者透過性別的機制，尋求文化與經濟資源的改善與重新分配。

　　1990年代中期以後的台灣社會，陸續出現「外籍配偶」、「外籍新娘」、「大陸新娘」與「新移民女性」等名詞，來稱呼那些從東南亞以及中國大陸嫁來台灣、然後在台灣落籍定居的外籍女性。根據內政部所發布之最新統計資料顯示，目前我國外籍配偶（包括大陸配偶）共有近40萬，其中來自東南亞地區約13萬，大陸配偶之人數，因近年來兩岸通婚情形益趨普遍，目前共有23萬餘人。來自東南亞的外籍配偶中，目前無工作者比例為近66%，而有工作者僅為33%；大陸配偶受法令限制較多，無工作比例超過71%，而有工作之比例僅有27%。為瞭解決這些分雜的稱謂所引起的困擾與爭議，2003年時內政部甚至函轉「行政院婦女權益促進委員會的決議」，要求統一以「外籍與大陸配偶」的稱謂取代「外籍與大陸新娘」。不過，這些外來的配偶不論是男性還是女性，只被籠統地區分為「外籍配偶」與「大陸配偶」兩大類。「外籍配

偶」包括美、日、韓、馬來西亞、印尼、菲律賓、泰國、新加坡、柬埔寨、越南及其他不包含大陸港澳地區的外來配偶，而「大陸配偶」則泛指來自大陸及港澳地區的外來配偶。儘管如此，這些與台灣境內設有戶籍之同胞結婚，並且獲准居留、永久居留、甚或歸化入籍的外來配偶，其統計歸屬則在外僑人口之內。

二、跨國婚姻移民：社會排除概念的應用

台灣的社會排除（social exclusion）研究主要是來自於社會工作的背景（張菁芬，2005），延續著歐陸傳統的路線，不是關照承受高度貧窮風險的老人所可能遭遇的社會排除經驗（古允文、詹宜璋，1998）就是從貧窮擴大的角度來檢視社會排除議題（王永慈，2001）。如果從被排除者角度來看，外籍新娘這個特殊社會劣勢群體，則有可能是最受台灣社會排除研究關照的研究對象。

從起源來看，社會排除概念的最早起源於法國（Bhalla & Lapeyre, 1999; Percy-Smith, 2000; Burchardt et al., 2002; Pierson, 2002），用指涉那些無法享受經濟成長果實的人。之後，許多學者紛紛加入釐清與界定社會排除概念的論壇，從這場百花齊放的論述中，社會排除常被視為是某些團體或個人因無法參與經濟、政治與社會上的關鍵活動，而逐漸被邊緣化或被排除的過程，也使得社會排除的經驗總脫離不了「資源剝奪」、「情境脈絡」、「關係性」、「多面向性」、與「動態性」的多元特性（Silver and Wilkinson, 1995; Madanipour, 1998; Bhalla and Lapeyre, 1999; Littlewood and Herkommer, 1999; Percy-Smith, 2000; Castells, 2001; European Commission, 2004），參閱表3-4-1。

表3-4-1 社會排除的主要特徵

特徵	說明
多面性	牽涉到個人與集體資源的剝奪
動態性	從全然整合到多種排除的處境
關係性	涉及拒絕參與、社會孤立、豎立社會距離
主動性	排除是被製造出來的，製造者是個人與過程
脈絡性	國家制度是造成某些群體被排除在外

　　社會排除可能發生在社會中的任何個人身上，尤其是當個人面對重大生命歷程的轉折時，如失業、輟學，面臨社會排除的風險就會升高。但是對於某些特殊的個人來說，落入社會排除的風險相對比其他社會成員來得大，像是少數種族團體，特別是移民群體這類的社會新加入者，其中以女性移民者經驗到的社會排除最為嚴重。雖然全球化增加女性移民，但在移民過程中，包括文化、社會、國家政策、與移民法律等的規定，普遍歧視女性移民，例如中國針對國內的女性移工，規定每6個月都要接受懷孕檢測，以確保其沒有違反家庭計畫政策；新加坡與馬來西亞，也要求女性移民勞工每6個月必須接受懷孕檢測，一旦懷孕就要被驅逐出境（Jolly et al., 2003）。

　　社會排除可以說是資本主義社會中不正常的社會區隔的結果，重新整合政策的目標，因為勞動市場的歧視為始作俑者。一份針對菲律賓女性移民的研究，發現從事著社會再生產工作的女性在移入北方的富裕國家後，與其在原生國家一樣，同樣面臨公民權縮減的遭遇（Parrenas; 2000）。另一份加勒比移民女性研究也發現種族偏見與歧視影響著加勒比女性與其他少數族群移民者的權益（Denis; 2006）。這些移民勞工經常直接經驗到居住的排除與雇用不平等、就業歧視的對待；而女性移工又長期被定位在社會生產與再生產的角色，社會再生產勞動的全球化，女性移工不僅是保母與家務工作、亦是全球照顧服務工作的主要來源，這個趨勢不利於女性勞動市場地位的改善。因此，女性移工普遍是低工資與各式各樣不穩定工作的提供者。

　　雖然學界對於社會排除的多面性已達成共識，但是對於社會排除究竟應該含括多少個面向，則眾說紛紜，各有各的看法（葉肅科，2006；朱柔若，2008）。一般說來，就業排除（employment exclusion）常被視為社會排除的主要促因，而其他層面的社會排除諸如社會福利、經濟財富、人際網絡、政治參與、階級身分、與空間隔離則被視為關鍵結果。所謂「就業排除」就是勞動市場排除，指失業或是處於勞動市場邊陲地位。勞動市場的排除或邊緣化常是導致經濟排除與貧窮化的主因，長期失業或不穩定就業勢必造成勞動者心理、家庭關係、社會網絡、及社會參與的退卻與封閉，漸漸淪入被排除的或被遺棄的社會階層（Campbell, 2000; Castel, 2000; Robinson & Oppenheim, 1998）。不過，值得一提的是，失業造成收入的減少，進一步並影響消費市場的排除、社交娛樂參與及服務資源的使用。但被勞動市場排除者不必然一定會陷入社會排除，尚須視其社會支持的強弱來決定，唯有在正式且非正式社會支持均弱的情

形下，失業者才會真正落入被社會排除（朱柔若、童小珠，2006）。

承上所述，總括各家說法，「排除」作為動詞，意味著不讓接近某個地方或事物；作為名詞，指不接觸某物或某地的過程或狀態。換句話說，排除既可以被用來描述一個相對穩定的狀態，也可以是演變成這個狀態的過程。同樣的，「社會」這個詞，用作形容詞時，是屬於或是與某個社會或其組織有關的，常態情況下是個井然有序的社群生活型態。

據此，社會排除所涉及的多面向特質，至少包含「就業排除」、「經濟排除（economic exclusion）」、「社會關係排除（social relationship exclusion）」、「政治排除（political exclusion）」、「文化排除（cultural exclusion）、「空間排除」（space exclusion）」，以及「福利排除（welfare exclusion）」七大面向。其中就業排除是主要促因，而經濟排除、福利排除、社會關係排除、政治排除、階級排除與空間排除為其重要結果。「就業排除」常被視為社會排除的主要指標，如歐盟的官方文件，確認了長期失業與社會排除之間的高度關聯性。「經濟排除」則指長期持續地陷入貧窮狀態無法脫困，亦是一種被貧窮化的過程。「福利排除」是指被排除於福利國家的制度之外，意指即使有福利國家的資源介入，仍無法救助其脫離貧窮的劣勢狀況。「社會關係排除」主要是指陷入社會孤立、人際關係的孤立，缺乏家人、朋友、社區網絡的支持。「政治排除」則是指參與團體與影響決策權利的流失或放棄，指被排除者沒有興致、能力、資格參與政治性團體，或是不再去行使其公民權、參與投票。「文化排除」是指遭到社會主流文化，即主導的價值觀與行為模式的排斥。「空間排除」則是指被排除者集中居住於某區域內，從社會整體的角度來看，也就是這類人口被社會隔離，成為大多數人看不見或不願看見的一群。

最後有必要一提的是，雖然在英國討論社會排除的研究中，常見階級排除（class exclusion）的討論，意指排除的結果致使連階級之列都排不進去，連成為某個階級的一員都不夠格，可以說是社會排除眾多結果中最嚴重的一項。這個概念對於勞動身分意識清楚、勞動階級位置鮮明的英國社會或許適用，但是對於勞動階級意識並不清晰的台灣社會，暫不列入討論。（朱柔若，2008：11-12）。

三、法制歧視比較：東南亞配偶vs.大陸配偶

　　雖然同是外來配偶，在居留期限、歸化國籍時間、以及工作權益上的政策待遇，大陸配偶與東南亞籍配偶確實曾經經驗過相當大的差異（朱柔若，2008）。整體而言，相關政策規定對大陸民眾入境居留、定居的申請，向來採取嚴格的配額管制，相對的，有關居留權、永久居留權、與工作權的規定上，來自東南亞的外配是比來自中國大陸的配偶，遭受到寬鬆的待遇，相關差異參閱表3-4-2。

表3-4-2　外籍與大陸配偶移民規定之比較

項目 ＼ 對象	外籍配偶	大陸配偶
適用法令	入出國及移民法、國籍法	台灣地區與大陸地區人民關係條例
居留權	婚後合法連續在台居住滿3年，且每年需超過183日，可辦理歸化我國國籍	1. 結婚滿2年或是生下子女者，得申請依親居留排配（等待核配4年） 2. 依親居留排配超過4年得直接核配
定居權	歸化之後，在不出國的前提下，再居留1年，得登記戶籍及申領身分證；或是居留2年每年可出國3個月、居留5年每年可出國182日後，方得請領身分證件	長期居留滿2年得申請長期居留證在台定居
工作權	經獲核准居留者，即可工作	1. 來台團聚期間：不可申請工作許可證 2. 依親居留：需申請工作許可證使得工作 3. 長期居留、定居：可工作，不需工作許可證

　　關於居留期限，東南亞籍配偶依《入出國及移民法》持結婚證明等相關文件，向駐外單位以依親為名申請核發居留簽證，經主管機關查驗後，即可取得居留權。入境之後，自入境翌日起15日內，向居留地警察局外事服務中心申請外僑居留證，居留證有效期間為1年，第二年起可申請延長，具3年效期。反之，大陸配偶得依《台灣地區與大陸地區人民關係條例》的規定，初次只得申請進入台灣地區停留團聚，每次停留期限不得超過6個月。可申請延期，每次延期不得超過6個月，每次來台總停留期限不得超過2年。只有結婚滿2年、或已生產子女者，方可申請依親居留。

　　其次，關於歸化國籍的期限，外籍配偶在台居留滿3年、每年居住滿183天以上者可申請國籍歸化，領取外國人居留證明書；第四年起可向居住區戶政事

務所提出申請核發台灣地區居留證，持台灣地區居留證住滿1年，方可登記戶籍及申領身分證。相對的，大陸配偶則必須在取得依親居留後滿4年，且每年在台灣地區合法居留期間超過183日者，才得申請長期居留，且長期居留滿2年方得申請長期居留證在台定居。

最後，關於工作權的問題，依照《就業服務法》規定，外籍配偶取得外僑居留證時，即可以從事一般性的勞務工作。但大陸配偶至2009年前僅得依《大陸地區配偶在台灣地區停留期間工作許可及管理辦法》第4條規定有條件性受理工作申請；取得長期居留證時，才可從事開放性工作。原大陸配偶在台工作，依據《台灣地區與大陸地區人民關係條例》第17條之1規定：「經許可在台灣地區長期居留者，居留期間得在台灣地區工作，無須申請許可」；若在依親居留期間欲工作者，需依《大陸地區配偶在台灣地區依親居留期間工作許可及管理辦法》第3條規定，僅得有條件性地申請工作，如其台灣配偶為低收入戶、65歲以上、中度以上身心障礙者、罹患重大疾病或重傷或其本身遭受家庭暴力經法院核發通常保護令、育有未成年子女等，始可申請工作。但若其與台灣地區人民婚姻無效、或依親居留許可經撤銷及廢止者、通常保護令經撤銷或失效者、不符申請規定經通知限期補正，屆期不補正者、對申請許可事項提供不實或失效資料者等，則其工作許可亦將隨之撤銷或廢止。

四、社會排除經驗比較

以下逐一檢視東南亞籍與大陸及配偶在經濟、就業、社會關係、政治、文化、空間、與福利方面的排除經驗，對照比較之後的摘要，整理於表3-4-3。

1. 經濟排除的檢視

外籍配偶嫁來台灣之後有不少面臨經濟壓力，這多半是因為娶外籍配偶的台灣夫家不是低社經地位的弱勢家庭，就是本身有身體上的殘疾或智能上的障礙。因此，嫁進台灣之後的外籍配偶，可能立即面對經濟生活上的困頓，甚至必須外出工作，以貼補家用（林維言，2004；李建忠，2006；沈榮欣，2006）。此外，有相對多數的大陸新娘是嫁給年紀很大的榮民，俗稱外省老兵或老榮民。這群人在台灣是非常特殊的弱勢群體，雖享有國家特定部門的照顧，但是這些老榮民或是因為一直未婚，或是早年已婚卻因兩岸的對峙、在中國的妻子未能來台等因素而長期維持單身，到了兩岸開放探親之時，年事已

高，身體狀況不好需人照顧，在多方介紹下迎娶了大陸新娘。這些外省老兵中，有不少領取的退役軍人薪俸金額有限，經濟狀況不是很好，初期有工作能力的陸配，即使得面臨就業歧視的問題，還能勉強能找份工作貼補家用，之後因老兵日益年邁、身體狀況惡化，只得辭去工作在家照顧，以致無力改善經濟狀況。部分老兵娶陸配的原因，也隱藏了「娶老婆代替請外傭」的想法。相對的，會選擇嫁給老兵的大陸新娘，多不是首度結婚的女子，大多為已有一定歲數、離婚再嫁，本身也企圖以結婚來改善經濟生活的貧困。在這種情況下，在地的社會弱勢與外來弱勢的婚姻結合，生養出來的下一代，也可能因家庭社會化不足，而陷入弱勢；如果沒有外界的協助或政府資源的挹注，弱勢的惡性循環可能難以避免。

2. 就業排除的檢視

　　就業排除與經濟排除不一定等值，但確實息息相關。嫁來台灣的外來新娘，可能因為夫家的經濟條件不錯，不需外出工作，而不會有就業上的需求，因此也無出外找工作、甚至工作的經驗，所以談不上會面對就業排除的問題。據此，討論就業排除，只適用於曾有外出工作經驗的外來新娘，不適用於那些因夫家限制、自營作業、家庭照顧等因素，未曾外出工作或找工作的外來新娘。有外出工作經驗的外來新娘，又因是否已經拿到身分證，以及資訊或人際資源網絡豐富的程度，而有不同的經歷，不見得同是勞動邊陲化的受害者。

　　就外來新娘的國籍來說，在2009年《台灣地區與大陸地區人民關係條例》修訂以前，大陸配偶在工作權取得上是比東南亞配偶受到較多不平等的待遇。一般說來，東南亞籍的外配受到勞動市場排除的原因，主要是中文識字與書寫能力弱（38.7%）、需照顧子女或家人（37.1%）、雇主以無身分證為理由不願雇用（30.4%）、以及上班時間無法配合（30.4%）等因素最為顯著（內政部入出國移民署，2009）。相對的，大陸配偶雖在勞動參與上較無語言、識字障礙，但是卻受困於來自身分證或工作證的法令限制，而被排除於勞動市場之外（王順民、賴宏昇，2009；李建忠，2006；沈榮欣，2006；陳懷峰，2006；朱柔若，2008；朱柔若、孫碧霞，2010）。因此，就算找到工作，所從事的多為辛苦、邊緣化的勞力工作，就業歧視也是屢見不鮮的遭遇。

　　對外籍配偶來說，被勞動市場排除者不必然一定會陷入經濟排除，尚須視其社會支持的強弱來決定，這與其本身沒有穩定的工作收入有關，如果夫家經

濟條件不錯，即使本身不工作仍可擁有較高的消費能力；反之，如果夫家的經濟支持有限，又沒有其他社會關係與福利支持，將有相當高的傾向陷入經濟排除。

3. 社會關係排除的檢視

　　依據內政部2008年外籍與大陸配偶生活需求調查結果顯示，外來配偶在台的人際網絡，最主要仍以台灣的親戚、親人為主，占50.9%，其次為來自同鄉的親友占21.3%，再其次為鄰居11.7%，其他各種人際網絡比例皆不到一成（內政部，2008）。外來新娘的台灣親友又主要是以夫家為主，夫家如何看對外來新娘的態度，至為關鍵。換句話說，夫家可能是個依賴其外出工作但給予情感支持的避風港、也可能是個供給其源源不斷能量的靠山、甚至也有可能是座令其無法動彈、飽受傷害、坐困愁城的牢籠。外來新娘經常因先生或夫家的反對或限制，而無法建立個人的人際網絡（沈倖如，2003；吳美菁，2004）。夫家限制的主要原因，以擔心外來新娘落跑、被拐走、聯繫外人搶奪財產為首。會有這些擔心的夫家，娶親的目的多半屬於工具性的，如照顧、傳宗接代等使單純的婚姻關係充滿了商品化的色彩，而變得複雜，增添了婚姻不穩定的變數。同時，被商品化的婚姻，在缺乏互信的情況下，加深了台灣夫家採取嚴密的監控手段，孤立其社交關係、節制其金錢來源，甚至將其完全侷限於家中，嚴防其逃跑（沈倖如，2003）。因此，缺乏社會親友的支持、又無法找到中意的工作的外來新娘，只能在留家中照顧老小，在台社交生活的苦悶確實是個大問題。

　　東南亞籍與陸籍外配在社會關係網絡上的差異，是相當明顯的。這主要可以從兩者來台的管道，窺知一二。大陸配偶多為親友介紹而來，東南亞籍配偶則多半透過仲介的管道嫁來台灣。初期透過親友介紹來台的東南亞籍配偶絕無僅有，直到後來人數增加到一定規模之後，產生了累積效果，才出現先嫁來台灣的姊妹們介紹同鄉同鄰或同親的趨勢，而在台灣形成了外籍新娘的聚落，諸如越南新娘村、印尼新娘村的現象。這就是為什麼外來配偶社會網絡，展現高度同質性的原因（李玫臻，2003；蘇駿揚，2007）。也說明了為什麼當外籍配偶的家庭生活出現問題時，同鄉的姊妹是其尋求的支持或協助的主要來源，尤其是那些同村落夫家支持低的外籍配偶們；同樣的，主要是靠親友介紹嫁來台灣的陸配，遇到夫家觀念封閉不允許其外出工作的情況時，經過身為介紹

人的朋友多次疏通開導之後，也為其打開外出就業之門（朱柔若、孫碧霞，2010）。

因為語言的隔閡，不同國籍的外配之間出現互動的機會極低，在社交許可的情形下，外配認識或互動的朋友主要是以自己的同鄉為主。與此相對，陸配比較沒有、甚至完全沒有外貌與語言溝通的障礙下，在社會關係網絡的建立上，享受自由度也比較高，只要個性夠隨和開朗，廣結台灣朋友的情況極多。有些陸配的上網能力頗高，透過網路的聯繫，其社交圈小窺不得。雖然如此，透過仲介進來的東南亞籍配偶，如果個人教育程度不錯，經由仲介公司的協助，也有可能從事原國籍語言的翻譯工作，協助更多在台工作或結婚的原籍同胞的社會適應。

在社交圈被封鎖、人脈關係有限的情況下，日常必須接觸的與鄰居有可能成為外來配偶突破社會關係的出口嗎？當然鄰里社區對外配的態度，仍然深受其對婚姻商品化的看法、階級觀念以及種族歧視程度的影響。一般說來，「同文同種」對陸配自然形成一種保護色，因婚姻關係集聚成村的情況並不多見，除了若干因「統獨意識型態」或「本身人格特質」而遭到排擠之外，陸配的鄰里關係都以和睦互助為多。東南亞籍配偶則因群聚與孤立而有相當大的差異。能夠形成群聚的東南亞籍新娘，多有敦厚善良的鄰里關係為其支柱；陷入孤立的東南亞籍配偶，除非遇到在地特別仗義鄰居的關懷，否則常是社會福利體系的死角。

4. 政治排除的檢視

東南亞籍與大陸籍配偶的政治排除經驗，主要可以依據取得台灣身分證之前與之後，而加以區分。取得身分證之前的政治排除經驗，如前所述，多半是政策制度下的必然結果。陸配受限於兩岸關係的特殊性，取得身分證的年限較東南亞配偶為長，因此，拉長了陸配享有正式公民權的等候期。雖然《台灣地區與大陸地區人民關係條例》已經取消團聚2年的規定，但至少仍要6年才能取得身分證，總年限仍然比東南亞配偶的4年來得久。此外，2008年以前，外籍配偶申請歸化入籍時，依照法規尚須提出財力與台籍配偶同意證明的規定，雖然前者已經在2008年11月14日公告廢止，但這項規定也構成了制度面的政治排除型態，是對外籍配偶的顯性歧視，加大家庭內台灣先生與外籍配偶之間的階級差距與權力的不對等，深化外籍配偶二等公民的社會屬性。

　　最後值得一提的是，有不少嫁給老兵的陸配為了保住其中國身分在大陸所享有的相關權利而選擇長期居留，非歸化入籍，因此即使來台已超過8年，甚至已達10年以上，不申請身分證的決定，也使其在公民權利的享有上，不盡完整，特別是參與政治、選舉投票的權利。這項政治公民權利的享有與行使，必須具備正式入籍的身分證方得為之，而非取得居留證，即使是永久居留證也無用武之地。政治公民權利的有限性是一回事，取得身分證之後正式享有政治公民權之後，投不投票、關不關心選舉事務又是另一回事。一般說來，取得身分證的外配，不是對政治選舉不感興趣、對政治議題的疏離，就是缺乏決定權，成了家人支持之候選人的投票部隊。亦即，政治冷漠與缺乏自主性，是出現在取得身分證的外配身上的兩種主要特質。與此相對的，是與自身權利有關的組織化運動。在女性團體與相關的社會福利組織「賦權（empowerment）」的動員下，透過同鄉姊妹、村里長、以及學生義工的聯繫、鼓勵、與協助，東南亞籍外配參與影響其生活權益的集會遊行或政治活動，頗有日益成長的趨勢。

5. 文化排除的檢視

　　文化差異並非等同於文化排除，外來配偶因文化差異而來的適應問題不少，對東南亞籍的外配來說，明顯之處小至飲食習慣的口味與服飾穿著的品味，細微隱藏之處，就連陸配都可能經驗到則大至思想觀念的差距。陸配早期為了避免當時盛傳的「二奶」與「假結婚真賣淫」問題而遭受歧視，多半會主動經營其自我形象，強化自身與台灣女性的道德相似性（朱柔若、劉千嘉，2005）。事實上，文化歧視主要體現在母語教養的問題上，東南亞籍的外配，因為語言上的弱勢，在夫家取得子女教養的權利相對較低（劉美芳，2001）。這個問題主要以兩個面貌呈現：第一、以母語教導子女的權利受到限制；第二、國台語表達能力不足，無法教導子女；第三、為了子女能夠順利適應在地社會，主動放棄教授母語給其子女。另一方面，正因外配語言上的弱勢，若無台灣夫家的鼎力協助，學齡子女在校語言表達能力遲緩的問題頗為嚴重。無可諱言的，不少台灣夫家對東南亞籍外配的原生文化因無知而出現輕視與否定的情況頗多，以致日常生活中毫不掩飾地表現出文化優越感，甚至出現阻止其子女學習母親的母國文化的行為。為了家庭的和諧，東南亞籍外配的原籍文化在台灣夫家多半是隱藏與壓抑的（邱琡雯，2005）。

6. 空間排除的檢視

　　東南亞籍與大陸籍外配的台灣夫家，為數不少是在社經條件較為落後的縣市村落，在加上外配剛嫁來台灣時，重心都擺在家庭，因此在購物、交通、工作三方面受限於夫家所在地的區位環境的影響最為顯著（吳宜樺，2006；紀玉臨、周孟嫻、謝雨生，2009）。外籍新娘村的產生多為自然形成的過程，談不上被在地民眾主動孤立或自我隔離。外配本身不論原國籍為何，也無提及被空間排除的經驗。除了偶有陸配提到，在選舉期間，或兩岸關係緊張之時，曾經受到附近鄰居的排擠，甚至出現要將其趕出台灣的言論。除此之外，東南亞籍外配在餐飲消費時，有較多的群集現象，特別是印尼或越南籍的外配在閒暇聚會時，有群集於印尼或越南小吃店或餐廳等的現象，這種現象則罕見於陸配身上。

7. 福利排除的檢視

　　福利排除的經驗主要出現在取得了健保資格前後的差別。根據相關規定，外籍配偶結婚來台，必須居住滿4個月後，才能加入全民健保，享受健保所提供的醫療福利。在為符合健保納保資格的加保等待期，常因必須支付較高的醫療費用，而造成外配家庭的經濟負擔。根據東南亞籍外配的親身經驗，生第一胎時，因未具健保身分，繳納了5萬多台幣的醫療費；生第二胎時，因已具健保身分，只需繳交9,000多台幣的醫療費。一前一後的差距著實驚人。其次，政府福利服務輸送過程中，因資訊的不對稱性，使得無法取得有效資訊管

表3-4-3　東南亞籍與大陸籍配偶社會排除經驗比較

面向	東南亞籍配偶	大陸籍配偶
經濟排除	嫁入社會弱勢家庭、先生有身障或智能問題者尤然	嫁入高齡老兵、社會弱勢者，此類問題較重
就業排除	受限與外貌與語文能力	受限於居留權的取得
社會關係排除	受限於語文能力	有時受限於省籍（統獨）歧視
政治排除	政治冷漠／投票權受制於夫家的政治態度	不重視政治公民權的取得
文化排除	母語教育的	無明顯文化排除的經驗
空間排除	集聚現象的出現乃社會累積的結果，非在地社會刻意排除；有集聚原籍餐廳消費的傾向	無，分散者多；老兵多的地方可以見到有比較多的陸配。隨着村的拆除改建，顯有高度集中的現象
福利排除	納入健保前後的差異	納入健保前後的差異

道的外配，享受不到應有的福利，諸如低收入戶補助、嬰幼兒補助、參與識字與生活輔導班、尋求家暴保護等（陳瑩蓉，2005），是第一類常見的批評。除此之外，因行政程序過於繁雜，致使語言能力與教育程度有限的外配，未免二度傷害或自取其辱，知難而退的情況也不少。

五、「是僑民？還是公民？」：在台女性婚姻移民的次等階級化

在移民的不同階段上，性別這個因素有著不同的影響力。以性別為基礎的移民分析模型，基本上針對移民的不同階段，會有不同的關照焦點。前移民階段的分析，著重性別因素如何影響、甚至形塑移民送出國男性與女性移民者對更好的生活、逃離貧窮、政治迫害、社會或家庭壓力等方面的不同看法。移民行動階段的探究，則著重於移民送出國與接受國兩個社會之間對於性別角色、關係、與不平等態度的差異，如何影響到移民的選擇與接納。後移民階段的研究，探討移民接受社會對不同性別移民的差別待遇。男性與女性移民跨國遷徙之後，性別變數在其公民權的實踐上，扮演著極為重要的角色。移民之後的公民權取得過程，深受以性別為基礎的政治、經濟、社會、文化、以及心理因素的影響。

相較於男性，女性在社會、文化、政治、與經濟關係中，原屬於較次等的地位。在社會再生產勞動跨國遷徙成為全球化的趨勢之後，家務勞動商品化的結果使女性得以跨國從事保母、看護、與家務幫傭的工作，成為全球照顧服務業的主要勞務提供者。以男性經驗為主軸的跨國社會流動的經驗，多為「從移工變成移民再變成公民」的三元路徑，這個路線因女性的跨國經驗而縮短成「從外勞到外配」的兩元路線，甚至開發出婚姻移民的直達捷徑。由於有了移工的先例在前，結構性的差別待遇，加上低工資、長工時、無自主的勞動條件，透過婚姻移民管道而入境的外配，即使取得了公民身分，仍是無酬家務與照顧看護的主要提供者。

在不少人的刻板印象中，外配的成因是單向的──台灣生活條件好，大陸、東南亞窮，所以外配想要來台灣過好生活。在這樣的簡單論述下，允許外配入境台灣算是施捨恩惠。後來，台灣經濟走下坡，外配的下一代紛紛到了入學年齡，發現他們語言與適應能力都有問題，需要額外的資源挹注輔導改善，於是外配又被定位為外來入侵的「資源掠奪者」。的確，隨著外配處於移入

台灣的不同階段，這群婚姻移民因國籍不同，普遍經驗到不同層面與等級的相對剝奪經驗，次級公民權（second class citizenship）與部分公民權（partial citizenship）是常見到的社會地位與身分處境的描述（朱柔若，2008）。

　　來自於經濟落後國家的婚姻移民，嫁入台灣之後，暫時性的就業身分、婚姻的商品化屬性、再加上「朝夫家傾斜」的劣質公民權益保護，使外配的社會地位甚至不如契約制度下的外籍移工。因婚姻關係取得合法妻子身分的外配，如果選擇入籍，必須等待六年到八年，方能在「先生同意」的前提下，取得合法的公民身分，然後享有較完整、卻不見得能夠自主的公民權利。如果選擇長期居留而非入籍，永遠無法行使與享有政治公民權利，以致只能擁有部分公民權的結果，固然事出於自願，而無可非議。但是相對於這群自願選擇不入籍的陸配，成了台灣社會主動放棄政治公民權的僑民，那些選擇入籍但是外貌與母國文化尚待在地接納與尊重、徒有公民身分的東南亞籍外配，入了籍的僑民身分豈不更能貼切地反映他們的族群處境——境內僑居的破殼公民。

參考文獻

王永慈，2001，〈社會排除：貧窮概念的再詮釋〉，《社區發展季刊》第95期，頁72-84。

王順民、賴宏昇，2009，〈社會新移民家庭經濟安全與就業需求：宜蘭縣經驗〉，《社區發展季刊》第127期：頁55-68。

古允文、詹宜璋，1998，〈台灣地區老人經濟安全與年金政策：社會排除效果初探〉，《人文及社會科學集刊》，第10期第2期：頁191-225。

朱柔若，2008，《全球化與台灣社會：人權、法律與社會學的觀照》。台北：三民。

朱柔若、孫碧霞，2010，〈印尼與大陸配偶在台社會排除之研究〉，《教育與社會研究》，第20期：頁1-54。

朱柔若、童小珠，2006，〈台灣失業勞工的社會排除經驗探索〉，《香港社會科學學報》，第31期：頁1-26。

朱柔若、劉千嘉，2005，〈大陸新娘在台灣的認同問題探討〉，《社區發展季刊》第112期，頁179-196。

李玫臻，2003，《外籍新娘的社會網絡與生活適應—民雄鄉的研究》，國立中

正大學 社會福利系碩士論文。

李易駿，2006，〈社會排除：流行或挑戰〉，《社會政策與社會工作學刊》，第10卷，第1期，頁1-47。

李建忠，2006，《雲林縣新移民女性就業困境分析》，南華大學非營利事業管理研究所碩士論文。

邱琡雯，2005，《性別與移動：日本與台灣的亞洲新娘》，台北：時英。

吳宜樺，2002，《高雄縣外籍新娘空間分布之探究》，高雄師範大學地理學系碩士論文。

吳美菁，2004，《東南亞外籍配偶在台的生活適應與人際關係之研究-以南投縣為例》，南華大學公共行政與政策研究所碩士論文。

沈倖如，2003，《天堂之梯？—台越跨國商品化婚姻中的權力與抵抗》，國立清華大學社會學研究所碩士論文。

沈榮欣，2006，《台灣新移民與非正式就業：女性大陸配偶在臺的個案分析》，國立政治大學中山人文社會科學研究所碩士論文。

林維言，2004，《台灣地區東南亞女性外籍配偶之社會福利需求初探》，國立暨南國際大學社會政策與社會工作學系碩士論文。

紀玉臨、周孟嫻、謝雨生，2009，〈外籍新娘之空間分析〉，《人口學刊》第38期，頁67-113。

潘淑滿，2004，〈婚姻移民女性、婚姻暴力與公民權〉，《社會工作與社會政策》，第8卷，第1期，頁85-132。

韓嘉玲，2003，〈傭人抑或太太？婦女勞動力的跨境遷移—大陸新娘在台灣案例研究〉，《社區發展季刊》第101期，頁163-169。

張菁芬，2005，《社會排除現象與對策：歐盟的經驗分析》，台北：松慧。

陳瑩蓉，2005，《嘉義縣外籍配偶需求與服務輸送體系之探討—社會排除觀點》，國立中正大學社會福利所碩士論文。

陳懷峰，2006，《我國外籍與大陸配偶就業障礙之研究—以苗栗縣為例》，國立中正大學勞工所碩士論文。

楊秀川，2009，《全球化下的新移民女性—台灣外籍與大陸配偶社會排除與社會融合之研究》，東吳大學社會學系碩士論文。

劉美芳，2001，《跨國婚姻中菲籍女性的生命述說》，高雄醫學大學護理學研究所碩士論文。

葉肅科，2006，《外籍與大陸配偶家庭問題與政策：社會資本／融合觀點》，台北：學富。

蘇駿揚，2007，《跨越族群或物以類聚：越南籍女性配偶在台灣的社會網絡形構》，暨南國際大學東南亞研究所碩士論文。

Bhalla, A, S. and Lapeyre, F., 1999, *Poverty and Exclusion in a Global World*. London: Macmillan Press.

Burchardt, T., Grand J. Le., & Piachaud, D., 2002, "Degrees of Exclusion: Developing a Dynamic, Multidimensional Measure", In: Hills, J., Grand, J. Le., & D. Piachaud (Eds.), *Understanding Social Exclusion* (pp. 30-43). New York: Oxford University Press.

Campbell, M., 2000, "Labor Market Exclusion and Inclusion", in J. Percy-Smith (ed.) *Policy Responses to Social Exclusion: Towards Inclusion?*, Buckingham: Open University Press.

Castel, R., 2000, "The Roads to Disaffiliation: Insecure work and Vulnerable Relationships". *International Journal of Urban and Regional Research,* 24(3), 519-535.

Chu, Jou-Juo; Sun, Pi-Shia, 2010, "A Study of Social Exclusion: Vietnamese and Mainland Chinese Brides in Taiwan." *Journal of US-China Public Administration*, Vol.6 No.4,12-23.

Denis, A. 2006, "Developing a Feminist Analysis of Citizenship of Caribbean Immigrant Women in Canada: Key Dimensions and Conceptual Challenges?," in Tastsoglou, E. and Dobrowolsky, A. (eds.) *Women, Migration and Citizenship: Making Local, National and Transnational Connections*, pp. 37-59. London: Ashgate Press.

European Commission, 2004, *Joint Report on Social Inclusion 2004*. Luxembourg: Office for Official Publications of the European Communities.

Hills, J., 2002, "Does a Focus on Social Exclusion Change the Policy Response?". In: J. Hills., J. Le Grand, & D. Piachaud (Eds.), *Understanding Social Exclusion* (pp. 226-243). New York: Oxford University Press.

Jolly, S., Bell, E. & Narayanaswamy, L., 2003, *Gender and Migration in Asia: An Overview and Annotated Bibliography*. Bridge: Institute of Development Studies,

University of Sussex.

Littlewood, P. & Herkommer, S., 1999, "Identifying Social Exclusion: Some Problems of Meaning". In: P. Littlewood, I. Glorieux, S. Herkommer, and I. Jonsson, (Eds.), *Social Exclusion in Europe: Problems and Paradigms* (pp. 1-19). London: Ashgate.

Madanipour, A., 1998, "Social Exclusion and Space". In: Madanipour, A., Cars, G. & J. Allen (Eds.), *Social Exclusion in European Cities: Processes, Experiences and Responses* (pp. 279-288). London: Jessica Kingsley.

Parrenas, R. S., 2001, *Servants of Globalization: Women, Migration, and Domestic Work*. Stanford University Press.

Percy-Smith, J., 2000, "Introduction: the Contours of Social Exclusion", In: J. Percy-Smith (Ed.), *Policy Responses to Social Exclusion: Towards Inclusion?* (pp. 1-21). Buckingham: Open University Press.

Pierson, J., 2002, *Tackling Social Exclusion*. London and New York: Rutledge.

Robinson, P. & Oppenheim, C., 1998, *Social Exclusion Indicators*, London: Institute of Public Policy Research.

Silver, H. & Wilkinson, F., 1995, "Policies to Combat Social Exclusion: A French-British Comparison", In: Rodgers, G., Gore, C. & Jose. B. Figueiredo (Eds.) *Social Exclusion: Rhetoric, Reality and Response* (pp. 283-310). Geneva: Internation Labor Organization.

李玉璽

一、前言

　　台灣的各大學之雖然統一隸屬於中央政府的教育部主管，與中華人民共和國分屬各中央及地方政府機關者有異[1]，但在內部職務分工上，分成由教育部高教司管轄的普通大學體制，以及由教育部技職司管轄的技職體系大學體制，原本技職體系強調實作，高教體系重視研究，各自肩負著不同的任務，但由於兩者師資多來自高教體系，且評鑑升等上只重研究的結果，兩者區分已然甚微，因此教育部於2010年提出三年期「技職再造」方案，希望藉由「強化教師實務教學能力」、「落實學生校外實習課程」等方式加以改變[2]，而雲林縣現有私立環球科技大學、國立虎尾科技大學、國立雲林科技大學等三間大學，雖均屬於教育部技職司管轄之技職體系之大學，為台灣本島各縣唯一未設有高教體系大學者[3]，然而由於教育部近十年來為了因應未來科際整合及科技人才通識教育的需要，因此各該大學均已增設人文、管理等相關系院，朝向以科技為主的綜合性大學發展[4]，並且為了彌補技職體系人文素養之不足，技職體系大學也開始強調提昇通識教育內容之重要性，在作法上，有參與教育部「以通識教育為核心之全校課程革新計畫」為之者[5]，亦有以教育部教學卓越計畫為之

---

[1] 中華人民共和國的大學，除隸屬於該國教育部管轄者外，尚有歸其他國務院各部門或地方政府管轄者，如列入該國211工程以及985工程（類似台灣教育部的「大學學術追求卓越發展計畫」）的北京航空航天大學、哈爾濱工業大學、北京理工大學等校，都屬於工業和信息化部管轄，華僑大學則屬國務院僑務辦公室、亦有隸屬地方政府管轄者，如大連交通大學，原由鐵道部管轄，現改由遼寧省政府管轄，隸屬情形相當混亂。

[2] 教育部〈發揮技職教育特色 落實實作能力導向 技職再造方案策略〉高教技職簡訊033期，2009年9月10日。

[3] 離島地區僅設有技職體系大學者為澎湖縣（國立澎湖科技大學，2005年升格），原本金門、馬祖亦是如此，唯已因國立金門大學於2010年改制而有了綜合性大學。

[4] 參見教育部技職司〈技職教育白皮書〉第三部分「當前技職教育的政策」（2000年5月）。

[5] 2009年第三年「以通識教育為核心之全校課程革新計畫」獲補助大學院校除中央大學、交通大學、南華大學等一般高教體系大學外，技職體系大學獲補助者為亞東技術學院、弘光科技大學、中國科技大學、環球科技大學以及國立高雄應用科技大學，見教育部顧問室「通識教育計畫辦公室」，「【通識教育】教育部以通識教育為核心之全校課程革新計畫【第三年／三年計畫】暨專案計畫教學人員榮獲補助計畫

者[6]，方式雖有不同，但是重視通識教育的想法則屬一致。

　　以往，通識教育因高等教育之結構性、制度性限制，發展受到極大阻礙。通識課程出現零碎膚淺的現象，造成「重專業、輕通識」的心態普遍存在，學生因缺乏學習動機及學習方向感，而將通識教育視為營養學分的情況嚴重，因此教育部提出計畫企圖加以導正[7]。因此以往通識教育課程由國文、歷史、三民主義等共同科教師負責開設類似高中課程延長的設計，也開始有了多元化的改變，特別是在人文精神、公民素養的部分，有了相當程度的補強。

　　目前，中華人民共和國也已經開始注意大學中人文精神的提昇，但是似乎還沒有正視公民素養提昇的重要性，比如中國上海的復旦大學校長楊玉良，應邀到香港中文大學演講時反省到「很多人說內地有形形色色的問題，但我認為最大的問題是人文精神的缺失。這使我成為復旦大學校長以後，即使是作為一名自然科學家，也鼓起勇氣來談談這個問題」[8]，並指出人文精神在於對終極價值與真理的追求，不能將學問窄化為論文的數量等[9]，但是楊玉良校長談話內容中，並未提到公民素養法治人權這塊部分，反之，台灣的通識教育在參考美國哈佛大學模式多年之後，也開始有了自己的反省，2008年12月24日教育部鄭瑞城部長在金門召開「全國大學校長及技專校院校長會議」，與會155位大學院校代表簽署共同宣言，主張大學生除擁有道德力、創新力、自學力、宏觀力與就業力以外，更應具備現代公民基本素養[10]，任職通識中心的教師也反思認為傳統的五倫已經無法規範新的人際關係，而應以人權、正義這些普世價值作為新的人際規範，故應探尋實定法與人權之關係，必須在通識中規劃開設有關「人權、正義與民主法治」的課程[11]，因此，在注重公民素養、法治人權的呼籲之下，便使得在技職體系大學通識教育下，開設「性別關係與法律」的課

　　名單」新聞稿，2009年7月16日。
6　如國立虎尾科技大學便在99年度教學卓越計畫分項三中提出強化通識素養的具體作為，參見國立虎尾科技大學〈教學卓越計畫成果專刊〉2010年12月1日，12頁。
7　教育部顧問室〈通識教育中綱計畫〉http://hss.edu.tw/plan_detail.php?class_plan=163，2011/3/8檢索。
8　楊玉良〈大學的人文精神與通識教育〉(《大學通識報》第六期，香港中文大學通識教育研究中心，2010年6月)，69頁。
9　楊玉良〈大學的人文精神與通識教育〉(《大學通識報》第六期，香港中文大學通識教育研究中心，2010年6月)，79頁～88頁，楊氏指出美國式的SCI指標過份定量的缺失，並且宣示此一從南京大學開始的方式，將必須在復旦大學結束，而在專業中融入通識教育。
10　〈培育學生改變未來5項實力　大學校長共宣言〉，2008/12/24中央社記者林思宇報導。
11　耿慧玲〈文化、傳統與通識教育〉(《止善》第六期，朝陽科技大學通識教育研究中心，2009年6月)，26頁。耿教授為文化大學史學博士，專長為台灣歷史與文化、海上絲路文化及就業輔導等，曾任朝陽科技大學通識中心主任。

程不但有其必要，也符合強化技職體系大學學生公民素養的要求，基於以上因素，遂使「性別關係與法律」的課程中，進行婚姻移民相關課程的計畫安排，在現實上成為可能。

　　而在通識教育架構下，技職體系大學的婚姻移民相關課程的現況是如何？有無可能在「強化教師實務教學能力」、「落實學生校外實習課程」等方向性指標下進行創新教學？本章乃先以筆者所在雲林地區的三間技職體系大學通識教育中的婚姻移民教學為中心，進行現況分析，之後再就筆者擔任虎尾科技大學性別關係與法律[12]課程中，就婚姻移民相關議題所提出一些教學設計內容與教學研究心得，就教於方家，最後再提出檢討與建議，希望對技職體系大學通識教育課程中的婚姻移民教學設計有所幫助。

二、技職體系大學中婚姻移民教學的現況

　　在技職體系的大學通識教育之中，與婚姻移民教學關係最為密切的課程，便是性別關係類的課程。1997年通識教育季刊於第四卷第一期刊登了數篇通識性別關係教學的文章，可說是在通識教育這方面開拓期的文獻，包括學者張鈺、社會福利學者王舒芸、心理學者陳若璋等人合著的〈通識教育中兩性關係課程之目標與精神〉、社會學學者嚴祥鸞的〈宰制與抗拒—講授兩性關係課程的經驗分享〉、教育學者葉紹國的〈「性別角色與兩性關係」的教學設計與成效—淡大核心課程「社會分析」學門的教學實例〉等文章[13]，然而當時性別課程仍限於傳統的「兩性」，並未包括同性、跨性別以及多元家庭，也並未涉及婚姻新移民的部分，再加上政府方面並未有運用資源加以鼓勵設置類似課程，成效並不十分顯著。2004年6月，立法院三讀通過性別平等教育法，總統於該月23日予以公佈，依照該法規定，中央主管機關的教育部以及各級學校便設立性別平等教育委員會，推動性別平等教育之課程、教學、評量等事宜[14]，同法第15條並明定「教職員工之職前教育、新進人員培訓、在職進修及教育行

---

[12]　筆者自98學年度上學期便開始擔任該等課程之教學，迄今皆以與性別有關的法律為教學主軸，原課程名稱為「性別關係」，不易使選修課程者瞭解是從社會學、心理學、教育學、哲學還是法律學的角度切入此一新興領域，因此向學校提出「性別關係」新開課申請後，經課程委員會三級三審通過，自100學年度起適用「性別關係與法律」之新課名。

[13]　通識教育季刊，第四卷第一期，1997年3月。

[14]　性別平等教育法第4條、第6條參照。

政主管人員之儲訓課程，應納入性別平等教育之內容；其中師資培育之大學之教育專業課程，應有性別平等教育相關課程。」第17條第4項指出「大專校院應廣開性別研究相關課程。」因此，在各大學開設性別平等的相關課程便開始有所增加，然而，性別平等教育實施以來，各大學院校開課狀況並不理想，依照教育部統計指出，九十學年全國一百四十七所大專校院開設總數六十一萬多門課程中，性別課程僅一千四百多門，不到千分之二‧三，也就是一百門課中找不到一堂性別課[15]，民間團體甚至指出，各大專院校的性別相關課程相當不平均，有性別課程的師資的高教體系國立大學每學年還可以開出15-20門課程，但一般或私立大學、乃至技職體系則經常只有1-2門性別課程，教學資源過度分配不均[16]。

　　如前所述，技職體系大學，不分公私立，均缺乏性別課程的原因，首在於師資的缺乏，就婚姻移民這個議題，一般大學多在性別所、教育所、社會所或者法律系的性別相關議題或學程中加以探討[17]，但是技職體系大學幾乎沒有類似研究機構，唯一的例外來自於樹德科技大學的人類性學研究所，但該所的設置宗旨，主要是教育、諮商、社會、醫療等層面，較欠缺性別與法律的課程[18]，而處理婚姻移民教學過程中，總是免不了要接觸大量的法律條文或判決，因此總體來講，仍然無法擺脫師資缺乏的困境。

　　雲林縣的三所大學均屬技職體系，師資本已較為缺乏，又地處中南部，交通不甚方便，僅有的一些師資，在目前國家沒有提供整合資源的狀況下，也很難互相支援，可以說是有雙重的弱勢存在，相關的課程多半開設於通識中心之中，其具體教學狀況果真如民間團體所言，抑或有所改善呢？在教育部的教學卓越計畫共同考核指標中，各種課程的教學大綱上傳於該校網頁予以公開乃是必備項目，而雲林縣的這三間大學都有參加教學卓越計畫，因此各校的教學大綱格式雖有繁簡不同，但均有列出教學目標以及每週授課內容，方便檢視，以

---

[15]〈性別課程僅千分之2.3，大學性平會，被批玩假的〉自由時報，2010/3/8。

[16]〈性別教育戳戳不樂，性教育平等法實施五週年總體檢〉，2009/6/4民間團體聯合聲明稿，台灣性別平等教育學會、女學會、同志諮詢熱線協會、婦女新知基金會、台北市女權會共同主辦。

[17]如國立高雄師範大學設有性別教育研究所、私立高雄醫學大學設有性別研究所、司立式新大學設有性別研究所等是，國立政治大學法學院則是獲教育部補助，於99學年度開設「性別研究跨領域學程」。國立中正大學法學院則是於2010年5月22日「第七屆家庭法律社會學國際學術研討會」分組議題中設有「突破婚姻移民的家庭圍城」之討論。

[18]依樹德科技大學人類性學研究所99學年度碩士班新生入學課程表所示，雖於專業選修設有「性與法律」一門課程，然因適當師資難尋，迄今並未開設成功。

下便就三間大學於99學年度下學期所開設性別類相關通識課程加以列表，以便分析。

表3-5-1　雲林縣大專院校99學年度下學期開設性別類通識課程列表

編號	課程名稱	教師姓名	教師最終學歷	開設班級數目	開設學校名稱
01	性別關係	施淑真	國立中正大學成人教育研究所碩士	1	虎科大
02	性別關係	陳怡華	國立中正大學成人及繼續教育研究所博士	1	虎科大
03	婚姻與家庭	陳怡華	國立中正大學成人及繼續教育研究所博士	2	虎科大
04	性別關係	李玉璽	日本國立北海道大學法學博士	1	虎科大
05	性別關係	王世璋	國立政治大學教育學博士	2	虎科大
06	性別關係	吳秀梅	國立中正大學成人及繼續教育研究所碩士	1	雲科大
07	性別教育	陳斐娟	國立彰化師範大學輔導學系博士	1	雲科大
08	婚姻與家庭	姚秀靜	國立台灣大學心理學研究所碩士	1	雲科大
09	性別平等教育	林靜欣	英國華瑞克大學國際經濟法研究所法學碩士[19]	1	環球科大[20]

　　由表3-5-1可見，在雲林縣的大學從事性別相關議題的師資，以由教育系、心理系背景的老師為多，法學背景出身的老師在這方面的參與度似乎仍然有待加強，若分析上述九門課程的教學大綱，則可初步分成以下幾類：

（一）受性平法影響小，傾向傳統兩性教育類

　　如編號03的課程大綱主要在談論「發展學生具備建立和諧兩性關係的知

[19] 林靜欣老師後來曾前往中國進修，取得中國政法大學民商經濟法學院博士學位，但依照2010年9月3日生效之台灣地區與大陸地區人民關係條例第22條修正條文，教育部於2011年1月6日修正發布〈大陸地區學歷採認辦法〉，採不溯及既往方式（限2010年9月3日以後註冊就讀者方可申請學歷採認）且初期認可之中國41間大學中，並無中國政法大學在內，目前亦無法以審查論文方式取得同等學歷，故最終學歷部分仍以碩士部分列出，謹此說明。

[20] 環球科技大學除開設有關性別議題的通識課程外，針對移民議題方面，於99學年度第2學期開設有「越南語言與文化」（李昭毅老師）、「印尼語言與文化」（賴錦全老師）、「馬來西亞語言與文化」（林子欽老師），頗具特色。

能」、編號06的課程大綱，主要談論「正確性知識及避孕方法」、「對優生保健有正確的認識」、「保護自己免於性騷擾及性侵害」，編號08的課綱主要藉由多位教師夫婦以及牧師授課，講授婚前的準備與夫妻情緒管理，希望幫助學生建立正確的婚姻與家庭的觀念，編號09的課綱有安排「性別與法律」的單元，但雖有列入「導正學生對於因性別本質所應有的公平對待」、「增進對於弱勢族群與多元族群的理解」之教學目標，但沒有明顯將同志跨性別、婚姻移民等議題列入教學內容，似乎並沒有體認性別平等教育法宗旨，將同性以及跨性別納入課程教授範圍，也見不到有關婚姻移民的討論，與培養尊重多元性別平權的尚有較大距離。

（二）已受性平法影響，但尚未括及婚姻新移民類

編號01、02、03、05的課程大綱，都已經受到性平法影響，開始討論「同志之愛」、「同性戀與跨性別」等議題等，然而課綱中雖有「戀愛擇偶、分手、外遇、性別相關法律議題」[21]、「性別與家庭、文化、媒體、政治、法律、經濟」[22]等與法律相關的議題，但無法得知授課詳細內容，也無法得知授課教師是否具備相關專業知識。

（三）受性平法影響，且擴及婚姻移民類

編號03之課程大綱，於第三週、第四週設計有同性、跨性別之議題，於第八週設計有跨國婚姻發展與認識（多元文化、婚姻排擠、外籍配偶）的單元，第十週到第十二週設計有影片欣賞「外籍新娘在美濃」、跨國婚姻經營與調適、跨國婚姻危機處理等議題，並且設計跨國婚姻校外服務學習，而編號04之課程大綱，除討論男女同志之戀愛與婚姻等人權議題外，並於課程進行中，伴隨對於性別工作平等法、性別平等教育法、性侵害犯罪防治法、家庭暴力防治法、社會秩序維護法以及相關大法官會議解釋、法院判決等性別相關法律資料之介紹，提出婚姻移民之相關連個案，避免單純進行法條釋義的方式，而透過個案使修課者瞭解多數來自東南亞與中國婚姻移民者的法律困境及人權保障的隱憂，並就婚姻新移民所面臨到的問題，如「工作問題」、「子女教育、監護問題」、「家庭婚姻問題」等等加以分析與討論。並與雲林縣外籍配偶中心

21　國立虎尾科技大學通識教育中心施淑真老師「性別關係」課程大綱。
22　國立虎尾科技大學通識教育中心陳怡華老師「性別關係」課程大綱。

（斗六市府文路）合作，推動專業課程融入服務學習計畫，讓同學藉由實地參與，瞭解問題，使修課者增加公民素養，加深對於社會問題之關懷並嘗試思索解決之可能性。

　　由上述分析可以瞭解，雲林地區各大專院校的性別相關課程，以虎尾科技大學開出7門課為最多，雲林科技大學以及環球科技大學則各開兩門居次，顯示2009年前述民間團體針對性別教育平等法實施五週年總體檢時所指出之「技職體系經常只有1-2門性別課程」的問題，在虎尾科技大學課數不足的問題似乎已經獲得一些緩解，但技專院校性別課程開課數目偏低的問題，仍然存在於雲林科技大學以及環球科技大學，另外，當位在台北的台灣科技大學通識課程當中，已有教師於「性別與法律」中，以同志運動、變性人、愛滋病患者等的法律關係為其課程設計時[23]，雲林科技大學的該類課程仍欠缺此類設計，似乎也證實了2009年前述民間團體所提出的在教育現場中，多元性別（包括同志、跨性別、多元家庭）仍佔極少比例，忽略佔5%~10%同志權益之問題[24]，在雲林地區的實踐上，仍然不能完全獲得令人滿意的解決。

三、技職體系大學中婚姻移民教學所採取的策略

　　教育部指出，技職校院的發展重點在務實致用，強調與社會的結合[25]，也就是重視課堂所學理論與實務結合，強化同學與外界社會的互動，育成具有人文社會關懷的科技人，並不僅止於產學合作強化技轉等技術層面而已，因此本課程嘗試透過比較法觀點，讓同學對台灣當代的性別與法律議題有一基本認識，構思了包括「與婚姻移民相關的時事法律議題設計」、「引用相關大法官會議解釋，探討婚姻移民問題」、「利用通識教育講座、服務學習融入專業婚姻移民教學」等以下三種策略，以期強化教學內容，豐富公民素養：

（一）與婚姻移民相關的時事法律議題設計

　　首先透過「婚姻姓氏」、「參政權」、「教育權」、「相關國際公約或協

23　參見張宏誠，國立台灣科技大學人文社會學科通識課程「性別與法律：性異議少數族群權利保障議題與台灣社會及法律」（99學年度第2學期）授課大綱。

24　〈性別教育戳戳不樂，性教育平等法實施五週年總體檢〉，2009/6/4民間團體聯合聲明稿，台灣性別平等教育學會、女學會、同志諮詢熱線協會、婦女新知基金會、台北市女權會共同主辦。

25　〈聚焦產學合作　提高技職學生就業力—專訪教育部技職司長陳明印〉，《評鑑》雙月刊第18期，財團法人高等教育評鑑中心，2009年3月。

定」等幾個與婚姻移民相關的時事法律議題的討論，使同學建立問題意識，並藉由比較法的觀點，拓展多元文化視野，瞭解婚姻移民所面對的問題。

在上課之前，先製作簡單問題請同學進行相關資料蒐集調查，在課堂中進行簡短的小組報告，以建立興趣，如談論「婚姻姓氏」時，先請同學調查家中祖先牌位中，女性祖先的名字、媽媽是否有冠夫姓等，討論「教育權」時，則請同學去查一查，自己班上就讀虎尾科技大學的人都來自哪個縣市？製作比例圖，瞭解教育權分佈不均衡狀況，再請同學回憶幼稚園或者小學低年級時，是否曾經請媽媽協助學會注音符號、寫家庭作業的經驗，討論「參政權」時，則請同學事先調查自己戶籍所在地的男女民意代表比例，蒐集男女性民意代表的競選文宣進行比較等，而討論「相關國際公約或協定」時，則請同學就「美國牛肉事件」、「ECFA」以及「申請世界遺產」等進行分享，之後才在課堂中，由教師針對以下主題進行講授：

1. 婚姻姓氏

在夫妻稱姓的立法主義方面，有採「夫妻異姓制」者，也有採「夫妻同姓」主義者，日本至今仍採「夫婦同姓」主義，依照日本戶籍法規定，夫妻必須採取同一姓氏[26]，民法也規定「夫妻須於結婚時約定從夫或從妻姓」[27]，亦即假設「木村一二三」先生與「齋藤四五六」小姐結婚時，必須從「木村」或「齋藤」之中選擇一個作為家族共同姓氏，若是選擇木村時，則齋藤小姐從此改成「木村四五六」而不是「木村齋藤四五六」。由於日本女子婚後多隨夫換上夫姓，不保留本姓，因此往往造成困擾[28]，因此直到2009年仍是如此，鳩山內閣的女性內閣閣員法務大臣千葉景子和少子化大臣福島瑞穗[29]才聯手提出民法修正案，目前仍在日本的眾議院審議中[30]。

而台灣基本上是採取「夫婦異姓」原則。民法1000條的舊條文是「妻以其本姓冠以夫姓，贅夫以其本姓冠以妻姓。但當事人另有訂定者，不在此限。」採取「妻約定冠夫姓原則」，而於1998年6月17日修正時，使夫妻稱姓制度改

26　日本戶籍法第14條、16條參照。

27　日本民法第750條參照。

28　如一般的職業婦女，婚後改姓，客戶差點不認識她，萬一離婚，又得恢復舊姓，也有隱私權的疑慮，參見井上治代《女の「姓」を返して》（創元社、1986年）50頁。

29　福島本身也是為了貫徹「夫婦別姓」的立場，雖然結婚，但是為了保有本姓福島，堅持不去結婚登記，一直是事實婚的狀態，參見日文維基百科，「福島瑞穗」條。

30　〈日本明年修法，妻子不必從夫姓〉，中國時報，2009年9月30日，記者黃菁菁報導。

成「夫妻別姓原則」[31]，修法理由稱：「原條文以妻冠夫姓為原則，不但有違男女平等原則，且在戶籍登記及所使用資格證件、印章、等均徒增麻煩，故修訂夫妻以不冠姓為原則，且冠姓之一方亦得隨時回復其本姓。」[32]，而在子女稱姓方面，民法第1059條原規定：「子女從父姓。贅夫之子女從母姓。但另有約定者，從其約定。」，採子女從父姓原則，1985年修訂時，增訂母無兄弟得約定從母姓之放寬規定[33]，其理由則為：「國人囿於子嗣觀念，每於接連生育女孩後，為期得男，輒無節制，不但有違家庭計劃生育之原則，且影響母體健康，增加家庭負擔。故各方反應，咸望子女亦可從母姓，以期消弭無節制生育之弊害。又嫁娶婚之子女限從父姓，而贅夫之子女，則可另外約定，亦有不公。爰予修正，使嫁娶婚之子女亦可從母姓。」[34]，亦即雖有放寬可從母姓，但須限於特定狀況方可允許，顯然仍然以父系為優先考量，2007年雖經黨團協商有所修正改成書面約定登記制，並突破了傳統父系傳承迷思，規定子女姓氏不再強制從父姓，但婦運團體認為修法仍有未臻完備之處，為了爭取從母姓的權利，一群單親媽咪、繼親爸爸以及想改從母姓的成年子女在網路上組成「監護權媽咪聯盟」[35]，與婦女新知基金會聯手展開修法請願行動。經努力多年後，立法院終於在改父姓立委蔣孝嚴[36]的提案及朝野立委的贊同下，2010年4月30日通過民法第1059條修正案，條文如下：

民法第1059條

一、父母於子女出生登記前，應以書面約定子女從父姓或母姓。未約定或約定不成者，於戶政事務所抽籤決定之。

二、子女經出生登記後，於未成年前，得由父母以書面約定變更為父姓或母姓。子女已成年者，得變更為父姓或母姓。

---

[31] 民法第1000條：「夫妻各保有其本姓。但得書面約定以其本姓冠以配偶之姓，並向戶政機關登記。冠姓之一方得隨時回復其本姓。但於同一婚姻關係存續中以一次為限。」，修訂前原條文為「妻以其本姓冠以夫姓，贅夫以其本姓冠以妻姓。但當事人另有訂定者，不在此限。」

[32] 見立法院法律系統，民法1000條修正理由書。

[33] 1985年民法1059條條文修正為：「子女從父姓。但母無兄弟，約定其子女從母姓者，從其約定。贅夫之子女從母姓。但約定其子女從父姓者，從其約定。」

[34] 見立法院法律系統，民法1059條修正理由書。

[35] 監護權媽咪聯盟網址：http://tw.myblog.yahoo.com/carolin-fefe/，2011/4/9點閱。

[36] 蔣孝嚴，父為蔣經國，母為章亞若，因為非婚生子女，故從母姓為「章」，但後經戶政機關個案處理恢復父姓為「蔣」，對於改姓問題感同身受，協助提出修法，參見〈立委提案修法／成年改姓不須父母同意〉，自由時報，2009年9月22日，記者孫友廉、項程鎮報導。

三、前二項之變更，各以一次為限。

有下列各款情形之一，法院得依父母之一方或子女之請求，為子女之利益，宣告變更子女之姓氏為父姓或母姓：

一、父母離婚者。

二、父母之一方或雙方死亡者。

三、父母之一方或雙方生死不明滿三年者。

四、父母之一方顯有未盡保護或教養義務之情事者。

自此成年子女擁有姓氏選擇權，不需經父母同意；同時，改姓也從「不利影響」改為「有利影響」方向，提供法官更大的審酌彈性空間。也在順應現今性別主流化的國際思潮中邁出一步。

然而，對於婚姻移民來講，在夫妻稱姓上面，是否還有沒能解決的問題存在呢？在民法2010年修正成年人可自由選擇從父姓或母姓後，在台南市中西區戶政事務所曾發生一件新聞，民眾張百惠2010年12月前往戶政事務所申請改從父姓為「鈴木」，戶政所竟以「中國百家姓中沒有鈴木」，所以建議她改姓「鈴」名「木百惠」，經民眾抗議後，最後以《台灣區姓名大全》翻到有「鈴木」一姓，才告圓滿落幕[37]。然而，此種情形並非個案，例如越南女子有於姓後加氏的習慣，乃是其「姓」的一部分，如蛇毒案的陳氏紅琛[38]、被丈夫劉正祺娶為小妾，因故長期拘禁凌虐的越南女子段氏日玲[39]等，其姓為「陳氏」、「段氏」，而非「陳」或「段」，但在戶政機關的處理上，往往如同上述新聞般，令其改姓單字姓，亦即陳氏紅琛，姓「陳」，名「氏紅琛」，姓氏遭到更動，無法以原名登記，似乎有失公平。

然而，內政部民政司謝愛齡司長卻表示，依照姓名條例第一條第三項規定，中華民國國民與外國人或無國籍的人結婚，配偶跟所生子女的中文姓氏，必須符合我國國民使用姓名的習慣，而外國人或無國籍者若要歸化為中華民國籍，也同樣適用並沒有任何歧視的意味，就像如果台灣人歸化為外國籍，同樣也必須符合當地規定的名稱[40]，果真如此嗎？

---

37 〈改姓鈴木，百家姓找不到，差點不准〉，自由時報，2011年01月8日，記者林相美報導。

38 詳見台灣屏東地方法院刑事判決95年度矚重訴字第1號「殺人等案件」。

39 詳見台灣台中地方法院刑事判決93年度矚訴字第1號「使人為奴隸罪等案件」。

40 〈外籍人士入籍姓氏遭更動 民政司：依法律規定〉，中央廣播電台，2007年06月08日，記者楊雨青報導。

姓名條例第1條第3項稱：「中華民國國民與外國人、無國籍人結婚，其配偶及所生子女之中文姓氏，應符合我國國民使用姓名之習慣；外國人、無國籍人申請歸化我國國籍者，其中文姓氏，亦同。」，是以該法僅規定「應符合我國國民使用姓名之習慣」，並未明確界定「習慣」為何，況多元社會本應對各種移民固有「習慣」予以尊重，初不能以漢民族所無而漠視他民族所有之所有，而姓名條例第2條第3項前段：「外國人、無國籍人於歸化我國國籍後，應取中文姓名，並得以原有外文姓名之羅馬拼音並列登記」，至於如何「取」中文姓名，並無限制，是以姓名條例施行細則第3條第4項：「外國人、無國籍人歸化我國國籍者，應以中文姓名登記，並得以原有外文姓名之羅馬拼音並列登記。」，似乎對於本法所未規定「如何取中文姓名」之事項，於施行細則中技巧性的寫成「應以中文姓名登記」，遂遭主管機關解釋成「應以中文現有之姓」方允許登記，是以內政部曾於2005年10月21日通知各戶政事務所稱「外籍配偶取用之中文姓氏，如非使用國人常用之中文姓氏，得查詢教育部編訂之國語辭典或辭源、辭海，康熙等通用字典該字是否得作姓氏解釋，或參考由台灣省文獻委員會等發行之『台灣區姓氏堂號考』。如無法審認外籍配偶取用之中文姓氏是否為我國國民使用習慣之中文姓氏，得請其例舉實例，俾供研處。」[41]，然而，《台灣區姓名堂考》僅供參考，並非全國戶政事務所通用書籍，亦無法律上效力，而姓名條例及其施行細則也僅表示姓名需能用中文表記，並沒有明文限制「應以中文現有之姓」方允許登記，是以主管機關之限制，似有超過母法授權範圍的違憲疑慮。

再者，就日本立法例而言，根據日本現行法律，夫妻雙方都是日本人的時候，採「夫妻同姓」原則，一定要以夫妻一方之姓氏為姓氏，但是如果夫妻一方是外國人，亦即跨國婚姻的時候，則可以各自保有婚前之姓氏，如果想要同姓，則需在婚後六個月內向有關單位（通常是區公所）提出申請，超過六個月以上，則必須到家事法院以裁判取得許可[42]，其法律依據則為日本戶籍法第107條第2項：「與外國人結婚者，欲將姓氏變更為該外國人之姓氏時，於結婚登記起六個月內，得不經家庭裁判所的許可，逕以申請為之。」那麼，外國人因為婚姻而歸化成為日本人時，該外國人姓氏應如何表記呢？

---

[41] 見內政部2005年10月21日台內戶字第09400161631號函。
[42] 參見日本法務省〈国際結婚、海外での出生等に関するQ&A〉問題六，http://www.moj.go.jp/MINJI/minji15.html#name6，2011/4/7點閱。

　　按外國人歸化為日本人時，依照日本戶籍法施行規則第60條附表二的規定，姓氏用的漢字必須是在該附表所列「常用漢字表・人名用漢字表」[43]的表列漢字之內，原生日本人則不受此限制，如「濱」乃舊體漢字，「常用漢字表・人名用漢字表」則改寫成「浜」，因此日本歌手濱崎步如為歸化的外國人時，其名字只能寫成浜崎步。但是在現行「歸化許可申請書」上，並沒有必須採用日本既有之姓氏為姓氏之限制，且外國人歸化成為日本人時，「姓」只要是常用漢字即可，並沒有限定要自日本現有「姓」當中擇一，而「名」更開放至可以用漢字、平假名、片假名表記，是以就日本立法例而言，顯然較台灣實務上的作法更富彈性。

　　其實，日本早年也有類似台灣實務上的作法，據朝日新聞1997年的報導，至1984年為止，各地的法務局對前來申請歸化的外國人，都會施以不取日本式名字就很難通過的行政指導，甚至到了1991年，越南難民申請歸化日本國籍時，想要依照越南習慣，取一個字為姓氏時，有關單位都會面露難色，指導其取兩個字的日本式名字[44]，是以在日韓國人提起多起「恢復民族名」之訴訟，主張連漢字發音都應該尊重民族發音，例如韓國名字為李高順，如果依照日本一般念法應該是リ・コウジュン，但是主張戶籍登記上可以選擇念韓國音為イ・コジュン[45]，因此基於多元文化以及人權尊重的理念，台灣的戶政主管機關似乎不應該再堅持必須要以「台灣現有之姓及習慣」作為婚姻移民姓氏登記之準據。

2. 教育權

　　依據教育部統計資料顯示，新移民子女人數在92學年度只有3萬人，至98學年度則突破15萬人，可預見未來幾年新移民子女人數仍將逐年增加，因此教育部特於教育白皮書中列入「新移民子女教育改進方案」，其內容則為[46]：

一、目標

　　1. 充實新移民需求之教育資源配置，提昇其學習品質。

43　該表由國語分科會初審，送交文化廳文化審議會、文部科學省審議後，以閣議通過之，最近一次的更新是在2010年11月30日。

44　朝日新聞〈天声人語〉1997年10月20日。

45　在日韓國人爭取姓名發音以近似韓文而非日文的方式表記，稱為「恢復民族名」運動，1985年成立「民族名をとりもどす会」加以推動（1994年解散），最早成功者為1987年的「朴實」案。

46　見教育部教育研究委員會2011年4月1日發布之「中華民國教育報告書」，此乃2010年8月28日、29日第八次全國教育會議之結論與建議所撰寫而成之總體教育政策白皮書，教育部希望可以作為將來十年教育政策的重要指針。

2. 提供新移民子女生活和學習輔導，提高其學習成就。

二、方法

1-1 發展新移民進階學習課程。

1-2 強化現行新移民教育服務措施，調整相關配套機制。

2-1 持續推動「新移民子女教育改進方案」。

2-2 實施新移民子女課業補救教學，提升其學習效果。

三、具體措施

1-1-1 研發適合不同原生國家新移民基本教育教材。

1-1-2 規劃成人基本教育研習班之系統化學習課程。

1-2-1 降低成人基本教育研習班開班人數，使外籍配偶可依其需要繼續學習。

1-2-2 研修國中、國小補校課綱，以符目前環境需求。

1-2-3 輔導各縣市整合相關資源，強化「新移民學習中心」功能。

2-1-1 辦理現職教師有關新移民語言文化之研習，以利教學與輔導。

2-1-2 運用新移民母國文化背景與優勢，協助新移民子女學習其母語與文化。

2-2-1 辦理新移民子女課業補救教學，以提高其學業成就。

2-2-2 開發補救教學教材及學習成就檢測工具，並提高新移民子女學習成就。

為了落實上述教育報告書的內容，在「國民教育」的部分，教育部國教司則於2011年4月5日發布「推動新移民教育改進方案」新聞稿，提出日後預計工作方向如下[47]

一、實施諮詢輔導方案：

(一)諮詢服務：學校可與民間團體合作，由民間團體提供外籍及大陸配偶及其子女諮詢輔導，或到家庭輔導訪問。

(二)小團體活動：透過小團體活動方式提昇外籍及大陸配偶子女自我認同並能敬親尊長，輔導其在學校之生活適應、學習適應，以接納、關懷及尊重不同族群。

二、辦理親職教育研習：辦理親職教育研習：聘請專家學者，有系統的協

---

[47]　見教育部國民教育司2011年4月1日「推動『新移民教育改進方案』」新聞稿。

助外籍及大陸配偶認識自己、瞭解子女的發展，增進為人父母的知識與技巧，進而改善親子關係。必要時可提供參加親職教育之外籍配偶臨時托育服務。

三、舉辦多元文化或國際日活動：以尊重、接納他國文化特色，建構豐富多元文化社會，辦理各國文化特色活動。

四、辦理教育方式研討會：全國分北、中、南三區辦理，由各縣市政府輪流主辦，由縣市政府人員、學校教師與外籍及大陸配偶（含團體）共同參與，以研討最適合外籍及大陸配偶子女之教育方式。

五、辦理教師多元文化研習：培養多元文化教育種子教師，由縣市建置多元文化教育專長教師資料庫，做為講師參考名單。並結合多元文化教育之學者專家與教師共同研發多元文化教材。

六、實施華語補救課程：對於外籍配偶子女曾在國外居住數年後返國就學，缺乏基礎華語表達溝通能力者，由學校聘請教師對學生進行華語補救課程，必要時聘請簡單通 譯人員提供師生間溝通即時翻譯，協助其語言學習。另學校亦可就近引進家長通譯志工，補助通譯志工費用，以共同協助該類學生學習。

七、編印或購買多元文化教材、手冊或其他教學材料：藉由運用教材、手冊、報章雜誌、器具、服飾等，使學生瞭解多元文化，縣市並可建置多元文化教材教具流通網站，提供教師借用與諮詢。

八、辦理全國性多元文化教育優良教案甄選：由縣市政府辦理，提供優良教案甄選獎金以鼓勵教師研發多元文化教育教案。並將優良教案上傳網站提供下載，以精進教師多元文化教學能力。

九、辦理母語傳承課程：藉由開辦外籍配偶母語之傳承課程，讓外籍配偶子女認同並樂於學習、運用其父（母）之母語，形成其另一語言資產，同時孕育國家未來之競爭力。

綜觀教育部以上措施，除了協助新移民子女在華語環境下的教育學習以外，有鑑於以往婚姻新移民往往因為夫家的反對，母親只能偷偷地教新移民子女媽媽的話[48]，因此也開始以政府的力量主導重視原生國語言學習以及文化傳承，按早期國民政府遷台，禁絕日語、獨尊國語，阻絕了多元文化共生的管道，行政長官陳儀在1945年除夕廣播中提到：「台灣既然復歸中華民國，台灣

---

[48] 〈母語悄悄教，八年夜夜唱越南謠〉，中時電子報，2008年08月16日，記者朱真楷報導。

同胞必須通中華民國的語言文字，懂中華民國的歷史。學校既然是中國的學校，應該不要再說日本話，再用日文課本。現在各級學校一律暫時以國語、國文、三民主義、歷史四者為主要科目，增加時數，加緊教學」，嗣後以「國語推行委員會」、「說國語運動」強化之，甚至在行政院長俞國華任內的1985年，還制定「語言法」草案，明定於公開場所均應使用標準國語，否則予以處罰，該草案一經公佈，輿論譁然，因此無疾而終[49]。

到了陳水扁總統主政時代，為了推動族群融合，於2004年10月16文建會所舉辦的「族群與文化發展會議」後，提出主張擬定「國家語言發展法」各種族語言都是「國家語言」，平等受到尊重，至於台灣的共通語言為何，則交由未來決定[50]，因此行政院於2007年3月完成「國家語言發展法草案」的審查，明定必須建立國家語言資料庫，以供語言復育、傳承、發展之用，並規定「多語服務」等[51]。其立法目的乃是為了具體落實及保障國民使用國家語言之權利，因此責成政府應提供學習國家語言機會，並於國民利用公共資源時提供國家語言溝通必要之服務[52]，並參酌聯合國人權委員會所通過的「隸屬少數民族或宗教與少數語言族群的權利宣言」[53]意旨，鼓勵及保存少數民族語言，該法雖因種種因素尚未立法通過，但提倡多元文化共生的基本精神，已經逐漸獲得大家認同。

現在，教育部能夠以此為鑑，值得肯定。但是到目前為止，各國中小每週僅1節的「本土語言課程」，卻因為九年一貫課程綱要規定「本土語言」範圍僅授閩南語、客語及原住民語[54]，其他新住民母語則無法開課，僅能利用課餘時間，透過社團活動[55]，或者透過專案申請方式加以輔導[56]，似乎獨尊以「北京話」為國語的現象仍然存在，若考慮到高中以及大學均仍有國文課的設計，比例似乎過於失衡，仍呈現國語一枝獨秀的局面，將來有無可能在國中小增加北

49　鍾芳廉〈客語生活生活實施現況與成效分析：以屏東縣內埔國小為例〉（國立屏東教育大學客家文化研究所，2009年）21頁、24頁、27頁。
50　〈扁倡國家語言發展法〉，蘋果日報，2004年10月17日，記者徐佩君報導。
51　〈國家語言，草案明確定義〉，聯合晚報，2007年03月20日，記者黃國樑報導。
52　見行政院〈國家語言發展法草案總說明〉，2007年3月，本草案由政務委員林萬億主擬。
53　「隸屬少數民族或宗教與少數語言族群的權利宣言」，是來自於聯合國人權委員會1992年2月21日所通過的第16號決議與1992年12月18日於聯合國大會所通過的第47/135號決議。
54　參見97年國民中小學課程綱要「一、語言學習領域」，該領域共包括「國語、英文、客家語、原住民語、閩南語」等五種語言。
55　〈本土語言課，獨漏新住民母語〉，立報，2010年02月22日，記者陳威任報導。
56　〈教長：專案申請，國中小可教新移民母語〉，中央社，2010年02月21日，記者陳舜協報導。

京話以外的本土語言之授課比例,並且在大學階段考慮順應時代需要,將國文課程修正,擴大為「本土語言課程」,增加多元學習機會,似乎也是一個思考方向,蓋目前大學中本土語言科系,已經打破北京語系研究壟斷的局面,開始將客家文學、台灣文學列入授課範圍,尤其以應用華語系,更在第二語言習得的部分增加印尼語、馬來語、越南語部分[57],即便未設有本土語言科系的技職體系大學,也多在此一方面尋求突破,如虎尾科技大學除了與美國、日本等締結姊妹校以外,更積極拓展與東南亞各國的合作交流關係[58],自2010年起也開始有了越南學生到校就讀,為因應此一需要,虎尾科技大學除開設華語專班[59]之外,並開始計畫於99年教學卓越計畫中,於語言教學中心下籌設華語課程,以供外籍學生修讀,另一方面,也請越南學生與教師協同合作以越南文、中文的方式編輯教材,而雲林科技大學也於97年教學卓越計畫中,於管理學院新興產業市場系列活動下開辦越南文學習班[60]、於推廣教育中心開設越南語入門課程[61]。環球科技大學則針對東南亞各國國際認識方面,於通識教育中心開設有「越南語言與文化」、「印尼語言與文化」、「馬來西亞語言與文化」等課程[62]。

(二)參政權

政治乃是眾人之事,但是實際操作上所謂的「眾人」,指只佔二分之一的男性,女性乃往往被忽略,更遑論同性、跨性別者,而歐美婦女自19世紀初即展開爭取參政權的運動,遲至20世紀初期才取得參政權,甚至到1945年聯合國成立之後,承認女性與男性擁有相同參政權的國家也只有三十個國家[63];台灣的婦女則在1947年中華民國憲法頒行之後,由於憲法第7條規定「中華民國人民,無分男女、宗教、種族、階級、黨派,在法律上一律平等。」因此在法律上取得與男性平等的參政權,然而女性從政實際比例仍然偏低,比如馬英九於2008年競選總統時,將女性閣員比例定為超過四分之一,雖曾一度於劉內閣任

---

57 如中原大學應用華語文學系便開始徵求此類師資,以因應婚姻移民需要,參見〈教育部高教技職簡訊〉,第52期,2011年04月10日。
58 虎尾科技大學目前與越南的河內百科大學、外貿大學、農業大學和榮市大學等締結有學術交流協定。
59 華語教學課程乃2010年起專為虎尾科技大學碩士班越南外籍生開設之課程。
60 參見雲林科技大學教學卓越網,網址:http://eminent.yuntech.edu.tw/index.php,2011/4/10點閱。
61 參見雲林科技大學99學年度第2學期,語言中心推廣教育招生簡章。
62 參見環球科技大學通識教育中心網頁,網址:http://mail.twu.edu.tw/~oge/。
63 紀建文、鍾麗娟〈婦女參政權的法律保護〉《理論學刊》2002年5月第三期,75頁。

內達成[64]，但隨即於吳內閣任內破功[65]，可見得也佔「眾人」二分之一的台灣女性，其從政比例的提昇，也還有好長一段路要走。

日本女性參政比例雖不如台灣，但是也有不少女性政治家，例如日本史上第一位眾議院議長的土井たか子，乃是同志社大學法學部出身[66]，在1980年眾議院議員任內，曾就男女僱用差別待遇、家政科僅限女學生修習、國籍法不應只承認父系主義等性別議題加以主張[67]，而繼土井たか子成為社民黨第二位女性黨魁的福島瑞穗[68]，除了就男女工作平等等議題加以提倡外[69]，2009年並曾擔任鳩山由紀夫內閣的特命擔當大臣（類似台灣的行政院政務委員），專門負責消費者食品安全、少子化對策、男女共同參加等議題[70]，然而，在面對外國人或者移民的政治參與權利方面，日本也有自己的問題。

取得日本永久居留資格而不願意歸化日本國籍者，以韓國人為最多，亦即所謂「在日韓國人」，他們從小在日本生活，早已是日本社會的一份子，他們希望擁有參政權，因此屢次提起公職選舉訴訟，主張縱使不能參加全國級的選舉，至少在他們所居住的地區，可以有參加地方選舉的權利，來決定自己的生活，最後日本最高裁第三小法庭基於安撫在日韓國人的政治上考量[71]，於1995年2月28日針對「定住外國人參政權」作成判決[72]，認為基於國民主權原理，不具有日本國籍當然非日本「國民」，所以不能參加「全國級」的選舉，然而在判決傍論中則指出[73]，基於民主主義自我決定權的原理，似乎可以考慮以立

---

[64] 劉兆玄內閣35位閣員中，有10位女性閣員，〈女閣員跨1/4門檻，馬蕭兌現支票〉，聯合報，2008年4月29日，記者李明賢報導。

[65] 吳敦義內閣中，女性閣員比例僅佔20.5%，未達四分之一，〈吳內閣女閣員比率20.5%，不符馬政見〉，自由時報，2010年5月18日，記者范正祥報導。

[66] 原名土井多賀子（1928～），選舉時都寫成土井たか子，1986年當選社會黨黨魁，是日本史上第一位女黨魁，1993年當選日本歷史上第一位女性眾議院議長，參見上田正昭 西澤潤一・平山郁夫・三浦朱門監修《日本人名大辭典》（講談社，2011年）土井たか子條。

[67] 參見日文版維基百科，「土井たか子」條，2011/4/8點閱。

[68] 福島瑞穗（1955～），東京大學法學部畢業，律師，參議院議員並兼學習院女子大學客座教授，參見上田正昭・西澤潤一・平山郁夫・三浦朱門監修《日本人名大辭典》（講談社，2011年）福島瑞穗條。

[69] 福島瑞穗〈女性が男性と平等に働くためには勞働法制における男女共通規則が必要〉收錄於《日本の論点》（文藝春秋社，1998年版）。

[70] 參見日文版維基百科，「福島瑞穗」條，2011/4/8點閱。

[71] 〈「政治的配慮あった」外国人参政権判決の園部元最高裁判事が衝撃告白〉産経新聞，2010年2月19日。

[72] 判決全文參見日本最高裁判所民事判例集（簡稱「民集」）49卷2號639頁H07.02.28第三小法廷・判決平成5（行ツ）163選舉人名簿不登錄處分にする異議の申出却下決定取消。

[73] 該判決的判決理由(2)，被認為屬於傍論，但作成判決的園部逸夫裁判官認為日本最高裁判決體例只有判決要旨、判決理由兩部分，並沒有所謂的「傍論」之存在。園部逸夫《最高裁判所十年私の見たこと考えたこと》（有斐閣、2001年）141頁。

法方式，允許賦予其地方參政權[74]，從此以後激起日本社會正反意見的激烈論爭，而外籍配偶逐漸成為台灣社會的成員，他們不一定具有公民身分，是否應賦予新移民一定程度的參政權，似乎也有值得討論的空間，因此外籍配偶、移工、黑戶家庭曾組成的「不合格公民參政團」，以「參選」來讓更多人看見他們的困境[75]，甚至提出願景，希望以後台灣會有一個叫做「移民黨」的新政黨[76]，而印尼媳婦鄭愛美，來台十幾年，講得一口好台語，也被街坊鄰居推薦參選彰化縣秀水鄉金興村村長[77]，也都顯示出婚姻新移民逐漸融入台灣本地生活，「日久他鄉變故鄉」的決心[78]。

（三）相關國際公約或協定

在課程中，向同學們介紹以下四種與婚姻移民有關的國際公約或協定：

1. 《消除對婦女一切形式歧視國際公約》（CEDAW）

此一公約，乃是依照聯合國大會1979年12月18日第34180號決議，於1981年9月3日生效並開放各國簽署，被認為是婦女的人權法典。我國於2007年經立法院正式通過簽署CEDAW，陳水扁總統隨即公布了加入書委請友邦遞交聯合國，但遭當時聯合國秘書長潘基文援引聯合國2758號決議，拒絕台灣存放加入書[79]。此後南洋台灣姐妹會、外籍配偶成長關懷協會等團體，於具體議題的論述中直接援引特定的CEDAW規範，作為向政府抗議或遊說的論據[80]，可見雖然已經簽署公約，但是許多外籍配偶的權益仍未被保障[81]，其落實程度仍有待加強。

2. 《公民權利和政治權利國際公約》和《經濟、社會及文化權利國際公約》

1948年12月10日，聯合國大會通過全文30條的世界人權宣言，此一宣言底下包括兩個公約，即《公民權利和政治權利國際公約》和《經濟、社會及文化權利國際公約》這2個公約和《世界人權宣言》一般被合稱為「國際人權法

74　參見棟居快行、赤坂正浩、松井茂記、笹田榮司、常本照樹、市川正人合著，《基本的人權の事件簿 第2版》（有斐閣，2002年）233頁。

75　〈不合格公民聯手進軍政壇〉，立報，2010年9月12日，記者呂苡榕報導。

76　夏曉鵑〈新移民運動的形成—差異政治、主體化與社會性運動〉台灣社會研究61期，2006/03，第3頁。

77　〈外配選村長，我們不光生孩子〉，聯合報，2010年5月19日，記者林宛諭報導。

78　〈越南配偶見爹娘、日久他鄉變故鄉〉，立報，2003年09月12日，記者陳怡君報導。

79　公約中文譯本可見財團法人婦女權益促進發展基金會網頁，http://gender.wrp.org.tw/index.asp。

80　陸詩薇〈當我們『同』在『異』起？台灣CEDAW運動之研究與評析〉，台灣大學法律學研究所碩士論文，2009年，1頁參照。

81　〈外配沒保障，反歧視公約未落實〉，立報，2010年9月20日，記者史倩玲報導。

案」。台灣因被迫退出聯合國而無法完成上述公約簽署，在沉寂多年以後，為彰顯重視人權，台灣政府以罕見的速度，經八個月的審議討論，就於2009年12月10日世界人權日當天片面宣布施行「公民與政治權利國際公約」及「經濟社會文化權利國際 公約」[82]，表示願意自動自發遵守國際條約，逕送聯合國，仍然遭到聯合國拒絕。而依照兩公約施行法第8條規定，各機關主管的法律，只要有不符合兩公約規定者，應於施行法施行後2年內，完成制訂或修訂，因此各機關也開始通盤檢討所轄法規是否有不符兩公約者，而予以修正[83]。而民間也為了監督政府真正落實兩公約，而由法律人士、勞工人士、環保人士以及原住民團體等共同成立了兩公約實行監督聯盟[84]。

3. 台越民事司法互助協定

　　在跨國婚姻頻繁的現代，伴隨離婚率之升高，跨國爭奪子女監護權的事件不斷上演，然而女性婚姻新移民若婚後育有子女，在爭取監護權是又會面臨一個狀況就是如果沒有取得監護權，又不是因為家暴判決離婚，同時也沒取得家暴令，就會被遣送回國，離婚外配只能定期來探訪子女[85]。且因我國與世界多數國家都沒有正式外交關係，因此在跨國處理上甚為棘手，而「台越民事司法互助協定」就是一個突破性的司法互助協定。

　　2010年11月5日通過立法院「駐越南台北經濟文化辦事處與駐台北越南經濟文化辦事處關於民事司法互助協定」（簡稱「台越民事司法互助協定」），若台越聯姻衍生兒童監護權爭議，互助協定可提供雙方保障[86]，本協定為我國與美國於民國91年間簽署「臺美刑事司法互助協定」後，另一與無邦交國家簽署的司法互助協定[87]，為我國與無邦交國家簽署民事司法互助協定之首例，亦為我國與東協國家所簽署之第一個司法互助協定。

---

[82] 兩公約以及其施行細則的中英文版本，可參見法務部「打造世界級人權環境，積極落實《公民權利和政治權利國際公約》、《經濟、社會及文化權利國際公約》」網站。

[83] 如教育部便因此就篩選國小至大學的14所學校，請其進行校內法規及行政措施是否符合「兩公約」內涵進行檢視，五間受檢大學中屬於技職體系的大學則有國立高雄第一科技大學、南亞技術學院兩校，參見教育部訓育委員會〈讓人權於校園中真實地被感受～教育部輔導學校依人權「兩公約」檢視其校內法規及行政措施辦理現況〉新聞稿，2010年9月25日。

[84] 兩公約實行監督聯盟，網址：http://covenants-watch.blogspot.com/。

[85] 〈離婚外配想居留，監護權成關鍵〉，立報，2010年2月1日，記者史倩玲報導。

[86] 〈新台灣子監護權，台越互助保障〉，大紀元，2010年11月5日，中央社記者黃名璽報導。

[87] 〈臺越民事司法互助協定獲立院通過〉，今日新聞網，2010年11月9日，記者王宗銘報導。

四、引用相關大法官會議解釋，探討婚姻移民問題

　　近年來，法學教育的教學方法不斷推陳出新，也帶動了技職體系大學法學教育的變革，如96年教育部「法學教育教學研究創新計畫」中，推出「補助大專院校推動憲法及法律與生活教學發展計畫」，該計畫除了一般高教體系的大學獲選外，技職體系的大學有萬能科技大學通識教育中心徐振雄「以憲法案例式教學培養大學校院學生的憲法意識」[88]、朝陽科技大學通識教育中心陳運星「生活與法律：法院判決書之案例教學法」[89]參與研究計畫，並將結果集結成書予以出版[90]，到了98年度「法學教育教學研究創新計畫」中，陳運星老師以及徐振雄老師又再接再厲，陳運星教授提出「人、社會、自然的本土法學典範案例教育──法院裁判書之案例式與對話式教學模組」，徐振雄提出「法律通識課程結合理論與實務之案例與對話教學模組整合型計畫」，可見得在近年的技職體系的通識法學教育中，除了一般的條文釋義型授課外，也增加了以案例教學為主的新風貌。

　　大法官職司憲法解釋，為憲法守護者，在釋憲過程中聽取多方意見、調和價值衝突，以達成人權保障，是我國憲政體制下不可或缺的機構，而其所作成解釋，除解釋文外，並附有協同意見書、不同意見書以及相關訴訟資料，更有助於多元觀點的形成，因此在「性別關係與法律」課程的婚姻移民教學之中，便選取幾個大法官會議解釋作為案例，進行對話式教學，以不同主題為課程核心，提高學生學習興趣，並增加課程之廣度與深度。唯參與課程同學，皆未受過法學訓練，除介紹「全國法規資料庫」、「司法院大法官會議」等網路檢索系統增加其認識外，短時間內很難使課程參與者對充滿法學專有名詞的判決文或解釋文加以理解而產生興趣，況且大法官會議解釋目前與婚姻新移民直接關涉者不多，都增加案例式教材設計的困難度，因此筆者針對婚姻移民的部分，以大法官會議相關解釋為藍本，編寫出下列之簡易劇本大綱，請同學上課以演出行動劇或事前拍攝短片的方式呈現，再由教師就其中法律問題以及討論大綱進行講解與交流：

---

[88]　該計畫成果後來集結成《憲法案例與憲法意識》，高立出版社，2009年。
[89]　該計畫成果後來集結成《生活中的法律：法院判決書之案例教學法》，元照出版社，2008年。
[90]　除前述兩書外，另外屬於高教體系的義守大學通識中心李銘義老師，也將研究計畫成果寫成《憲法體制與人權教學本土案例分析》一書，麗文文化，2008年。

（一）大法官會議372號解釋（家庭暴力，1995年）

【劇本大綱】

　　楊貴菲與唐名黃於1979年間結婚，不料自1989年9月中旬起，唐名黃就找藉口連續毆打楊貴菲致傷，有驗傷診斷書可資佐證。經板橋地方法院審理認為虐待屬實判決准許離婚。

　　唐名黃對此判決提起上訴，經台灣高等法院以唐名黃之所以打老婆，乃是因為懷疑楊貴菲與第三人游露安有婚外情，一時氣憤才會這樣，就算有過當行為也還不能說是有「不堪同居之虐待」，所以廢棄原判決，將楊貴菲在第一審請求離婚之訴駁回，在無法上訴之後，楊貴菲最後只好以違反男女平等為由，申請大法官會議解釋，請問大法官會怎麼判斷呢

【課程討論】(1) 家庭暴力保護令的申請程序與效果。
　　　　　　(2) 新移民家庭的家暴問題與法律扶助。

（二）大法官會議452號解釋（夫妻住所設定問題，1998年）

【劇本大綱】

　　白刀鳳跟蘇哈利於1984年結婚，婚後兩人住在丈母娘家裡，後來蘇哈利覺得寄人籬下委屈，夫妻就打算買板橋的預售屋，1993年蘇哈利狂打老婆後，離家出走一去不復返。白刀鳳為了養孩子以及繳預售屋貸款，拼命工作，沒想到1995年蘇哈利忽然出現，要求白刀鳳搬回位在新竹縣尖石鄉的老家履行同居義務，否則就離婚，小孩歸蘇哈利，亦即行使民法（舊法）丈夫之住所指定權，各審都判白刀鳳敗訴，因此白刀鳳委託律師，以民法該規定違反憲法男女平等之原則，向大法官提請釋憲，請問大法官該怎麼處理？

【課程討論】(1) 住所的法律上意義與效果。
　　　　　　(2) 新移民戶籍設定上所碰到之法律問題。

（三）大法官會議664號解釋（少年虞犯感化教育問題，2009年）

【劇本大綱】

　　何晃晃是個充滿理想的青年，長大以後就考進法院，在少年法院當法官，他審理很多逃學逃家的案件以後發現，依照少年事件處理法的規定，法官可以把不偷不搶根本也沒做壞事的少年，只因為被認定經常出入不良場所、與

有犯罪習性人交往、參加不良組織、隨身攜帶刀械、有可能犯罪等理由，就可以送進少年觀護所等機構，跟關進監獄沒什麼兩樣，這些法條違反了憲法比例原則、受教權、平等權、法律明確性原則等的規定，應該要被認定為無效，因此停止審判，送請大法官解釋，請問大法官會怎麼判斷呢？

【課程討論】(1) 少年虞犯之產生原因。

　　　　　　(2) 新移民家庭之子女教育法律問題。

（四）大法官會議第552號解釋（被騙重婚問題，2002年）

【劇本大綱】

　　方西施與擔任教職的吳夫差結婚多年，吳夫差性情暴躁常常打老婆，還逼方西施辦理離婚登記（雖然被判決離婚登記無效，也就是婚姻仍有效），吳夫差卻因此拿舊版寫有離婚登記的戶籍謄本，取得單身證明，另外跟越南女子阮氏玉梅在越南結婚，方西施氣死了，主張吳夫差與阮氏玉梅的婚姻無效，但吳夫差主張阮氏玉梅是不知情無辜的「善意第三人」，因此吳夫差跟阮氏玉梅的婚姻依照大法官會議362號解釋精神，所以仍然有效，方西施只好訴請大法官解釋，請問大法官怎麼辦？

【課程討論】(1) 離婚的效力。

　　　　　　(2) 國際婚姻的現狀。

　　於性別關係課程進行中，為發揮技職教育重視實做的精神，並策劃於2010年10月由虎尾科技大學通識教育中心、學務處、教學發展中心共同舉辦「虎科大99學年度上學期人權法治教育短片製作競賽」，請參賽同學自筆者撰寫的15個由「司法院大法官會議解釋」所改編的主題故事中，選擇一個主題故事加以發揮，參考所附故事大綱演出劇情（真人演出或者動畫均可），希望讓虎科大的學生瞭解到法律並不只是躺在六法全書裡的白紙黑字，而是在日常生活中就會接觸到的實際故事，提升「人權」與「法治」素養，促進相互尊重、包容與關懷。據參賽同學反應，透過短片拍攝，不但拉近與同學之間的距離，而且瞭解到原來法律條文背後藏著這麼豐富的故事，因此原本多數抱著姑且參加的心態報名的，等到製作完成後，都紛紛表示學到很多法律知識受益很多，希望日後能有機會在參加類似競賽。

五、利用通識教育講座、服務學習融入專業婚姻移民教學

　　通識課程一般只有一學期兩學分，授課時間有限，如能結合學校資源，必可擴大教學效果，增加教學影響範圍。虎尾科技大學通識中心設有通識教育講座，乃全校大一新生必修的課程，分梯次進行，每次參加人數高達一兩百人，因此課程上面結合通識教育講座，推薦性別議題相關學者專家蒞校演講，鼓勵修課同學於課餘時間前往聽講，又因該等演講多有影音紀錄留存，亦方便同學於有空時自行上網瀏覽，增加對性別關係議題的瞭解，茲將近年通識講座有關性別議題之演講列表如表3-5-2：

表3-5-2　國立虎尾科技大學通識教育中心近年通識講座有關性別議題之演講列表（2009年～2011年）

編號	日期	主講者	題目
001	2009/5/21	高師大性別所游美惠教授	親密關係
002	2009/12/17	成大教育研究所	饒夢霞教授─解E世代的愛情密碼
003	2010/03/11	同志書店「晶晶書庫」負責人賴正哲先生（大法官釋字617號聲請人）	性別身體與同志空間
004	2010/10/13	姊妹電台王麗萍董事長	性別觀點看新聞
005	2010/10/20	嘉義大學教育系陳美瑩教授	新移民女性在台經驗
006	2010/11/18	性別人權協會王蘋祕書長	性別人權在台灣─現實與展望
007	2011/5/18	移民署謝立功署長	婚姻新移民所面對之法律問題

　　在七場演講中，與婚姻移民議題有關的有姊妹電台王麗萍董事長的「性別觀點看新聞」、嘉義大學教育系陳美瑩教授的「新移民女性在台經驗」、移民署謝立功署長的「婚姻新移民所面對之法律問題」等三場，分別由理論以及實務方面進行演講，也使修課同學吸收更多多元觀點，開拓視野。

　　而在服務學習方面，服務學習（Service Learning）的理念乃是源自於美國，其目的乃是希望學生藉由服務而從中能夠學習獲益[91]，在法學的方面，有輔仁大學財經法律系於教學卓越計畫經費支持下，到泰山鄉明志國小去進行

---

[91]　參照胡憶蓓〈大專校院服務學習課程與活動參考手冊〉壹、服務學習概念闡述的部分，見教育部服務學習網，網址http://english.moe.gov.tw/mp.asp?mp=10000 。（點閱日期2010/2/28）

法治教育[92]，而靜宜大學也於96學年度起的專業服務學習課程中，開設有「法院訴訟實務」一門[93]，而自2010年起，教育部也將該等模式推動到技職體系的大學，認為現代技職教育除重視學生專業知識與技能等硬實力的培養外，更應透過多元的方式涵養學生的工作態度及抗壓性等軟實力。是故，教育部於2010年訂定「教育部鼓勵技專校院開設勞作教育及服務學習課程實施要點」，除了打掃校園、整理研究室等固有的勞動服務方式外，積極推動專業的服務學習計畫[94]，虎尾科技大學也自98學年度起，鼓勵教師嘗試將服務學習融入於專業課程之中，如根據虎科大通識中心陳怡華老師99學年度第2學期「婚姻與家庭」的課程大綱，便設計有跨國婚姻校外服務學習，指出具體服務協助項目包括以下內容：

1. 外籍配偶生活適應（語言溝通能力、基本識字能力、適應障礙解決）
2. 外籍配偶文化融合（社會支持網絡、自我教育能力、族群融合協助）
3. 外籍配偶子女課業輔導

而筆者亦自98學年度下學期起，於法學緒論課程中，設計出由修習的同學以古典小說西遊記為文本，改編或創作出一個法律故事，並附以簡單的法條解說，到雲林故事館進行說故事表演的企劃[95]，99學年度下學期，便於「性別關係」課程中，推動專業課程融入服務學習計畫，安排到位於斗六市府文路的雲林縣外籍配偶中心進行服務學習，於學習過程中，首先在課堂上與修課同學一同討論以及播放相關影片，介紹婚姻新移民所面臨種種議題，增進修課者對於婚姻移民的認識，使其對此一議題有一定程度的瞭解，然後安排同學分批前往雲林縣外籍配偶中心，協助該中心處理與婚姻移民面談時的庶務性工作，透過近距離觀察不同語言文化的新台灣人，讓同學藉由實地參與，瞭解我們雲林縣目前婚姻新移民所實際面臨的問題與現行法律制度之間的關聯性，於課堂中與教師一同討論省思。

---

[92] 其成果集結成黃裕凱《法律植根-法律系所協助中小學法治教學之規劃與實踐》（輔仁大學出版，2007年）一書。

[93] 參見靜宜大學服務學習發展中心網頁，網址http://www.service-learning.pu.edu.tw/。（點閱日期2010/2/28）。

[94] 教育部技職三科汪佳佩〈落實生活即教育鼓勵技專校院開設勞作教育及服務學習課程〉，高教技職簡訊，第52期，2011年4月10日。

[95] 詳見李玉璽〈法律與文學科際整合的創新教學策略：以法學緒論課程為例〉，收錄於《大學教師教學反思與創新教學》（弘光科技大學教學資源中心出版，2011年）。

六、檢討與結論

　　技職體系大學通識教育的目的，乃是培養學生自我發展的能力，使得技職體系的學生除了從事技術性的知識發展之外，也能透過通識教育的專業學習，瞭解科學與人類文明、社會發展的多元關連性，為培育全人建立基礎，而逐漸增多的婚姻移民不但正在改變台灣的人口組成，影響社會的變遷發展，而且對於營造發展多元文化環境非常有助益，因此在通識教育的性別關係類的課程中，增加有關婚姻新移民的討論、甚至獨立開課是有其必要性的，然而婚姻新移民的議題方興未艾，需要多方面的科際整合，如何整合資源吸引更多人共同加入，匯聚研究能量，乃是無可迴避的問題。

蔡佩芬

一、教學內容與目的

　　要保護人權，就該正視傷害人權之源由。國家安全與社會安定，繫於家庭的安康，家庭安康與婚姻幸福美滿，在外籍配偶的家庭中，有些可以持續，有些無法繼續，該正視與面對不能持續的因素，以及這因素造成社會不安的根源，而不是盲目追求人權，忽視本已存在的非法遁入合法手段。所以本課程最終目的，是培養學生對婚姻移民人權之認識與尊重。讓學生瞭解到，生活衝突可能來自於移民文化之交雜、不是每一位移民者都是犯罪人、卸下學生心中對移民者的莫名恐懼之距離感與排斥感。

　　在法律知識方面，讓學生知道，大部分的詐婚移民是無法有證據可循，因此無法撤銷國籍，對此付出的社會成本與代價，是家庭的破碎；而有證據者，多是因為單身證明被證實是偽造文書而不該當取得國籍要件，故而最後被撤銷國籍。

　　本課程開課名稱是，98學年度第一學期課程名稱是「移民犯罪與人權」，同學年度第二學期開課名稱是「經濟刑法——新移民犯罪之人權保障與司法互助」。講授內容提綱如下：

　　1. 基本人權的講授。
　　2. 婚姻移民者之犯罪現況。
　　3. 婚姻移民者之犯罪種類。
　　4. 婚姻移民者之犯罪行為與類型。
　　5. 詐婚移民之法律要件與法律效果。
　　6. 詐婚移民相關問題。
　　7. 已婚卻未同居是否得認定是假結婚？
　　8. 不符認定假結婚提起訴願敗訴之案例。
　　9. 認定假結婚之方式，歸納出20幾種判斷標準。

10. 假結婚喜歡找的對象。

11. 假結婚當人頭配偶,有哪些可能的法律問題、衍生出的法律問題?

12. 避免假結婚之方法。

13. 實務上判決與函釋。

14. 新移民詐欺取得國籍影片觀賞與討論。

15. 美麗與哀愁影片觀賞與討論。

16. 移民署相關影片賞析。

17. 外籍人士入境台灣相關法規。

18. 人口販運相關問題。

19. 歸化相關法條解析。

20. 行政院消費者保護委員會訂定婚姻仲介定型化契約範本。

21. 移民服務定型化契約應記載及不得記載事項。

22. 假結婚是否必然撤銷國籍?實務判決函釋為何?

23. 假結婚是否必然撤銷結婚登記?實務判決函釋為何?

24. 移民法規。

25. 新移民實務犯罪案例。

26. 期待可能性與新移民之犯罪。

27. 犯罪案例構成要件分析。

28. 不認識法律是否可作為阻卻罪責事由。

29. 新移民犯罪之心情與主觀要件和意圖分析。

30. 移民犯罪行為樣態。

31. 移民犯罪辯護。

32. 移民犯罪面臨之困境(法規、語言、翻譯等等)。

33. 移民犯罪之審判語辯護。

34. 移民犯罪辯護協助(心理、法律、行政事務、生活輔導等等)。

35. 討論新移民犯罪相關判決。

36. 判決研讀方式、寫作與報告製作方式。

37. 外籍配偶取得國籍相關刑責問題。

38. 新移民個案刑事判決探討。

39. 撤銷國籍與函釋探討。

40. 判決執行之司法互助。

　　移民者有屬犯罪人，卻不是全部都是犯罪者，故教學內容仍著重於培養學生對移民者的尊重，以及探討詐婚移民的相關犯罪問題。

　　大部分的詐婚移民是無法有證據可循，因此無法撤銷國籍，對此付出的社會成本與代價，是家庭的破碎；而有證據者，多是因為單身證明被證實是偽造文書而不該當取得國籍要件，故而最後被撤銷國籍、撤銷結婚登記、驅逐出境。

　　本課程著重學生能瞭解並體會移民過程艱辛與原因，進而學習尊重種族與文化的歧異性。

　　相關內容已在「移民婚姻教學──詐婚移民之序曲與落幕」、「移民人權理論」中記述，此不贅述。

二、教學方法──理論與實務並重

　　本課程開設成功，分析原因如下：

　　1. 教學環境─以現有教室與學校設備。

　　2. 教學方法─授課、個案判決研討、必要時安排參訪、報告、多媒體教學。

　　3. 吸引學生選修原因─個案判決研討、瞭解新移民犯罪情形。

　　4. 其他：學生報考移民署相關工作。

　　5. 課程執行步驟：為達開課與教學目的之執行方法與步驟如下：

　　首先，是調查學生對婚姻移民的觀感。

　　第二、播放施慧玲教授美麗與哀愁、教學光碟。

　　第三、撰寫觀賞本光碟後之感想與對婚姻移民之問卷。

　　第四、實地讓學生感受新移民假結婚之過程。

　　第五、播放光碟給製作與非製作光碟學生觀看，並製作問卷調查。

　　第六、教導移民之基本人權概念。

　　第七、婚姻移民者之犯罪、判決、函釋分析、遣返等內容。

（一）理論面

　　介紹上述各題綱內容，本章非講述實質的詐婚移民或移民犯罪內容故不詳論，此等內容載於「移民婚姻教學──詐婚移民之序曲與落幕」、「移民人權理論」，及教導學生基本人權在移民者身上定無二致的觀念，並援引計畫社群

教師們關於保障移民者人權之內容做為教材講授。

講授關於婚姻移民基本人權之議題，參考施慧玲教授、鄭瑞隆教授的研究成果，將其已開發的教材作為本教學內容，包括美麗與哀愁影片與相關文字教材、加害人評估與處遇上課講義格式等等融入於本計畫教學當中。

關於介紹移民制度與相關法規、居留證、移民仲介契約之合法性內容、論跨國婚姻仲介之問題與規範、現階段婚姻媒合業管理分工表、越南政府將嚴格取締婚姻仲介行為、移民犯罪與人權相關中華民國國籍之取得與喪失條文、婚姻移民人權相關法律文件、移民者犯罪類型與數據統計、撤銷國籍之所有公開函釋與所有可公開性之判決、國籍撤銷與遣返……等等，以實務作法和相關內容為主。

可與學生共同討論之我國相關判決，以及培養法律系學生閱讀判決並整理判決摘要之能力。判決如下例：台灣板橋地方法院偽造文書裁判書97年度易字第3833號、台灣桃園地方法院96年訴字1453號刑事判決——違反護照條例等、台灣高等法院97年上訴字187號刑事判決——違反台灣地區與大陸地區人民關係條例等、台灣高雄地方法院93簡上684號判決-電子遊戲場業管理條例、台灣雲林地方法院95年度易字第551號判決、台灣臺中地方法院98中簡上23號判決-恐嚇取財罪……等。

另有其他相關資料可提供學生參考及作為上課參考資料，例如：

陳榮傳，涉外假結婚的事實認定及法律適用；

徐慧怡，美國詐婚移民修正案之研究；

黃東東，三峽移民法規與世界銀行非自願移民法規政策之比較；

刁仁國，非法移民與人口販運問題析論；

林明傑，家庭暴力加害人處遇計畫—美國與我國之現況探討；

楊淑玟，美國非移民簽證E—2之介紹；

張亞中，論移民制度外國人基本權利；

廖元豪，從「外籍新娘」到「新移民女性」——移民人權的法學研究亟待投入；

李震山，從憲法保障基本權利之觀點論大陸地區人民之收容與遣返；

李震山，移民基本人權的化外之民 檢視批判移民無人權的憲法論述與實務；

李震山，論移民制度與外國人基本權利；

蕭明欽，我國防制人口販運法制研究；

陳彩霞，美國1986年修正移民管理法；

（二）實務面

　　在實際上的教學方法運用上，第一階段是先瞭解修課學生們的興趣和需求，是傾向喜好觀賞多媒體以及非靜態式的閱讀方式，故而利用多媒體的影像傳播達到啟發學生同理心效果，利用角色扮演讓學生親身異地而處的體會究竟是假結婚或非假結婚的心情與拿捏，瞭解多數人無法真正接納移民者的內在想法，並體會移民者被歧視、被差別待遇、離鄉背井的難處和無法說出的不被瞭解，進而達到尊重每位新移民者，也從分辨是否為假結婚的學習上去保護自己與家人。

　　從瞭解學生需求中知道，學生喜歡有動畫的多媒體影片教學，又某些實務案例不容易讓學生從文字當中去體會真實情境，故引發製作影音教材的想法。從製作影音教材的過程中，讓學生角色扮演並異地而處的體會現行實際生活中，社會上觀感對外籍配偶印象不好的真正內在因素。詐婚移民者形式上以結婚為名，實則遂行取得國籍目的，而這過程中的生活每天相處，仍未能發展出感情並真正去愛因婚姻關係所獲取的家人，導致長期日積月累的生活上與人交往不悅，加上文化背景的不同，誤會越來越深，與姻親家人之間的信賴感越來越低，且無法珍惜本國籍配偶給予的關心，或縱有珍惜卻終究因為當初來台的目的是金錢所以仍逃家工作，或因當初來台的目的是取得國籍後放棄這位年長甚多的配偶而去追求另外一半……等等，種種內在因素，造成現行許多外籍婚姻生了小孩之後外籍配偶突然不見了，變成單親家庭，久而久之下，案例累積多了，台灣人自然對外籍配偶排斥與看不起，縱有良善的外籍配偶也因為受到這些詐婚移民者的不良效應而在生活上被看不起或被鄙視，進而必須對國人教育外籍人士、外籍配偶都有基本人權。

　　第二階段是研究詐婚移民與撤銷國籍之關連性，從實務案例與判決研究著眼。此過程中，召開詐婚移民的研討工作坊，聘請專家學者到現場闡述親身經歷，增進實務與理論之對話與意見交流，及增加學生們的識學見能，並於工作坊當中，歸納出結論，提供未來修法建議，以及請演講人善用職責而提供相關政府機關增列給移入者的行政資源

　　關於詐婚移民，進一步的影響，是希望借助教學影音光碟，將詐婚移民之犯罪手法，以及詐婚取得國籍之證據具有不易取得特性的寫實面具體呈現給修課

學生以外之人觀賞，並提供現有法規與判決無法深入民心、多數人無法真正接納移民者的內在想法，全部於影音教材中呈現，作為未來修法與判決之省思參考。

1. 影片教學

藉由影片欣賞達到寓教於樂的目的，潛移默化學生對移民者的接納和尊重。因授課時數有限，須按授課時間分配影片觀賞時數，或請學生回去自己找影片看。以下是提供可參考的影片片名：

I. 疼惜外籍配偶短片（約十三分鐘，移民署網站提供，台語）

II. 多元文化新社會　包容台灣新生命（約十二分鐘，移民署網站提供，台語）

III. 跨越疆界的美麗與哀愁http://elaw.ccu.edu.tw/html/modules/tad_player/play.php?psn=1

IV. 唱著一首離鄉的愛情笙歌http://elaw.ccu.edu.tw/html/modules/tad_player/play.php?psn=3

V. 印尼女傭尤尼希

VI. 葉婷與她的歌（記錄短片）

VII. 阿草向前衝（記錄短片）

VIII. 錯得多美麗【Clean】（電影）

IX. 風中奇緣【Pocahontas】（電影動畫）

X. 美麗蹺家人

2. 角色扮演

帶領學生叢是移民犯罪與人權的影片教學與製作。從製作影片中學習尊重與體諒移民者來自異鄉的心情和難處。

3. 自由表達

本課程讓修業學生自由表達意見，瞭解在學生心中對移民者與移民犯罪者的認知與應對態度。

大部分學生對移民者的認知是：勤儉刻苦、孝順、百依百順、覺得是為了賺錢和幫助家裡的經濟狀況才嫁來台灣，這些人像來台灣做傭人，但不是每位外籍新娘都過著受虐的生活，有些也有著幸福的婚姻生活，有些是藉著結婚的名義來台非法工作，有些人一拿到國籍就離婚……等等，正面與負面印象交雜。特別的是，有學生提到，通識課中有三個越南人，學生不敢接近他們，怕

他們有傳染病。

透過自由表達意見，除能讓學生自己檢視心中對移民者是否有潛藏的歧視之外，也能讓教師瞭解學生心中真實的想法，並進而導正其偏差的觀念。

4. 對話式教學

用玩樂方式對學生提問來進行課程，有別於一般課堂中問問題而無人敢回答的窘態，也增添上課的風趣，故令學生先將答案寫下來，然後交給教師，教師閱畢之後發現有觀念錯誤者，則以對話式教學法反問學生。

例如教師一開始問學生，假結婚的人頭配偶可能觸犯哪些規定？讓學生盡量去想各種答案。有學生寫到：「會觸犯刑法第239條：『有配偶而與人通姦者，處一年以下有期徒刑。其相姦者亦同。』」此時，教師可以問學生：「請問詐婚移民的假結婚人頭配偶，和自己相婚的老公進行性行為，也叫做通姦？」請學生回答這問題，若學生回答不是，則教師繼續問：「那為什麼會有通姦罪呢？」學生就會去意識到或反省自己的答案是不是寫錯了；但如果學生回答是，則教師仍繼續詢問：「通姦罪的定義是甚麼呢？是和沒有結婚的人為性行為叫做通姦，還是和有結婚的人為性行為叫做通姦行為？」學生必回答和有結婚的人為性行為才叫做通姦行為（若學生回答和未婚者進行性行為亦是刑法上通姦行為，則老師可以舉例各種非通姦行為給學生聽，讓學生去反差比較與思考，此時必為上課增添笑點），則教師繼續問：「既然和自己老公不叫做通姦，和一個不合法婚姻關係中的男性為性行為，這男性沒婚姻關係存在，怎麼會有通姦問題？是不是詐婚移民者本身去與其他婚姻關係中的配偶進行性行為才叫做通姦行為？」如此一來，相信學生自己知道錯在哪邊，也知道正確的法規運用方式，且不再犯錯。

又例如，要讓學生知道，移民者的婚姻關係，不是警察機關的調查結果就可以促使讓戶政機關將婚姻撤銷登記，這是保障移民者基本人權之一，故教師先提問：「警察機關查獲假結婚之通知，戶政機關得否依該通知撤銷其結婚登記？」學生有人回答：「在下認為假結婚就該撤銷，無論假結婚的動機為何，此種投機行為不可取投機心態不可有！豈能將終身大事弄得兒戲一般！褻瀆婚姻神聖性冒犯月下老人。對於想靠假結婚得到身分證的外籍人，不該糟蹋台灣增加社會問題。」教師輕鬆的問：「請問警察通知假結婚，戶政機關是不是該撤銷登記和月下老人有甚麼關係啊？……」學生除哄堂大笑之外，還講出一番

與月下老人的關係，此時教師再繼續引導讓學生明白，月下老人的神聖問題是處在婚姻是否為真的初始階段，而戶政機關是否撤銷婚姻已經是不存在真實婚姻的階段，兩階段思考的邏輯層次有次地問題，應該分開思考，引導學生讓頭腦有先後邏輯次序……等。

5.問卷回饋

首先，第一堂課就先利用問卷調查方法瞭解學生還未上過本門課程之前，對移民者的看法，然後在上完課之後，對再以問卷進行瞭解授教後對移民者的看法，以便讓學生與老師都能從中自行瞭解是否有所差異。

美麗與哀愁影音影音教材影片觀賞後之感想。

美麗與哀愁影音影音教材影片觀賞後之感想

(一)本片內容與您對外籍配偶之印象是否有差距？有的話，差距在哪？

(二)你身邊或朋友或親戚有外籍配偶嗎？與您親等近或關係親近嗎？

(三)您家人是否有移民經驗？

(四)可否請提供這項經驗內容是正面或負面？內容為何？（請根據第二題或第三題或親身經驗回答）

與學生共同製作的「移民人權與犯罪」之教材影片，在製作之後播放給一起製作的修課學生觀賞，以及給未參與製作的修課學生及其他非修本課程知學生們觀賞，並發給問卷調查觀賞後的感想。問卷內容如下參考：

新移民詐婚移民取得國籍之教材影片觀賞後問卷與討論

一、在欣賞影片之前，您對外籍移民（外籍新娘或外籍配偶）的印象為何？

二、在欣賞影片之前，您對外籍移民（外籍新娘或外籍配偶）的印象是否與本片相同？

三、您是否曾經聽說過與本片類似的情形？

四、您是否身邊有親戚或朋友是外籍配偶？是親戚或朋友？

五、您認為，關於本片，怎樣的判決結果您可以接受（無須考慮目前法規範內容為何）？

六、您認為，外籍配偶在目前社會的影響是如何情形？

6. 圖片與表格

學生大多數剛滿20歲，對社會上的實務運作仍處懵懂茫然階段，故給予學生實際的表格或圖片，讓學生能體會、掌握與瞭解現行實務狀況，或者協助學生在觀念上的具體想像。

從「大陸地區人民申請進入台灣地區面談管理辦法」談到移民線上面談作業流程，為讓學生能瞭解與想像其真實情境，以圖片說明之：

台灣桃園國際機場・大陸配偶國境線上面談作業流程圖如下示：

三、教學成果

（一）學生部分

修課學生修習課程之後，學習成效如下：

1. 有位學生上課後，當年就投入移民署人員之相關考試，作為未來的專業工作。
2. 也有學生表示，瞭解與移民者生活衝突可能來自於移民文化之交雜。
3. 更有學生表明，卸下之前心中對移民者的莫名恐懼之距離感與排斥感，體會不是每位移民者都像印象中所想的低等與容易犯罪。
4. 明白如何分辨假結婚與否。
5. 明白假結婚不可恣意認定，不是有離家逃家就可以斷定，也不是吵架就可以斷定。
6. 瞭解移民程序、取得與撤銷國籍、居留、遣返……等相關規定。
7. 認知到思考任何問題都要全面性，雖然要保障外籍配偶的人權，也不該對外籍配偶的犯罪相關議題排除在思考之外。
8. 學生最後也有表示，未來會將外籍配偶視為自己人。
9. 其他與詐婚移民犯罪與人權無涉之意外收穫：
(1) 團體合作之重要性超過學生們原本的想像，因為牽一髮動全身，亦體會到雖然自己不是主角，卻也是不可或缺的小螺絲。
(2) 學生學習到如何撰寫工作日誌，諸如編劇組工作日誌、演員組工作日誌、器材組工作日誌等，
(3) 從製作影音教材中學習到做事應有的態度與反省改進。

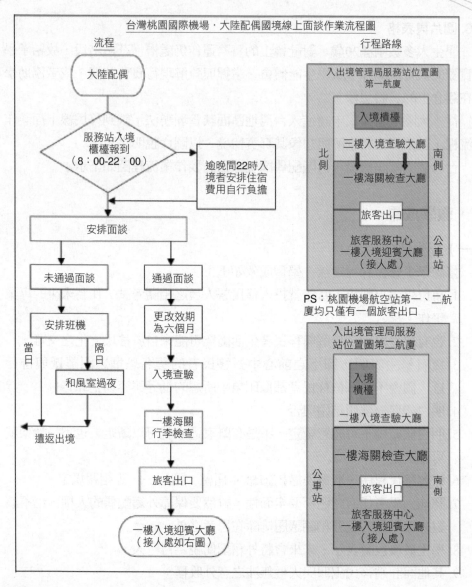

台灣桃園國際機場·大陸配偶國境線上面談作業流程圖

備註：

i. 依據「大陸地區人民申請進入台灣地區面談管理辦法」規定面談時間為上午8時至下午22時截止，區分為：

ii. 簡要面談—時間約需30分鐘～1小時

iii. 深入面談—視面談狀況而定，無法估算。

iv. 等待面談時間視面談人數多寡而定，無法估算。逾當日22時至無法面談者，於翌日繼續完成面談。

（臺接機配偶可電詢398-2957；第一航廈轉6128、第二航廈轉6222。）

高雄國際機場·大陸配偶國境線上面談作業流程圖

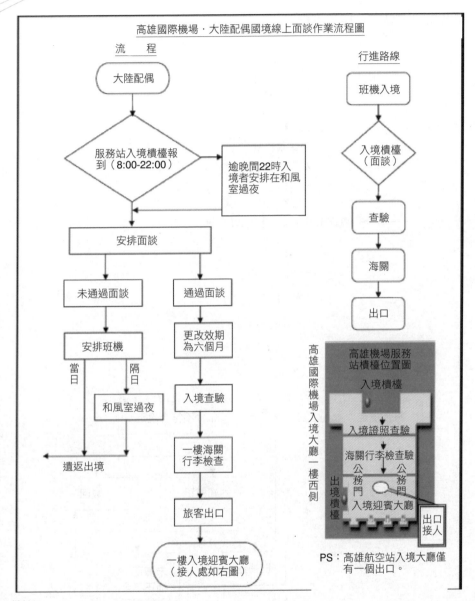

備註：
一、依據「大陸地區人民申請進入台灣地區面談管理辦法」規定面談時間為上午八時至下午廿二時截止，區分為：
(一)簡要面談：時間約需30分～1小時
(二)深入面談：視面談狀況而定，無法估算。
二、等待面談時間視面談人數多寡而定，無法估算。當日逾時無法面談者，於翌日繼續完成面談。
三、在臺接機配偶，可電詢07-8017311查詢。

歸化我國國籍申請作業流程：

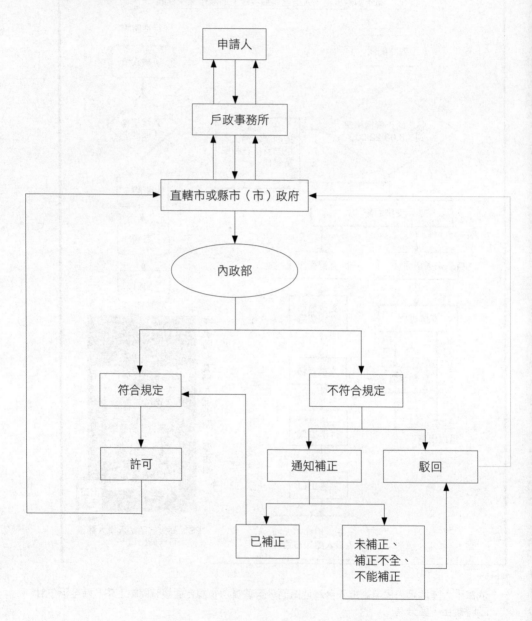

國籍歸化申請書：

相片黏貼欄 （比照國民身分証相片規格）	中　文　姓　名		
	英　文　姓　名		
	性　　　別	□男	□女
出生日期	民國　　年　　月　　日	出生地	
原屬國國籍	原屬國 護照號碼	外僑居留證 統一證號	
國內住居所			
在國內連續居住期間		合計逾　年	
歸化國籍原因 （僅須勾選一項）	□自願歸化　　　　　　□父或母現為或曾為國人 □有殊勳於我國　　　　□出生於我國領域內 □為國人之配偶　　　　□未成年人之父、母或養父母現為國人 □為國人之養子女　　　□出生於我國領域內其父或母亦出生於我國 　　　　　　　　　　　　　領域內 □隨同歸化　　　　　　□曾在我國領域內合法居留繼續十年以上		

關　係　人	稱謂	中文姓名	出生日期	國民身分證統一編號	原屬國國籍
			年　月　日		
	住居所				

| 附繳證件
（務必詳實勾選） | □戶籍資料（申請人免附，由戶政機關代查）。
□有效之外僑居留證或外僑永久居留證。
□外國人居留證明書。
□入出國日期證明書（申請人免附，由戶政機關代查）。
□原屬國政府核發之警察紀錄證明或其他相關證明文件（申請歸化國籍者，係我國國民之配偶，外僑居留證居留事由為「依親」者，免附）（申請人曾為我國人配偶其婚姻關係消滅後查無出境紀錄者，免附）。
□在我國居住期間之警察刑事紀錄證明（申請人免附，由戶政機關代查）。
□相當之財產或專業技能，足以自立，或生活保障無虞之證明。（已取得外僑永久居留證或準歸化中華民國國籍證明者，免附）
□歸化取得我國國籍者基本語言能力及國民權利義務基本常識認定標準第三條所定之證明文件。（已取得準歸化中華民國國籍證明者，免附）
□喪失原有外國國籍之證明文件或依國籍法第九條但書規定，由外交機關出具查證屬實之文書正本及中譯本。 | 法令依據 | 國籍法第　條第 |

<table>
<tr><td>□無國籍人附繳：(1)外國政府核發載明無國籍之旅行身分證件正本（驗畢後，由受理機關發還）、基本資料頁之影本及中文譯本（中文譯本得由我國公證人予以認證。本項證件，內政部認有查證必要時，得轉請外交部查證）。(2)符合入出國及移民法第十六條第二項規定之泰國、緬甸或印尼地區無國籍人民，持有內政部入出國及移民署核發載明無國籍之外僑居留證。(3)其他經內政部認定之文件。
□法定代理人同意證明。
□婚姻狀況證明。
□相片二張（比照國民身分證相片規格）。
□證書規費（費額依現行規定收取，請以郵政匯票繳交，受款人註明為內政部）。
□其他相關身分證明文件（　　　）。</td><td>相片浮貼欄（請浮貼背面書寫姓名之同式相片一張）</td></tr>
<tr><td colspan="2">本人依姓名條例規定確認取用中文姓名為 ————————（簽章）
申請人：　　　（簽章）法定代理人（父）：　　　　（簽章）
　　　　　　　　　　　　　　　　　（母）：　　　　（簽章）
　　　　　　　　　　　　　　　　　（監護人）：　　（簽章）
國內連絡人及電話號碼：

申請日期：中華民國　年　月　日</td></tr>
</table>

(4) 本門課程修業學生有大二、大四學生，執行本計畫時意外發現，幾乎所有學生均稱，這是人生第一次接觸到判決文。故本計畫的額外貢獻，是利用介紹詐婚移民判決與實務函釋的機會，教導學生如何閱讀判決、培養閱讀法律文獻的技巧、興趣與習慣，以及訓練將一大篇文獻或判決作成摘要以協助瞭解全文內容與抓住法律重點。

（二）教師部分

授課教師發展本門課程所獲得的效益為何？

1. 開發出體系性建立新移民犯罪與人權保障之相關教材。

2. 開發出判斷假結婚的28個判斷標準。

3. 開發出詐婚移民手段、處理方式、實務作法之建議內容。

4. 學生報考移民署相關工作，是教師的欣慰。

5. 可以透過講學，真實反映台灣人民與外籍人士結婚之隱憂、家庭破碎之新移民犯罪手法過程給國人知道，以避免與防範。

6. 反映出家庭破碎未必是台灣配偶的過失，與外籍人士結婚之台灣配偶一

樣需要受到政府之保障。但目前沒有相關法令，反而該外籍配偶受到的保障已經比原台灣籍配偶多，而外觀上所呈現的問題與受害內容卻都由台灣籍配偶與小孩承擔，這已經影響到社會安定與國家安全，故提醒社會重視相關問題。

7. 製作教學影片可以反映出很多婚姻移民者在取得國籍之後以無法令人理解、一反常態的手法逃家、翹家之背後因素。通常此類型發生時，最先被歸責的幾乎是台灣籍配偶，通常台灣籍配偶會被認為不懂文化差異等造成無法寬容對待，而實際上真正破壞家庭原兇卻是該移民配偶。本課程將此相關內容及手段讓同學體驗與瞭解。

8. 日本曾利用小孩到他國達到滲透的手法，換言之，以新移民達到滲透與破壞之手法也可能發生。這是國家安全與社會安定的問題。這應該讓學生都瞭解。

9. 提醒與外籍人士結婚應注意焦點。

國家圖書館出版品預行編目資料

婚姻移民人權之理論與實務／邱琡雯等
著. 一 初版. 一 臺北市：五南, 2012.09
　　　面；　　公分.--

ISBN 978-957-11-6500-4（平裝）

1.人權 2.婚姻法 3.移民

579.27　　　　　　　　　　100024857

1R84

婚姻移民人權之理論與實務

主　　編 ― 施慧玲

作　　者 ― Abdul Paliwala　Anne Barlow

　　　　　　朱柔若　李玉璽　林　平　邱琡雯　馬財專

　　　　　　許碧純　郭書琴　陳竹上　陳美瑩　蔡佩芬

　　　　　　蕭至邦

發 行 人 ― 楊榮川

總 編 輯 ― 王翠華

主　　編 ― 林振煌

責任編輯 ― 李奇蓁

出 版 者 ― 五南圖書出版股份有限公司

地　　址：106台北市大安區和平東路二段339號4樓

電　　話：(02)2705-5066　　傳　　真：(02)2706-6100

網　　址：http://www.wunan.com.tw

電子郵件：wunan@wunan.com.tw

劃撥帳號：01068953

戶　　名：五南圖書出版股份有限公司

台中市駐區辦公室/台中市中區中山路6號

電　　話：(04)2223-0891　　傳　　真：(04)2223-3549

高雄市駐區辦公室/高雄市新興區中山一路290號

電　　話：(07)2358-702　　傳　　真：(07)2350-236

法律顧問　元貞聯合法律事務所　張澤平律師

出版日期　2012年9月初版一刷

定　　價　新臺幣550元